Mouhanad Khorchide

Gottes Offenbarung in Menschenwort

Herders
Theologischer
Koran-Kommentar

Bd. 1

Mouhanad Khorchide

Gottes Offenbarung in Menschenwort

Der Koran im Licht der Barmherzigkeit

HERDER

FREIBURG · BASEL · WIEN

GEFÖRDERT VOM

Bundesministerium
für Bildung
und Forschung

Ministerium für
Kultur und Wissenschaft
des Landes Nordrhein-Westfalen

Religion und Politik
EXZELLENZCLUSTER | WWU MÜNSTER

MIX
Papier aus verantwortungsvollen Quellen
FSC www.fsc.org FSC® C083411

www.herder.de

Satz: SatzWeise GmbH, Bad Wünnenberg
Herstellung: CPI books GmbH, Leck

Printed in Germany

ISBN Print 978-3-451-37902-4
ISBN E-Book 978-3-451-81200-2

Inhalt

1 Den Koran anders lesen

Ob in deutscher oder in anderen Sprachen – es gibt heute eine Fülle von Büchern, die sich mit dem Koran beschäftigen und entweder als Einführung Grundlagen vermitteln oder sich mit der Frage nach einem zeitgemäßen Zugang zu ihm auseinandersetzen. Vor allem die Frage nach der Vereinbarkeit eines für Muslime auf Gott zurückgehenden Buches mit der Moderne veranlasste Gelehrte ab dem 19. Jahrhundert dazu, nach weiteren als den bis dahin bekannten traditionellen Zugängen zum Koran zu suchen. Diese Frage nach dem Umgang mit dem Koran in der Moderne ist noch heute aktuell und beschäftigt vor allem deshalb viele muslimische Koranforscher, weil der Koran für Muslime eine starke normative Kraft besitzt und für sie als göttliche Offenbarung gilt. Mir geht es in diesem Buch weniger um die Frage nach der Vereinbarkeit des Korans mit der Moderne, sondern um einen theologischen Zugang zum Koran, der ihn als die Selbstoffenbarung Gottes würdigt. Diese Offenbarung ereignet sich in der und durch die Geschichte, daher ist die Geschichte des Korans die Geschichte Gottes mit dem Menschen. Sieben Aspekte, die den Koran betreffen, sind an diesem Buch neu:

Erstens: Dieses Buch will den Koran als die Vergegenwärtigung Gottes würdigen. Demnach stellt der Koran viel mehr dar als nur eine Mitteilung, einen Brief Gottes an die Menschen. Im Koran teilt Gott sich selbst mit; es ist Gott, der mir im Koran begegnet. Daher will dieses Buch eine erste Grundlage für eine theologische Hermeneutik des Korans entwickeln, die in der Frage nach dem Verstehen des Korans mehr sieht als eine Frage nach dem Umgang mit einem Text, nämlich darüber hinaus eine Frage nach der Begegnung mit Gott selbst.

Zweitens: Dieses Buch schließt an das neuzeitliche Freiheitsdenken an, um die neuzeitliche Wende zum Subjekt für die Auseinandersetzung mit der islamischen Offenbarung fruchtbar zu machen. In dieser Wende zum Subjekt versteht der Mensch sich als Ausgangspunkt seines Denkens und Handelns. Wahrheit muss für ihn als vernünftig einsichtige Wahrheit expliziert werden. Durch die Einbindung neuzeitlichen Freiheitsdenkens in die theologische Reflexion der islamischen Offenbarung lässt sich die Rede von Offenbarung im Islam vor der Vernunft nachvollziehbar verteidigen, und so macht sich auch die islamische Theologie, gerade in einem nichtislamischen Kontext, kommunikabler.

Drittens: Im Anschluss an den katholischen Dogmatiker und Fundamentaltheologen Thomas Pröpper (gest. 2015) bildet die transzendental-logische Reflexion den Ausgangspunkt für ein theologisches Nachdenken über Gottes Selbstoffenbarung, weil sie geeignet ist, den offenbarungstheologisch zu denkenden Einbruch des Unbedingten in das Bedingte mit einer theologisch-anthropologischen Anschlussdynamik nachzuzeichnen. Der transzendental-logische Zugang erkennt die Bedingung der Möglichkeit, Gottes Offenbarung als Selbstmitteilung zu denken, und denkt Offenbarung vom Menschen her. Diese anthropologische Wende in der Reflexion der islamischen Offenbarung soll die Diskussion auch um den Koran in eine stärkere dialogische Dimension rücken. Demnach stellt der Koran Gottes Menschenwort dar, in dem sich Gott in einer vom Menschen erlebten und gelenkten Geschichte offenbart und sich davon bestimmen lässt. Pröppers transzendental-logische Reflexion über die Selbstoffenbarung Gottes ist eine rein philosophische, was die Fruchtbarmachung seiner Überlegungen unabhängig von einem bestimmten religiösen Bekenntnis ermöglicht. Darüber hinaus argumentiert er subjekt- bzw. freiheitsphilosophisch. Diese beiden Aspekte machen seine Überlegungen für die islamische Theologie heute anschlussfähig.

Viertens: Dieses Buch will den Blick auf die spirituelle Dimension des Korans als Begegnung mit der liebenden Barmherzigkeit Gottes schärfen, sodass der Koran die Gegenwart Gottes in seiner liebenden Barmherzigkeit wirkmächtig vermittelt, in die er einlädt. Demnach geht es in einer theologischen Koranhermeneutik weniger um die Frage nach der Ableitung von juristischen Normen, sondern um die Öffnung auf den Transzendenten hin und dadurch um die Verwirklichung der eigenen Freiheit. Dieses Denken eröffnet auch eine Orientierung, insofern sich zeigen lässt, dass Freiheit erst dann realisiert wird, wenn sie sich auf Freiheit bezieht; der erfüllende Inhalt der Freiheit kann kein anderer sein als die Freiheit selbst. Nur in der Bejahung von Freiheit erfüllt sich Freiheit. Die Begegnung mit dem Koran ist eine Einladung, Freiheit zuzulassen. Freiheit ist das Gesetz der Liebe, und darum geht es auch in einem hier explizierten hermeneutischen Schlüssel für die Begegnung mit dem Koran: Es geht um die liebende Barmherzigkeit Gottes (ich spreche bewusst von der Begegnung mit dem Koran und nicht von „Auslegung des Korans", um gerade das performative Geschehen der Auseinandersetzung mit dem Koran zu betonen).

Fünftens: Dieses Buch will die Offenheit des Korans als das Wesenswort Gottes betonen. Dieses Wesenswort Gottes ist nicht mit dem im Koran geschaffenen arabischen Wort zu verwechseln, beide entsprechen sich zwar, sind allerdings nicht miteinander identisch. Als Buch *(muṣḥaf)* ist der Koran zwar abgeschlossen, nicht jedoch als Gegenwart Gottes. Denn Gott kann nicht in einem Buch erfasst werden, er bleibt mehr als die Summe der Buchstaben und Seiten des Korans. Die Konsequenz aus dieser Offenheit ist, dass wir den Koran keineswegs eindeutig und endgültig auslegen können. Seine Rede bleibt offen für einen Interpretationsreichtum, wobei das Kriterium der Barmherzigkeit vor Beliebigkeit schützt.

Sechstens: Dieses Buch stellt in einer knappen Darstellung die wichtigsten Vertreter eines ästhetischen Zuganges zum Koran vor. Es soll gezeigt werden, dass es in der islamischen Tradition fruchtbare Ansätze gibt, die für unser Anliegen, den Koran als Selbstoffenbarung Gottes zu würdigen, wichtig sind, um sich von einem instruktionstheoretischen Verständnis des Offenbarungsgeschehens abzusetzen, in dem es lediglich um den Informationsgehalt der Offenbarung geht. Gerade die Schönheit des koranischen Klangs als Medium der Begegnung mit Gottes Schönheit will zur Liebe entzünden, weil sie, im Sinne von Friedrich Schillers Ästhetik, sowohl die Vernunft als auch die Emotionen des Menschen anspricht und ihn zur Freiheit befähigen will.

Siebtens: Dieses Buch zeigt, warum die historisch-kritische Methode auch für die Auseinandersetzung mit dem Koran fruchtbar gemacht werden kann und soll und warum gerade durch die historisch-kritische Herangehensweise an den Koran die Geschichte der Verkündigung des Korans eine Geschichte der Entfaltung der liebenden Barmherzigkeit Gottes darstellt.

Dieses Buch versteht sich als erste Skizzierung eines theologisch-hermeneutischen Zugangs zum Koran als Selbstoffenbarung Gottes. Es handelt sich hierbei um den ersten Band eines geplanten 17-bändigen theologischen Korankommentars – *Herders Theologischer Koran-Kommentar* –, der am Exzellenzcluster für „Religion und Politik" der Westfälischen Wilhelms-Universität Münster angesiedelt sowie vom Exzellenzcluster gefördert wird und im Laufe der nächsten Jahre im Verlag Herder erscheinen soll. Die hier ausgeführten Thesen und Ansätze werden sicher im Verlauf des Projekts stärker an Profil gewinnen, daher versteht sich dieses Buch nicht als ein fertiger Entwurf einer theologischen Hermeneutik des Korans, sondern als erster Anstoß, der noch reifen muss.

Bevor ich inhaltlich in das Buch einsteige, möchte ich folgenden Institutionen danken, die sowohl diesen Band als auch den geplanten Korankommentar ermöglichen. An erster Stelle sind hier das Bundesministerium für Bildung und Forschung (BMBF) sowie das Ministerium für Kultur und Wissenschaft des Landes Nordrhein-Westfalen (MKW) und die Westfälische Wilhelms-Universität Münster (WWU) zu nennen, welche das Zentrum für Islamische Theologie in Münster fördern. Außerdem danke ich dem Exzellenzcluster „Religion und Politik" der WWU Münster für die Förderung des geplanten Korankommentars.

Ich möchte auch den Projektmitarbeiterinnen und Projektmitarbeitern am Korankommentar danken: Dr. Dina El Omari, Catharina Rachik, Ali Hamdan, Dirk Hartwig, Kamil Öktem und Stefan Zorn haben das Projekt mit ihrer Expertise sehr bereichert. Großen Dank schulde ich insbesondere Dr. Dina El Omari, Dirk Hartwig und Stefan Zorn, die nicht nur intensiv an diesem Band mitgearbeitet haben, sondern auch mit einigen Texten an diesem Band beteiligt sind.

Außerdem danke ich Frau Catharina Rachik und Frau Dr. Sarah Wagner, die die redaktionellen Arbeiten übernommen haben. Für die mühevolle Arbeit des Korrekturlesens, die wertvollen Rückmeldungen und die große Geduld danke ich von ganzem Herzen Frau Hildegard Mangels und Herrn Dr. German Neundorfer (Verlag Herder). Herrn Neundorfer ist zudem zu verdanken, dass dieses Buch in dieser Form erscheinen konnte.

Ich bin dem Verlag Herder, der sich bereit erklärt hat, den theologischen Korankommentar und diesen ersten Band in seinem Hause zu veröffentlichen, sehr dankbar.

Mouhanad Khorchide Münster, den 16.07.2018

2 Die westliche Koranforschung – Ein Überblick

Dirk Hartwig

Die Bezeichnung „westliche Koranforschung“ meint die nicht konfessionell gebundene Koranwissenschaft, die in Deutschland bereits auf eine beinahe 200-jährige Geschichte zurückblicken kann. Es ist bemerkenswert, dass, obgleich bereits seit über 100 Jahren Muslime in Deutschland leben, ihre Stimme sich innerhalb der koranwissenschaftlichen Diskurse noch nicht zu Wort gemeldet hat. In der zeitgenössischen islamischen Theologie muss es unser Anliegen sein, den Islam nicht nur aus bekenntnisgebundener Perspektive zu reflektieren, sondern zugleich die nicht konfessionsgebundenen Zugänge zur Koranforschung ernst zu nehmen und sie in die eigene Arbeit einzubinden, um vor allem die konfessionelle Koranforschung nicht in einer ideologischen Ecke zu isolieren. Weiterhin muss es darum gehen, eine theologische Schärfe zu entwickeln und mit den wissenschaftlichen Methoden zu operieren, die sich auch in den benachbarten Theologien, d. h. in der katholischen und evangelischen Theologie sowie jüngeren Datums in der jüdischen und komparativen Theologie, als wichtiges Rüstzeug erwiesen haben. Um uns aber unserer Tradition wieder zu bemächtigen, ist es dringlich geboten, die Forschungsgeschichte auf Stärken und Schwächen hin zu überprüfen, Wendepunkte in ihrer Genese zu verdeutlichen und unsere konfessionell gebundenen Positionen in ihr zu legitimieren.

Es ist daher nötig, kurz auf die Geschichte der Koranforschung einzugehen, die sich in Deutschland als akademische Disziplin etabliert hat. Die Darlegung der Zusammenhänge in diesem Kapitel beansprucht keineswegs Vollständigkeit, zu komplex sind die einzelnen Sachverhalte, sondern sie verfolgt zwei Ziele: Vorrangig gilt es, muslimischen wie nichtmuslimischen Interessierten zu zeigen, dass der Koran seit den Anfängen seiner Verkündigung bis heute Gegenstand der Auseinandersetzung nicht nur durch Muslime, sondern, gemessen an den im Westen entwickelten Kategorien der Wissenschaftlichkeit, auch und vor allem durch Nichtmuslime ist. Nachgeordnet soll das Kapitel aber auch aufzeigen, dass die islamwissenschaftlichen und theologischen Zugänge jüdischer und christlicher Koranforscher keineswegs als eine einförmige Bewegung verstanden werden können, der nur daran gelegen ist, den Islam zu diskreditieren.

Gerade der gegenwärtige Wendepunkt der Koranwissenschaften, wie er etwa durch Angelika Neuwirth und ihre Schule vorangetrieben wird, steht fest in der Forschungstradition und ist zugleich der islamischen Theologie und ihren Vertretern gegenüber offen und erkennt in ihnen die eigentlichen Gesprächspartner in der Debatte um den Koran. Es gilt auch, deutlich zu machen, dass der Koran – wenngleich aus islamischer Perspektive geoffenbartes Gotteswort – auch Nichtmuslime angeht, insofern er von seiner Genese her ein Text der Spätantike ist und damit einer Zeit entstammt, die für Christen, Juden und andere religiöse Gruppen identitätsbestimmend war (s.u.). Dieses zu führende Gespräch bedeutet eine Wende in der Koranwissenschaft und zieht entscheidende Konsequenzen für die islamisch-theologische Koranforschung nach sich, denn diese kann nicht mehr ohne die religionswissenschaftliche Perspektive und den theologischen Blick anderer Religionen auskommen. Außenmeinungen dienen als Korrektiv für die eigene Position und fordern heraus, diese deutlicher zu formulieren. Die islamische Koranforschung benötigt also den wissenschaftlichen Austausch mit anderen akademischen Disziplinen und theologischen Institutionen, gegenwärtig vor allem mit den historisch-kritischen Annäherungen an den Koran, wie dies Angelika Neuwirth und ihre Schule, repräsentiert durch das Langzeitprojekt *Corpus Coranicum* an der Berlin-Brandenburgischen Akademie der Wissenschaften, vollziehen. Ohne triumphalistischen Blick, der die über tausend Jahre andauernde Auseinandersetzung mit dem Islam und dem Koran bestimmt hat, fällt das Fachwissen in dankbare Hände. Umgekehrt heißt das auch, dass muslimische Positionen so erstmals wirklich Gehör finden im akademischen Diskurs und nicht mehr als unwissenschaftliche Außenseiterpositionen abgekanzelt werden. Daher muss es das Anliegen der islamischen Theologie in Deutschland, aber auch der unterschiedlichen akademischen Institutionen sein, den Dialog zwischen konfessioneller und nichtkonfessioneller Forschung voranzutreiben.

Zwar besteht auch heute noch die Orientalismus-Kritik des palästinensischen Literaturwissenschaftlers Edward Said (gest. 2003) in seinem wichtigen und bis heute kontrovers diskutierten Werk *Orientalism* von 1978[1] fort, die zu einer kritischen Sichtung der orientalistischen Islam- und Koranforschung führte. So erkannte Said im Orientalismus eine „Denkweise, die sich auf eine ontologische und epistemologische Unterscheidung zwischen ‚dem Orient' und (in den meisten Fällen zumindest) ‚dem Okzident' stützt"[2], eine Denkweise, die sich auf alle kulturellen und akademischen Bereiche erstreckt und so auch die westliche Koran- und Islamforschung nachhaltig prägen soll. Auch kritischen innerislamischen Stimmen werden immer wieder „orientalistische" Einstellungen unterstellt, insbesondere wenn es darum geht, einen traditionellen Diskurs aufzubrechen und sich einem modernen zu öffnen. Andererseits kann man wohl nicht bestreiten, dass in der westlichen Erforschung des Orients, mit all ihren negativen Einstellungen gegenüber dem Koran, dem Propheten Muḥammad und dem Islam, jene von Said erstmals in dieser Schärfe fokussierten Denkweisen wahrzunehmen sind. Der britische Intellektuelle S. Parvez Manzoor hat die wohl härteste Kritik „orientalistischer" Islamwissenschaft und einer triumphalistischen Koranforschung verfasst, die verdeutlicht, welchen Einfluss politisierte Diskurse – in einem orientalistisch-hegemonialen oder in Reaktion kritikabwehrenden Gestus – auch auf den gegenwärtigen gesellschaftspolitischen und akademischen Diskurs haben können:

---

[1] Vgl. Edward W. Said, Orientalism, New York 1978 [auf Deutsch: als Orientalismus, Frankfurt am Main, [4]2014]. Zur Orientalismuskritik vgl. Robert Irwin, Dangerous Knowledge. Orientalism and Its Discontents, Woodstock/New York 2006; Daniel M. Varisco, Reading Orientalism. Said and the Unsaid. With a New Introduction by the Author, Seattle 2017; vgl. auch Sadiq Jalal al-Azm, Orientalism and Orientalism in Reverse. In: Alexander L. Macfie (Hg.), Orientalism. A Reader, New York 2000, 217–238.

[2] Said, Orientalismus, 11.

„Das orientalistische Unternehmen der Koranforschung, was immer auch seine Verdienste und Leistungen gewesen sein mögen, war ein aus Boshaftigkeit geborenes Projekt, ausgebrütet in Frustration und genährt von Rachegelüsten: die Boshaftigkeit des Mächtigen gegenüber dem Ohnmächtigen, die Frustration des an der ‚Ratio' Orientierten gegenüber dem im ‚Abergläubigen' Befangenen, die Rache des ‚Rechtgläubigen', die dem ‚nonkonformistisch' Glaubenden entgegengebracht wird. Zur Stunde seines größten weltlichen Triumphes brachte der abendländische Mensch (Westler), der die Mächte des Staates, der Kirche und der Wissenschaftsinstitutionen koordinierte, seinen entschlossensten Angriff auf die Schutzburg des muslimischen Glaubens auf den Weg. All die irrläufigen Strähnen seiner überheblichen Persönlichkeit – sein rücksichtsloser Rationalismus, seine die Welt bestimmenden Fantastereien und sein konfessioneller Fanatismus – verschworen sich in einer unheiligen Allianz, die allein darauf angelegt war, die muslimische Heilige Schrift von ihrer fest etablierten Position als Inbegriff von historischer Authentizität und moralischer Unangreifbarkeit zu stoßen. Die begehrteste Trophäe, die der abendländische Mensch durch dieses tollkühne Unterfangen begehrte, war der muslimische Geist selbst. Um sich des ‚Problems' Islam ein für alle Male zu entledigen, so schlussfolgerte er, müsse das muslimische Bewusstsein der offenkundigen Sicherheit der göttlichen Offenbarung, die dem Propheten gewährt wurde, beraubt und in Trostlosigkeit gestürzt werden. Denn nur ein Muslim, der von der historischen Authentizität oder der auf Glaubensgrundsätzen basierenden Autonomie der koranischen Offenbarung beraubt sei, würde von seinem allgemeingültigen Sendungsbewusstsein ablassen und würde so keine weitere Herausforderung für die weltumspannende Herrschaft des Abendlands darstellen. So oder so ähnlich, so scheint es jedenfalls, etablierte sich stillschweigend, wenn nicht gar offenkundig, das Grundprinzip des orientalistischen Angriffs auf den Koran.

Dass Orientalismus ein reiner Machtdiskurs und dass seine erkenntnistheoretischen Grundsätze eine absurde Scharade selbstlegitimierender ethnozentrischer Arroganz waren, steht unter ausgewiesenen Kennern des Islams oder auch unter modernen Historikern nicht länger zur Diskussion. Daher ist es weder unpassend oder gar peinlich penibel, dieses orientalistische Unternehmen als direkten, manchmal subversiven, ‚zwischen den großen Linien' liegenden Angriff auf den Koran zu deuten; denn das eigentliche auszeichnende Merkmal des orientalistischen Zugangs sind seine Rachsucht und sein Hass. Selten, wenn überhaupt, wurde eine H(h)eilige Schrift eines allgemeingültigen Glaubens mit vergleichbarer pathologischer Feindseligkeit behandelt, wie sie die Orientalisten dem Koran entgegenbrachten. Weit entfernt von jeglicher flüchtigen Ehrfurcht, die in vergleichbaren Fällen wohl unerlässlich wäre, brachten die Orientalisten ihre ‚ikonoklastische' (bilderstürmerische) Attacke mit solchem Fanatismus auf den Weg, dass selbst die Wut der Kreuzzügler bis zur Bedeutungslosigkeit verblasste. Tatsächlich müsste man eine Person, die heutzutage die orientalistische Methode als natürliche Art der erkenntnisorientierten Analyse des vernunftbegabten Menschen bezeichnet, mutig nennen. Denn wenn es ‚vernunftorientiert' war, so gehörte es der äußerst überheblich europäischen Art (der Vernunft) an. In all ihren gefühlsduseligen Verankerungen war die orientalistische Methode sichtbar rachsüchtig, voreingenommen und erfolgte mit einem Augenzwinkern. [...] Aus der Menge aller heiligen Texte, die es auf der Welt gibt, griff sie die koranische Offenbarung heraus, um ihren sinnlosen Akt der Zerstörungswut an ihr zu verüben, die sogar ihre eigenen größten Meister schockierte. [...]

Das gesamte Vermächtnis des Orientalismus, zumindest in Bezug auf das Unternehmen Koranforschung, als Ausbruch psychopathischer Zerstörungslust in Bausch und Bogen zu verdammen, mag in unseren ‚ökumenischen' Zeiten hart erscheinen, ja, es mag sogar gefährlich sein. Solch eine umfassende Aufkündigung der verlässlichen wissenschaftlichen Tradition könnte u. a. dazu führen, dass wir leichtfertig kritische und differenzierte Analysen (und damit verbunden: Techniken) preisgeben. Und tatsächlich gibt es Anzeichen, dass einige von uns genau das tun, nämlich den Orientalismus in seiner Gesamtheit hochmütig aufzukündigen, anstatt ihn zu studieren und kritisch zu analysieren. Was auch immer der Gewinn solch einer gefühlsbetonten Realitätsflucht sein mag, die Haltung, die hier vertreten wird [...] ist jeglichem Gefühl des Sich-Gehen-Lassens diametral entgegengesetzt. Unserer Meinung nach gibt es keinen besseren Sieg als die Niederlage des Orientalismus auf dem erkenntnistheoretischen Schlachtfeld. Nur durch das Schachmatt-Setzen des Königs der orientalistischen kognitiven Spielfiguren wird der Muslim in der Lage sein, das Spiel nach eigener Wahl voranzutreiben. Dies vorausgeschickt, bleibt es ebenfalls unverneinbar, dass jeder ernsthaft gesinnte Leser, Muslim oder nicht, der die Geduld aufbringt, die respektlosen Dümmlichkeiten und kleinkarierten Tüfteleien dieses mittelmäßigen Diskurses durchzustehen, zu der Erkenntnis gelangen muss, dass wahrlich etwas Krankhaftes und Krankmachendes an diesem orientalistischen Hass ist, der sich gegen den Islam und die Muslime wendet. Insofern sieht sich der Muslim nicht in der Lage, dem Orientalisten seine im Diskurs angestimmte Tonart zu vergeben. Es bleibt schmerzhaft, bis heute."[3]

---

[3] Parvez Manzoor, Method against Truth: Orientalism and Qur'anic Studies. In: Muslim World Book Review 7 (1987), 33 ff. (abgedruckt in: Andrew Rippin (Hg.), The Qur'ān. Style and Contents, Aldershot 2001, 381–397).

Diese harsche Kritik, die genauer betrachtet in ihrer umfassenden Abwehr jeglichen Bemühens nicht gerechtfertigt zu sein scheint, mag gerade in der gegenwärtigen Situation nicht wenigen Muslimen aus dem Herzen sprechen. In der folgenden kurzen Darstellung der westlichen Auseinandersetzung mit dem Islam, insbesondere mit dem Koran, wird deutlich werden, dass eine solch verallgemeinernde Kritik jedoch nicht haltbar ist. Zwar sind viele akademische Publikationen durch einen „orientalistischen" Ton geprägt, aber es existiert auch eine Reihe von Schriften, die als Ausgangsbasis, wenn nicht als Korrektiv einer konfessionell gebundenen Auseinandersetzung mit dem Koran dienen kann.

2.1 Frühe christliche Polemiken gegen den Koran

Der Beginn der nichtmuslimischen Auseinandersetzung mit dem Koran reicht zurück in die Zeit der ersten Konfrontationen zwischen Muslimen und Nichtmuslimen, die zumeist Christen waren. Im 7. Jahrhundert wurde der Islam als eine Abweichung von der christlichen Lehre, als eine Häresie verstanden und nicht als eine eigenständige, gar fremde, Religion wahrgenommen – so hielt Johannes von Damaskus (gest. 754) die Lehre Muḥammads bezüglich der Christologie für eine christliche Häresie arianischer Prägung.[4] Mit den blutigen Kreuzzügen[5] – einer kriegerischen und theologischen Auseinandersetzung zwischen dem christlichen Europa und dem Islam als politische Größe – wuchs erstmals das Interesse am islamischen Gründungsdokument, d.h. dem Koran, da man seine vermeintlich spirituelle Überlegenheit widerlegen wollte, die den Muslimen in den kriegerischen Aus-

---

[4] Vgl. Daniel J. Sahas, John of Damascus on Islam. The „Heresy of the Ishmaelites", Leiden 1972; für einen Überblick über die frühen Wahrnehmungen des Islams vgl. Robert G. Hoyland, Seeing Islam as Others Saw It: A Survey and Evaluation of Christian, Jewish and Zoroastrian Writings on Early Islam, Princeton 1997.

[5] Vgl. Thomas Asbridge, Die Kreuzzüge, Stuttgart, ^{2}2011; ebenso interessant ist die islamische Wahrnehmung dieser kriegerischen Begegnung: vgl. Francesco Gabrieli, Die Kreuzzüge aus arabischer Sicht, Augsburg 2000.

einandersetzungen zu territorialen Teilsiegen verholfen hatte. Der Koran wurde in dieser Zeit der kriegerischen Konfrontation als eine feindliche, zur Zersetzung christlicher Glaubenswahrheiten verfasste Schrift gebrandmarkt, die sich erst langsam vom Objekt eines vorgefassten Urteils emanzipieren konnte.

Frühe christliche Auseinandersetzungen mit dem Koran waren geprägt von heute unerträglich anmutenden Polemiken, die dem Islam jede theologisch relevante Selbstständigkeit absprachen. Schon Johannes von Damaskus bezeichnete den Islam als die hundertste Häresie; in seinem *De Heresibus*[6] präsentierte er den Islam als Irrlehre und Muḥammad als falschen Propheten:

„[Schließlich] gibt es auch noch die bis heute einflußreiche Irrlehre der Ismaeliten, ein Vorläufer des Antichristen. Sie leitet sich von Ismael her, der dem Abraham von Hagar geboren wurde […].

Bis zur Zeit der [Kaisers] Heraklios nun waren sie offenbar Götzendiener, seitdem aber (und bis heute) erwuchs ihnen ein falscher Prophet, Muḥammad mit Namen, der, nachdem er mit dem Alten und Neuen Testament Bekanntschaft gemacht und anscheinend mit einem arianischen Mönch Umgang gepflegt hat, eine eigene Häresie schuf. Um beim Volk den Anschein der Gottesfurcht zu erwecken, verbreitete er zum Schein das Gerücht, vom Himmel sei eine Schrift von Gott auf ihn herabgekommen. Indem er in dem von Ihm [stammenden] Buch einige Lehrsätze aufstellte, die [freilich] lächerlich sind, lehrte er sie auf diese Weise die Ehrfurcht [vor Gott].

Er sagt, Gott sei ein einziger, der Schöpfer aller Dinge, er sei weder selbst gezeugt noch habe er gezeugt. Er sagt [ferner], Christus sei das Wort Gottes und Geist von ihm, geschaffen und ein Diener [Gottes], und daß er von Maria, der Schwester von Mose und Aaron, ohne Samen geboren worden sei. Denn das Wort Gottes, sagt er, und der Geist kamen auf Maria herab, und sie gebar Jesus, der ein Prophet und ein Diener Gottes war. Und daß die Juden frevelten und ihn kreuzigen wollten, daß sie aber nur ein Schattenbild von ihm zu fassen bekamen und kreuzigten; Christus selbst aber, so sagt er,

[6] Vgl. Johannes Damascenus, Die Schriften des Johannes von Damaskus, hg. v. Bonifastius Kotter. Bd. 4: Liber de haeresibus. Opera polemica, Berlin/New York 1981, 60 ff.; vgl. auch den griechischen Text mit gegenübergestellter Übersetzung, in: Reinhold Glei (u. a.), Schriften zum Islam. Kommentierte griechisch-deutsche Textausgabe, Würzburg 1995, 74 ff.

wurde nicht gekreuzigt, ja er starb ⟨überhaupt⟩ nicht: Denn Gott nahm ihn zu sich in den Himmel auf, da er ihn liebt. […]

Und obwohl er in dieser Schrift noch von vielen anderen lächerlichen Dingen phantasiert, behauptet er hartnäckig, daß Gott auf ihn herabgekommen sei. […]"[7]

Auf ihn folgten weitere byzantinische Kirchenlehrer, die den Koran in der theologischen Auseinandersetzung – insbesondere dogmatische Postulate wie z. B. Trinität und Gottessohnschaft – disqualifizierten, so z. B. Theodor Abū l-Qurrā (gest. 820)[8] oder auch Nikitas von Byzanz (9. Jhd.)[9], dem wir neben einer Reihe von Schriften zum Islam auch eine griechische Koranübersetzung verdanken.[10]

Erst im ausgehenden Mittelalter und zur Zeit der sich langsam abzeichnenden Reformbewegung, die die alleinige Autorität der Kirche infrage stellte, begann der Diskurs sich langsam zu verändern. Zwar bestimmten weiterhin Polemik und Apologetik die Auseinandersetzung mit der islamischen Glaubenslehre, dennoch erstarkte ein „neues" Interesse, welches durch das Werk von Nicolaus Cusanus (gest. 1464)[11], der mit seinen Schriften zum Islam prägend auf das theologische Denken der sich anbahnenden Reformation wirken sollte, eingeleitet wurde.

Dabei war Cusanus wohl der erste Theologe, der sich dem Islam ungewöhnlich „unvoreingenommen" näherte und in ihm die Wahrheit des Evangeliums bezeugt fand. Als Zeugnis des christlichen Glaubens, wenn auch nicht als „christlich" im Sinne des Wortes, war der Koran in der Wahrnehmung somit nicht mehr

---

7 Ebd., 75, 77.

8 Vgl. Cornelia Horn, Theodoros Abu Qurrah. In: Wassilios Klein (Hg.), Syrische Kirchenväter, Stuttgart 2004, 83 ff.; Smilen Markov, Theodor ʾAbū Qurra als Nachfolger des Johannes von Damaskus. In: Andreas Speer, Philipp Steinkrüger (Hg.), Knotenpunkt Byzanz. Wissensformen und kulturelle Wechselbeziehungen, Berlin/Boston 2012, 111 ff.

9 Vgl. Klaus-Peter Todt, Niketas von Byzanz. In: Biographisch-Bibliographisches Kirchenlexikon Bd. 6 (1993), 820 f.; Jannis Niehoff-Panagiotidis, Byzanz und der Islam. Von der Kontingenzbewältigung zur aneignenden Übersetzung. In: Speer/Steinkrüger (Hg.), Knotenpunkt Byzanz, 123–144.

10 Vgl. Karl Förstel, Niketas von Byzanz. Schriften zum Islam, Würzburg 2000.

11 Vgl. Hans Gerhard Senger, Nikolaus von Kues. Leben – Lehre – Wirkungsgeschichte, Heidelberg 2017.

durchgehend ein „Lügenbuch" per se, sondern vielmehr beredtes Zeugnis komplexer Zugänge zur Christologie. Dieser Ansatz speiste sich aus den historischen Entwicklungen der Zeit, denn Cusanus war mit verschiedenen „Sekten" (Abspaltungen) und häretischen, von der Kirchenmeinung abweichenden Bewegungen in Kontakt. Sein Werk zum Koran, die *Cribatio Alkorani* (die Sichtung des Korans)[12], im Winter 1460/61 verfasst, versuchte den Koran auf seinen biblischen Gehalt hin zu untersuchen und gleichzeitig vom Evangelium her zu deuten. Obgleich dies einen tiefen Einschnitt in den oft heftig und blutig geführten Diskurs bedeutete, stand Cusanus damit noch im Schatten der mittelalterlichen antiislamischen Traktate, wie der lateinischen Koranübersetzung des Petrus Venerabilis (gest. 1156) beigegebenen Traktate oder der *Contra legem Sarracenorum* (gegen das Gesetz der Sarrazenen) des Orientmissionars Ricoldus de Monte Crucis (gest. 1320).[13] Und doch markierte das Werk gewissermaßen den Übergang zur Reformation, in der es eine entscheidende Rolle spielte. Bei allem Wohlwollen stand Cusanus' Abhandlung aber weiterhin unter der Prämisse, dass der Prophet Muḥammad von den Schriften der Juden und Christen (oft fehlerhaft) abgeschrieben habe, dass er etwa mit den Juden einen Komplott gegen die Christen schmiedete, er von ihnen zumindest instrumentalisiert worden sei, dass er die Botschaft aus Böswilligkeit verstellt habe etc. So schreibt Cusanus etwa als Auftakt zu seiner Auseinandersetzung:

„Jesus aber, der Sohn der Jungfrau Maria, jener von Moses und den Propheten als kommender vorausverkündete Christus, kam und machte, weil er alles wußte, den oft genannten Weg auf vollkommenste Weise offenbar, was selbst Muḥammad bezeugt. Es ist deshalb sicher, daß, wer Christus und

[12] Vgl. Nikolaus von Kues, Sichtung des Korans, hg. von Ludwig Hagemann/ Reinhold Glei, (Lateinisch-deutsch). 2 Bde., Hamburg 1989.

[13] Zu den Quellen vgl. von Kues, Sichtung des Korans, 5 ff. Zur lateinischen Bibelübersetzung vgl. Thomas E. Burman, Reading the Qur'an in Latin Christendom, 1140–1560, Philadelphia 2007; Ulisse Cecini, Alcoranus latinus. Eine sprachliche und kulturwissenschaftliche Analyse der Koranübersetzungen v. Robert von Ketton und Marcus von Toledo, Berlin 2012; zu der Rolle der Dominikaner in der Mission vgl. John V. Tolan, Saracens: Islam in the Medieval European Imagination, New York 2002, insbesondere 171–274.

seinem Weg folgt, zur Erlangung des ersehnten Gutes kommen wird. Wenn daher Muḥammad in irgendeinem Punkt von Christus abweicht, so muß das entweder aus Unwissenheit geschehen sein, weil er Christus weder kannte noch verstand, oder aus böser Absicht, weil er die Menschen nicht zu jenem Ziel der Ruhe führen wollte, zu dem Christus den Weg gezeigt hat, sondern, unter dem äußeren Anstrich jenes Zieles, seine eigene Ehre suchte. Daß aber beides anzunehmen ist, wird ein Vergleich des Gesetzes Christi mit dem seinen ergeben. Wir halten es für erwiesen, daß Unwissenheit die Ursache von Irrtum und Böswilligkeit ist. Denn keiner, der Christus kennt, weicht von ihm ab oder schmälert sein Verdienst.

Unsere Absicht ist es, unter Zugrundelegung des Evangeliums Christi das Buch Muḥammads zu ‚sieben' und zu zeigen, daß auch in diesem Buch das enthalten ist, wodurch das Evangelium, wenn es der Bestätigung bedürfte, nachdrücklich bekräftigt werden würde, und daß, wo es abweicht, dies aus Unwissenheit und folglich aus böser Absicht Muḥammds hervorgegangen ist, da Christus nicht seine eigene Ehre suchte, sondern die seines Vaters und das Heil der Menschen, Muḥammad hingegen nicht die Ehre Gottes und das Heil der Menschen, sondern seine eigene Ehre."[14]

2.2 Das Koranbild im europäischen Mittelalter und zur Zeit der Reformation

Im Jahre 1143 legte Robert Ketenensis (gest. 1160) die erste lateinische Koranübersetzung vor, die für Jahrhunderte die Basis einer jeden Beschäftigung mit dem Koran gebildet hat. Mit Theodor Bibliander (gest. 1564) begann eine neue Ära der Buchproduktion und eine bis dahin nicht dagewesene Pluralisierung des Wissens. Bereits 1543 veröffentlichte Bibliander – eine zweite Auflage erschien bereits 1550 – eine erste abendländische Islamenzyklopädie unter dem Titel *Machumetis Saracenorum principis eiusque successorum vitae ac doctrina ipseque Alcoran* (Leben und Lehre Muhammads, Führer der Sarrazenen, seiner Nachfolger und des Korans selbst) (Basel 1543).[15] Sie enthielt neben der Koranüber-

[14] von Kues, Sichtung des Korans, 11 ff.

[15] Vgl. Gergory J. Miller, Theodor Bibliander's Machumetis Saracenorum Principis Eiusque Successorum Vitae, Doctrina ac ipse Alcoran (1543) as the Sixteenth Century ‚Encyclopaedia' of Islam. In: Islam and Christian-Islamic Relations 24 (2013), 241 ff.

setzung allerdings auch den Text umsäumende antiislamische Traktate, u. a. die *Cribatio Alkorani* des Nikolaus Cusanus. Es ist bemerkenswert, dass diese Ausgabe erst nach einem gesellschaftspolitischen Disput gedruckt wurde, in dem der Reformator Martin Luther (gest. 1546) Partei für den Druck ergriffen hatte. Dies nicht, weil er dem Islam wohlgesonnen gegenüberstand, sondern weil die gedruckte Ausgabe dieser Islamenzyklopädie seiner Ansicht nach das wichtigste Instrument zur Bekehrung und Abschreckung war: Pluralisierung des Wissens als Instrument zur Abwendung von Irrlehren und zur Verbreitung ideologisch vorgefasster Meinungen. So schrieb Luther etwa 1542 in seinem Schreiben an den Rat zu Basel,

> „das man den Mahmet oder Türken nichts verdrieslicheres thun, noch mehr schaden zu fugen kan (mehr denn mit allen waffen), denn das man yhren alcoran bey den Christen an den Tag bringe, darinnen sie sehen mugen, wie gar ein verflucht, schendlich, verzweifelt buch es sey, voller lugen, fabeln und aller grewel [...].“[16]

Erst die Übertragungen des Korans ins Französische (1647) durch André Du Ryer (gest. 1660) sowie ins Lateinische (1698) durch Ludovico Marraci (gest. 1700) lösten die Übersetzung des Robert Ketenensis ab, die dem Islam jede spirituelle Ebenbürtigkeit mit dem Alten und Neuen Testaments absprach. Diese abwertende Sicht auf den Koran erklärte sich also zum einen aus der traditionellen Feindschaft gegenüber dem Islam und zum anderen aus der christlichen Neudefinition Europas im ausgehenden Mittelalter. Das mittelalterliche Erbe, inklusive antiislamischer Denkweisen, erschien sogar als das wichtigste Vermächtnis an Europa – die unklare Situation im Osten, die mit der christlichen Expansion/Christianisierung, die im Jahre 1386 in der Union Litauens mit Polen vorläufig endete und mit den Türkenkriegen noch einmal auflebte, war die Grundlage für eine Verschärfung der Situation.[17]

---

[16] Ludwig Hagemann, Christentum contra Islam. Eine Geschichte gescheiterter Beziehungen, Darmstadt 1999, 36; zum Islamverständnis Luthers vgl. ders., Der Islam im Verständnis und Kritik bei Luther. In: Trierer Theologische Zeitschrift 103 (1994), 131–151.

[17] Vgl. Michael Bogolte, Krisen des Mittelalters. In: Heimo Reinitz (Hg.),

Kriegerische und theologische Auseinandersetzungen flammten erneut auf.

Der Beitrag des Islams in den verschiedenen Bereichen der Wissenschaft, vor allem der Philosophie, Theologie, Technik und Medizin, der Beitrag zu Scholastik und Aufklärung, wurde weitgehend ausgeblendet. Aber auch zur Zeit der sich schrittweise vollziehenden Aufklärung wurde der Koran nicht auf gleicher Augenhöhe mit dem biblischen Schrifttum betrachtet; abfällige Bemerkungen finden sich sowohl in der *Encyclopédie ou Dictionaire raisonné des sciences, des arts et des métiers* von Denis Diderot (gest. 1784) und Jean Baptiste le Rond d'Alembert (gest. 1783) als auch im deutschen Pendant *Grosses vollständiges Universal-Lexicon Aller Wissenschaften und Künste* von Heinrich Zedler (gest. 1751). Die Enzyklopädien weckten die Faszination des Fremden[18] und verbreiteten ein vermeintliches Wissen um den Orient, die Araber und den Islam, das im 18. und 19. Jahrhundert nicht selten Männer und Frauen, die dazu finanziell in der Lage waren, dazu bewog, den Orient zu bereisen, um die beschriebenen malerischen Landschaften und Architekturen sowie die archaischen Bräuche mit eigenen Augen sehen zu können. Zeitgleich waren es ebenfalls die Aufklärer, die sich mit einem vermeintlich politischen Islam konfrontiert sahen – man denke etwa an das Konzept des islamischen Despotismus, wie er etwa in den *Persischen Briefen* (*Lettres persanes*, 1721) von Charles de Montesquieu (gest. 1755)[19] dargelegt wurde. Für Montesquieu war der islamische Despotismus mit der französischen Aristokratie seiner Zeit nahezu deckungsgleich. Noch im ausgehenden 18. Jahrhundert stand der

---

Deutschland und Europa: Wächst zusammen, was zusammen gehört?, Berlin/Boston 2013, 27–44.

[18] Vgl. Zakariae Soltani, Orientalische Spiegelungen. Alteritätskonstruktionen in der deutschsprachigen Literatur am Beispiel des Orients vom Spätmittelalter bis zur Klassischen Moderne, Münster 2016.

[19] Vgl. Charles de Montesquieu, Lettres persanes. Édition de Jean Starobinski, Paris 1973 (Neuausgabe 2003) [Originalausgabe 1721]. Zu der Frage des Orientalismus in den ‚Persischen Briefen' vgl. Michael Curtis, Orientalism and Islam: European Thinkers on Oriental Despotism in the Middle East and India, Cambridge/New York 2009, 72 ff.

Islam also – bei aller Faszination, die er auf viele Europäer ausübte – für ein politisches System, das es zu überwinden galt.

Erst zu Beginn des 18. Jahrhunderts änderte sich die Situation grundlegend. Der Koran wurde in deutscher Übersetzung einem breiteren Publikum zugänglich gemacht, das sich jetzt selbst ein Bild vom Koran machen konnte. Hier mischten sich ernstes Interesse an der bisher wenig bekannten Religion mit orientalistischen Fantasien, (un-)romantischen Reiseerinnerungen und Projektionen aller Art. Damit gehört das Deutsche zu jenen Sprachen, in die der Koran erst nach längerer Zeit übersetzt wurde. Diese deutschen Übersetzungen waren – wie schon die 1616 erschienene Übertragung von Salomon Schweigger (gest. 1622)[20] – Drittübersetzungen, d. h. sie wurden aus dem Englischen oder Lateinischen angefertigt; so etwa David Nerreter (gest. 1726)[21] im Jahre 1703, der Marracis Übersetzung zugrunde legte, oder auch Theodor Arnold (gest. 1771)[22], der sich noch 1734 an der englischen Übersetzung von George Sale (gest. 1736)[23] orientierte. Die Letztere verwendete u. a. Johann Wolfgang von Goethe (gest. 1832) für seinen *West-Östlichen Diwan* (1818).[24] Eine erste deutsche Übersetzung des Korans aus dem arabischen Original ließ jedoch nicht lange auf sich warten. David Friedrich Megerlin (ca. gest. 1778) veröffentlichte 1772 unter dem Titel *Die türkische Bibel, oder der Koran*[25] eine Übersetzung, die keine Drittübersetzung mehr darstellte; sie war aber weiterhin an den Polemiken der Kirche orientiert und wurde auch von Goethe als „elende Produktion“ bezeichnet.[26]

---

[20] Vgl. Salomon Schweigger, Alcoranus Mahometicus; Das ist: Der Türcken Alcoran, Religion und Aberglauben […], Nürnberg ²1623.

[21] Vgl. David Nerreter, Neu-eröffnete Mahometanische Moschea, […], Der völlige Alkoran […], Nürnberg 1703.

[22] Vgl. Theodor Arnold, Der Koran, Oder insgemein so genannte Alcoran des Mohammeds […], Lemgo 1746.

[23] Vgl. George Sale, The Koran, Commonly Called The Alcoran of Mohammed […], London 1734.

[24] Vgl. Rüdiger Safranski, Goethe. Kunstwerk des Lebens. Biographie, München 2013, 563.

[25] Vgl. David Friedrich Megerlin, Die türkische Bibel, oder des Korans allererste teutsche Übersetzung, Frankfurt am Main 1772.

[26] Vgl. (Rezension) Frankfurter Gelehrten Anzeigen, 22.12.1772. Mutmaß-

Ein Jahr später, 1773, wurde eine Übersetzung des Quedlinburger Hofpredigers Friedrich Eberhard Boysen (gest. 1800) veröffentlicht, die 1828 von Samuel Friedrich Wahl (gest. 1834) noch einmal überarbeitet und publiziert wurde.[27] Allen Übersetzungen ist gemein, dass sie keinen Eindruck vom arabischen Original vermitteln und somit gänzlich dessen ästhetische Dimension ignorieren, die von Navid Kermani und neuerdings von Milad A. Karimi zu Recht hervorgehoben wird.[28]

2.3 Ästhetische Wahrnehmungen: Frühe Koranübersetzungen ins Deutsche

Nicht nur der arabische Korantext wurde in Deutschland und Europa bekannt, auch der narrative und theologische Inhalt des Korans drängte immer mehr in die Öffentlichkeit, vornehmlich in gebildeten Kreisen, die seit Voltaire (gest. 1778) und seinen Auseinandersetzungen mit dem Islam[29] in Bezug auf Kultur und Lehre der in Europa noch „fremden" Religion befasst waren. Voltaires

---

lich gilt Johann Wolfgang von Goethe als Rezensent. Vgl. Hartmut Bobzin, Friedrich Rückert und der Koran. In: Ders. (Hg.), Der Koran. In der Übersetzung von Friedrich Rückert, Würzburg 1996, XI.

27 Vgl. Samuel Friedrich Günther Wahl, Der Koran oder das Gesetz der Moslemen durch Muhammed den Sohn Abdallahs, Halle 1828.

28 Vgl. Navid Kermani, Gott ist schön. Das ästhetische Erleben des Koran, München [5]2015; Ahmad Milad Karimi (Hg.), Die Blumen des Koran oder: Gottes Poesie. Ein Lesebuch, Freiburg im Breisgau 2015.

29 Voltaire, Le fanatisme, ou Mahomet le prophète – De l'alcoran et de Mahomet, Amsterdam 1742 (erschienen auch auf Deutsch in anonymer Übersetzung als Die Schwäremerey, oder Mahomet der Prophet. In: Johann Friedrich Schönemann (Hg.), Sechs Schauspiele aus dem Französichen übersetzt, Braunschweig/Hamburg 1748 (Zweite Abteilung ohne Paginierung) – Zu der Einstellung Voltaires vgl. ebenfalls Karl-Josef Kuschel, Vom Streit zum Wettstreit der Religionen. Lessing und die Herausforderung des Islam, Düsseldorf 1998, 79. – Zu dem kulturellen Transfer vgl. Ruth J. Kilchenmann, Goethes Übersetzung der Voltairedramen Mahomet und Tancred. In: Comperative Literature 14 (1962), 332–340; Katharina Mammsen, Übersetzung von Voltaires Mahomet (1799). In: Dies., Goethe und die arabische Welt, Frankfurt am Main 1988, 218–238.

Negativzeichnung des Propheten[30] des Islams war nicht nur eine Attacke gegen den Islam, wie es bisher im christlichen Europa gängig war, sondern taugte auch als Schablone der Aufklärung, die auch auf das Christentum gelegt werden konnte. Der Koran drängte durch diese aufklärerische Auseinandersetzung mehr und mehr in das Bewusstsein Europas, und so verwundert es wenig, dass schon bald Übersetzungen des Korans angefertigt wurden, die dem Stil des Korans (formalen, rethorischen und poetischen Kriterien) gerecht werden wollten; die Übersetzer wollten den Koran mit all seiner innewohnenden dichterischen Kraft übersetzen. So schreibt etwa der Diplomat, Professor für Orientalische Sprachen und Orientreisende Joseph von Hammer-Purgstall (gest. 1856)[31]:

„Der Koran ist nicht nur des Islams Gesetzbuch, sondern auch Meisterwerk arabischer Dichtkunst. Nur der höchste Zauber der Sprache konnte das Wort des Sohnes Abdallah's stämpeln als Gottes Wort. In den Werken der Dichtkunst spiegelt sich die Gottheit als Genius ab. Diesen Einhauch und Aushauch der Gottheit beteten die Araber schon vor Mohammed in ihren großen Dichtern an, deren Gedichte mit goldenen Buchstaben geschrieben, an der Kaaba als Gegenstände der allgemeinen Verehrung aufgehangen waren. Mohammed unterjochte sein Volk weniger durch das Schwerdt, als durch der Rede Kraft. Das lebendige Wort, das die sieben göttlichen an der Kaaba aufgehängten Gedichte, weit hinter sich zurück liess, konnte nicht die Frucht menschlicher Begeisterung, es musste im Himmel gesprochen und geschrieben seyn von Ewigkeit her. Daher ist der Koran Gottes Wort. [...]"[32]

Es kam daher nicht von ungefähr, dass Hammer-Purgstall die ersten Vorarbeiten für eine ästhetische Erschließung der koranischen Texte vorlegte, die seinen Zeitgenossen Goethe ebenso anging –

[30] Vgl. zu den Darstellungen Muḥammads auch insbesondere Christiane Gruber, Avinoam Shalem (Hg.), The Image oft he Prophet between Ideal and Ideology: A Scholarly Investigation, Berlin/Boston 2013; vgl. auch Tarif Khalidi, Images of Muḥammad: Narratives of the Prophet in Islam Across the Centuries, New York 2009.

[31] Vgl. Wilhelm Baum, Josef von Hammer-Purgstall. Ein östereichischer Pionier der Orientalistik. In: Östereich in Geschichte 46 (2002), 224–239.

[32] Joseph von Hammer, Die letzten vierzig Suren des Korans als eine Probe einer gereimten Uebersetzung desselben. In: Fundgruben des Orients 2 (1811), 25–46; hier S. 25.

Goethe lehnte ja, wie bereits ausgeführt, die „Türkische Bibel" des David Friedrich Megerlin entschieden ab – und damit das Tor zur ästhetischen Wahrnehmung des Korans aufstieß.[33] Nachdem Hammer-Purgstall mit seinen 40 Surenproben das Unternehmen angestoßen hatte, den Koran in gereimte Form zu bringen, setzte er seine Koranübersetzung fort[34], die jedoch nie vervollständigt werden konnte. Seine Surenproben konnten daher nur einen kleinen Eindruck der sprachlichen Gewalt vermitteln, was erst die Übersetzungen von Friedrich Rückert (gest. 1866), der in jungen Jahren bei Hammer-Purgstall das Persische erlernte und später selbst einen Professorenruf an das Seminar für Orientalische Sprachen der Universität Erlangen erhalten sollte, zu erreichen vermochten. Es war schließlich Rückerts Koranübersetzung[35], die bleibenden Eindruck hinterließ und bereits wenige Jahre nach ihrer Veröffentlichung Nachahmer fand, z. B: Martin Klamroth (gest. 1890).

Um einen Eindruck von der poetischen Kraft dieser Übersetzungen zu geben, kann an dieser Stelle nur ein kleines Beispiel gegeben werden; Q 96:1–5 (arab. *al-ʿalaq*):

	Joseph von Hammer	Friedrich Rückert	Martin Klamroth
V. 1	Lies im Namen des Herrn der Dich erschaffen,	Lis im Namen deines Herrn der schuf,	Lies im Namen deines Herr, der die Welt gemacht,
V. 2	Der dich aus geronnenem Blute geschaffen.	Den Menschen schuf aus zähem Blut.	Den Menschen aus geronnenem Blute hervorgebracht!
V. 3	Lies: Dein Herr ist der Höchste.	Lis, dein Herr ists der dich erkohr,	Lies! Dein Herr ist hochgeehrt,
V. 4	Der Mensch lernte die Feder zu gebrauchen auf sein Geheiss;	Der unterwies mit dem Schreiberohr;	Der den Gebrauch des Schreibrohrs lehrt,

33 Vgl. ebd., 25 ff.

34 Vgl. ders., Fortsetzung der Probe einer Uebersetzung des Korans. In: Fundgruben des Orients 3 (1813), S. 231–261; ders., Probe einer Uebersetzung des Korans. In: Fundgruben des Orients 4 (1814), 68 ff.

35 Vgl. Rudolf Kreutner, Rückert, Johann Michael Friedrich. In: Neue Deutsche Biographie 22 (2005), 208–210.

	Joseph von Hammer	Friedrich Rückert	Martin Klamroth
V. 5	Er lehrte den Menschen, was er nicht weiss.	Den Menschen unterwies er in dem, was er nicht weiß zuvor.	Dem Menschen ein neues Wissen gewährt.

Noch eindrucksvoller tritt die poetische Kraft der Dichtung in anderen Suren hervor, so etwa in Q 93 (arab. *aḍ-ḍuḥā*), die nach Angelika Neuwirth als die wahrscheinlich früheste Sure des Korans anzunehmen ist.[36]

	Joseph von Hammer	Friedrich Rückert	Martin Klamroth
V. 1	Bey der Sonne, wann sie am Mittag auf der Höhe des Himmels thürmt!	Beim Tag der steigt!	Bei des Tageslichtes Pracht,
V. 2	Bey der Nacht, wann sie stürmt!	Und bei der Nacht, die schweigt!	Bei der schweigenden Nacht!
V. 3	Du bist vom Herrn gelobt und geschirmt.	Verlassen hat dich nicht dein Herr, noch dir sich abgeneigt.	Nicht verlässt dich dein Herr; er giebt auf dich Acht.
V. 4	In der anderen Welt geht es Dir besser als in diesem Leben,	Das dort ist besser als das was hier sich zeigt.	Ein besserer Ausgang als Anfang ist dir zugedacht.
V. 5	Da wird Dir, womit Du zufrieden seyn wirst gegeben.	Er gibt dir noch, was dir zu deiner Lust gereicht.	Ja, er wird dich beschenken, dass das Herz dir lacht.
V. 6	Fand er Dich nicht als Waisen, und nahm Dich auf?	Fand er dich nicht als Waisen, und ernährte dich?	Hat er dich nicht verwaist gefunden und treu bewacht?
V. 7	Fand er Dich nicht verirrt, und leitetet Dich den wahren Lauf?	Als irrenden, und führte dich?	Hat er dich verirrt gefunden und zurecht gebracht?
V. 8	Fand er Dich nicht verarmet, und macht Dich reich hierauf?	Als dürftigen, und mehrte dich?	Hat er dich nicht arm gefunden und reich gemacht?
V. 9	Den Waisen behandle wie ein Dränger nicht.	Darum den Waisen plage nicht.	Drum den Verwaisten – bedrück' ihn nicht!

36 Vgl. Angelika Neuwirth, Der Koran. Bd. 1: Frühmekkanische Suren. Poetische Prophetie, Berlin 2011, 44 f., 82 f.

	Joseph von Hammer	Friedrich Rückert	Martin Klamroth
V. 10	Den Bettler schelte nicht.	Dem Bittenden versage nicht,	Und den Bettler – hinweg von deiner Thür schick' ihn nicht!
V. 11	Verkünde laut des Herrn Gnaden.	Und deines Herrn Huld vermelde!	Von deines Herrn Wohlthat gieb Bericht!

Deutlich tritt die poetische Kraft der koranischen Verkündigung auch in Q 100 (arab. *al-ʿādiyāt*) zutage[37], wo der Wechsel des Reims gleichzeitig auf den Themenwechsel verweist und damit die koranische Botschaft szenisch inszeniert:

	Joseph von Hammer	Friedrich Rückert	Martin Klamroth
V. 1	Bey den Pferden, die im Wettlaufe rennen!	Die schnaubenden, die jagenden,	Bei den Rennern in schnaubendem Dampfe,
V. 2	Unter deren Hufen die Kiesel brennen,	Mit Hufschlag Funken schlagenden,	Die Funken schlagen mit Gestampfe,
V. 3	Die sich am Morgen wetteifernd zum Laufe drängen,	Den Morgenangriff wagenden,	In der Frühe jagen zum Kampfe,
V. 4	Die Staubwolken daher sprengen,	Die Staub aufwühlen mit dem Tritte,	Die Staub auftürmen,
V. 5	Und die feindlichen Geschwader trennen,	Und dringen in des Heeres Mitte!	Auf ein Heer anstürmen!
V. 6	Der Mensch ist gegen seinen Herrn undankbar!	Ja, der Mensch ist gegen Gott voll Trutz,	Der Mensch ist gegen seinen Herrn undankbar
V. 7	Er selbst bezeuget es als wahr.	Was er sich selbst bezeugen muß,	Und bezeugt es selbst als wahr;
V. 8	Er liebt zu sehr Reichthum und Pracht,	Und liebet heftig seinen Nutz.	Dem Wohlleben fröhnt er ganz und gar.
V. 9	Weiß er denn nicht dass am Tag, wo erhellt wird der Gräber Nacht,	O weiß er nicht, wann das im Grab wird aufgedeckt,	Weiß er denn nicht, wenn, was im Grabe ruhte, wird erweckt,

[37] Zur poetischen Struktur der koranischen Verkündigung vgl. Michael A. Sells, Approaching the Qur'an. The Early Revelations, Ashland 2007.

	Joseph von Hammer	Friedrich Rückert	Martin Klamroth
V. 10	Und wo, was in dem Busen schlägt, wird an den Tag gebracht;	Und das im Busen aufgedeckt,	Und offenbart wird, was im Herzen lag versteckt,
V. 11	Weiß er denn nicht daß an jenem Tag der Herr hat auf Alles Acht?	Daß nichts von ihnen ihrem Herrn dann bliebt versteckt?	Dass dann der Herr seinen Sinn entdeckt?

2.4 Der gedruckte Koran und die Versuche einer kritischen Textedition

Übersetzungen des Wortlauts, poetisch flach oder gar entstellend, stehen neben polemischen Auseinandersetzungen mit dem Koran in Theologie, Philosophie und Literatur. Ab Mitte des 16. Jahrhunderts spielte auch der Buchdruck eine entscheidende Rolle für die Beschäftigung mit dem Koran, da erst die Erfindung des Buches eine Revolution in Gang setzte, die es erlaubte, Wissen auf kleinstem Raum unterzubringen. Wenngleich Bücher noch teuer waren, waren sie doch weitaus erschwinglicher als Handschriften – Handschriftensammlungen von islamischen Schriften im Allgemeinen und dem Koran im Besonderen waren eher die Ausnahme. Es blieb daher die Frage nach einem verlässlichen Text, auf dessen Basis eine wissenschaftliche Untersuchung des Korans unternommen werden konnte. Abgeschnitten von der islamischen Gelehrsamkeit, die ihre eigenen Textsicherungstechniken entwickelt hatte, kann die westliche Forschung insbesondere in ihrer frühen Phase fast ausschließlich auf Manuskripte zurückgreifen, die von Orientreisenden mit nach Europa gebracht wurden.

2.4.1 Vom ersten Korandruck bis zur Kairiner Ausgabe

Die erste gedruckte Koranausgabe, die sich nachhaltig in der Forschungsgeschichte erweist, erblickte erst am Ende des 17. Jahrhundert das Licht der Welt[38] und ist dem Theologen Abraham Hinckelmann (gest. 1695)[39] zu verdanken. Schon zu seinen Lebzeiten galt Hinckelmann als eifriger Sammler seltener Koranhandschriften – sein Interesse galt dem koranischen Text und seiner theologischen Widerlegung. In seiner damals durchaus als fundiert geltenden Auseinandersetzung mit den orientalischen Handschriften erkannte er, dass man sich dem koranischen Text nur in seinem arabischen Wortlaut annähern kann, da jede Übersetzung in Eindimensionalität verfällt und nicht in der Lage ist, den theologischen Gehalt zu erfassen. Daher veröffentlichte er eine arabische Druckausgabe, die zu seiner Zeit als dringliches Desiderat gelten kann. Seine Ausgabe ist zwar keineswegs kritisch, sondern macht einen „Mischtext" sichtbar, den er aus seiner umfangreichen Handschriftensammlung etablierte, dessen größter Teil später in der Universitätsbibliothek zu Hamburg ihren Standort gefunden hat.[40] Sein Text, der bis in das 19. Jahrhundert hinein als einzig zuverlässiger Text – oft der einzig verfügbare – gilt, folgte weder einer mündlich überlieferten islamischen Lesetradition noch der kufischen Verszählung und ist daher keiner traditionellen Lektüre verpflichtet. Ihm ist darüber hinaus weder ein eigentlicher Kommentar noch eine Übersetzung beigegeben, da Hinckelmann für eine Beschäftigung mit dem Koran die Kenntnis des arabischen Textes ohnehin voraussetzte, was schon zu Lebzeiten Hinckelmanns Gabriel d'Artis (gest. 1730) in einer ausführlichen Rezension bedauerte.[41] Die Bedeutung dieser Koranausgabe ist jedoch nicht zu unterschätzen; sie allein galt bis ins

---

[38] Vgl. Abraham Hinckelmann, Al-Coranus sive Lex islamitica Muhammedis, Filii Abdallae, Pseudoprophetae, ad optimorum Codd. Fidem edita ex museo Abr. Hincckelm., Hamburg 1694.

[39] Vgl. Carl Bertheau/Hinkelmann, Abraham. In: Allgemeine Deutsche Biographie 12 (1880), 460–462.

[40] Andere Teile der orientalischen Sammlung wurden in der Folgezeit von Hinckelmanns Tochter zum Verkauf angeboten; ein beträchtlicher Teil der Sammlung wurde von dem Prediger Joachim Morgenweg (gest. 1730) erworben. Vgl. Hans-Walter Stork, Hamburger Buchauktionen im 18. Jahrhundert. In: Johann A. Steiger/Sandra Richter (Hg.), Hamburg. Eine Metropolregion zwischen Früher Neuzeit und Aufklärung, Berlin 2012, 269.

[41] Vgl. Gabriel d'Artis, Journal de Hambourg 1 (3. September 1694), 3 f.

ausgehende 19. Jahrhundert als die Koranausgabe der Orientalisten. Finden die antiislamischen Polemiken eines Johannes von Damaskus, der die koranische Lehre bezüglich der Christologie für eine christliche Häresie arianischer Prägung hält[42], und die ideologischen Untertöne der Koranübersetzung von Robert Ketenesnis (gest. 1160)[43], die im Jahre 1143 unter dem Titel *Lex Mahumet pseudoprophete (Das Gesetz des Pseudopropheten Muḥammad)*[44] – seinerzeit angeregt durch den cluniazensischen Abt Petrus Venerabilis (gest. 1156) – erscheint, weite Verbreitung, ist der arabische Text des Korans in Europa nicht zugänglich. Erst die Hinckelmann'sche Ausgabe verändert die Ausgangslage für arabistische Studien und ermöglicht eine unvoreingenommenere Erschließung des Islams.

In Padua veröffentlichte Ludovico Marracci etwa zeitgleich eine Koranausgabe[45], inklusive lateinischer Übersetzung; als katholischer Priester und Theologe wirkte er auch an einer arabischen Übersetzung der Bibel mit. Während seine Übersetzung und seine Studien zu islamwissenschaftlichen Themen seinerzeit weithin bekannt waren[46], blieb seine arabische Koranausgabe zur

---

42 Vgl. Stefan Schreiner, Die ‚Häresie der Ismaeliten'. Der Islam als politisches und theologisches Problem der Christen und die Anfänge christlich-antiislamischer Polemik. In: Hans-Jörg Schmid [u. a.] (Hg.), Identität durch Differenz? Wechselseitige Abgrenzungen in Christentum und Islam, Regensburg 2007, 119–138.

43 Vgl. Burman, Reading the Qur'ān in Latin Christendom, 60–87.

44 Robert of Ketton, Lex Mahumet pseudo-prophete que arabice Alchoran, id est, collectio preceptorum vocatur (Manuskript Paris, BnF, MS Arsenal 1162). Die Übersetzung wurde erstmals von Theodor Bibliander (gest. 1564) in seiner Islamenzyklopaedie (Machumetis Saracenorum principis, eiusque successorum vitae, doctrina ac ipse Alcoran, 1543) herausgegeben; auch basiert die italienische Übersetzung des Andrea Arrivabene (gest. 1570) von 1547 auf dieser ersten lateinischen Übersetzung. Auf dieser italienischen Übersetzung basiert letztlich auch die deutsche Übersetzung von Salomon Schweigger (gest. 1622), die im Jahre 1616 (1623) erschien.

45 Marraccio, Ludovico, Alcorani textus univers. Ex correctioribus Arabum exemplaribus summa fide. Atque pulcherrimis characteribus descriptus. Eademque fide, ac pari diligentia ex Arabico idiomate in Latinum translates, Padua 1698.

46 Vgl. Giorgio Levi della Vida, Ludovico Marracci e la sua opera negli studi

damaligen Zeit weitgehend unbeachtet. Vor allem hohe Kosten verhinderten eine Rezeption. Tatsächlich handelte es sich ursprünglich um zwei Werke, die zwischen den Jahren 1691 und 1698 erschienen. Der Titel des ersten Werks macht bereits auf seine polemische Natur aufmerksam: (a) *Prodromus ad refutationem Alcorani (Vorläufige Widerlegung des Korans);* es enthält neben einem Abriss der Lebensumstände des Propheten Muḥammad eine Zusammenfassung der islamischen Grundlehren, die Marracci aus diversen zugänglichen Manuskripten exzerpierte. Dabei kam ihm zugute, dass er auf die Handschriften der Vatikanischen Bibliothek zurückgreifen konnte. Seine zweite Schrift (b) *Refutatio alcorani (Die Widerlegung des Korans)* enthält den eigentlichen arabischen Text und eine lateinische Übersetzung. Insbesondere die Übersetzung wurde für folgende Generationen prägend, da sie bereits im Jahr 1721 in Leipzig ohne den arabischen Text und erläuternde Kommentare abgedruckt wurde.[47] An der Übersetzung orientierten sich noch Jahre später George Sale (gest. 1736)[48] und Friedrich Rückert (gest. 1866)[49] bei ihren eigenen Übersetzungsversuchen.[50]

Im Jahr 1787 ließ die Zarin Katharina II. (gest. 1796) in St. Petersburg für die muslimische Minderheit im Russischen Reich eine Koranausgabe anfertigen. Muslime waren in eindrücklicher

---

islamici. In: Ders., Aneddoti e svaghi arabi e non arabi, Mailand/Neapel 1959, 193 ff.

[47] Vgl. Christian Reineccius (Hg.), Mohammedis filii Abdallae pseudo-prophetae fides Islamitica. I.E. Al-Coranus ex idiomate Arabico, quo primum a. Mohammede conscriptus est, Latine versus per Ludovicum Marraccium [...], Leipzig 1721.

[48] Die Übersetzung erschien erst posthum unter dem Titel Der Koran. Im Auszuge übersetzt von Friedrich Rückert, hrsg. v. August Müller, Frankfurt am Main 1888. [Vgl. auch Der Koran. In der Übersetzung von Friedrich Rückert, hg. v. Hartmut Bobzin, Würzburg 1995, [5]2010].

[49] Die Übersetzung erschien unter dem Titel v. Sale, The Koran. Commonly Called the Alcoran of Mohammed.

[50] Vgl. Hartmut Bobzin, Von Luther zu Rückert: Der Koran in Deutschland: Ein weiter Weg von der Polemik zur poetischen Übersetzung. In: Akademie Aktuell 01/2010, 14 ff.

Weise an deren Herstellung beteiligt: Es handelte sich um eine bei islamischen Gelehrten gegen Bezahlung in Auftrag gegebene, leicht kommentierte Ausgabe[51], die in erster Linie für die türkischsprachigen Muslime in den neu eroberten Territorien Mittelasiens bestimmt war. Sie wurde mehrfach nachgedruckt – allein zwischen 1789 und 1798 fünfmal – und ist bis heute zusammen mit der ersten russischen Übersetzung des Korans von Gordiy S. Sablukov (gest. 1880)[52], die auf der Petersburger Ausgabe basiert, eine stark rezipierte Übersetzung. Es gelang der Zarin, „den Islam unter weltlicher Autorität zu institutionalisieren".[53] Ausgabe und Übersetzung haben bleibendem Einfluss auf die europäische Koranforschung, sodass die Petersburger Ausgabe sich als zuverlässige und handliche Ausgabe durchsetzte. Sie ist damit weitaus mehr als nur ein Beispiel des russischen Sonderweges und kann einen festen Platz in der Koranforschung beanspruchen.[54]

---

[51] Spätere Neudrucke aus der Stadt Kazan verzeichnen in den Seitenrändern auch divergierende Lesarten *(qirāʾāt)*, eine interessante Eigentümlichkeit, die bisher noch nicht gebührend in den Blick genommen ist. Vgl. Victor Chauvin, Bibliographie des ouvrages arabes ou relatifs aux arabes publiés dans l'Europe chrétienne de 1810 à 1885, Bd. 10: Le Coran et la Tradition, Liège, Leipzig 1907, 71 ff.

[52] Sablukov war Professor am Kazan Theological Seminary mit orthodox-christlicher Ausrichtung – seine Übersetzung ist nicht zufällig an die veraltete Bibelsprache angelehnt. Kazan gilt als kulturelles Zentrum des Islams in Russland, und es ist sicherlich nicht zufällig, dass hier eine russische Übersetzung vorgelegt wurde. Seine Koranübersetzung wurde allerdings im Laufe der Zeit durch die unfertige (trotzdem vorzügliche) Übersetzung von Ignatij J. Kračkovskij (gest. 1951), die im Jahre 1963 (Nachdrucke: 1986, 2005 und 2008) in Moskau erschien (hrsg. v. Viktor I. Beliaev [gest. 1976] und Petr A. Griznevich [gest. 1997]) ergänzt. Zu Kračkovskij vgl. den Nachruf von Heinz H. Giesecke. In: Zeitschrift der Deutschen Morgenländischen Gesellschaft 105 (1955), 6–17.

[53] Zur politischen Dimension vgl. Jane Burbank/Frederick Cooper, Imperien der Weltgeschichte. Das Repertoire der Macht vom alten Rom und China bis heute, Frankfurt am Main/New York 2012, 352 f.; Ravil Bukharaev, Islam in Russia: The Four Seasons, London/New York 2000, 308 f.

[54] Vgl. Ignatij J. Kračkovskij, Die russische Arabistik. Umrisse ihrer Entwicklung, übersetzt und bearbeitet von Otto Mehlitz, Leipzig 1957, 49 f. (russische Ausgabe 1950).

Gustav Leberecht Flügel (gest. 1870)[55], Orientalist und seit 1857 korrespondierendes Mitglied der Russischen Akademie zu St. Petersburg, veröffentlichte 1834 eine Stereotypenausgabe des Korans[56], die auf einer eigenen Rezension des Textes basierte.[57] Das Jahr 1834 kann daher in Bezug auf die westliche Koranforschung als Epochenjahr gelten – die zuvor veröffentlichten Koranausgaben von Hinckelmann und Marracci konnten kaum an den Erfolg von Flügels Ausgabe heranreichen, zumal diese dank des Stereotyppapierdrucks zu einem erschwinglichen Preis produziert werden konnte.[58] Wenngleich man die unterschiedlichen historischen Vorzeichen nicht vergessen sollte, stellt seine Ausgabe einen Meilenstein in der Orientalistik dar. Verwendet Abraham Geiger (gest. 1874) noch die Ausgabe Hinckelmanns für sein bedeutendes Werk zum Koran (*Was hat Mohamed aus dem Judenthume aufgenommen?*, 1833)[59], so erschien 1834 eine verlässliche Ausgabe aufgrund der Handschriftensammlung der Dresdener Bibliothek, die auch die bis dato zugängliche innerislamische exegetische Literatur, etwa den Korankommentar von al-Baiḍāwī (gest. 1286)[60]

---

55 Vgl. Johann W. Fück/Flügel, Gustav Leberecht. In: Neue Deutsche Biographie 5 (1961), 260 f.

56 Flügel, Gustav, Corani textus arabicus. Ad fidem librorum manuscriptorum et impressorum et ad praecipuorum interpretum lectiones et auctoritatem, Leipzig 1834. 1841 erfolgte bereits eine kritische Revision des Textes, sowie 1858, die in vielfachen Drucken großen Absatz fanden. Im Jahr 1842 veröffentlichte Flügel eine Konkordanz, die die Arbeit mit dem Koran nach dem Vorbild von Bibelkonkordanzen vereinfachen sollte: Concordantiae Corani arabicae, Leipzig 1842 (²1898).

57 Flügel erachtete die vorhandenen arabischen Koranausgaben als unzureichend, wie er in der Vorrede zu seiner Ausgabe eindeutig zu erkennen gibt.

58 Vgl. Reinhard Wittmann, Geschichte des deutschen Buchhandels, München ²1999, 222. Die Typen wurden vom Verleger und Schriftgießer Carl Christoph Traugott Tauchnitz (gest. 1836) eigens für den Schüler des berühmten Orientalisten Antoine-Isaac Silvestre de Sacy (gest. 1838) entworfen.

59 Vgl. Abraham Geiger, Inquiratur in fontes Alcorani seu legis Mohammedicae eas qui ex Judaismo serivandi sunt, 1832; auf Deutsch bereits ein Jahr später in leicht abgeänderter Form als Was hat Muḥammad aus dem Judenthume aufgenommen? Bonn 1833, ²1902 [Nachdruck Berlin 2004 mit einem Vorwort von Friedrich Niewöhner].

60 Vgl. James Robson, al-Bayḍāwī. In: EI² 1 (1960/1986), 1129. Der Koran-

Anwār at-tanzīl wa-asrār at-taʾwīl (Lichter der Offenbarung und die Geheimnisse der Auslegung), der sich streng auf den Kommentar von az-Zamaḫšarīs (gest. 1143)[61] *al-Kaššāf ʿan ḥaqāʾiq at-tanzīl* (Aufdeckung der Offenbarungswahrheiten) stützt, zurate zog. Weiterhin folgte die Flügel'sche Koranausgabe aber der Verszählung nach Hinckelmann und nicht der islamischen Lesevorgabe und orientierte sich an Handschriften und nicht an der mündlichen Tradition. Sie ist daher trotz allem Anspruch nur eingeschränkt verlässlich. Erst mit der offiziellen Kairiner Ausgabe wurde die Flügel'sche Ausgabe obsolet.[62]

Der Flügel'schen Koranausgabe folgte schon bald eine Konkordanz zum Koran, die den Koran als Objekt einer möglichst unvoreingenommenen Forschung ansah.[63] Die im Tauchnitz-Verlag erscheinenden Werke wurden stark rezipiert, da sie aufgrund der erschwinglichen Preise einem breiten Publikum zugänglich gemacht werden konnten. Bis in das frühe 20. Jahrhundert hinein bildete die Flügel'sche Ausgabe den Basistext für die Beschäftigung mit dem Koran. So richtete sich etwa die viel benutzte Übersetzung von Max Henning (gest. 1927)[64] nach der Verszählung der Flügel'schen Ausgabe, die sich ihrerseits wiederum auf Hinckel-

---

kommentar wurde veröffentlicht in: Heinrich L. Fleischer, Anwār at-tanzīl wa-asrār at-ta'wīl. Beidhawii Commentarius in Coranum: Ex codd. Parisiensibus, Dresdensibus et Lipsiensibus. 2 Bde., Leipzig 1846–1848.

[61] Vgl. Cornelis H. M. Versteegh, al-Zamakhsharī. In: EI^2 11 (2002), 432 ff.

[62] Vgl. Gotthelf Bergsträsser, Koranlesung in Kairo. In: Der Islam 20 (1932), 12 f. Zu den vielen Vorzügen der Azhar-Ausgabe vgl. Arne A. Ambros, Die Divergenzen zwischen dem Flügel- und dem Azhar-Koran. In: Wiener Zeitschrift für die Kunde des Morgenlandes 78 (1988), 9 ff.

[63] Auch die Flügel'sche Konkordanz findet keine Verwendung mehr, da sie durch die Konkordanz von Rudi Paret (1901–1983), die erstmals 1977 erschien, weitgehend ersetzt ist. Für das Nachschlagen eignet sich Hanna Kassis, A Concordance to the Quran, Berkley 1982; Muḥammad ʿAbd al-Bāqī, al-Muʿǧam al-mufahras li-alfāẓ al-Qur'ān, Kairo 1988.

[64] Die Übersetzung erschien unter dem Titel Der Koran. Aus dem Arabischen übertragen und mit einer Einleitung versehen von Max Henning, Leipzig 1901. Diese Übersetzung wurde mehrmals bearbeitet und erneut herausgegeben von: Annemarie Schimmel (1960, ^{3}1991), Kurt Rudolph (1968, ^{6}1984), Hanspeter A. Schmiede (1991, ^{2}1995) und letztlich Murad W. Hofmann (2001).

mann stützte und die bis heute mit teilweise angepasster Verszählung im Umlauf ist.

Erst zu Beginn des 20. Jahrhunderts unternahm man an der Azhar-Universität in Kairo (Ägypten)[65], einer der ältesten und renommiertesten Universitäten der islamischen Welt, den Versuch, einen verlässlichen Korantext zu drucken[66], der sowohl den philologischen als auch den religiösen Bedürfnissen genügte. Das Projekt wurde von König Aḥmad Fu'ād I. (reg. 1917–1938)[67] veranlasst und von einer Gruppe von Azhar-Gelehrten bearbeitet und überwacht. Federführend war dabei ein vierköpfiges Gremium unter dem Vorsitz von Muḥammad Ḫalaf al-Ḥusainī, dem Vorsitzenden des ägyptischen Instituts für Koranrezitation *(al-maqāri' al-maṣrīya)*.[68] Das Projekt wurde 1924 mit der Veröffentlichung der Edition vollendet. Der Text legte die kufische Verszählung und die Lesung nach Ḥafṣ ʿan ʿĀṣim zugrunde. Er orientierte sich damit an der Überlieferung der mündlichen Vermittlung; Koranmanuskripte wurden hingegen überraschenderweise nicht betrachtet. Das Kairiner Unternehmen steht damit eindeutig in der islamischen Tradition[69] und legt andere Kategorien des Wahrheitsanspruchs an als die westliche Wissenschaft. Die Tradition alleine verbürgt in Bezug auf den Koran die Wahrheit und nicht die verstreuten Handschriften, die in den verschiedensten Bibliotheken gesammelt wurden; und gerade dieser Ansatz sollte in der Folgezeit vehement in Frage gestellt werden.

---

65 Vgl. Jacques Jomier, al-Azhar. In: EI² 1 (1960/1986), 813 ff.

66 Andere Korandrucke (basierend auf kalligraphischer Ausgestaltung) haben wohl existiert, wobei hier hauptsächlich der kalligraphische Duktus abgedruckt wurde. Auch wachte kein dem al-maqāri' al-maṣrīya vergleichbares religiöses Gremium über die Textgestalt.

67 Vgl. Selma Botman, The Liberal Age, 1923–1952. In: Martin W. Daly, The Cambridge History of Egypt. Bd. 2: Modern Egypt, from 1517 to the End of the Twentieth Century, Cambridge 1998, 285 ff.

68 Weitere Mitglieder des Gremiums waren Ḥifnī Nāṣif, Muṣṭafā ʿAnānī und Aḥmad al-Iskandarī, vgl. Bergsträsser, Koranlesung in Kairo, 3.

69 Zum traditionellen Bild, welches mit dem Kairiner Unternehmen seinen vorläufigen Höhepunkt findet, vgl. Farid Esack, The Qur'an. A User's Guide, Oxford 2005, 78–99.

2.4.2 Historisch-kritische Manuskriptforschung

Da nun die zahlreichen Koranhandschriften[70], die in den Moscheen und Bibliotheken zum Teil sorgsam verwahrt wurden, dieser Kairiner Ausgabe nicht zugrunde gelegt wurden, wurde insbesondere Gotthelf Bergsträsser (gest. 1933)[71], der seinerzeit über die standardisierte Kairiner Koranausgabe berichtete[72], aufgefordert, eine kritische Ausgabe des Korans in Angriff zu nehmen:

> „Die neue Koranausgabe steht als wertvoller Beitrag des Orients zur Orientalistik keineswegs allein; trotzdem bildet sie einen Sonderfall. Überall; oder fast überall, wo sonst in neuerer Zeit Orientalen uns brauchbare Ausgaben oder fördernde Untersuchungen geschenkt haben, sind sie vorher bei der europäischen Wissenschaft in die Schule gegangen; der amtliche ägyptische Koran dagegen ist von europäischen Einfluß völlig frei. In ihm ragt eine altislamische Wissenschaft lebenskräftig und leistungsfähig in unsere Tage hinein; er ist ein Dokument für den überraschend hohen Stand der ägyptischen Koranlesungswissenschaft. Fast möchte man so weit gehen zu behaupten, daß nur der Geist des *ʿilm al-qirāʾāt* eine solche Ausgabe schaffen konnte: alle europäische philologische Akribie und Sorgfalt des Kollationierens hätte kaum diese fast absolute Korrektheit erreichen können, zu der lebenslang gepflegte gedächtnismäßige Beherrschung aller Einzelheiten und religiöse Andacht zum Kleinsten die ägyptischen Korangelehrten befähigt haben.“[73]

Der Name Gotthelf Bergsträssers steht für eine Gelehrtengeneration, die sich dem Koran als einem heiligen Text annäherte, der den anderen monotheistischen Offenbarungstexten an die Seite gestellt gehört. Daher initiierte Bergsträsser an der Bayerischen Akademie der Wissenschaften die Herausgabe einer textkritischen Koranausgabe auf der Grundlage zahlreicher Handschriften, die allerdings aufgrund seines plötzlichen Todes nicht realisiert wurde. Erst Bergsträssers Nachfolger Otto Pretzl (gest. 1941) ent-

---

[70] Zu den Handschriften vgl. Froiçois Déroche, „Written Transmission“. In: Andrew Rippin (Hg.), The Blackwell Companion to the Qurʾān, Malden, Oxford, Carlton 2006, 172 ff.

[71] Zur Person vgl. den Nachruf von Hans L. Gottschalk in: Der Islam 24 (1937), 185 ff.

[72] Vgl. Bergsträsser, Koranlesung in Kairo, 3 f.

[73] Ebd., 10 f.

wickelte die Idee zu einem *Apparatus criticus* als Ergänzung zur Kairiner Koranausgabe weiter.[74] So legte er im Jahr 1930 der Bayerischen Akademie der Wissenschaften den Plan vor, solch ein Unternehmen dort zu beherbergen.

> „Die Bedeutung der Koranhandschriften für die Textkritik ist unter dem Einfluß der herrschenden islamischen Anschauung, die ihnen keinerlei Autorität zuerkennt, oft unterschätzt worden. In der Tat kann man nicht sicher sein, daß die isolierte Lesart einer Handschrift nicht Fehler oder Willkür ist. Obwohl also den Handschriften gegenüber besondere Vorsicht am Platze ist, muß eine kritische Koranausgabe sie doch berücksichtigen."[75]

Dieses visionäre Unternehmen wurde schon seinerzeit von westlicher wie islamischer Seite gleichermaßen begrüßt. Zum einen ist hier exemplarisch Arthur Jeffery (gest. 1959) zu nennen, der sich in der Folgezeit ebenfalls der koranischen Textgestalt widmete – seine bereits 1930 anvisierte kritische Koranausgabe bleibt aber weiterhin ein Desiderat der Koranforschung[76] –, zum anderen ist exemplarisch auf den ägyptischen Gelehrten Abū Abdallāh al-Zindjānī (gest. 1965) zu verweisen, der sich äußerst positiv gegenüber dem Bergsträsser'schen Unternehmen ausspricht.[77] Das Projekt wurde nach dem Tod Bergsträssers aber nicht in die Tat umgesetzt, da Bergsträssers Nachfolger Otto Pretzl 1941 verstarb und die Kriegswirren das Projekt schließlich zum Erliegen brachten.[78]

Das Archiv ging nach dem Tode Otto Pretzls in den Besitz seines Schülers Anton Spitaler (gest. 2003) über. Es galt lange Zeit als verloren, da Spitaler das Gerücht in Umlauf brachte – oder ihm zumindest nicht widersprach –, dass das Koranarchiv bei der Bombardierung der Bayerischen Akademie der Wissenschaften in den

---

[74] Vgl. ders., Plan eines Apparatus Criticus zum Koran. In: Sitzungsberichte der philosophisch-philologischen Klasse der Bayerischen Akademie der Wissenschaften, Heft 7, München 1930.

[75] Ebd., 8 f.

[76] Vgl. Arthur Jeffery, Materials for the History of the Text of the Qur'ān. The Old Codices. The Kitāb al-Maṣāḥif of Ibn Abī Dāwūd [...], Leiden 1936.

[77] Vgl. Abū ʿAbd Allāh al-Zinǧānī, Ta'rīḫ al-Qur'ān [...], Kairo 1935.

[78] Vgl. Otto Pretzel, Die Fortführung des Apparatus Criticus zum Koran, München 1934.

Kriegsjahren völlig zerstört worden sei.[79] Ein Grund dafür könnte sein, dass Spitaler sich in erster Linie als Philologe verstand und kein Interesse daran hatte, an die Koranforschung oder die kritische Koranausgabe seiner Lehrer anzuknüpfen. Erst im Jahr 1992/1993 übergab Anton Spitaler seiner einstigen Schülerin Angelika Neuwirth, die von ihm mit ihren Studien zur Komposition der mekkanischen Suren habilitiert worden war und die er als geeignete Sachwalterin ansah, das erhaltene Koranarchiv. Es besteht aus etwa 450 Agfa-Filmen mit jeweils maximal 40 Bildern und damit etwa 12000 Bildern von Manuskriptseiten.[80] Seine Bedeutung kann nicht hoch genug eingeschätzt werden, handelt es sich doch um Bilder von heute nicht mehr zugänglichen oder verlorenen Koranhandschriften. Erst seit 2007 führen Wissenschaftlerinnen und Wissenschaftler unter der Leitung von Angelika Neuwirth die Analyse und Auswertung dieses einmaligen Koranarchivs an der Berlin-Brandenburgischen Akademie der Wissenschaften *(Corpus Coranicum: Textdokumentation und Kommentar zum Koran)*[81] durch – die Ergebnisse werden vor allem online einer interessierten Öffentlichkeit und der Fachwelt zugänglich gemacht.

Zeitgleich arbeitet eine Gruppe von Forscherinnen und Forschern aus Saarbrücken an der Herausgabe der Koranhandschriften, die im Jahre 1972 in der großen Freitagsmoschee in Sanaa (Jemen) gefunden wurden. Diese Gruppe setzt die Tradition der Revisionistenschule fort (s. u.). Die Wissenschaftler, die sich u. a. mit den Sanaa-Handschriften befassen, gruppieren sich um Karl-Heinz Ohlig (Saarbrücken); zu der Gruppe gehören auch Gerd-

---

79 Vgl. Angelika Neuwirth, Der Koran. In: Helmut Gätje (Hg.), Grundriß der arabischen Philologie. Bd. 2: Literaturwissenschaft, Wiesbaden 1987, 112.

80 Vgl. Michael J. Marx, The Koran According to Agfa – Gottheld Bergsträssers Archiv der Koranhandschriften. In: Trajekte 19 (2009), 25–29.

81 Vgl. ders., Ein Koran-Forschungsprojekt in der Tradition der Wissenschaft des Judentums: Zur Programmatik des Akademievorhabens Corpus Coranicum. In: Dirk Hartwig (u. a.) (Hg.), „Im vollen Licht der Geschichte. Die Wissenschaft des Judentums und die Anfänge der kritischen Koranforschung", Würzburg 2008, 41 ff. An dem Projekt sind zeitgleich drei weitere Projekte bzw. Kooperationen angegliedert: CORANICA (2011–2014), PALEOCORAN (2015–2018), und IRANCORAN (2018–).

Rüdiger Puin, Markus Groß, Hans-Caspar Graf von Bodmer und Christoph Luxenberg.[82] 2007 gründete die Saarbrücker Forschungsgruppe einen Verein zur historisch-kritischen Bearbeitung des Korans und des Frühislams mit dem Namen *ināra* – wörtlich ‚Aufklärung'. Um ihre Thesen durchzusetzen, haben sie eine eigene Schriftenreihe etabliert, die sich der historisch-kritischen Forschung des Korans und der frühislamischen Geschichte widmet.[83] Sie nehmen eine äußerst kritische Position gegenüber dem islamischen Schrifttum ein, die sie im Allgemeinen als spätere Konstruktionen sehen. In Bezug auf den Koran gehen sie etwa davon aus, dass aufgrund der noch „dunklen" Stellen im Koran ca. ein Fünftel der Offenbarungsschrift „neu" gelesen werden müsse.

Die Kodifizierung des Korantextes und seine handschriftliche Überlieferung sind heute weiterhin Gegenstand der historisch-kritischen Koranforschung, wie sie also zwischen Saarbrücken und Berlin betrieben wird und die nach dem Beispiel der historisch-kritischen Bibelwissenschaft versucht, einen Text zu rekonstruieren, der als gesichert gelten kann.[84] Dabei reicht die gegenwärtige Koranforschung über die traditionelle Textwissenschaft hinaus, wie sie etwa die islamische Kultur ausgebildet hat, und bezieht die ältesten Koranhandschriften in ihre Arbeit mit ein

---

[82] Luxenberg zählt wohl zu den exponiertesten Vertretern der Saarbrückener Schule. Er erregte großes Aufsehen mit einem Werk, das den Koran in der syrisch-christlichen Tradition verortet. Christoph Luxenberg, Die syro-aramäische Lesart des Koran. Ein Beitrag zur Entschlüsselung der Koransprache, Berlin [5]2015. Die Thesen sind im Allgemeinen überheblich und wissenschaftlich kaum haltbar, vgl. Stefan Wild, Lost in Philology? The Virgins of Paradise and the Luxenberg Hypothesis. In: Angelika Neuwirth/Michael Marx/Nicolai Sinai (Hg.), The Qur'ān in Context. Historical and Literary Investigations into the Qur'ānic Milieu, Leiden/Boston 2010, 625–649; Walid A. Saleh, The Etymological Fallacy and Qur'ānic Studies. Muhammad, Paradise, and Late Antiquity. In: Neuwirth/Marx/Sinai (Hg.), The Qur'ān in Context, 670–698.

[83] Vgl. Hans-Caspar Graf von Bothmer/Karl-Heinz Ohlig/Gerd-Rüdiger Puin, Neue Wege der Koranforschung. In: Magazin Forschung 1 (1999), 32 ff.

[84] Vgl. Alexander A. Fischer, Der Text des Alten Testaments. Neubearbeitung der Einführung in die Biblia Hebraica von Ernst Würthwein, Darmstadt 2009, 219 ff.

– exemplarisch sei hier nur auf das Palimpsest aus Sanaa[85] oder den Codex Parisino-Petropolitanus[86] und den Codex Amrensis[87] hingewiesen. Es gilt daher, die Ergebnisse nun auch für die innerislamische Koranforschung fruchtbar zu machen, wohlgemerkt ohne traditionelle Glaubenssätze leichtfertig aufzugeben. Jeder textkritische Eingriff in den koranischen Text hat daher – wenn überhaupt – mit äußerster Vorsicht zu erfolgen und sollte in jedem Einzelfall mit den Methoden der historisch verbrieften Korankritik geprüft werden.[88]

2.5 Zugänge zum Koran im 19. und 20. Jahrhundert

Ab dem 19. Jahrhundert zeigte sich eine Wende im Umgang mit dem Koran, die maßgeblich mit der Durchsetzung eines neuen Geschichtsverständnisses und mit der Etablierung des historisch-kritischen Zugangs zu den Heiligen Schriften (vgl. dazu Kapitel 6) durch die *Wissenschaft des Judentums* eingeläutet wurde.[89] Dieser

---

[85] Vgl. Asma Hilali, The Sanaa Palimpsest. The Transmission of the Quran in the First Centuries H., Oxford 2017.

[86] Vgl. Déroche, Le transmission écrite du Coran dans les débuts de l'Islam. Le Codex Parisino-Petropolitanus, Leiden/Boston 2009.

[87] Vgl. Éléonore Cellard/Sabrina Cimiotti, Codex Amrensis 1, [Documenta Coranica, Bd. 1] Leiden 2018.

[88] D.h. Textkritik, Literarkritik, Strukturanalyse, chronologische Einordnung usw. Das Verfahren ist exemplarisch mit den Grundannahmen vorgeführt in Neuwirth, Zur Struktur der Yūsuf-Sure. In: Werner Diem/Stefan Wild (Hg.), Studien aus Arabistik und Semitistik. Anton Spitaler zum siebzigsten Geburtstag von seinen Schülern überreicht, Wiesbaden 1980, 123ff.

[89] Man denke hier insbesondere auch an Johann Gottfried Eichhorn (gest. 1827), der mit seinem Repertorium für biblische und morgenländische Literatur das erste Publikationsorgan der historisch-kritischen Wissenschaft begründete. Wegweisend waren auch seine Studien Historisch-kritische Einleitung in das Alte Testament, 3 Bde., Leipzig 1780–1783 und seine Einleitung in das Neue Testament. 5 Bde., Leipzig 1804–1827. Zu Eichhorn vgl. auch Norbert Nebes, Orientalistik im Aufbruch. Die Wissenschaft vom Orient in Jena zur Goethezeit. In: Jochen Golz (Hg.), Goethes Morgenlandfahrten. West-östliche Begegnungen, Frankfurt am Main/Leipzig 1999, S. 66ff. Zum Beitrag der Wissenschaft des Judentums zur Koranforschung vgl. Dirk Hartwig, Die ‚Wis-

Durchbruch gelang einer Gelehrtengruppe, die selbst im Kreuzfeuer der Kritik stand, nämlich den Vertretern der sog. „Wissenschaft des Judentums“, einer deutsch-jüdischen intellektuellen Bewegung, die sich seit Leopold Zunz (gest. 1886) der Historisierung ihrer eigenen kanonischen Texte verschrieben hatte.[90] Was im 19. Jahrhundert in der christlichen Theologie revolutionär neu praktiziert worden war, nämlich die Bibel nicht als religiösen, sondern als historischen Text zu lesen, sollte auch auf ihren hebräischen Kanon angewandt werden, sodass es angebracht erschien, von zwei gleichzeitigen Re-Lektüren der Bibel zu sprechen, durch welche Schrifttexte aus ihrer jahrhundertealten Deutungstradition in Synagoge und Kirche – d.h. Judentum und Christentum als Schwesterreligionen – in die säkulare Disziplin der Geschichte überführt wurden.

Für eine Vielzahl von jüdischen Gelehrten der „Wissenschaft des Judentums“ ist nicht – wie für christlich akkulturierte Forscher – die griechisch-römische Antike das goldene Zeitalter, das Maß aller Dinge, sondern die arabisch-islamische Vergangenheit, d.h. die Zeit der jüdisch-islamischen kulturellen Symbiose in al-Andalus, die für das damalige Europa – zumal seit den osmanischen Eroberungen – eher im Dunkel liegt. Ein ganz anderes kulturelles Selbstverständnis, eine „Selbstorientalisierung“[91], war

senschaft des Judentums‘ und die Anfänge der kritischen Koranforschung. Perspektiven einer modernen Koranhermeneutik. In: Zeitschrift für Religions- und Geistesgeschichte 61 (2009), 234–256; ders., Die ‚Wissenschaft des Judentums‘ als Gründerdisziplin der kritischen Koranforschung. Abraham Geiger und die erste Generation jüdischer Koranforscher. In: Christian Wiese/Walter Homolka/Thomas Brechenmacher (Hg.), Jüdische Existenz in der Moderne. Abraham Geiger und die Wissenschaft des Judentums, Berlin 2013, 297–319.

90 Vgl. Leopold Zunz, Etwas über die rabbinische Litteratur. Nebst Nachrichten über ein altes bis jetzt ungedrucktes hebräisches Werk, Berlin 1818; Wout van Bekkum, Leopold Zunz „schleiermachert in jeder Beziehung“. Eine Skizze. In: Görge K. Hasselhoff (Hg.), Die Entdeckung des Christentums in der Wissenschaft des Judentums, Berlin/New York 2010, 19ff.

91 Susannah Heschel, German-Jewish Scholarship on Islam as a Tool of De-Colonization. In: New German Critique 117 (2012), 91–117; dies., Constructions of Jewish Identity through Reflections on Islam. In: Nina Caputo/An-

Auslöser einer neuen Forschungsrichtung, die dazu angetreten ist, den Koran und den Islam endlich mit den Maßstäben der bereits etablierten Wissenschaft zu erforschen. Gilt weithin Ignaz Goldziher (gest. 1921)[92] als Begründer der Islamwissenschaft, der mit seinen bis heute unerreichten Studien zur islamischen Traditionsliteratur – *tafsīr* und *ḥadīṯ* – neue Standards setzte[93], so ist wenig bekannt, dass bereits ein halbes Jahrhundert zuvor Abraham Geiger (gest. 1874) mit der Beantwortung einer Preisfrage *(Inquiratur in fontes Alcorani seu legis Mohammedicae eas qui ex Judaismo derivandi sunt)*[94] die Koranforschung auf eine neue Basis stellte oder, besser gesagt: eine Koranforschung überhaupt erst aus der Taufe hob. Sein 1833, also ein Jahr nach Veröffentlichung der in Lateinisch angefertigten Preisschrift, auf Deutsch erscheinendes Erstlingswerk *Was hat Mohammed aus dem Judenthume aufgenommen?* erkennt im Koran vielfältige Echos der jüdischen Traditionsliteratur.[95] Für Geiger ist der Koran damit – strukturanalog zum Christentum – im Mutterschoße des Judentums geboren. Der Koran repräsentierte für ihn nicht das Fremde, sondern wurde als Teil einer gemeinsamen Geschichte wahrgenommen, in der der Koran Zeugnis ungetrübter jüdischer Vitalität ist.

Zwar blieb der Koran auch für die jüdischen Gelehrten der damaligen Zeit zu weiten Teilen ein „Plagiat“ jüdischer Schriftkultur,

---

drea Sterk (Hg.), Faithful Narratives: Historians, Religions, and the Challenge of Objectivity, Ithaca 2014, 169–184.

[92] Vgl. Peter Haber, Zwischen jüdischer Tradition und Wissenschaft. Der ungarische Orientalist Ignác Goldziher (1850–1921), Köln 2006.

[93] Vgl. Ignaz Goldziher, Muhammedanische Studien, 2 Bde., Halle 1889–1890; ders., Die Richtungen der islamischen Koranauslegung. An der Universität Uppsala gehaltene Olaus-Petri-Vorlesungen, Leiden 1920.

[94] Vgl. Abraham Geiger, Inquiratur in fontes Alcorani seu legis Mohammeicae eas qui ex Judaismo derivandi sunt, o. A. 1832; zu Geiger vgl. Ken Koltun-Fromm, Abraham Geiger's Liberal Judaism: Personal Meaning and Religious Authority, Bloomington 2006.

[95] Vgl. Geiger, Was hat Muḥammad aus dem Judenthume aufgenommen? (Eine von der Königl. Preussischen Rheinuniversität gekrönte Preisschrift, Bonn 1833, 2. Auflage Leipzig 1902 (Nachdruck Berlin 2004 mit einem Vorwort von Friedrich Niewöhner).

aber erstmals wurde der Koran als Literatur wahrgenommen, die es wert schien, mit den gleichen Mitteln ausgewertet zu werden wie die biblischen Schriften, die frühjüdischen Schriften und das rabbinische Schrifttum.[96] Kulturell-christlich geprägte Forscher, die diesen rabbinischen „Vorsprung" nicht hatten, fanden im Koran vor allem eine entstellte Lehre; ein Vorwurf, der seit Johannes von Damaskus auf dem Islam lastet.[97] Kaum hatte sich jedoch der Vorstoß in das vornehmlich jüdische Umfeld des Korans vollzogen, begannen zunehmend auch christlich geprägte Forscher, sich mit dem Koran zu beschäftigen. Sie versuchten ihrerseits, den Koran in der Kultur christlicher Homilien und psalmistisch geprägter Frömmigkeit[98] zu verorten. Es kam zu einem regelrechten „Kulturkampf" um den geistesgeschichtlichen Hintergrund des Korans: Ist der Koran jüdisch und bzw. oder christlich beeinflusst? Hatte der Prophet jüdische bzw. christliche Lehrer? etc.[99] Erst 1936, also knapp 100 Jahre nach Herausbildung der kritischen Koranforschung, konnten die Auseinandersetzungen zwischen christlich geprägten und jüdischen Forschern durch Johann Fück (gest. 1974) neutralisiert werden. Fück stellte in seinem sei-

---

96 Vgl. Zunz, Etwas über die rabbinische Litteratur, Berlin 1818.

97 Vgl. dazu Hartwig, Die ‚Wissenschaft des Judentums' und die Anfänge der kritischen Koranforschung; auch Susannah Heschel, Judaism, Islam, and Hellenism. The Conflict in Germany over the Origins of Culture. In: Jeremy Cohen/Richard I. Cohen (Hg.), The Jewish Contribution to Civillization. Reassessing an Idea, Oxford 2008, 98–124; ders., Deutsch-jüdische Islamwissenschaftler und die ‚Entorientalisierung' des Judentums. In: Christina von Braun (Hg.), Was war deutsches Judentum? 1870–1933, Berlin 2015, 149–166.

98 Vgl. Theodor Nöldeke, Hatte Muḥammad christliche Lehrer? In: Zeitschrift der Deutschen Morgenländischen Gesellschaft 4 (1858), 699–708; Tor Andrae, Die Entstehung des Islams und das Christentum, Uppsala/Stockholm 1926.

99 Es sollte betont werden, dass z.B. Julius Wellhausen, ein bedeutender Orientalist seinerseits, den Koran vor allem auf pagane Überreste einer vorislamischen Kultur reduzierte. Vgl. Julius Wellhausen, Reste altarabischen Heidentums, Berlin [2]1927; Heschel, Judaism, Islam, and Hellinism: The Conflict in Germany over the Origins of Culture. In: Jeremy Cohen/Richard I. Cohen (Hg.), The Jewish Contribution to Civilization: Reassessing an Idea, Oxford/Philadelphia 2008, 98–124.

nerzeit viel beachteten und als Korrektiv wirkenden Aufsatz „Die Originalität des arabischen Propheten“, mit dem er zugleich die *Leben-Muḥammad-Forschung* einleitete, dar[100], dass jegliche Untersuchungen auf Abhängigkeiten – seien diese nun in der jüdischen oder christlichen Tradition zu suchen – eine Sackgasse für die Koranforschung bedeuteten, weil sie suggerierten, dass „das Wesen des Propheten in eine Summe von tausend Einzelteilen zu zerlegen“[101] sei. Der durch Fück ausgelöste Trend fokussierte mehr und mehr auf das Leben des Propheten Muḥammad, so wie es sich aus den neu zugänglich gewordenen Quellen der islamischen Tradition (z. B. die *Ṭabaqāt* des Ibn Saʿd [gest. 845]) herauskristallisierte.[102] Die Kenntnis der islamischen Tradition ersetzte so zunehmend einen historischen Umgang mit dem Gründungstext der islamischen Religion – dies lässt sich z. B. bei Rudi Paret (gest. 1983)[103] und William Montgomery Watt (gest. 2006) zeigen.[104] Letzterer rehabilitiert den Propheten, indem er die historische Bedeutung Muḥammads herausstellt:

„Seine Bereitschaft, für seinen Glauben Einschnitte hinzunehmen, der hohe moralische Charakter jener Männer, die an ihn geglaubt haben und ihn als Führer ansahen, und die Großartigkeit seines endgültigen Erfolgs – all das spricht für seine fundamentale Integrität. Mohammed als einen Hochstapler abzustempeln, bringt mehr Probleme hervor, als es lösen würde. Über-

---

[100] Vgl. Johann Fück, Zur Originalität des arabischen Propheten. In: Zeitschrift der deutschen morgenländischen Gesellschaft 90 (1936), 509–525. (Nachdruck in: Fück, Arabische Kultur und Islam im Mittelalter. Ausgewählte Schriften, hg. v. Manfred Fleischhammer, Weimar 1981, 142–152.)

[101] Fück, Zur Originalität des arabischen Propheten, 510 f.

[102] Es handelte sich um ein Gelehrtenunternehmen unter der Leitung von Eugen Mittwoch und Eduard Sachau und vereinte die größten Arabisten seiner Zeit, z. B. Eugen Mittwoch, Josef Horovitz, Friedrich Schwally, Julius Lippert, K. V. Zetterstéen, Bruno Meissner und Carl Brockelmann. Es erschien als Ibn Saad, Biographien Muḥammads, seiner Gefährten und der späteren Träger des Islams. 9 Bde, Leiden 1905–1928.

[103] Vgl. Paret, Der Koran als Geschichtsquelle. In: Der Islam 37 (1961), 24–42; ders., Mohammed und der Koran. Geschichte und Verkündigung des arabischen Propheten, Stuttgart/Berlin, Köln 1957.

[104] Vgl. William Montgomery Watt, Muhammad at Mecca, Oxford 1953; ders., Muhammad at Medina, Oxford 1956.

Aktuelle Fragen und Hintergrundwissen

Die Herder Korrespondenz bietet einen umfassenden Überblick sowie Hintergründe und Analysen zu den wichtigsten Themen aus Religion und Gesellschaft. Sie greift Debatten aus Kirche, Theologie und Kultur auf. Wer die Herder Korrespondenz liest, weiß Bescheid und kann mitreden.

Breites Themenspektrum

In einer säkularen Gesellschaft braucht es den verstärkten Diskurs über Fragen der Religionen, des Glaubens und der Ethik. Die Herder Korrespondenz ist dafür die Plattform. Jedes Heft enthält ein Interview mit einer Persönlichkeit aus Kirche, Wissenschaft und Politik. Der Leitartikel widmet sich pointiert religiös-gesellschaftlichen Zeitfragen.

Katholisch ohne Scheuklappen

Die Herder Korrespondenz analysiert für Sie kompetent und fair kirchliche Verlautbarungen und berichtet unvoreingenommen über das Leben der katholischen Kirche sowie über vatikanische und weltkirchliche Vorgänge.

Ökumene und Religionsdialog

Die Herder Korrespondenz hat von Anfang an die Ökumenische Bewegung und das ökumenische Engagement der katholischen Kirche begleitet. Sie informiert über die nichtkatholischen christlichen Kirchen und widmet sich intensiv dem interreligiösen Diskurs.

dies wird keine der großen Persönlichkeiten der Geschichte im Westen derart unangemessen gewürdigt wie Mohammed."[105]

Auch heute orientiert sich die Islamwissenschaft weitgehend an dem islamischen Narrativ, wie es insbesondere in der Prophetenbiographie und/oder vergleichbaren historiographischen Werken präsentiert wird. D.h. die islamische Traditionsliteratur bestimmt die Kenntnis der Korangenese, soweit sie diese überhaupt in den Blick nimmt, sowie die „kohärente" Nacherzählung der frühislamischen Geschichte[106], wenngleich unser historisch gesichertes Wissen hier mehr als fragmentarisch sein dürfte.[107] Nicht anders die islamische Theologie in Deutschland, die sich ebenfalls den großen Geschichtslinien, wie sie die Traditionsliteratur nachzeichnet, verpflichtet weiß. Einerseits hat die islamische Tradition den legitimen Anspruch und die Verpflichtung, die eigene Tradition zu deuten, aber andererseits ist es für die gegenwärtige Forschung und theologische Reflexion von existenziellem Interesse, auch die Traditionsliteratur einer kritischen Sichtung zu unterziehen. Das islamische Narrativ ist – so erscheint es gegenwärtig – auch teilweise überformt von ideologischen Setzungen und reflektiert nur bedingt historisch verbriefte historische Darstellungen der Ereignisse. Dennoch betont vor allem Marco Schöller, dass man islamischen Überlieferungen nicht zwangsläufig und in westlichen Kategorien der Wissenschaftlichkeit jede Richtigkeit absprechen darf.[108] Auch für islamische Theologen kann es keinen Zweifel an

---

105 Watt, Muhammad at Mecca, 52.

106 Neben der schon erwähnten Lebensdarstellung des Ibn Isḥāq und den Kriegsberichten des al-Wāqidī (gest. ca. 823) ist es vor allem Muḥammad b. Saʿd (gest. 845), der mit seinem ‚Klassenbuch' (Kitāb at-ṭabaqāt al-kubrā) Grundlage der islamischen Geschichtsschreibung ist: Ibn Saʿd, At-ṭabaqāt al-kubrā, hrs. v. Iḥsān ʿAbbās. 9 Bde., Beirut 1958. Zur Bedeutung des Buches vgl. Franz Rosenthal, A History of Muslim Historiography, Leiden/Boston 1968, 93ff.

107 Vgl. Patricia Crone, What do we actually know about Mohammad?. In: Open Democracy News Analyses, 10.06.2008 (http://www.opendemocracy.net).

108 Vgl. Marco Schöller, Exegetisches Denken und Prophetenbiographie. Eine quellenkritische Analyse der Sīra-Überlieferung zu Muḥammads Konflikt mit den Juden, Wiesbaden 1998.

den großen Linien geben, etwa an der Existenz des Propheten. Dieser Meinung stehen die sogenannten *Revisionisten* entgegen, welche die bloße Existenz des Propheten Muḥammad für umstritten halten. So sind etwa Yehuda D. Nevo (gest. 1992) und Judith Koren – in Nachfolge von John Wansbrough (gest. 2002)[109], Patricia Crone (gest. 2015) und Michael Cook[110] – der Auffassung, dass es sich bei den gesamten Quellen des 7. und 8. Jahrhunderts um frei erfundene, der späteren ideologischen Ausrichtung geschuldete Konstruktionen handelt.[111]

Wie nun die einzelnen Entwicklungen in den unterschiedlichen Zugängen zum Koran im 19. und 20. Jahrhundert konkret aussahen, soll in der Folge anhand der drei bereits genannten Schwerpunkte – der Wissenschaft des Judentums als Grundlage einer kritischen Koranforschung, der Leben-Muḥammad-Forschung sowie der „revisionistischen Koranforschung“ – aufgezeigt werden. Abschließend soll die Forschung von Angelika Neuwirth präsentiert werden, die in vielen Aspekten an die Techniken der alttestamentarischen Exegese (insbesondere an die Literarkritik und Formkritik) anknüpft[112], die bereits einige Jahre zuvor von John Wansbrough[113] und seiner Schule selektiv auf die Formgeschichte des Korans angewendet wurden. Gleichzeitig erweckt

---

[109] Vgl. Yehuda D. Nevo/Judith Koren, Crossroads to Islam. The Origins of the Arab Religion and the Arab State, Armherst 2003.

[110] Vgl. John Wansbrough, Quranic Studies. Sources and Methods of Scriptural Interpretation, Oxford 1977; ders., The Sectarian Milieu: Content and Composition of Islamic Salvation History, Oxford 1978.

[111] Vgl. Patricia Crone/Michael A. Cook, Hagarism. The Making of the Islamic World, Cambridge 1980.

[112] Vgl. Wolfgang Richter, Exegese als Literaturwissenschaft. Entwurf einer alttestamentlichen Literaturtheorie und Methodologie, Göttingen 1971. Weiterhin gelten Eduard Norden (Die antike Kunstprosa, Leipzig 1898) und Heinrich Lausberg (Handbuch der literarischen Rhetorik. Eine Grundlegung der Literaturwissenschaft, München 1960) als Grundlagenwerke; für die altphilologische Analyse gereimter Prosa vgl. James Monroe, Oral Composition in Pre-Islamic Poetry. In: Journal of Arabic Literature 3 (1972), 1–53.

[113] Vgl. die Rezension von Neuwirth in: Die Welt des Islams 23/24 (1984), 539–542; vgl. auch Neuwirth, Studien zur Komposition der mekkanischen Suren, Göttingen ²2007, 11.

sie die historisch-kritische Koranforschung der Wissenschaft des Judentums zu neuem Leben und bestimmt derzeit mit ihren bahnbrechenden Ergebnissen zum Koran den westlichen Korandiskurs.

2.5.1 Die Wissenschaft des Judentums als Grundlage einer kritischen Koranforschung

Die *Wissenschaft des Judentums* und die teilweise aus ihr hervorgegangene jüdische Reformbewegung[114] fordern das deutsche Judentum auf, sich mit Tradition und Moderne auseinanderzusetzen und ggf. um Abwandlungen und Anpassungen des Gesetzes zu ringen. Die Stoßrichtung der *Wissenschaft des Judentums* ist dabei einem neuen Wissenschaftsideal verpflichtet und bricht mit dem klassisch-jüdischen Lehrsystem, in dem das religiöse Lehrhaus die eigentliche „hohe Bildung" vermittelt, wenngleich weltliche Belange dort kaum Raum haben. Ein solches Bildungssystem durchlief auch Leopold Zunz (gest. 1886), der die Gründungsfigur der *Wissenschaft des Judentums* wird, namentlich die Samson-Schule in Wolfenbüttel, „ein düsteres Bet ha-midrasch (Lehrhaus) der primitivsten Art."[115] Diese in Zunz' programmatischer Schrift *Etwas über die rabbinische Literatur* (1818)[116] eingeforderte neue Wissenschaftlichkeit zielt darauf ab, die gesamte jüdische Literatur zum Gegenstand der Forschung zu erheben. Dieses Wissenschaftsideal wird von Immanuel Wolf (gest. 1847) später noch präziser bestimmt und ist auch heute noch Mahnung für Studierende:

> „Die [das heißt die Wissenschaft] beginnt mit keiner vorgefaßten Meinung und ist unbekümmert um das letzte Resultat. Sie geht weder darauf aus, ihren Gegenstand in ein vortheilhaftes, noch in ein nachtheiliges Licht, in

---

[114] Zum Hintergrund vgl. Michael A. Meyer, Response to Modernity. A History of the Reform Movement in Judaism, Oxford, New York 1998.

[115] Leopold Zunz, Mein erster Unterricht in Wolfenbüttel. In: Jahrbuch für jüdische Geschichte und Literatur 30 (1937), 131 ff.

[116] Vgl. ders., Etwas über die rabbinische Litteratur.

Beziehung auf die herrschenden Ansichten, zu setzen, sondern zeigt ihn auf, wie er ist. Die Wissenschaft ist sich selbst genug, ist an und für sich wesentliches Bedürfnis des menschlichen Geistes. Sie braucht daher keinen Nutzen außer sich zu bezwecken. Aber darum bleibt es nicht minder wahr, daß jede Wissenschaft nicht bloß auf andere Wissenschaften, sondern auch auf das Leben den bedeutendsten Einfluß übt […].“[117]

Doch noch bevor die Zentren dieser neuen Wissenschaftstradition in Berlin (Hochschule für die Wissenschaft des Judentums) und Breslau (Jüdisch-Theologisches Seminar Fraenckel'scher Stiftung) gegründet wurden, legte Abraham Geiger die Weichen für das zukünftige Curriculum der (Rabbiner-)Seminare. In dieses Lehrprogramm wurden später auch die verschiedenen Disziplinen der Orientalistik aufgenommen. In den Folgejahren bildeten sich eine jüdische Koran-, Islam- und Orientwissenschaft heraus, die sich von den Rabbinerseminaren auf die universitäre Landschaft Deutschlands ausgebreitet haben und die auf fast allen Gebieten ihres jeweiligen Interesses wichtige, oft noch heute gültige Referenzwerke verfassten: Man denke hier etwa an Hartwig Hirschfeld (gest. 1934), Jacob Barth (gest. 1914), Josef Horovitz (gest. 1931), Isidor Scheftelowitz (gest. 1934), Ignaz Goldziher (gest. 1921) und natürlich Heinrich Speyer (gest. 1935). Damit haben sich auch deutschsprachige Juden eingeschrieben in die Orient- und insbesondere die Koranforschung, wie schon Leonore Goldschmidt (gest. 1983) feststellte:

„Die Eigenart der jüdischen Arbeit auf dem Gebiet der Orientalistik beruhte seit dem Mittelalter auf einer starken Gefühlsverbundenheit der orientalischen Welt und der eigenen jüdisch-religiösen Kultur, so daß eine philologische Beschränkung allein auf die Klärung des sprachlichen Aufbaus von vornherein ausgeschlossen war. Vielmehr bemühten sich die jüdischen Autoren um die Durchdringung antiker und moderner Kulturen des großen orientalischen Gebiets. Die Vielseitigkeit der wissenschaftlichen Durcharbeitung machte sie daher auf dem Gebiet der Orientalistik führend.“[118]

---

117 Immanuel Wolf, Ueber den Begriff einer Wissenschaft des Judenthums. In: Zeitschrift für die Wissenschaft des Judentums 1 (1822), S. 18.

118 Leonore Goldschmidt, Philologie. In: Siegmund Kaznelson (Hg.), Juden im deutschen Kulturbereich: Ein Sammelwerk, Berlin ^{3}1962, S. 323–348, hier: S. 325.

Doch noch ehe die letztgenannten Forscher, die hier nur in kleiner Auswahl angeführt werden, sich auf die Suche nach den Ursprüngen des Islams aufmachten, wurde die Frage nach den Wurzeln des Islams bereits heftig diskutiert. 1866 wurde in der *Monatsschrift für Geschichte und Wissenschaft des Judentums* (MGWJ), die mit Unterbrechungen von 1851 bis 1939 als führende deutschsprachige jüdische Wissenschaftszeitschrift erschien, eine Besprechung mit dem Titel *Der Einfluss des Judenthums auf die Entstehung und Ausbildung des Islam nach den neuesten Forschungen von Sprenger und Nöldeke* gedruckt.[119] Wollte Aloys Sprenger (gest. 1893) zeigen, dass der Koran sich in hohem Maße christlichen Traditionen verdankt, so wies Theodor Nöldeke (gest. 1930) nach, dass Sprenger zwar in vielen seiner Thesen zuzustimmen war, er in zahlreichen Punkten jedoch den Einfluss des Christentums auf den Koran überbewertete. Nöldeke, der seit dem Erscheinen seiner *Geschichte des Qorâns* (1860) als ausgewiesener Koranforscher anerkannt war, konnte auch die MGWJ von seinem Forschungsansatz überzeugen. In der Zeitschrift wurde die Problematik folgendermaßen zusammengefasst:

> „Wenn es daher klar auf der Hand liegt, dass Muhammed bei der Gründung des Islam sowohl vom Judenthum, wie vom Christenthum, wie von der heidnischen Religion der Araber beeinflusst worden, so ist doch die Frage nach dem Gerade des Einflusses, den eine jede der genannten Religionen ausgeübt, weit schwieriger zu beantworten, schwieriger schon deshalb, weil Muhammed das Entlehnte in der Regel umzugestalten und den Grundprincipien seines Religionssystems conform zu machen suchte, besonders aber, weil Muhammed, wie aus mehreren Stellen des Korân deutlich hervorgeht, zu verschiedenen Zeiten, je nachdem ihm an Freundschaft der Bekenner der einen oder anderen Religionen mehr oder minder gelegen war, ihre Einrichtungen und Gebräuche annahm und später wieder verwarf."[120]

Die Referenztexte für das Koranverständnis sind zweifelsohne in der jüdischen und christlichen Tradition, in gewissem Maße auch

[119] Vgl. Abraham Geiger, Der Einfluss des Judentums auf die Entstehung und Ausbildung des Islam nach den neuesten Forschungen von Sprenger und Nöldeke. In: Monatsschrift für die Geschichte und Wissenschaft des Judentums 15 (1866), S. 441 ff.

[120] Vgl. ebd., S. 441.

in alt-arabischen paganen Überlieferungen zu suchen.[121] Die ersten Hörer des Korans besaßen sicherlich Kenntnisse dieser Traditionen, da ohne sie der Koran gänzlich in einem leeren Raum ohne Bezugspunkte stehen würde, da auch aus theologisch-konfessioneller Perspektive der Koran in eine Lebenswirklichkeit hineingesprochen wird, die es ggf. zu rekonstruieren gilt. Es verwundert daher wenig, dass es besonders jüdische Forscher waren, die die jüdische Tradition als Rüstzeug mitbrachten und in der Lage waren, Legenden und Debatten aus Bibel, Targum (d. h. aramäische Bibelübersetzungen), Talmud und Midrasch abzurufen, welche die Frage nach der Genese des Korans auf eine neue Diskussionsbasis stellten. Einem jüdischen Studenten an der Universität Bonn gelang es erstmals, und zwar in Beantwortung einer von Georg W. F. Freytag (gest. 1861) für das Jahr 1832 gestellten Preisfrage, den Koran in einem jüdischen – oder besser rabbinischen – Koordinatensystem zu verorten, indem er nachzuweisen versuchte, was Muḥammad aus dem Judentum aufgenommen hatte. Dieser Student war Abraham Geiger.[122]

2.5.1.1 Abraham Geiger

Abraham Geiger legte in den Jahren 1832 und 1833 mit seiner ursprünglich auf Lateinisch verfassten Preisschrift *Was hat Mohammed aus dem Judenthume aufgenommen?*[123] die Grundlage für eine Koranforschung, die sich als Gegensatz zu der bisher christlich motivierten Orientalistik erweist. 1834 verlieh die Universität Marburg Geiger dafür die Doktorwürde. Bereits 1831 hatte Geiger als Student und auf Anraten des Orientalisten Georg W. F. Freytag die Lektüre des Korans aufgenommen, die einige Jahre später in die lateinisch verfasste Preisschrift einmünden soll-

---

[121] Vgl. Julius Wellhausen, Skizzen und Vorarbeiten, Berlin 1899; Tilman Seidensticker, Sources for the History of Pre-Islamic Religion. In: Neuwirth/Sinai/Marx (Hg.), The Qur'an in Context, 293–323.

[122] Vgl. Jacob Lassner, Abraham Geiger: A Nineteenth-Century Jewish Refomer on the Origins of Islam. In: Martin Kramer (Hg.), The Jewish Discovery of Islam: Studies in Honor of Bernard Lewis, Tel Aviv 1999, 103–136.

[123] Vgl. Geiger, Inquiratur in fontes Alcorani.

te. Es handelte sich dabei um eine Arbeit, die nur jemand mit einer fundierten rabbinischen Bildung ausführen konnte, und schon damals schien sich Freytag für Geiger entschieden zu haben. Tatsächlich erwies sich für Geiger die Lektüre von Sure 2 *(al-baqara)* und Sure 3 *(Āl ʿImrān)* in Hinblick auf die Fragestellung als besonders ertragreich, da beide Suren aus Medina datieren.[124] Bei einer Lektüre, die nicht durch spätere Kommentare getrübt ist, erkennt man mit der „richtigen" Vorbildung rabbinische Debatten wieder, mit denen der Verkünder erst in Medina in Kontakt gekommen sein kann, da Juden erst dort eine gesellschaftliche Realität bildeten – und gerade durch diesen Kontakt (und Konflikt) wurde er genötigt, klare Grenzen zwischen den Juden und der entstehenden Gemeinde zu ziehen, die sich zunehmend als Gottesvolk verstand und damit das traditionelle Israel abzulösen beanspruchte.

Im Vorwort zu der deutschen Ausgabe seiner Preisschrift (1833) beschrieb Geiger seine Herangehensweise, die zunächst nicht mehr war als „purer Zufall".

> „Die Hülfsmittel, mit denen ich diese Arbeit unternahm, waren bloss der nackte arab. Text des Koran nach Hinckelmann's Ausgabe, nach welcher daher auch citiert ist, Wahl's Uebersetzung und eine vertraute Bekanntschaft mit dem Judentume und dessen Schriften. Eine Abschrift aus dem Commentar des Beidhawi zum Korane über einige Stellen der zweiten und dritten Sure, die sich H. Prof. Freitag gemacht und mir nach seiner gewohnten Güte zur Benutzung überliess, war das einzige ausserkoranische Hülfsmittel. Ich hatte dadurch den Vortheil, den Blick frei zu haben und nicht gerade theils durch die Brille arab. Commentare die Stellen anzusehn, theils auch die Ansichten späterer arab. Dogmatiker und ihre Erzählungen ihrer Historiker im Korane finden zu wollen; ich hatte aber auch ausserdem die Freude, manche dunkle Andeutungen selbständig aufgefunden und richtig bezogen zu haben, sowie mich später arab. Schriften belehrten."[125]

Abraham Geiger sah den Propheten Muḥammad also nicht mehr – wie in der christlichen Polemik üblich – als Betrüger, Scharlatan und Lügner, sondern verstand ihn als „wirklichen Schwärmer" –

---

124 Zu einer rabbinischen Lektüre dieser zwei medinischen Langsuren vgl. Abraham I. Katsh, Judaism in Islam: Biblical and Talmudic Background of the Koran and Its Commentaries, Suras II and III, New York 1952.

125 Geiger, Was hat Mohammed aus dem Judenthume aufgenommen?, V.

in der damaligen Zeit durchaus positiv gemeint –, der „von seiner göttlichen Sendung überzeugt“[126] war. Aber die „vorurteilsfreie“ Beschäftigung mit dem Koran – und dem Islam – hatte einen nicht zu unterschätzenden Nebeneffekt, wie Susannah Heschel zu Recht hervorgehoben hat:

> „In gewisser Weise wurde der Islam zur Schablone, mit der sie der deutschen Umwelt das Judentum nahebringen konnten. Durch ihre Studien zur Rationalität der rechtlichen wie ethischen Traditionen des Islam sowie durch ihre Bewunderung für einen Monotheismus und seine Zurückweisung des Anthropomorphismus lieferten jüdische Gelehrte eine Erklärung für die rationale und ethische Grundlage der jüdischen Halacha und die Bedeutung seines Eintretens für den Monotheismus.“[127]

Auch wenn die Aussage Heschels wohl weit über die bloße Koranforschung hinausgeht, kann doch kein Zweifel daran bestehen, dass der strenge Monotheismus des Islams – welcher dem christlichen Dogma der Trinität gegenübersteht – eine starke Anziehung auf die jüdischen Forscher ausübte. Die Zeit der jüdisch-islamischen kulturellen Symbiose von al-Andalus bot weiterhin das Paradigma einer friedlichen Koexistenz der Religionen, wie jüdische Wissenschaftler es etwa für das christliche Europa noch in Aussicht stellten.[128] Manche Juden wurden von der universellen Kraft des Islams, die in der Lage war, theologische Positionen von Judentum und Christentum neu zu verhandeln, sogar so sehr in ihren Bann gezogen, dass sie zum Glauben der monotheistischen Nachfolgereligion konvertierten – zu Beginn des 20. Jahrhunderts sind zu nennen Lev Nussimbaum (gest. 1942, Esad Bey), Leopold Weiss (gest. 1992, Muḥammad Asad), Elsa Schiemann-Specht

---

126 Ebd., 35.

127 Susannah Heschel, „Die Wissenschaft des Judentums und der Islam – ein Vorbild für Deutschland im 21. Jahrhundert“, Vortrag gehalten am 6. Juli 2009 anlässlich der Eröffnung des Kollegiums Jüdische Studien an der Humboldt Universität zu Berlin. Vgl. dazu auch der soeben erschienene Essay „Jüdischer Islam. Islam und jüdisch-deutsche Selbstbestimmung“, Berlin 2018.

128 Vgl. Sarah Abrevaya Stein, Sephardi and Middle Eastern Jewries since 1492. In: Martin Goodman (Hg.), The Oxford Handbook of Jewish Studies, Oxford 2002, 327–362.

(gest. 1927, Aziza Asad) und Hugo Marcus (gest. 1966, Hamid Marcus).[129]

Der Koran war für Geiger und die übrigen jüdischen Gelehrten nicht länger das Gegenbild orientalistischer Phantasien oder theologischer Beanstandung, sondern im Gegenteil Schablone einer jüdischen Selbsterforschung. Im Islam fanden nicht wenige dieser Forscher ein Paradigma, das sie zurück in die Geschichte holte. Für sie waren Christentum und Islam gleichsam „organisch" aus der jüdischen Offenbarungsreligion heraus entstanden. Auch Abraham Geiger entdeckte im Koran die lebendige spirituelle Kraft des Judentums, die auch im Islam ungetrübt wirksam war:

> „Im Allgemeinen war seiner Hauptabsicht nicht nur eine Entlehnung früherer Religionsansichten nicht fremd, sondern verband sich im Gegentheile ganz innig mit ihr. Er verlangte keine Eigentümlichkeit, kein neues, alles frühere umstossendes Gebäude aufzurichten, sondern im Gegentheile ein solches, das die Grundzüge alles Früheren, gereinigt von dem, was später Menschenhände hineingetragen oder geändert hatten, umfasse, bloss den einen oder den andern Punkt, so vorzüglich sein Prophetenthum, mitaufnehme. Er lässt alles Frühere vollkommen bestehen."[130]

Noch deutlicher machte Geiger seinen Standpunkt in einer Rezension zu Aloys Sprengers Buch *Das Leben und die Lehre Mohammads* aus dem Jahre 1862:

> „Der Islam ist die jüngste große Religion, nicht – eine neue Religion. Es gibt blos eine Religion der Offenbarung, das Judenthum. Das Christenthum ist im Mutterschoße dieser Religion getragen, der Islam mittelbar von ihr gesäugt und genährt worden. Das Judenthum war eine neue, ist die Religion. Es hat gegenüber den Phantasmen des Heidenthums und der Unzulänglichkeit der Speculation durch intellectuelle Anschauung – und das ist ja Offenbarung – die ewigen religiösen Wahrheiten erfaßt, sie mit der ganzen Gluth der Ueberzeugung erfüllt und verbreitet, und diese Wahrheiten bleiben in ihrem festen Bestande trotz allen Anfechtungen und Zweifeln. Das Christenthum und der Islam haben die Erscheinungsform des Judenthums, wie sie gerade zur Zeit ihrer Entstehung sich dargestellt hatte,

---

[129] Vgl. zu den hier genannten Personen Gerdien Jonker, The Ahmadiyya Quest for Religious Progress. Missionizing Europe 1900–1965, Berlin/Boston 2016, insbesondere 126–151.

[130] Geiger, Was hat Mohammed aus dem Judenthume aufgenommen?, 30.

zum Theile aufgenommen, zum Theile modifiziert und so eine eigenthümliche Form aufgestellt, ohne eine neue Religion zu gründen. Wir können der Geschichte des Judenthums folgen, aber seine Geburtsstunde nicht belauschen. Wie eine jede neue Idee tritt es hervor als ein Plötzliches, als eine geniale Geburt, es ist empfangen; der weiteren Arbeit, die sich dann daran knüpft, können wir mit forschendem Blicke nachgeben. Die anderen Religionen sind aus den zeitlichen Verhältnissen, aus der Umgebung erzeugt, wir können und müssen die ganze Gährung genau beobachten, aus der dann die feste Gestalt in's Dasein getreten. Gerade diese Zeit der Gährung, die Entstehung des Christenthums und des Islams ist ein Moment der Geschichte, der Verbreitung des Judenthums; hat die neue Religionsform ihre feste Gestalt gewonnen, so durchläuft sie eigenthümliche Bahnen, sie hat sich von ihrer Wurzel losgelöst."[131]

Auch wenn Geiger dem Islam nur wenige Jahre später „ethische Dürftigkeit" zuschrieb, redete er dennoch von dessen reformatorischer und belebender Kraft. Durch die islamische Hochkultur wurde auch das Judentum von dieser reformatorischen Kraft ergriffen, ihm wurde gleichsam neues Leben eingehaucht:

„Der Islam ist religiös und ethisch dürftig und nüchtern, und dennoch wuchs er, in eine frische Volksthümlichkeit eingeimpft, ebenso zu einer staatlichen wie geistigen Macht heran. Er bemächtigte sich rasch aller geretteten geistigen Erbstücke aus der griechischen Rüstkammer und er vermochte es, die Wissenschaften zu einer neuen Blüthe zu bringen, wenn auch ohne wesentliche Förderung, so doch dem Geiste alte Nahrung zugänglich machend. Es war ein befreiender Rauch, der auch in das Judenthum frisch belebend eindrang […] und es war, als wenn selbst todte Gebeine neu erstehen sollten."[132]

Es ist nicht zu übersehen, dass Geiger sich dem romantischen Bild vom maurischen Andalusien, welches die verschiedenen Disziplinen der Wissenschaften zu unvergleichlicher Blüte brachte, nicht entziehen konnte – ein Bild, das auch in jüngster Zeit einerseits

---

[131] Ders., Rezension zu Aloys Sprenger, Das Leben und die Lehre Mohammads in: Jüdische Zeitschrift für Wissenschaft und Leben 2 (1862), 185–191, hier: 186.

[132] Ders., Allgemeine Einleitung in die Wissenschaft des Judentums, hg. v. Ludwig Geiger (Sonderabdruck aus A. Geigers nachgelassenen Schriften Bd. 2), Frankfurt am Main 1875, 102 f.

immer wieder verherrlicht und andererseits kritisch hinterfragt wird.[133]

2.5.1.2 Die kritische Koranforschung auf dem Fundament der „Wissenschaft des Judentums"

Geigers Werk kann als revolutionär und epochemachend gelten, es katapultiert gewissermaßen den bis dahin – trotz Goethes Wertschätzung – akademisch gar nicht wahrgenommenen Koran in den Rang eines religionshistorisch herausfordernden Dokuments.[134] Denn was in der christlichen und jüdischen Religionstradition zunächst ambivalent erscheint, nämlich die Herabstufung der Heiligen Schriften auf den Rang von primär historisch relevanten Texten, ist im Fall des Korans – innerhalb seiner westlichen Rezeptionsgeschichte betrachtet[135] – unverkennbar eine Aufwertung. Denn der Koran, das Gründungsdokument des Islams, gilt angesichts der generellen Negativbewertung dieser Religion und insbesondere Muḥammads als „Lügenprophet" vom Mittelalter über die Aufklärung und darüber hinaus als ein destruktiver, schädlicher Text, dessen Anspruch auf transzendente Inspiration bis dahin ohnehin keine Beachtung erfahren hatte. Der Koran wurde durch Abraham Geigers Werk rehabilitiert zu einer wertneutralen historischen Urkunde wie die anderen – nun modern betrachteten – Schriften auch. Geigers Leistung ist nicht zu unterschätzen, da der Koran durch diese innovative historische

---

133 Vgl. Ismar Schorch, The Myth of Sephardic Supremacy. In: Leo Baeck Institute Year Book 34 (1989), 4766; Mark R. Cohen, Islam and the Jews: Myth, Counter-Myth, History. In: The Jerusalem Quarterly 38 (1986), 125–137; Norman A. Stillman, Myth, Countermyth, and Distortion. In: Tikkun 6 (1991), 55 ff.; Mark R. Cohen, The Neo-Lachrymose Conception of Jewish-Arab History. In: Tikkun 6 (1991), 60 ff.

134 Vgl. Angelika Neuwirth, Der Koran als Text der Spätantike. Ein europäischer Zugang, Berlin 2010.

135 Vgl. Hartmut Bobzin, Der Koran im Zeitalter der Reformation. Studien zur Frühgeschichte der Arabistik und Islamkunde in Europa, Stuttgart 1995; Ziad Elmarsafy, The Enlightenment Qur'an: The Politics of Translation and the Construction of Islam, Oxford 2009.

Lektüre erstmals einen konkreten Kontext erhielt, der heute gemeinhin als „Denkraum Spätantike" bezeichnet wird.[136] Erst die von Geiger und seiner Schule ans Licht gebrachten „Intertexte", die im Koran widerhallenden älteren Traditionen, machten es möglich, die koranische „Übersetzungsleistung", also die Neudeutung der im Umlauf befindlichen Bibelexegesen[137], in vollem Umfang zu erkennen. Wir wissen heute aufgrund zahlreicher neuer archäologischer Funde, dass die arabische Halbinsel keineswegs von der Kultur des übrigen südlichen Mittelmeerraums abgeschnitten war. Vor allem erkennen wir im Koran selbst wichtige Debatten der zeitgenössischen Juden und Christen wieder, vor deren Hintergrund der Koran an historischer Kontur gewinnt und eine innovative Stimme in die Debattenlandschaft einbringt.

Es sind ebenfalls diese intertextuellen Lektüren, die nicht nur den Koran auf Augenhöhe mit den Schriften der jüdisch-christlichen Tradition stellen, sondern auch den Propheten Muḥammad rehabilitieren. Bereits Geiger verstand den Propheten als einen „wirklichen Schwärmer", der von seiner religiösen Sendung überzeugt war. Es kommt aber Gustav Weil (gest. 1889) zu, den Koran erstmals in den Textwelten der islamischen Historiographie zu beheimaten. Nicht nur der Koran und die Umstände seiner Genese traten immer deutlicher zutage, auch das Profil des Propheten wandelte sich durch die Arbeiten von Gustav Weil, der ihn nach der Vorlage der islamischen Tradition ins Relief der Weltgeschichte setzte. So wurde aus dem Lügenpropheten gleichsam „einer der größten Männer der Geschichte":

> „Als Reformator, was Mohamed ursprünglich war und sein wollte, verdient er unsere volle Anerkennung und Bewunderung. Ein Araber, welcher die Schattenseiten des damaligen Judentums und Christentums aufdeckte und nicht ohne Lebensgefahr den Polytheismus zu verdrängen und die Lehre von der Unsterblichkeit der Seele seinem Volk einzuprägen sucht, verdient nicht

---

136 Vgl. Nora Schmidt/Nora K. Schmid/Angelika Neuwirth (Hg.), Denkraum Spätantike. Reflexionen von Antiken im Umfeld des Koran, Wiesbaden 2016.

137 Eine ausführliche Darstellung der im Umlauf befindlichen Bibelexegesen bietet James L. Kugel, The Bible as It Was, Cambridge 1997,

nur den größten Männern der Geschichte an die Seite gesetzt zu werden, sondern auch den Namen eines Propheten."[138]

An diese intertextuelle Lektüre knüpfte auch der Orientalist Josef Horovitz an. Dessen Methode, den Koran zu erschließen, ist treffend in dem Statement einer seiner Schülerinnen beschrieben worden; so schreibt Sara Kohn in dem Vorwort ihrer bei Horovitz unternommenen Dissertation:

„Der Korantext wird zunächst von innen heraus zu verstehen gesucht, d. h. sein Wortsinn wird geprüft und daneben wird auch auf seine stilistisch-rhetorische Eigenart eingegangen. Zum Verständnis der koranischen Offenbarung ist es weiter erforderlich, dass ihr Verhältnis zu andersartiger Überlieferung präzisiert wird; es muss versucht werden, die Quellen aufzuweisen, die Muḥammad aufgenommen, und die Umwandlung, die er mit ihnen vorgenommen hat. Die von Nöldeke festgestellte Entstehungszeit der Offenbarungen und ihre Verteilung auf vier Perioden bildet im allgemeinen ein wichtiges Hilfsmittel für koranische Untersuchungen."[139]

In seinem Nachruf auf Josef Horovitz berichtete sein ehemaliger Schüler Friedrich [Fritz] Goitein (gest. 1985)[140] von einem Brief Horovitz', der auf den 1. Dezember 1930 datiert ist[141], in welchem Horovitz erstmals ernsthaft die Abfassung eines Korankommentars in Aussicht gestellt hatte; nach all den Fortschritten der Koranforschung war ein Kommentar, der den wissenschaftlichen Ansprüchen von Horovitz genügen sollte, in greifbare Nähe gerückt. Er hatte damit bereits die akademische Produktivität seiner Schüler vorweggenommen und die Weichen für die kritische Erforschung des Korans gestellt:

---

138 Gustav Weil, Historisch-kritische Einleitung in den Koran, Bielefeld 1844, 115 f.

139 Sara Kohn, Die Eheschließung im Koran, Leiden 1934, 1 f.

140 Dieser sollte später als Shlomoh-Dov Goitein in die Wissenschaftsgeschichte eingehen. Sein monomentales Werk über die Geschichte der jüdisch-mediterranen Welt ist auch heute noch ein Standardwerk: A Mediterranean Society. The Jewish Communities oft he Arab World as Portrayed in Documents from the Cairo Geniza, 6 vols., Berkeley 1967–1993. Für den koranischen Kontext kann am ehesten auf sein Werk „Studies in Islamic History and Institutions", Brill 1966, verwiesen werden.

141 Vgl. Nachruf auf Josef Horovitz in: Der Islam 22 (1935), 122 ff.

„Ich glaube, wir nähern uns der Zeit, wo ein Korankommentar in Angriff genommen werden kann; der Weg dazu ist m. E. eine monographische Behandlung der verschiedenen Gebiete: Erzählung, Gesetz, Polemik, Eschatologie, Hymnus und Gebet, Persönliches und Anspielungen auf zeitgenössische Ereignisse, Stil, Weltbild.“[142]

Es lohnt sich kurz auf die einzelnen Gebiete einzugehen, die im Rahmen der Koranforschung bis heute oft ein dringliches Desideratum bilden. Zu den koranischen Erzählungen leistete Horovitz bereits in seinen *Koranischen Untersuchungen* entscheidende Vorarbeiten, an denen sich noch heute jede Koranlektüre orientieren kann. Dennoch ist es erst seinem früh verstorbenen Schüler Heinrich Speyer (gest. 1935) zu verdanken, der intertextuellen Lektüre des Korans von Abraham Geiger und anderen Forschern mit vergleichbaren methodischen Prämissen wieder Gehör zu verschaffen. In seiner Dissertation von 1931 mit dem Titel *Die biblischen Erzählungen im Qoran*[143] gelang es Speyer, die biblischen Erzählungen im Koran mit den Umgebungskulturen und -sprachen zu kontrastieren – seine Sammlung an Referenztexte ist weiterhin unerreicht und versammelt hebräische, jüdisch-aramäische, griechische, lateinische, syrische, äthiopische und mandäische Proben, die uns noch heute dazu einladen, das Verhältnis zwischen ihnen und dem koranischen Diskurs erneut zu reflektieren, da sich die koranische Leistung gerade in der Neubewertung überkommener oder konkurrierender theologischer Systeme abzeichnet. Bereits Jahre zuvor führte der noch junge Student programmatisch in das Thema ein, welches die Forschung seit nunmehr 100 Jahren umtreibt:

„In den letzten hundert Jahren glaubte die Koranforschung in den ungeheuer reichen Stoffmassen der arabischen Überlieferung, in der die Aussprüche und Handlungen des Propheten durch eine lückenlose Zeugenkette scheinbar einwandfrei beglaubigt werden, eine zuverlässige Kunde über den Propheten und sein Buch zu besitzen. Heute wissen wir, dank der Forschungen Goldzihers, daß sich in diesen Traditionen die politischen, religiösen und geistigen Kämpfe der späteren islamischen Jahrhunderte widerspiegeln und daß kurze Zeit nach Mohammeds Tode seine Gestalt bereits

142 Ebd., 122.

143 Vgl. Heinrich Speyer, Die biblischen Erzählungen im Qoran, Gräfenhainichen 1935.

von Sagen und Legenden umrahmt war. Jedenfalls haben wir zur Zeit kein absolutes Kriterium für die Echtheit einer mohammedanischen Überlieferung. Für die vielen dunklen Stellen, die sich in dem merkwürdigen Buche des Stifters des Islams finden, müssen wir uns daher anderswo Aufklärung suchen. Die künftige Koranforschung wird ihren Blick, statt nach vorwärts, nach rückwärts wenden müssen und zur Exegese des Koran das Schrifttum der Juden und der orientalischen Christen, die Gnosis und, soweit nötig, die altarabische Aggada heranziehen."[144]

Leider verstarb Speyer schon kurz nach Horovitz, sodass weitere Arbeiten auf diesem Gebiet, das den Koran erstmal mit Texten kontextualisiert, die für die europäische Kultur von Wert waren, ausblieben.

2.5.2 Verflechtung jüdischer und christlicher Forschung zum Koran

Nicht nur in der „Wissenschaft des Judentums" ist das wissenschaftliche Interesse am Koran geweckt. Mehr und mehr kam es zu einer Verflechtung jüdischer und christlicher Forschung zum Koran. Das noch heute grundlegende Werk der Koranforschung wurde vor diesem Hintergrund erarbeitet: Es handelte sich um Nöldekes *Die Geschichte des Qorans*[145], die in einer Neubearbeitung und wesentlichen Erweiterung in den Jahren 1909–1919 unter der Mitarbeit von Friedrich Schwally (gest. 1919)[146] veröffentlicht wurde: Dieses Buch versammelt in seinen verschiedenen Auflagen und Nachbesserungen bzw. Überarbeitungen über 100 Jahre Koranforschung. Seinen Anfang nahm das gelehrte Werk mit einer lateinischen Preisschrift, ausgelobt von der französischen Académie des Inscriptions, die seinerzeit dem jungen Theo-

---

144 Heinrich Speyer, Mohammed und die Aggada. In: Der Jude 4 (1923), 202–212, hier 202.

145 Vgl. Theodor Nöldeke/Friedrich Schwally, Geschichte des Qorans, Bd. I–II, Leipzig 1909–1919; Gotthelf Bergsträsser/Otto Pretzl, Geschichte des Qorans, Bd. III: Die Geschichte des Korantextes, Leipzig 1938.

146 Zur Person vgl. Paul Kahles Nachruf auf Schwally in: Der Islam. Zeitschrift für Geschichte und Kultur des Islamischen Orients 10 (1920), 238–242.

dor Nöldeke zuerkannt wurde.[147] Bereits wenige Jahre später erschien die Preisschrift auf Deutsch.[148]

Die Nöldeke'sche *Geschichte des Qorans* wurde zu einem Projekt mehrerer Forschergenerationen, welche die Kenntnis vom Koran auf eine neue Basis stellten. Nöldeke reihte sich dabei ohne Scheu in die Tradition von Abraham Geiger ein, indem er Referenztexte aus den Steinbrüchen der jüdischen und christlichen Tradition immer wieder heranzog, wobei er die Anteile der jüdischen Tradition wohl durchaus höher einschätzte als die christlichen.[149] Sein Verdienst lag aber vor allem in der von ihm entwickelten Surenchronologie, die erstmals – den Arbeiten Gustav Weils folgend – das Gesamtkorpus Koran in eine frühmekkanische, mittelmekkanische, spätmekkanische und medinische Periode untergliederte.[150] Dabei folgte Weil hauptsächlich der islamischen Tradition, die die Suren ebenfalls chronologisch ordnete; er orientierte sich an einer zu seiner Zeit weitestgehend unbekannten Prophetenbiographie des Ḥussain b Muḥammad Diyārbakrī (gest. 1559).[151] Die Surenchronologie, die auch heute noch hypothetisch ist, bildete einen der produktivsten Methodenschritte der Koranlektüre, wie es neuerdings von Angelika Neuwirth und ihrer Berliner Schule, die sich um das *Corpus Coranicum* formiert hat[152],

---

147 Vgl. Nöldeke, De origine et compositione Surarum Qoranicarum ipsiusque Qorani, o. A. 1856. Konkurrenten waren seinerzeit Aloys Sprenger (gest. 1893) und Michele Amari (gest. 1889).

148 Vgl. ders., Geschichte des Qorâns, Göttingen 1860.

149 Vgl. ders., Hatte Muhammad christliche Lehrer?. In: Zeitschrift der Deutschen Morgenländischen Gesellschaft 12 (1854) 699–708 f. Ungefähr 100 Jahr später stellte der Horovitz Schüler Goitein diese Frage in ähnlicher Weise, vgl. Shlomoh D. Goitein, Who were Muhammad's Most Notable Teachers? A Proposal for a New Solution to an Old Question. In: Tarbiz 23 (1952), 146–159 (Hebräisch) [abgedruckt in Gotthold E. Weil, Jubilee Volume on the Occasion of His 70th Birthday, Jerusalem 1952, 10–23].

150 Vgl. Emmanuelle Stefanides, The Qur'an Made Linear: A Study of the Geschichte des Qorāns' Chronological Reordering. In: Journal of Qur'anic Studies 10 (2008), 1–22.

151 Vgl. Ḥussain b. Muḥammad Diyārbakrī, Tārīkh al-khamīs fī aḥwāl anfus nafīs, 2 Bde., Kairo 1884.

152 Vgl. Marx, Ein Koran-Forschungsprojekt in der Tradition der Wissen-

aufgezeigt wird. Die entwicklungsgeschichtliche Einordnung erlaubt es, die Stationen der Gemeindebildung und die dazugehörenden Diskurse nachzuzeichnen. Der Vorstoß von Angelika Neuwirth in die Debattenwelt der Spätantike verortet sich analog in der Tradition Abraham Geigers, wenn nicht gar in der „Wissenschaft des Judentums" allgemein.[153] Dass diese Herangehensweise, die den Koran als europäisches Erbe erkennbar macht, „als eine Stimme in dem Konzert von Traditionen einer Zeit, die wir gewohnt sind als formative Epoche für das spätere Europa zu reklamieren"[154], bei vielen Muslimen und Nichtmuslimen als unzulässig, wenn nicht gar unsinnig abgestraft wird, sollte nicht überraschen, wurde der Koran doch in der Vergangenheit immer wieder in Opposition zum europäischen Erbe in Stellung gebracht – das eingangs angeführte Zitat von S. Parvez Manzoor verdeutlicht diesen Befund auf eindrücklichste Weise. Während Theodor Nöldeke sich den verschiedenen Gebieten der Hebraistik (z. B. *Die alttestamentliche Literatur*, 1868, und *Untersuchungen zur Kritik des Alten Testaments*, 1869), der Orientalistik (z. B. *Beiträge zur Kenntnis der Poesie bei den alten Arabern*, 1864 und *Fünf Mo'allaqat*, 1899–1901) und der semitischen Sprachwissenschaft (z. B. *Zur Grammatik des klassischen Arabisch*, 1896, und *Mandäische Grammatik* 1875) widmete, überarbeiteten seine Schüler teilweise die *Geschichte des Qorans* und sicherten so den bleibenden Ruf ihres Lehrers.[155] Das generationsumfassende Werk *Die Geschichte des Qorans* fand aber hier keinen Abschluss, sondern entwickelte

---

schaft des Judentums, 41 ff.; zur Bedeutung der Chronologie vgl. insb. Neuwirth, Der Koran als Text der Spätantike, S. 276–612.

153 Vgl. Neuwirth, Der Koran als Text der Spätantike; dies., Der Koran, Bd. 1: Frühmekkanische Suren. Poetische Prophetie, Berlin 2011; dies., Der Koran, Bd. 2/1: Frühmittelmekkanische Suren. Das neue Gottesvolk. „Biblisierung" des altarabischen Weltbildes, Berlin 2017.

154 Dies., Der Koran als Text der Spätantike, 15. Zur Problematik vgl. den Sammelband Klaus Viertbauer, Florian Wegscheider (Hg.), Christliches Europa. Religiöser Pluralismus als theologische Herausforderung, Freiburg/Basel/Wien 2017.

155 Erst kürzlich erschienen arabisch- und englischsprachige Ausgaben; vgl. Schwally [et al.], Tār'īkh al-Qur'ān, Beirut 2008; Nöldeke (u. a.), The History oft he Qur'ān, Leiden/Boston 2013.

sich schon bald zu dem bleibenden Werk der westlichen Koranwissenschaft. Im Jahr 1938 erschien ein dritter Teil der *Geschichte des Qorans*, erweitert um das Themenfeld „Textgeschichte“ (s.o.), wobei ein weiteres Kapitel der historisch-kritischen Forschung[156], nämlich eine textkritische Ausgabe des Korans, eingefordert wurde.[157] Den dritten Teil dieses Titels verfassten Gotthelf Bergsträsser und Otto Pretzl. In seinem Vorwort zum dritten Teil dankte Otto Pretzl[158] seinem Assistenten Anton Spitaler[159] für seine Mitarbeit, der – wie bereits oben ausgeführt – später zu einem bedeutenden Orientalisten, Semitisten und Islamwissenschaftler wurde. Während Spitalers Mitarbeit am von Bergsträsser an der Bayerischen Akademie der Wissenschaften initiierten Projekt der Herausgabe einer textkritischen Koranausgabe galt, beschäftigte er sich zudem eingehend mit der Verszählung des Korans.[160] Obgleich der Wert der verschiedenen Koranhandschriften schon seit dem Erscheinen der Überarbeitung der *Geschichte des Qorans* durch Friedrich Schwally (1909), spätestens aber mit dem Erscheinen des dritten und eigenständigen Bandes durch Otto Pretzl (1938) anerkannt war, ist keine historisch-kritische Ausgabe des Korans ins Auge gefasst worden. Die Aufgabe wurde, wie bereits oben besprochen, von der Münchener Korankommission an der Bayerischen Akademie der Wissenschaften getragen, und zwar durch den *Apparatus criticus* zur Kairiner Koranausgabe.[161]

---

[156] Die historisch-kritische Methode liefert den Methodenapparat zur Untersuchung literarischer Texte, wo sie sich insbesondere bei der Untersuchung von Hebräischer Bibel und Neuem Testament als weiterführend erweist (s. Kapitel 6).

[157] Vgl. Bergsträsser, Über Notwendigkeit und Möglichkeit einer kritischen Koranausgabe. In: Zeitschrift der Deutschen Morgenländischen Gesellschaft 84 (1930), 82f.

[158] Zur Person siehe Anton Spitalers Nachruf auf Otto Pretzl in: Zeitschrift der Deutschen Morgenländischen Gesellschaft 96 (1942), 161ff.

[159] Zu Anton Spitaler vgl. Stefan Wilds Nachruf auf Anton Spitaler in: Zeitschrift der Deutschen Morgenländischen Gesellschaft 156 (2006), 1ff.

[160] Vgl. Spitaler, Die Verszählung des Koran nach islamischer Überlieferung, München 1935.

[161] Vgl. Bergsträsser, Plan eines Apparatus Criticus zum Koran. In: Sitzungs-

2.5.3 Koranforschung der Nachkriegszeit: die Leben-Muḥammad-Forschung

Die Koranforschung der Nachkriegszeit wandte sich dem Propheten Muḥammad zu und übernahm oft nicht ganz unkritisch die Narrative der islamischen Tradition. Johann Fück[162] und zu einem gewissen Teil auch Heinrich Speyer[163], dem die umfangreichste Sammlung von hebräischen, jüdisch-aramäischen, syro-aramäischen, und griechischen Umweltexten zum Koran zu verdanken ist, hatten bereits das Thema in unterschiedlichen Formen behandelt und versucht, den Koran durch das Leben des Propheten zu erklären. So stellte Fück eindrücklich und mit einer gewissen Ehrfurcht fest:

> „Aber je mehr die Untersuchung dieser Abhängigkeitsfragen in den Vordergrund rückte, desto stärker verlor die Forschung jede große Linie und begnügte sich schließlich mit immer wieder erneuten Versuchen, für alles und jedes im Koran, sei es nun eine religiöse Idee, eine Vorstellung, ein Ausspruch, ein Rechtssatz, eine Erzählung, oder aber ein Motiv, ja schließlich ein einzelnes Wort irgendwelche Vorbilder nachzuweisen, gerade als ob es möglich wäre, das Wesen des Propheten in eine Summe von tausend Einzelheiten zu zerlegen."[164]

---

berichte der philosophisch-philologischen Klasse der Bayerischen Akademie der Wissenschaften, Heft 7, München 1930.

162 Zur Person vgl. Werner Ende, Johann W. Fück. In: Der Islam 53 (1976), 193 ff.; Fück, Die Originalität des arabischen Propheten, 509 ff.; Fück, Vorträge über den Islam. Aus dem Nachlaß herausgegeben und um einen Anmerkungsteil ergänzt von Sebastian Günther, Halle-Wittenberg 1999.

163 Zur Person vgl. Franz Rosenthal, The History of Heinrich Speyer's „Die biblischen Erzählungen im Qoran". In: Hartwig [et al.] (Hg.), „Im vollen Licht der Geschichte", 113 ff.; Speyer, Die biblischen Erzählungen im Qoran.

164 Fück, Die Originalität des arabischen Propheten, 509 ff. Dies richtete sich vornehmlich gegen die Forschungen von Isaak Gastfreund (gest. 1880), Hartwig Hirschfeld (gest. 1934), Israel Schapiro (gest. 1957); Heinrich Speyer; Fück wandte sich aber auch von seinem Lehrer Horovitz ab und entwickelte seine Studien weiter – wie bereits bei Horovitz, der sich eingehend der Maghāzī-Literatur gewidmet hatte, beschäftigte sich Fück mit der Prophetenbiographie des Ibn Isḥāq.

Es galt also, eine Muḥammad-Forschung zu betreiben, die einen Propheten sichtbar macht, der „aus den geistigen Anregungen seiner Umwelt eine Anzahl von Elementen der verschiedensten Art zu einer in ihrer Zusammenfassung originellen, lebensfähigen Synthese vereint hat."[165] Weder die Intertextforschung, die das Entstehungsmilieu des Korans abbildete, stand im Vordergrund des Interesses, noch die formalistische Analyse des Korantextes, sondern die Psyche des Propheten.

Die Nachkriegsforschung wurde geprägt von William Montgomery Watt[166] und Rudi Paret[167], zwei Forschern, die weitgehend dem klassisch islamischen Narrativ – insbesondere die Prophetenvita und die *ṭabaqāt*-Literatur – zur Entstehung von Koran und Islam folgten. Paret wandte sich seit frühester Zeit auch der Koranforschung zu – zuvor war auch er in der Erforschung der historiographischen Texte des Islams tätig, die er nach dem Vorbild von Eduard Sachaus (gest. 1930) und Josef Horovitz betrieb[168], und steuerte bereits im Jahr 1935 einen Aufsatz mit dem Titel *Der Plan einer neuen, leicht kommentierten Koranübersetzung* zu der Geburtstagsschrift Enno Littmanns (gest. 1958) bei.[169]

Parets Koranübersetzung, deren Grundstruktur er 1950 noch einmal revidierte[170], genügte weitgehend wissenschaftlichen Standards, d. h. sie legte die Kairiner Koranausgabe zugrunde und orientierte sich an der kufischen Zählung. Allerdings betrachtete Paret die *qirā'āt*-Tradition nur im Einzelfall, und seine Übersetzung lief Gefahr zu banalisieren, was ihm schon zu Lebzeiten die Kritik

[165] Fück, Die Originalität des arabischen Propheten, 510.

[166] Vgl. insbesondere Watt, Muhammad at Mecca; ders., Muhammad at Medina.

[167] Zur Person vgl. Josef van Ess, Rudi Paret (1901–1983). In: Der Islam 61 (1984), 1 ff.; Paret, Muhammad und der Koran. Geschichte und Verkündigung des arabischen Propheten, Stuttgart [10]2008.

[168] Vgl. Paret, Die legendäre Maghāzī-Literatur. Arabische Dichtungen über die muslimischen Kriegszüge zu Mohammeds Zeit, Tübingen 1930.

[169] Vgl. Paret, Der Plan einer neuen, leicht kommentierten Koranübersetzung. In: Ders. (Hg.), Orientalistische Studien. Enno Littmann zu seinem 60. Geburtstag am 16. September 1935 überreicht von Schülern aus seiner Bonner und Tübinger Zeit, Leiden 1935, 121 ff.

[170] Vgl. ders., Grenzen der Koranforschung, Stuttgart 1950.

von Annemarie Schimmel (gest. 2003) einbrachte, die insbesondere die ästhetische Dimension nicht angemessen wiedergegeben sah.[171] Dennoch kann Parets Beitrag zur Koranforschung nicht hoch genug eingeschätzt werden, da er nicht nur eine Übersetzung vorlegte, die weitaus weniger spekulativ angelegt war als z. B. die von Richard Bell (gest. 1952)[172] und auch dem traditionellen Exegesemuster folgte, sondern darüber hinaus auch einen Kommentar mit Konkordanz vorlegte, die auch heute noch Geltung beanspruchen kann. Auf absehbare Zeit wird daher keine Beschäftigung mit dem Koran und der islamischen Frühzeit die Werke von Paret ignorieren dürfen.

2.5.4 Die revisionistische Koranforschung

Nachdem die Koranforschung, wie bereits dargelegt, mehrmals neue Wege beschritten hatte, kam es in den 1970er- und 1980er-Jahren zu einer der wohl wichtigsten Neuerungen. John Wansbrough zählt wohl zu den bedeutendsten Historikern, die sich im 20. Jahrhundert mit der Erforschung des Korans beschäftigten. Seine Arbeiten[173] sowie die zeitgleich erscheinende Studie seiner Schülerin Patricia Crone und seines Schülers Michael Cook[174]

---

171 Vgl. Wild, ‚Die schauerliche Öde des heiligen Buches.' Westliche Wertungen des koranischen Stils. In: Alma Giese/Johann Christoph Bürgel (Hg.), Gott ist schön und Er liebt die Schönheit. Festschrift für Annemarie Schimmel zum 7. April 1992 dargebracht von Schülern, Freunden und Kollegen, Bern/Frankfurt am Main 1994, 429 ff.

172 Zur Person vgl. Arthur S. Tritton. In: Journal of the Royal Asiatic Society 1952/53, 180; die Übersetzung erschien in 2 Bde. zwischen 1937 und 1939 (The Qur'ān. Translated, with a Critical Re-Arrangement of the Surahs, Edingurgh 1937–1939). Zur Methode vgl. Rippin, Reading the Qur'ān with Richard Bell. In: Journal of the American Oriental Society 112 (1992), 639 f. An deutschen Übertragungen des Korans sind es vor allem die Übersetzungen von Adel Th. Khoury (1987), Hans Zirker (2003), Hartmut Bobzin (2010) und im Einzelfall Milad Karimi (2009), die in den Gesichtskreis der gegenwärtigen Koranforschung treten.

173 Vgl. Wansbrough, Qur'anic Studies; ders., The Sectarian Milieu.

174 Vgl. Crone, Cook, Hagarism; siehe auch die Besprechung von Wans-

können als Werk des Revisionismus gelten, der u.a. durch Yehuda D. Nevo und Judith Koren bis in die gegenwärtige Forschung weitergeführt wird.[175] Die Revisionisten – unter Einbeziehung der Saarbrücker Schule (s.o.) – verweisen die großen Narrative der frühislamischen Geschichtsschreibung in das Reich der Fiktion und der bewussten Fälschung und lehnen die Lektüre des Korans als historisches Dokument der Zeit Muḥammads ab, da sie von einer späteren Kompilierung des Korans ausgehen und den Propheten aufgrund seiner nicht belegten Existenz auch nicht in ihre Thesenbildung integrieren. Dabei sind die als „reine Wissenschaft" markierten Thesen der revisionistischen Koranforscher weitgehend hypothetisch und halten wissenschaftlicher Prüfung nach neueren Erkenntnissen kaum stand. Die einzelnen Positionen, die an Schärfe den im Mittelalter vorgebrachten Polemiken in nichts nachstehen, lassen sich in folgenden Punkten zusammenfassen:

- Der heute vorliegende Korantext kann nicht als einheitlicher Text gelten. Er weist zahlreiche Abweichungen zu den frühen erhaltenen Manuskripten auf. Daher ist mit einem längeren Entstehungsprozess zu rechnen, der sich losgelöst von der Gestalt des Verkünders vollzogen hat.
- Muḥammad ist keine historische Größe, sondern eine fiktive und nachträglich konstruierte Person. Die traditionelle Biografie des Propheten wird daher nicht berücksichtigt.
- Der Koran ist nicht die göttliche Offenbarung, die dem Propheten Muḥammad in den Jahren 610 bis 632 zuteilwurde, sondern ein „urchristliches" Dokument/Lektionar, das in aramäischer Sprache verfasst wurde und in frühere Zeiten zurückreicht.
- Der Koran entstand damit auch nicht auf der arabischen Halbinsel, sondern in Palästina oder Mesopotamien. Er ist damit

brough in: Bulletin of the School of Oriental and African Studies 41 (1978), 155f. Weitere Schüler von Wansbrough sind Andrew Rippin (gest. 2016), Norman Calder (gest. 1998) und Gerald R. Hawting.

[175] Einen Überblick über den Revisionismus in der Koranforschung bietet Judith Koren/Yehuda D. Nevo, Methodological Approaches to Islamic Studies. In: Der Islam 68 (1991), 87ff. Beide Verfasser gelten selber als Revisionisten; vgl. dies., Crossroads to Islam. The Origins of the Arab Religion and the Arab State, Amherst, New York 2003.

auch keine Auseinandersetzung mit dem Polytheismus der arabischen Halbinsel, sondern eine Auseinandersetzung mit abweichenden christlichen Glaubensformen.
- Die koranischen Texte sind nicht ins frühe 7. Jahrhundert zu datieren, sondern stammen frühestens aus der zweiten Hälfte des 8. Jahrhunderts, wobei hier der ursprünglich aramäisch geschriebene Text fehlgedeutet und ihm eine arabische Form aufgeprägt wurde.

Diese Ergebnisse der revisionistischen Schule sind in der Koranforschung umstritten und können nicht unhinterfragt bleiben; aus konfessioneller Sicht sind sie sogar hoch problematisch. Dem zu Beginn dieses Kapitels angeführten Zitat von S. Parvez Manzoor ist zu entnehmen, dass die Mehrheit der Muslime leider der westlichen Koranforschung nicht auf wissenschaftlicher Basis begegnet und ihre Ablehung derselben und ihres kritischen Denkens oft aus einer wenig reflektierenden apologetischen Haltung erfolgt. In der Zukunft wird es also auch darum gehen müssen, neue Wege zu beschreiten, die ein Islamverständnis begründen, das eine Balance zwischen traditionell basierter Wissenschaft und den Errungenschaften der modernen Koranforschung, auch wenn diese bisher zumeist von Nichtmuslimen betrieben wurde, findet.

2.5.5 Angelika Neuwirth und die historisch-kritische Koranforschung

Heute ist die Weiterentwicklung der westlichen Koranforschung den Arbeiten Angelika Neuwirths verpflichtet, die auch für die islamisch-theologische Koranforschung von großer Bedeutung sind. Sie seien daher im Folgenden noch einmal gesondert vorgestellt, insbesondere da Neuwirth den Koran im Diskursmilieu der Spätantike verortet und damit einen Forschungsstrang wieder aufnimmt, der konstitutiv für die Koranforschung insgesamt war. Der Koran wird also auf literaturwissenschaftlicher Ebene als ein Text sichtbar, der sich mit anderen Textdiskursen seiner Zeit gerieben hat; für ihn prägend sind biblische Texte und deren vielfältigen Exegesen, wie sie sich in jüdischen und christlichen Exegesen niedergeschlagen haben. So versteht Neuwirth den Koran als Text, der den spätantiken Diskurs zwischen kulturellen und religiösen Traditionen entscheidend mitbeeinflusst hat und wiederum von diesem „beeinflusst" wurde.[176]

Neuwirth ist ihrem Selbstverständnis nach Altphilologin, wobei man die Schnittmenge mit literaturwissenschaftlichen und theologischen Kompetenzen nicht verschweigen sollte, die sie zu einer Wanderin zwischen den Disziplinen machen. Auch für die noch junge islamische Theologie in Deutschland ist Angelika Neuwirth eine wichtige Ansprechpartnerin: Sie erkennt im Koran die liturgische Rezitation der direkten Rede Gottes als Vortragstext und Kommunikationsgeschehen. Ihr ästhetischer Zugang zum Koran, der den sakramentalen Charakter der Koranrezitation ernst nimmt, macht sie so für die islamische Theologie anschlussfähig. Angesichts der Tatsache, dass historische Dokumente für die früheste Islamentwicklung fehlen, erkennt Neuwirth im Koran das einzigartige Zeugnis seiner Entstehung. Geschult an den Modellen der historischen Kritik der Bibelwissenschaften, d.h. vor allem an der Literarkritik, Formkritik, Gattungskritik und Redaktionskritik, untersucht die Forscherin die literarische Einheit sowie funktionale und ornamentale Formelemente des Korans. Neuwirth vernimmt im Koran eine neue Stimme in jenem Konzert spätantiker Debatten, in denen auch die theologischen Grundlagen der jüdischen und christlichen Religion gelegt worden sind. Diese Erkenntnis hört sich zunächst befremdlich an, vor allem, wenn man bedenkt, wie eine breite Öffentlichkeit, aber auch ausgebildete Wissenschaftler den Koran häufig wahrnehmen, nämlich als religionsgeschichtliches Imitat. Dies ist ein Vorwurf, der an mittelalterlicher Schärfe kaum etwas verloren hat. Dass die Koranforschung dabei nicht apolitisch sein kann, betont sie etwa in ihrem Essay *Koranforschung – eine politische Philologie? Bibel, Koran und Islamentstehung im Spiegel spätantiker Textpolitik und moderner Philologie*[177] und fordert gleichermaßen Konsequenzen aus ihren Erkenntnissen, nämlich die Anerken-

[176] Vgl. Neuwirth, Der Koran als Text der Spätantike.

[177] Vgl. dies., Koranforschung – eine politische Philologie? Bibel, Koran und

nung einer jüdisch-christlichen-islamischen Kultur, die auf ein und demselben Fundament basiert. Dabei steht Angelika Neuwirth nicht zufällig in der Tradition ihrer Lehrer, allen voran Meir Jacob Kister (gest. 2010)[178] und Anton Spitaler und richtet den Blick auf eine langvergessene Forschungstradition.

Die jüdische Koranforschung ist dank Angelika Neuwirths Einsatz wieder in den Blick der Forschung gerückt (vgl. etwa den Sammelband *Im vollen Licht der Geschichte*[179]). Neuwirth reiht sich damit bewusst in eine Forschungstradition ein, die den Koran wissenschaftlich als wertneutrale historische Urkunde rehabilitiert, die in den spezifischen Entstehungskontext der Spätantike eingebettet ist (vgl. dazu u. a. den Sammelband *Qur'an in Context. Historical and Literary Investigations into the Qur'anic Milieu*[180] und auch den 2016 erschienenen Sammelband *Denkraum Spätantike. Reflexionen von Antiken im Umfeld des Koran*[181]): Tatsächlich scheint sich ein solcher Ansatz auch in der modernen islamischen Theologie langsam durchzusetzen, da er einer historischen Loslösung des Korans entgegenwirkt und stattdessen die gemeinsame Herkunft der jüdischen und christlichen Grundschriften und des Korans aus der spätantiken Debattenkultur im Kontext neu zur Geltung bringt, die neuerdings auch von zahlreichen muslimischen Intellektuellen, z. B. Nasr Hamid Abu Zaid (gest. 2010)[182], Samir Kassir (gest. 2005)[183] und Aziz al-Azmeh[184] eingefordert wird.

Islamentstehung im Spiegel spätantiker Textpolitik und moderner Philologie, Berlin 2014.

178 Zu Kister vgl. Den Nachruf von Roberto Tottoli in: Oriente Moderno 90 (2010), 299–302.

179 Vgl. Dirk Hartwig (u. a.) (Hg.), „Im vollen Licht der Geschichte".

180 Vgl. Neuwirth/Sinai/Marx (Hg.), The Qur'an in Context.

181 Vgl. Schmidt/Schmid/Neuwirth (Hg.), Denkraum Spätantike.

182 Vgl. Nasr Hamid Abu Zaid, Mohammed und die Zeichen Gottes. Der Koran und die Zukunft des Islam, Freiburg im Breisgau 2008; ders., Gottes Menschenwort. Für ein humanistisches Verständnis des Koran, Freiburg im Breisgau 2008.

183 Vgl. Samir Kassir, Das arabische Unglück, Berlin 2005.

184 Vgl. Aziz Al-Azmeh, The Emergence of Islam in Late Antiquity. Allah and His People, Cambridge 2017.

Angelika Neuwirth bündelt zwei Forschungsrichtungen, nämlich zum einen die aus den Orientwissenschaften hervorgegangene Betrachtung des Korans als einen über 22/23 Jahre hinweg gewachsenen Text, der mit bewährten Methoden aus der Bibelkritik erschlossen werden kann, und zum anderen das Korrektiv jüdischer Koranforscher, die den Koran vor allem aufgrund einer starken Gefühlsverbundenheit mit der orientalischen Welt und der jüdisch-religiösen Kultur verstanden, die, wie einst Leonore Goldschmidt betont hat, „eine philologische Beschränkung allein auf die Klärung des sprachlichen Aufbaus von vornherein“[185] ausschloss. Auch hier gelingt Neuwirth eine Gratwanderung zwischen den Disziplinen, zwischen Philologie und Theologie. Das Besondere an Neuwirths auch international viel beachtetem Forschungsansatz[186] ist das Hinhören auf den Koran selbst, der zumindest in der Frühzeit kein „Buch“ sein will, sondern lebendige Debatte mit einer plurikulturellen Umwelt. Hier wirkt der Ansatz gegenwärtigen Richtungen der Koranforschung als Korrektiv entgegen und versucht, „von außen“, historisch-kritisch, das kulturelle Umfeld des spätantiken Arabiens in seiner immer sichtbarer werdenden Komplexität abzubilden. Der Koran wird also keineswegs als Plagiat jüdischer oder christlicher Überlieferungen betrachtet, wie noch in der Wissenschaft des 18. und 19. Jahrhunderts, sondern er wird als sich entwickelnde kommunikative Interaktion verstanden, die den historischen Kontext seiner Genese abbildet. Dabei erscheint der Korantext als ein sich im Fluss befindlicher Text, der sich in Relation zu etwas anderem konstituiert, nämlich zu jüdisch-christlichen, rabbinischen und anderen Traditionen in Form von Textreflexionen, die man am ehesten als Exegese des biblischen Schrifttums fassen kann. Dies entspricht weitgehend auch dem koranischen Anspruch, wenn etwa der Koran sagt: *fa-in kunta fī šakkin mimmā anzalnā ilaika fa-s'ali llaḏīna yaqra'ūna l-kitāba min qablika* […], „Und so du in Zweifel bist über das, was Wir zu dir herabsandten, so frage diejenigen,

[185] Goldschmidt, Philologie, 325.

[186] Vgl. Neuwirth, Scripture, Poetry, and the Making of Community. Reading the Qur'an as a Literary Text, Oxford 2014.

welche die Schrift vor dir lasen […]" (Q 10:94). Durch dieses methodisch reflektierte Vorgehen, gewissermaßen eine Mischung aus philologischer Analyse und theologiegeschichtlicher Verortung, wird der Koran als intellektuelle und historische Größe greifbar, die auch eine theologische Herausforderung – für Muslime und Nichtmuslime – bereithält. Diese Herausforderung fasst Neuwirth wie folgt zusammen:

> „Insofern der Koran aus der Auseinandersetzung mit spätantiken Diskursen hervorgegangen ist und sich eben jene vorgefundenen christlichen und jüdischen Traditionen eingeschrieben hat, die gemeinhin als europäisches Erbe reklamiert werden, ist er auch selbst Teil des historischen Vermächtnisses der Spätantike an Europa. Seine Neulektüre kann und sollte dem europäischen, in der westlich-christlichen Tradition stehenden Leser eine neue Sicht auf seine eigene Theologie- und Geistesgeschichte eröffnen und ihn ermutigen, den Koran als Teil der Rezeptionsgeschichte seiner eigenen vertrauten Texte zu begreifen."[187]

Die islamische Theologie kann sich diesen Forschungsergebnissen nicht verweigern. Im Gegenteil sollte es das Anliegen der islamischen Theologie sein, diese Forschungspositionen in ihre konfessionelle Lektüre zu integrieren, d. h. kritisch zu reflektieren und zu hinterfragen, ohne ihren eigenen Traditionshorizont zu verlieren. Gepaart mit der methodischen Schärfe der historisch gewachsenen Koranforschung, die hier nur in flüchtigen Strichen nachgezeichnet werden konnte, wird die islamische Theologie in der Lage sein, sich selbst zu begründen und nicht nur als Hilfsdisziplin verstanden zu werden.[188] Erst dann werden auch Muslime in der Lage sein, die Deutungshoheit über ihren heiligen Text zurückzuerlangen, die wissenschaftliche Auseinandersetzung mit den diversen Positionen nicht mehr zu scheuen und ihre Stimme immer dort zu erheben, wo das Leben und die Lehre des Propheten Muḥammads zur Disposition stehen.

---

187 Dies., Der Koran als Text der Spätantike, 21 f.

188 Vgl. für eine Diskussion über den Fachgegenstand und die Herausforderungen der islamischen Theologie Reinhard Schulze, Der Islam als Objekt und Subjekt der Wissenschaft. In: Frankfurter Zeitschrift für islamisch-theologische Studien 2 (2015), 99–126.

3. Ein theologisch-hermeneutischer Zugang zum Koran

Der Koran ist kein Buch wie jedes andere, denn er hat den Anspruch, an erster Stelle die Selbstoffenbarung Gottes zu sein. Im Koran, in seinem Klang, in seiner Schönheit, die zur Liebe entzünden will, vergegenwärtigt sich Gott selbst. Gläubige haben es im Koran unmittelbar mit Gott zu tun, er begegnet ihnen im Koran. Wenn es sich aber um Gott selbst handelt, der mir im Koran begegnet, dann ist der Koran als Medium der Offenbarung Gottes mehr als lediglich ein Brief von Gott, in dem ich lesen kann, wie Gott ist und was Gott mir sagen will. Es ist vielmehr Gott selbst, der im Koran gegenwärtig wird und mir begegnen will. Das bedeutet, es ist mehr als bloß sein Wille, der sich mir hier offenbart. Diese theologische Sicht auf den Koran veranlasst uns zu einem theologischen Zugang zu ihm, der nicht nach dem Koran als Text fragt, sondern nach dem Koran als Ereignis von Gottes Selbstoffenbarung, also nach einem Geschehen der Liebe, die zur Liebe einladen will.

3.1 Der Koran als kommunikatives Geschehen der Selbstoffenbarung Gottes

Der Islam versteht sich wie das Judentum und Christentum als Offenbarungsreligion. Das heißt, dass der Ausgangspunkt der islamischen Religion der Glaube an einen Gott ist, der sich als er selbst den Menschen offenbart hat. In dieser Offenbarung „enthüllt" Gott den Menschen sein innerstes Wesen. Offenbarung bedeutet, dass sich Gott auf die Menschen einlässt; er macht sich den Menschen zugänglich, er geht in die Geschichte ein, er macht sich erfahrbar. Durch die Offenbarung Gottes in der Welt wird Gott hier und jetzt gegenwärtig. Dabei bleibt er ganz er selbst und zugleich erreicht er die Menschen in für sie nachvollziehbaren Kategorien. Offenbarung ist für die monotheistischen Offenbarungsreligionen somit „jene zentrale, aber auch spannungsreiche theologische Grundkategorie, die Transzendenz und Immanenz, Absolutes und Endliches, Unbedingtes und Bedingtes, göttliche und menschliche Freiheit in eben dem Maße zusammenzudenken versucht, wie sie die prinzipielle Unterschiedenheit beider Wirklichkeiten betont.“[1]

Seit dem Zweiten Vatikanischen Konzil kam es dabei in der katholischen Theologie zu einem Paradigmenwechsel:

> „Offenbarung wird nicht mehr formal als Instruktion Gottes und inhaltlich als Sammlung objektiv vorgegebener Wahrheiten gedacht, welche die menschliche Vernunft von sich aus nicht erreichen kann und daher allein auf Autorität des kirchlichen Lehramtes hin zu glauben hat, sondern fortan als Selbstoffenbarung bzw. Selbstmitteilung Gottes verstanden. Gott teilt in der Heilsgeschichte nicht etwas, sondern sich selbst dem Menschen mit und will dessen freie Zustimmung durch jenes Geschehen personaler Zuwendung gewinnen, in dem Inhalt und Form der Offenbarung, Botschaft und Bote, Wahrheit und Geschichte untrennbar verbunden sind.“[2]

Hier zeigt sich ein Wandel von einem instruktionstheoretischen Verständnis des Offenbarungsgeschehens, in dem es um den Informationsgehalt der Offenbarung ging, hin zu einem Verständnis von Offenbarung als Selbstoffenbarung Gottes. Magnus Lerch schreibt, was auch viele andere christliche Theologen vertreten: „Wenn der eine und einzige Gott Israels sich auf endgültige und unüberbietbare Weise in der Geschichte Jesu als er selbst – in seinem ewigen Wesen – mitgeteilt hat, so lässt sich letzteres ohne die konkrete, personale Gestalt Jesu Christi nicht mehr denken.“[3] Dies macht es allerdings für Christen schwer anzunehmen, dass Gott sich später in der Geschichte erneut selbst offenbart hat, und zwar auf eine andere Weise, zum Beispiel im Koran. Denn wenn er sich selbst schon in Jesus, und zwar auf „endgültige und unüberbiet-

---

[1] Magnus Lerch, Selbstmitteilung Gottes. Herausforderungen einer freiheitstheoretischen Offenbarungstheologie, Regensburg 2015, 17.

[2] Ebd., 15.

[3] Ebd., 16.

bare Weise“ offenbart hat, warum sollte er sich erneut selbst offenbaren? Ich stimme zu, dass die Vorstellung, Gott habe sich selbst im Sinne einer Selbstmitteilung offenbart, eine unüberbietbare Weise darstellt, in der sich Gott offenbaren könnte; warum soll sie aber in Jesus Christus die endgültige sein? Warum soll ausgeschlossen sein, dass Gott sich selbst auf andere Weise als in Jesus offenbart hat, um den Menschen mehr Möglichkeiten zu eröffnen, seine Selbstgegenwart zu erfahren? Denn der Islam geht ebenfalls von einer Offenbarung Gottes im Sinne der Selbstmitteilung oder, in islamischen Termini ausgedrückt, der Selbstgegenwart Gottes *(arab. al-ḥaḍra al-ilāhīya oder tağallī)* aus.

Hat sich Gott nach christlichem Glauben in Jesus Christus geoffenbart, so basiert der islamische Glaube auf dem Gedanken der Offenbarung Gottes im Koran, und zwar in einer kommunikativen Form, in der Gott und Mensch im Dialog miteinander stehen. Demnach hat Gott mit dem Koran seine eigene Gegenwart und damit sein Zusagewort dem Menschen offenbart.[4] In diesem Zusammenhang ist die gnoseologische Frage nach der Möglichkeit der Identifizierung des Korans als Gegenwart Gottes zu klären.

Wie kann die Kommunikation, die im Koran stattfindet, als Geschehen göttlicher Vergegenwärtigung begründet und legitimiert werden? Auf welcher Basis kann dies geschehen? Und welche epistemologischen Konsequenzen sind mit der Offenbarungskategorie verbunden? Lässt sich die Offenbarungsgestalt eindeutig oder gar im Sinne einer ‚objektiven Evidenz‘ als Vergegenwärtigung Gottes erkennen?[5] Und wenn wir hier von der Selbstver-

---

[4] Milad Karimi betont, dass im Akt der Rezitation des Korans „die Gegenwart Gottes sinnlich wahrnehmbar“ wird. Vgl. Ahmad Milad Karimi, Versuch einer ästhetischen Hermeneutik des Qur'an. In: Mouhanad Khorchide/ Klaus von Stosch (Hg.), Herausforderungen an die Islamische Theologie in Europa – Challenges for Islamic Theology in Europe, Freiburg 2012, 14–30, hier 27.

[5] Ähnliche Fragen stellt Lerch an das Verständnis von Jesus als Selbstmitteilung Gottes. Sofern auch islamisch von der Selbstmitteilung bzw. Selbstvergegenwärtigung Gottes die Rede ist, dann müssen diese Fragen auch aus islamischer Perspektive reflektiert werden. Dazu gehört auch die Frage: „Wie also lässt sich jenseits des Dilemmas von Intrinsezismus und Extrinsezismus die Ansprechbarkeit und Offenheit endlicher Vernunft für Gott aufweisen und

gegenwärtigung Gottes, also von seiner geschichtlichen Selbstpräsenz im Koran sprechen, wie lässt sich diese von einer unvermittelten Erscheinung Gottes abgrenzen?

Hans-Joachim Höhn spricht das eigentliche Problem direkt an: „Steht der Möglichkeit einer Selbstvergegenwärtigung Gottes in der Erfahrungswelt des Menschen nicht die Tatsache entgegen, dass die Welt in ihrer Geschöpflichkeit unüberbietbar auf Gott verwiesen ist, von dem sie radikal verschieden ist, sodass wegen der Ausnahmslosigkeit des Verschiedenseins in der Welt nur Geschöpfliches, aber niemals das Göttliche als Gegenstand menschlicher Erfahrung begegnen kann?“[6] Wir müssen hier, wenn wir von der koranischen Offenbarung sprechen, zwischen dem unerschaffenen Wesenswort Gottes und der erschaffenen koranischen Rede unterscheiden. Letztere ist kontingent und in einer menschlichen Sprache, die nach islamischem Glauben Muḥammad verkündet hat, ausgedrückt, und dennoch begegnet mir in ihr das Wesenswort Gottes, weil beide einander zwar entsprechen, jedoch nicht miteinander identisch sind (s. Kap. 4.1).

3.1.1 Paradigmenwechsel: Für ein anthropologisches Verständnis der Offenbarung Gottes im Islam

Der Glaube an die göttlichen Offenbarungen (tatsächlich im Plural), dazu gehört auch der Koran, ist einer der sogenannten sechs Glaubenssätze des Islams.[7] Allerdings werden diese Glaubenssätze traditionell oft auf eine abstrakte Weise dargelegt und bleiben so dem heutigen Menschen samt seiner Lebenserfahrung, Vernunft

---

zugleich die Gratuität seiner Selbstoffenbarung wahren?“ (vgl. Lerch, Selbstmitteilung Gottes, 18).

[6] Hans-Joachim Höhn, Gott – Offenbarung – Heilswege. Fundamentaltheologie, Würzburg 2011, 161.

[7] Dazu gehören: Der Glaube an Gott, an seine Engel, an seine Offenbarungen (heilige Schriften), an seine Propheten, an den Jüngsten Tag (das Leben nach dem Tod) und der Glaube an einen Masterplan Gottes (wird oft missverständlich mit Schicksal zum Ausdruck gebracht).

und Freiheit fremd und äußerlich. Sie werden sehr oft von der Theologie so formuliert, dass sie kaum einen Bezug zur Lebenswirklichkeit des heutigen Menschen haben. Dieses abstrakte Verständnis kann die Glaubenssätze nicht auf die Selbst- und Welterfahrung des Menschen beziehen.[8]

Und so bleiben die Glaubenssätze abstrakte Sätze, an die Muslime meinen zu glauben, allerdings ohne darin wirklich einen Bezug zum eigenen Lebensentwurf zu erkennen. Denn was heißt es konkret, wenn ein Muslim zum Beispiel an Engel glaubt? Weder hat er sie gesehen, noch weiß er etwas über sie, außer dem, was im Koran über sie berichtet wird. Und das ist nicht viel. Oder was heißt es, wenn ein Muslim an die Propheten glaubt? Viele Muslime kennen weder die Namen der im Koran vorkommenden Propheten noch wissen sie etwas über sie. Sind deshalb die meisten Muslime keine Muslime? Und wenn Muslime an alte geoffenbarte Schriften glauben müssen[9], jedoch davon ausgegangen wird, dass diese Schriften zum großen Teil nicht mehr existieren bzw. zum großen Teil verfälscht wurden, dann fragt man sich: Woran genau soll ein Muslim glauben? An Bücher und Schriften, die nicht mehr vorhanden oder verfälscht sind? Was heißt es, an etwas zu glauben, das nicht mehr existiert und zu dem man keinen Bezug hat? Und warum soll man überhaupt daran glauben? Und wieso gilt traditionell ein Muslim nicht mehr als Muslim, wenn er an etwas nicht glaubt, was nicht mehr vorhanden ist und keinen Lebensbezug hat? Ähnliche Fragen lassen sich auf die anderen Glaubenssätze übertragen. Die eigentliche Frage, in der all diese Fragen gebündelt werden können, ist jene nach dem Lebensbezug der Glaubenssätze, damit sie für die Alltagsrealität nicht fremd und ohne Bedeutung bleiben. Ich möchte damit keineswegs die islamischen Grundsätze aufgeben, im Gegenteil möchte ich an diesen festhalten, sie allerdings vom Menschen her denken und nach ihrem Platz in ihrem Leben fragen. Die islamische Theologie benötigt heute eine Wende vom Extrinsezismus zum Intrinsezismus,

---

[8] Vgl. Mouhanad Khorchide, Scharia. Der missverstandene Gott, Freiburg 2013, 56 ff.

[9] Vgl. Q 2:136.

eine Wende zum Menschen, die nach ihm, also nach seinen Sehnsüchten, Hoffnungen, Ängsten, Erwartungen fragt, aber und vor allem auch nach den Bedingungen der Ermöglichung seiner Freiheit und damit nach seiner Selbstbestimmung.

Wenn es um den Koran geht, dann gibt es im Islam eine Bandbreite an Zugängen und unterschiedlichen Auslegungstraditionen. Mir geht es an dieser Stelle nicht darum, diese vorzustellen oder auf sie einzugehen, sondern idealtypisch zwei Positionen nebeneinanderzustellen, die so in der Realität in dieser hier zugespitzten Form kaum anzutreffen sind. Allerdings stelle ich diese beiden Zugänge zum Koran aus heuristischen Gründen vor, um zu verdeutlichen, wo die innerislamische Trennlinie verläuft. Die in der Realität vorhandene Bandbreite an Positionen besteht zwar meist aus Mischformen zwischen den beiden Zugängen, sie tendieren jedoch meistens entweder in die eine oder andere Richtung.

Ich nenne den ersten Zugang den monologisch-abgeschlossenen und den zweiten den dialogisch-offenen. Wie der Leser schnell feststellen wird, mache ich mich hier wie auch in meinen anderen Schriften für letzteren stark.[10]

Die Offenbarung des Korans als Monolog Gottes aufzufassen, impliziert ein Verständnis vom Koran als ewige Selbstrede Gottes, die kontextunabhängig ist. Nach diesem Offenbarungsverständnis hat Gott sein heiliges Wort auf ahistorische Weise offenbart, die jegliche Berücksichtigung des Offenbarungskontextes, sowohl um den Offenbarungsprozess selbst zu verstehen als auch um den Koran auszulegen, überflüssig macht. Nach diesem Verständnis der Offenbarung wäre jegliche Relativierung des koranischen Ausdrucks, indem dieser im historischen Kontext der Verkündigung verortet wird und nicht mehr der Wortlaut ins Hier und Heute übertragen werden soll, eine Art Verfälschung des Korans. Verfechter dieses Offenbarungsverständnisses wollen die Souveränität Gottes wahren und meinen daher, dass sich Gott von keinem

---

10 Vgl. Khorchide, Islam ist Barmherzigkeit. Grundzüge einer modernen Religion, Freiburg 2015, 123 ff.; vgl. auch ders., Scharia, der missverstandene Gott, 150 ff.

historischen Kontext abhängig mache.[11] Gottes Rede gelte allen Menschen zu allen Zeiten in gleicher Weise. Dementsprechend habe Gott alles im Koran gesagt, was es zu sagen gebe. Der Koran sei daher ein abgeschlossenes Buch. Muslime müssten nur im Koran nachlesen, ihn philologisch richtig verstehen, dann wüssten sie, was Gott ihnen genau sagen wolle, wobei der Koran nach dieser Lesart auf eine Ansammlung von überzeitlichen Instruktionen reduziert wird. Heutigen Muslimen, die zum Beispiel die im Koran vorkommenden Körperstrafen des 7. Jahrhunderts historisch kontextualisieren und daher für nicht mehr gültig ansehen, wird vorgeworfen, Verfälscher von Gottes ewigem Wort zu sein.

Die Offenbarung als Dialog Gottes bedeutet hingegen ein Verständnis vom Koran als in der Zeit stattgefundene offene Kommunikation, die vom historischen Kontext der Verkündigung des Korans im 7. Jahrhundert auf der arabischen Halbinsel geprägt ist.[12] Ein kommunikationsdialogisches Verständnis der Offenbarung (wie z. B. bei Nasr Hamid Abu Zaid[13]) betont also ihren historischen und prozesshaften Charakter als Verkündigung in der Zeit. Angelika Neuwirth unterstreicht zu Recht, dass der Koran das Zeugnis einer Gemeindebildung im 7. Jahrhundert darstellt.[14] Der Koran ist nach diesem Verständnis ein Medium der Kommunikation zwischen Gott und den Menschen – und zwar nicht nur für die Erstadressaten des Korans im 7. Jahrhundert auf der arabischen Halbinsel. Vielmehr stellt er ein Kommunikationsangebot und zugleich eine Beziehungszusage an alle Menschen dar. Gerade hierin besteht sein universaler Anspruch. Und genau dieses Kommunikationsangebot und diese Beziehungszusage des Korans, die Ausdruck der Barmherzigkeit Gottes ist – verstanden als die bedingungslose Zuwendung und Zusage Gottes an

---

11 Vgl. Klaus von Stosch, Herausforderung Islam: Christliche Annäherungen, Paderborn 2016, 11 ff.

12 Vgl. Angelika Neuwirth, Der Koran als Text der Spätantike. Ein europäischer Zugang, Berlin 2010.

13 Vgl. Nasr Hamid Abu Zaid, Gottes Menschenwort. Für ein humanistisches Verständnis des Koran, Freiburg 2009.

14 Vgl. Neuwirth, Der Koran als Text der Spätantike, 451 ff.

die Menschen –, stellt den eigentlichen Inhalt des Korans dar. Entsprechend wäre die Aufgabe einer der Barmherzigkeit Gottes gerecht werdenden koranischen Hermeneutik, nach diesem Kommunikationsangebot und nach der Beziehungszusage Gottes in seinen Aussagen zu suchen, die zuerst einmal geschichtliche Zeichen sein wollen, die den Menschen erlauben, sich vertrauensvoll zu Gott in Beziehung zu setzen.

Nach diesem Verständnis ist der Koran kein Monolog Gottes, denn die Anliegen der Erstadressaten des Korans im 7. Jahrhundert, ihre Ängste, Hoffnungen, Sorgen, Narrative, ihre linguistische sowie kulturelle Sprache usw. waren konstitutiv für die koranische Rede. Und wenn sich Gott den Menschen nach dieser Auffassung in einer kommunikativen Offenbarung zugänglich macht, dann bleibt diese Offenbarung so lange dynamisch, solange es Gläubige gibt, welche die Kommunikation mit Gott fortführen. Was heißt das genau?

Der Begriff Koran bedeutet das Vorgetragene. Der Koran versteht sich selbst als Rede, als Vortrag und nicht als Buch. Als Buch wurde der Koran nach dem Tod des Propheten Muḥammad zusammengestellt. Wenn man im Koran liest, dann kann man Formulierungen entdecken wie: „Sie fragen dich (Muḥammad) nach … Sag ihnen dies und jenes." Solche Formulierungen im Koran machen klar, dass es sich beim Koran nicht um einen Monolog handelt, denn es findet hier offensichtlich Kommunikation statt. In dieser Kommunikation kommen mehrere Akteure zu Wort. Das Anliegen und die konkreten Fragen und Erfahrungen der Erstadressaten waren also offensichtlich konstitutiv für die koranische Rede.

Der Koran ist, wie der Koranforscher Nasr Hamid Abu Zaid sagt: „Gottes-Menschenwort".[15] Im Koran selbst ist nachzulesen: „Wir [Gott] haben den Koran in einer arabischen Rede verkündet, damit ihr ihn versteht" (Q 43:3), also damit die Erstadressaten, die hier unmittelbar angesprochen werden, ihn verstehen können. Mit anderen Worten können wir sagen: Gott hat sich im Akt seiner Selbstoffenbarung der menschlichen linguistischen wie psy-

---

15 Vgl. Abu Zaid, Gottes Menschenwort.

chologischen und kulturellen Sprache sowie der Narrative[16] seiner Erstadressaten bedient. Gott spricht also nach dieser islamischen Vorstellung im Koran durch den Menschen, er lässt sich auf den Menschen ein. Das heißt, dass nun die Erstadressaten samt ihrer Lebenswirklichkeit, zu denen Gott spricht, konstitutiv an der Rede Gottes beteiligt sind. Die Rede Gottes ist ein Resultat einer Kommunikation zwischen Gott und Mensch. Mit Mensch meine ich die Erstadressaten. Der Koran stellt allerdings den Anspruch, nicht nur Muḥammad und die Menschen seiner Umgebung, also die Erstadressaten anzusprechen, sondern er versteht sich als universelle Botschaft Gottes, gerichtet an alle Menschen zu allen Zeiten. Er stellt also den Anspruch, dass er mich heute hier in Europa genauso anspricht wie jeden anderen auch. Die ersten Adressaten waren konstitutiv an der kontingenten Form der erschaffenen koranischen Rede beteiligt. Dabei stehen wir vor der hermeneutischen Herausforderung, dass die Form durch ihre schriftliche Erfassung fixiert wurde, worauf ich später in diesem Buch noch eingehen werde. Mir geht es an dieser Stelle darum, festzuhalten, dass die Struktur des Korans selbst und die Vielfalt der Stimmen, die in ihm vorkommen, seinen dialogischen Charakter unterstreichen. Zum Beispiel spricht gerade in der ersten Sure im Koran, die wir Muslime in jeder Gebetseinheit rezitieren, nicht Gott zum Menschen, sondern umgekehrt spricht der Mensch zu Gott: „Im Namen Gottes, des Allbarmherzigen Allerbarmenden. Alles Lob gebührt Gott, dem Herrn aller Welt, dem Allbarmherzigen Allerbarmenden, dem Herrscher am Tag des Gerichts. Dir dienen wir und dich bitten wir um Hilfe. Führe uns den geraden Weg, den Weg derer, denen du Gnade schenkst, denen nicht gezürnt wird und die nicht irregehen!" Für Muslime sind diese Worte der ersten Sure dennoch Gottes Worte, allerdings begegnet uns hier ein Gott, der durch den Menschen selbst spricht, daher ist der

---

16 Es ist für den Koran und daher für die Auseinandersetzung mit ihm irrelevant, ob diese Narrative „wahr" sind oder nicht, der Koran greift sie auf und konnotiert sie mit seiner Botschaft, ohne die Frage nach ihrem Wahrheitsgehalt zu stellen. Daher wundert es nicht, wenn uns Narrative im Koran begegnen, die schon vor der Verkündigung des Korans bekannt waren bzw. zu der spätantiken Tradition gehören.

Koran Gottes Menschenwort. Im Koran haben wir es daher mit einem empathischen Gott zu tun, der sich die Nöte, die Sorgen, die Hoffnungen, die Ängste, die Freuden usw. der Menschen zu eigen macht und diese entsprechend wiedergibt. Daher können wir den Koran nur dann recht verstehen, wenn wir von einem dialogischen kommunikativen Verständnis der Gott-Mensch-Beziehung ausgehen. Wir dürfen also den Menschen nicht aus dem Blick verlieren.

Der Koran als Kommunikation ist dynamisch, er passt sich der linguistischen wie kulturellen, politischen und psychologischen Sprache in der jeweiligen Situation seiner Erstadressaten im 7. Jahrhundert auf der arabischen Halbinsel an. Der Koran als Buch, als Schrift ist hingegen fixiert. Die Sprache verändert sich nun nicht mehr. Ich muss zum Beispiel heute im 21. Jahrhundert im Koran lesen, dass Esel und Pferde meine Transportmittel sind (Q 16:8). Ich muss ein bestimmtes Frauenbild, bestimmte Körperstrafen aus dem 7. Jahrhundert usw. lesen. Ich kann diese nicht durch die Worte Auto oder Flugzeug oder Gleichberechtigung oder Menschenrechte ersetzen, denn wie schon erwähnt, ist die damalige arabische Sprache des Korans schriftlich fixiert. Eine Veränderung der Sprache wäre eine Verfälschung des Korans. Es bleibt mir also nur, im Sinne von Paul Ricœur[17], meine Lebenswirklichkeit in die Begegnung mit dem Koran mit hineinzunehmen. Diese Lebenswirklichkeit ist konstitutiv für die Aktualisierung von Gottes Offenbarung, sodass ich anstelle von Pferd und Esel als Transportmittel zum Beispiel Auto und Flugzeug verstehe. Aber warum ist dies überhaupt möglich? Das ist nur unter der Bedingung möglich, dass ich den historischen Kontext der Offenbarung des Korans im 7. Jahrhundert (dazu gehören auch die Erstadressaten samt ihrer jeweiligen persönlichen wie gesellschaftlichen, wirtschaftlichen und politischen Situation sowie Lebenserfahrungen und Narrative zu den unterschiedlichen Offenbarungsmomenten) als konstitutiv für die koranische Rede ernst nehme. Oder anders gesagt: Die Erstadressaten und deren Ge-

[17] Vgl. Paul Ricœur, From Text to Action. Essays in Hermeneutics, Bd. II, transl. Kathleen Blamey and John B. Thompson, Evanston, 1991, 86; 122.

schichte müssen auch als Subjekte der Offenbarung und nicht nur als deren Objekte gewürdigt werden. Dies impliziert aber, dass auch die heutigen Rezipienten des Korans seine Subjekte sind, die samt ihrer Lebenswirklichkeit, ihrer Erfahrungen, ihrer Hoffnungen, Ängste, Wünsche, Leiden, Anliegen usw. konstitutiv für die Aktualisierung der Offenbarung Gottes im Koran sind. Denn da es sich um Gott selbst handelt, der mir im Koran begegnet, kann seine Offenbarung nicht abgeschlossen sein. Gott war nicht nur im 7. Jahrhundert im Koran, sondern ist auch hier und heute im Koran, in seiner Rezitation gegenwärtig und streckt mir heute seine liebende Hand entgegen, die mich wiederum zur Liebe entzünden will. Der Koran bleibt somit eine offene, lebendige Kommunikation, die auch hier und jetzt stattfindet, wenn ich den Koran lese, rezitiere oder ihn höre. Es geht nicht mehr darum, dass ich passiv lese, was im Koran steht, sondern der Koran lädt mich zu einer offenen Kommunikation durch die Begegnung mit Gottes liebender Barmherzigkeit ein. Da es sich im Koran um die Selbstoffenbarung Gottes handelt, ist es Gott, der mit mir gerade im Akt des Lesens/Rezitierens/Hörens des Korans kommuniziert, und zwar nicht unvermittelt (wie soll sonst das Bedingte die „Sprache" des Unbedingten verstehen), sondern hier spielt der Geist Gottes, den Gott laut dem Koran jeden Menschen eingehaucht hat (z. B. Q 15:29, Q 38:72), eine entscheidende Rolle, um Gott im Koran zu erkennen.

Der Koran erschließt sich dem heutigen Rezipienten zwar in derselben Sprache wie den Erstadressaten, allerdings kommt es dem Rezipienten zu, diese Sprache in ihrem historischen Kontext zu verorten, um die im Koran begegnende liebende Barmherzigkeit Gottes auch in der Geschichte des Korans aufzudecken und diese in die eigene Lebenswirklichkeit zu übersetzen. Deshalb bin auch ich heute mit meiner Lebenswirklichkeit konstitutiv für Gottes Rede mit mir. Meine Lebenswirklichkeit und ich als Individuum kommunizieren mit Gott auch hier und jetzt, der Leser ist, wie Paul Ricœur betont, stets Mitautor, aber daraus resultiert kein fixierter schriftlicher Koran mehr, weil dieser schon in seiner Form fixiert wurde, sondern es resultiert eine Rede, eine Kommunikation zwischen Gott und mir.

Pauschale Sätze über das eigene Verstehen des Korans wie: „Der Koran sagt …" oder „Der Koran meint …" muss man daher mit sehr viel Vorsicht betrachten. Es ist richtiger zu sagen: „Ich verstehe, dass der Koran mir sagen will … Morgen werde ich verstehen, dass der Koran mir etwas anderes sagen will …", aber „Ich weiß, dass es in jeder Begegnung mit dem Koran, um die Freisetzung Gottes liebender Barmherzigkeit geht" (s. u.) usw. So bleiben die Interaktion zwischen Gott und Mensch als offene Kommunikation und die Selbstoffenbarung Gottes im Koran aufrechterhalten und sind nicht abgeschlossen.

Wenn wir Muslime wollen, dass der Koran einen Platz in unserem Leben hat und uns auch hier und heute zur Liebe entzündet, müssen wir ihn mitnehmen und die ursprüngliche Kommunikation fortschreiben, und zwar entsprechend dem Prinzip der liebenden Barmherzigkeit Gottes, damit es nicht zur Beliebigkeit kommt (s. u.). Wir dürfen die Kommunikation mit Gott nicht abreißen lassen. Doch genau das würden wir tun, wenn wir davon ausgingen, dass er im 7. Jahrhundert zum letzten Mal zu uns Menschen gesprochen habe und die Offenbarung damit abgeschlossen sei. Die Offenbarung als abgeschlossen zu verstehen, macht aus dem Koran ein statisches Buch, in dem Gott Instruktionen verkündet hat, die literalistisch aufzufassen sind, also wortwörtlich. Es bleibt kaum Raum für ein historisches Bewusstsein der Verkündigung und vor allem bleibt kaum Raum mehr für eine Gotteserfahrung. Meine Beschäftigung mit dem Koran wird reduziert auf die Auseinandersetzung mit einem 1400 Jahre alten Text. Gott selbst spielt in diesem Prozess nur die Rolle des ehemaligen „Autors" bzw. Initiators, wodurch die Rede von einer Gotteserfahrung stark in den Hintergrund rückt. Die Rede von seiner Gegenwart, von seiner Nähe, von ihm selbst, der mir im Koran begegnet, gerät außerhalb des Blickwinkels. Die Offenbarung als offene Kommunikation zu verstehen, bedeutet hingegen, dass die Begegnung mit Gottes liebender Barmherzigkeit das letzte Wort gesprochen hat. Der Text selbst bleibt für jede Auslegung im Sinne dieser liebenden Barmherzigkeit als grundlegendes Kriterium seiner Auslegung offen. Der Text hat also nicht das letzte Wort Gottes ausgesagt, denn die Worte Gottes sind unendlich (vgl. Q 18:109). Sie sind Worte der unbedingten Liebe. Durch diesen Zugang zum Koran wird der jeweilige Rezipient des Korans als Subjekt einer offenen Kommunikation mit Gott ernst genommen. Er soll sich und seine Lebenswelt in die Auslegung des Textes einbringen. Nicht der Koran spricht, sondern Rezipient und Gott stehen sich dialogisch gegenüber.

Die Offenheit des Korans erlaubt es dann auch, seine spirituelle Kraft zu entfalten, denn es handelt sich beim Koran nicht in erster Linie um ein Buch, in dem ich lese und aus dem ich Instruktionen sowie Handlungsanweisungen für mein Leben ableite, sondern um ein Medium der Begegnung mit Gottes liebender Barmherzigkeit, die mich berühren, ergreifen und zur Liebe entzünden will.

Denkt man diese Unterscheidung zwischen beiden Verständnissen der Offenbarung – abgeschlossen vs. offen (monologisch vs. dialogisch) – konsequent zu Ende, dann ergeben sich zwei Zugänge zum Islam: Entweder versteht man den Islam als statische Religion. Danach wäre der Islam ein geschlossenes Paket, und die Aufgabe der Gläubigen bestünde in nichts anderem, als dieses Paket zu öffnen[18] und der beigefügten Bedienungsanleitung zu folgen. Oder man versteht den Islam als in der Zeit entstandene Religion, die ein Medium der Entfaltung von Spiritualität und Ethik im Leben des Menschen darstellt.

Im gegenwärtigen, stark säkularisierten und spätmodernen Kontext, in dem wir Theologie betreiben, kann es sich die islamische Theologie, um ernst genommen zu werden, nicht leisten, die Existenz Gottes und seine Selbstoffenbarung einfach als selbstverständlich vorauszusetzen, sondern muss deren denkerische Möglichkeit und ihre existenzielle Bedeutung für jeden Menschen aufzeigen. „Dass der Mensch für Gott ansprechbar ist, kann nicht durch sein tatsächliches Angesprochenwerden in der Offenbarung begründet werden, weil sonst das zu Erklärende immer schon vorausgesetzt würde: ein logischer Zirkel!“[19] Und hier hilft vor allem

---

[18] Vgl. von Stosch, Herausforderung Islam, 11 ff.; vgl. auch Andreas Goetze, Religion fällt nicht vom Himmel, Darmstadt 2012.

[19] Magnus Lerch/Aaron Langenfeld, Theologische Anthropologie, Paderborn 2018, 87.

das an Immanuel Kant orientierte transzendentale Begründungsverfahren, das keinen Gottesbeweis zu liefern beabsichtigt, sondern nur die Idee Gottes als sinnvolle zu entwickeln versucht. Mit den freiheitsphilosophischen Überlegungen, auf die ich mich stütze, kann hier nur die prinzipielle Empfänglichkeit des Menschen für Gott und Gottesoffenbarung begründet werden. Ich schließe mich dem katholischen Theologen Thomas Pröpper und dessen These an, dass die Theologie auch nicht mehr benötigt, als die Möglichkeit der Selbstoffenbarung Gottes rational zu explizieren. Sie muss nicht die Selbstoffenbarung Gottes aus der Vernunft ableiten, denn die Selbstoffenbarung Gottes in der Geschichte als unbedingte und entschiedene liebende Barmherzigkeit Gottes, auch im Koran, ist nicht durch logisches Denken erfahrbar, sondern dadurch, dass sich diese liebende Barmherzigkeit mitteilt, sich in der konkreten Geschichte zeigt und offenbart. „Der Mensch ist also in seinem Innersten (in seiner Vernunft und Freiheit) auf eine Wahrheit verwiesen, die ihm nur frei (‚von außen‘) geschenkt werden kann – und auch nur *als* frei geschenkte seine Erfüllung sein kann. Denn nur in der Liebe ist das Notwendige zugleich das Freieste."[20]

Für die neuzeitliche Wende zum Subjekt ist charakteristisch, „dass der Mensch sich als Ausgangspunkt seines Denkens und Handelns versteht: Wahrheit muss für ihn vernünftig einsichtige Wahrheit sein. Bindung (an Personen, Institutionen, Überzeugungen) soll nicht ohne *ihn* und seine *Freiheit* erfolgen."[21] Und so verschiebt sich der Ort der Gottesfrage. Es wird nun nicht mehr nach der Ursache alles Seienden gefragt, sondern die Gottesfrage „stellt sich dort, wo der Mensch *sich selbst* fraglich wird, nach einem Grund und Sinnhorizont seines Daseins sucht."[22] Ein hilfreicher Ausgangspunkt für ein theologisches Nachdenken über Gottes Selbstoffenbarung scheint mir daher eine transzendentallogische Reflexion darzustellen, weil sie geeignet ist, den offenbarungstheologisch zu bedenkenden Einbruch des Unbedingten

[20] Ebd., 90.
[21] Ebd., 74.
[22] Ebd.

in das Bedingte mit einer theologisch-anthropologischen Anschlussdynamik nachzuzeichnen. Der transzendental-logische Zugang erkennt die Bedingung der Möglichkeit, Gottes Offenbarung als Selbstmitteilung zu denken, und zwar in der ontologisch-begrifflichen Explizierbarkeit des Gott-Mensch-Beziehungsgeschehens als des Kontakts zwischen transzendent-wesentlicher Mitteilung und immanent-wesentlichem (und zugleich transzendenz-sensiblem) Empfang.

Bezogen auf unser Thema der Offenbarung ist daher nach der möglichen Empfänglichkeit des Menschen für Gott, sprich nach dem Gottesbezug des Menschen zu fragen. Hier hilft die transzendental-logische Reflexion weiter, um Offenbarung vom Menschen her zu verstehen.

3.1.2 Ein transzendental-logischer Zugang zur Erkenntnis der Bedingungen der Möglichkeit, Gottes Offenbarung als Selbstmitteilung zu denken

In der katholischen Theologie war es Karl Rahner (gest. 1984), der die anthropologische Wende des theologischen Denkens vollzog,

> „indem er in die Theologie die *transzendentale Methode* einführt. Dieses Begründungsverfahren fragt nach den *Bedingungen der Möglichkeit* von menschlichen Vollzügen (wie Erkennen und Handeln). Es geht ihm also nicht um die direkte Erkenntnis von bestimmten Einzelgegenständen oder Inhalten, sondern um die Klärung der *Bedingungen,* die auf Seiten der menschlichen Vernunft vorausgesetzt werden müssen, damit eine bestimmte Erkenntnis oder Erfahrung überhaupt als *möglich* gedacht werden kann. In diesem Sinne fragt Rahner: Was muss auf Seiten des Menschen vorausgesetzt werden, damit das Wort ‚Gott' ihm nicht unverständlich bleibt, damit er sich überhaupt auf Gott beziehen kann?"[23]

Rahner nennt hier drei Voraussetzungen:

1. Der Mensch muss ein Wesen der Transzendenz sein, der alles Endliche transzendieren (überschreiten, übersteigen) kann. Aber woran macht Rahner diese Transzendenzfähigkeit des Menschen

[23] Ebd., 75.

fest? An der Fähigkeit des Menschen zu fragen, denn der Mensch ist fähig, alle Feststellungen und Antworten auf die Frage danach, was ihn als Menschen ausmacht, zu hinterfragen und sich zu ihnen immer wieder zu verhalten.

„Das liegt daran, dass der Mensch *Person* und nicht Sache ist. Vollständig definieren, auf eine endgültige Formel bringen (‚feststellen'), kann ich (wenn überhaupt) nur Gegenstände. Freie Personen aber können über jeden Definitionsversuch im Denken und im Handeln hinausgehen, ihn so als bloß endlichen und beschränkten bestimmen. So bleibt der Mensch zu sich selbst immer unterwegs. Dieses Unterwegssein illustriert Rahner oft damit, dass der Mensch das Wesen eines unendlichen *Horizontes* ist. Ich kann einen Horizont nicht einholen – wenn ich auf ihn zugehe, entweicht er mir erneut, entzieht sich immer wieder."[24]

2. Durch das Fragenkönnen des Menschen zeigt sich nicht nur dieser unendliche Horizont, sondern dieser Horizont stellt auch im Sinne der transzendentalen Methode die Möglichkeitsbedingung des Fragenkönnens des Menschen dar.[25]

„Ein Wissen um die Grenze (jeder Definition) setzt nämlich logisch die Überschreitung (Transzendierung) dieser Grenze voraus. Ich kann z.B. einen Stadtteil nur begrenzen und so benennen, wenn ich weiß, dass über diesen Stadtteil hinaus noch etwas existiert, nämlich die Stadt. Wäre für mich der Stadtteil alles, was überhaupt existiert, wäre dieser *als* Stadtteil gar nicht abgrenzbar. Das bedeutet: Wenn ich etwas oder mich selbst *als* begrenzt und endlich erfahre, so ist dies überhaupt nur möglich, weil meine Vernunft über das Begrenzte bereits hinaus ist."[26]

3. Nun ergibt sich die Frage, warum die Vernunft immer schon in der Lage ist, über die Grenzen des Endlichen und Begrenzten hinaus zu denken. Ist das eine Fähigkeit, die ihr zu eigen ist und von der aus die Frage nach Gott zugänglich werden kann? Oder setzt diese Fähigkeit der Vernunft und somit des Fragen- und Transzendierenkönnens des Menschen die Existenz Gottes voraus, um sie zu erklären? Für Rahner ist es Gott, der das Ziel des menschlichen Fragens (Woraufhin) ist, aber auch dessen Grund (Wovon-

---

[24] Ebd., 75 f.
[25] Vgl. ebd., 76.
[26] Ebd.

her). Rahner zufolge ist es Gott, der diese Bewegung des Fragens und Transzendierens eröffnet und ständig trägt.[27] Die Vernunft bildet nicht von sich aus einen Begriff bzw. einen Gedanken „Gott“. Nur durch die Prägung der Vernunft durch die Existenz Gottes kann sie einen Begriff von Gott bilden. Nach Rahner begegnet Gottes Gnade, die er als freie, personale Selbstmitteilung Gottes versteht, jedem Menschen als Angebot und prägt somit die geistigen Vollzüge jedes Menschen. Rahner geht somit von einer heilsuniversalistischen Voraussetzung aus.[28] Im Anschluss an Martin Heidegger spricht Rahner von einem „übernatürlichen Existenzial“, also „eine[r] Prägung, die nicht aus dem freien Tun des Menschen hervorgeht, sondern ihm immer schon vorausgeht, ihn also schon bestimmt, noch bevor er sich aktiv selbst bestimmen kann.“[29] Der Mensch ist demnach durch die Gnade Gottes geprägt, bevor er sich aktiv bestimmen kann. Dabei bleibt die gnadenhafte Selbstmitteilung Gottes ein Angebot an alle Menschen, das von dem Menschen in Freiheit angenommen werden kann. Rahner unterscheidet hier zwischen einem transzendentalen und einem kategorialen Aspekt der Selbstmitteilung Gottes. Transzendental bedeutet: „Noch bevor der Mensch sich explizit auf Dinge bezieht – zu fragen, zu denken und zu handeln beginnt –, ist er schon auf Gott verwiesen, allerdings implizit und noch ‚unthematisch.‘“[30] Die Selbstoffenbarung Gottes ist an sich selbst eine nicht reflexive, sondern eine apriorische Bestimmtheit. Sie ist ein auf der transzendentalen Ebene angesiedeltes Bewusstsein, welches das menschliche Fragen und Transzendieren ermöglicht. Es handelt sich also nicht um ein explizites Wissen. Der kategoriale Aspekt der Selbstoffenbarung Gottes beschreibt hingegen die konkrete Wahrnehmung und Annahme dieser Selbstoffenbarung Gottes durch die menschliche Freiheit.

„Beide Aspekte bedingen sich gegenseitig: Ohne den ‚transzendentalen‘ könnte Gott selbst in der Geschichte die *Vernunft* und *Freiheit* des Men-

---

[27] Vgl. ebd.

[28] Vgl. ebd., 77.

[29] Ebd.

[30] Ebd., 77 f.

schen nicht erreichen, wäre ein Gottesbezug für uns gar nicht möglich. Ohne den ‚kategorialen' wäre Gott selbst nicht in die Geschichte eingetreten, bliebe unser Gottesbezug zwar theoretisch immer möglich, wäre aber niemals und nirgendwo wirklich."[31]

Auch der evangelische Theologe Wolfhart Pannenberg unterscheidet zwischen einer noch impliziten Gotteserfahrung und der expliziten Gotteserkenntnis. Der Mensch, so Pannenbergs Grundthese, „kommt nicht nachträglich zu seiner eigenen Selbst- und Welterfahrung mit Religion und Gottesfrage in Kontakt; sondern diese bestimmen sein Wesen von Anfang an – auch wenn der Mensch darum nicht immer schon explizit weiß".[32]

Anders als Rahner begründet Pannenberg die implizite Gotteserfahrung nicht transzendental-theologisch, sondern phänomenologisch. Dabei geht es ihm im ersten Schritt darum, eine religiöse Grunddimension jener anthropologischen Phänomene aufzuzeigen, die von den Humanwissenschaften als für den Menschen charakteristisch beschrieben werden, und diese dann im zweiten Schritt philosophisch abzusichern. Durch diese Argumentation will Pannenberg die Perspektive auf den Menschen nicht für falsch, sondern für vorläufig erklären:[33]

„Ohne religiöse Konstante ist unser Menschsein letztlich nicht zu verstehen."[34]

Pannenberg illustriert dies am Beispiel des Grund- und Urvertrauens des Menschen in der Psychoanalyse. Ihm zufolge „impliziert das Vertrauen strukturell Unbegrenztheit. Denn es richtet sich auf eine Instanz, die ohne Einschränkungen den einzelnen Menschen in seinem Selbstsein unbedingt bejaht und trägt, sodass er ganz ‚er selbst' sein bzw. werden kann. Damit übersteigt es implizit die begrenzten Fähigkeiten der Mutter."[35]

Bei seiner Abnabelung von seiner Mutter bzw. von seinen Eltern entdecke das Individuum, dass nur Gott das Verlangen nach

---

[31] Ebd., 78.
[32] Ebd.
[33] Vgl. ebd., 79
[34] Ebd.
[35] Ebd.

unbegrenzter Geborgenheit einlösen könne.[36] Gegenüber dieser Urerfahrung des Vertrauens sind subjekt- und freiheitstheoretische Interpretationen nachgeordnet. Denn „der Säugling besitzt gegenüber dem Vertrauen keine Wahlfreiheit".[37] Dieses Vertrauen zeigt sich aber nicht unvermittelt, sondern ist durch konkrete endliche Gegenstände und geschichtliche Gestalten, wie die Zuwendung der Mutter, vermittelt. Exzentrizität gehört dennoch zum Wesen des Menschen, d. h. es gehört zu seinem Wesen,

> „außer sich sein Zentrum zu haben und sich von dort her zu empfangen, sich selbst zu transzendieren, beim Anderen zu sein und sich dadurch zu beziehen auf eine Wirklichkeit außerhalb des eigenen Selbst, ja sogar außerhalb der Welt, um so letztlich auf die Wirklichkeit Gottes bezogen zu sein. Der Mensch ist derjenige, der sich nicht durch sich selbst verwirklichen, erhalten und eine Identität ausbilden kann, sondern dazu von vornherein auf familiäre, soziale, gesellschaftliche und religiöse Vorgaben angewiesen ist. Seine aktive Selbstständigkeit bringt diese nicht hervor, sondern verdankt sich ihnen."[38]

Aus diesem Grund ist der Mensch als frei Handelnder bei Pannenberg sekundär. Pannenberg erläutert diese exzentrische Struktur anhand ganz allgemeiner menschlicher Vernunftvollzüge; z. B. kann der Mensch nur dann einen Gegenstand abgrenzen, wenn er immer schon mehr als den Gegenstand denkt, also über ihn hinaus denkt und ihn somit transzendiert. Andernfalls wäre gar keine Grenzziehung möglich.[39] Grenzziehung impliziert, wie bei Rahner, bereits die Überschreitung der Grenze. „Die Erfahrung und Erkenntnis des Endlichen *als* Endliches impliziert den Bezug auf ein Unendliches."[40] Das heißt, der Mensch ist in all seinen Einzelerfahrungen auf einen allgemeinen und unendlichen Horizont bezogen. Pannenberg erklärt dieses ex-zentrische Verhalten des Menschen nicht von der dem Menschen eigenen Subjektivität und Freiheit, sondern vom religiösen Ziel seiner Gottverbunden-

---

36 Vgl. ebd., 79.
37 Ebd., 80.
38 Ebd.
39 Vgl. ebd.
40 Ebd., 81.

heit her.[41] Pannenberg unterscheidet zwischen einem implizierten (prä-reflexiven) und einem explizierten (post-reflexiven) Gottesbewusstsein.

Nach Pannenberg ist eine Gottverbundenheit „in unserer Selbst- und Welterfahrung immer schon unausdrücklich mitgegeben, wir sind durch sie schon geprägt, noch bevor wir uns als reflektierende, freie und handelnde Wesen erfassen und betätigen."[42] Lerch fragt hier allerdings kritisch zurück, „ob dieses Argumentationsmuster humanwissenschaftliche und philosophische Befunde nicht doch zu *unvermittelt* theologisch interpretiert – und so nicht nur die Offenheit dieser Befunde, sondern auch die Fraglichkeit und Ambivalenz der (spät-)modernen Selbst- und Welterfahrung des Menschen vorschnell abblendet".[43]

Der evangelische Theologe Eberhard Jüngel hingegen sieht von der menschlichen Vernunft aus keinen Weg, der zu Gott führen kann. „Vielmehr ist es die geschichtliche Selbstoffenbarung Gottes, die nicht nur die tatsächliche Gottesbeziehung des Menschen, sondern auch deren Möglichkeit begründet."[44]

Thomas Pröpper stimmt mit Jüngel darin überein, dass eine wirkliche Gottesverbundenheit des Menschen nur dadurch zustande kommen kann, weil sich Gott selbst offenbart hat, sich selbst in Freiheit zu erkennen gegeben hat. Dies setzt allerdings die Empfänglichkeit und Ansprechbarkeit des Menschen für Gottesoffenbarung voraus. In seiner Frage nach den Bedingungen der Möglichkeit der Empfänglichkeit des Menschen für Gottesoffenbarung schließt sich Pröpper, wie auch zuvor Rahner, der transzendentalen Denkrichtung an.[45] Allerdings reflektiert Pröpper diese Frage nach dem Gottesbezug des Menschen mit ausschließ-

---

41 Vgl. ebd., 80.

42 Ebd., 82.

43 Ebd.

44 Ebd.

45 Anders als Rahner unterscheidet Pröpper viel schärfer zwischen Theologie und Philosophie, zwischen möglicher Gottesfrage und tatsächlicher Gottesverbundenheit des Menschen. Pröpper setzt in der Tradition von Kant, Fichte und Krings transzendentalphilosophisch (und nicht wie bei Rahner transzendental-theologisch) an.

lich philosophischen Argumenten, und zwar subjekt- bzw. freiheitsphilosophisch. „Ohne theologische Vorentscheidungen will er die Struktur und Realisierungsbedingungen endlicher Freiheit analysieren, um so zu zeigen, an welcher Stelle die Frage nach Gott aufbricht.“[46] Und gerade darin liegt die Attraktivität von Pröppers Ausführungen für die islamische Theologie: Denn er argumentiert an dieser Stelle einerseits ausschließlich philosophisch, was die Fruchtbarmachung seiner Überlegungen unabhängig von einem bestimmten religiösen Bekenntnis ermöglicht, und andererseits argumentiert er subjekt- bzw. freiheitsphilosophisch, was m. E. gerade für die islamische Theologie anschlussfähig ist (s. u.).

Lerch fasst die Argumentation Pröppers wie folgt in fünf Schritten zusammen:[47]

1. Pröpper unterscheidet zwei Perspektiven auf die eine menschliche Freiheit: die Perspektive ihrer formalen Unbedingtheit (wir können uns frei bestimmen und uns zu allem und allen verhalten, auch zu den Einschränkungen unserer Freiheit) und die ihrer materialen Bedingtheit (denn in der konkreten Realität sind unsere Entscheidungen stets durch kulturelle, biografische, biologische usw. Faktoren eingeschränkt). Die formal unbedingte Freiheit ist aber nicht als Prinzip aufzufassen, aus dem konkret unsere Einzelerfahrungen und -entscheidungen ableitbar sind. Sie ist vielmehr eine transzendentale Größe, die die notwendigen Bedingungen der Möglichkeit von Freiheit beschreibt. Diese sind aber nicht deren Ursache:

> „Die formal unbedingte Freiheit ist aber insofern eine begrifflich notwendige Voraussetzung, als wir ohne sie elementare menschliche Vollzüge nicht *denken* können: Kommunikation, Freundschaft, Liebe, Moralität, Recht, selbstbestimmte Identität, Rationalität wären ohne die Voraussetzung von ‚Freiheit‘ nicht mehr das, was wir unter ihnen verstehen. So gesehen ist die formal unbedingte bzw. transzendentale Freiheit ein Abstraktionsbegriff vom realen Freiheitsvollzug, weil mit ihr ‚nur‘ eine Möglichkeitsbedingung des tatsächlichen Denkens und Handelns bezeichnet wird.“[48]

---

[46] Lerch/Langenfeld, Theologische Anthropologie, 87.
[47] Vgl. ebd., 87 f.
[48] Ebd., 88.

2. Um von der Möglichkeit zur Wirklichkeit der Freiheit zu gelangen, braucht Freiheit einen Gehalt, „d. h. etwas, woraufhin sie sich öffnet und festlegt, wofür sie sich entscheidet. Sie wird nur konkret und bleibt nicht abstrakt (formal unbedingt), wenn sie sich entscheidet (und auch das Nicht-Entscheiden wäre eine Entscheidung, die Dinge so zu nehmen, wie sie kommen).“[49]

3. Nur die ebenfalls formal unbedingte Freiheit dient der Freiheit selbst als Gehalt, auf den hin sie sich öffnen kann, so angemessen, dass sie sich in der Entscheidung für diesen Gehalt selbst entspricht. „Weil sie *Freiheit* ist, entspricht sie dem Sich-Öffnen der eigenen Freiheit; aber nur als die des *Anderen* kann sie ‚Gehalt‘ eigener Freiheit sein, denn dieser muss einen realen Eigenstand haben. Freiheit entspricht sich selbst darin, andere Freiheit unbedingt anzuerkennen.“[50]

Daher unterstreicht Lerch zu Recht: „Erst wo ich mich einem anderen Menschen zuwende, finde ich zu mir selbst. Und umgekehrt: Erst wo ich von Anderen bejaht, anerkannt und zum Gebrauch der eigenen Freiheit ermutigt werde, erfahre ich mich selbst als frei.“[51] Diese unbedingte Anerkennung als Inhalt wirklicher Freiheit beschreibt Pröpper als „Liebe“. Und Liebe ist nicht anders denn als Freiheitsgeschehen denkbar.

4. In der Struktur der Freiheit zeigt sich ein Widerspruch, denn sie ist formal unbedingt und zugleich material bedingt: Freiheit will aufgrund ihrer formalen Unbedingtheit den anderen unbedingt anerkennen, kann dies aber aufgrund ihrer materialen Bedingtheit nur bedingt realisieren. Sie will also, was sie doch nicht realisieren bzw. vollenden kann.

5. Eine vollkommene Freiheit ist sowohl formal als auch material unbedingt. Und das ist die Idee Gottes. „Gott könnte einlösen, was endliche Freiheiten einander versprechen: dass der andere in seiner Einmaligkeit endgültig und unbedingt bejaht ist. ‚In der Idee Gottes wird also die Wirklichkeit gedacht, die sich Menschen voraussetzen müssen, wenn das unbedingte Seinsollen, das sie im

---

[49] Ebd.

[50] Ebd., 89.

[51] Ebd.

Entschluss ihrer Freiheit für sich selbst und für andere intendieren, als möglich gedacht werden soll.'"[52]

Diese freiheitsphilosophischen Überlegungen stellen keineswegs einen Gottesbeweis dar, sondern wollen die prinzipielle Empfänglichkeit des Menschen für Gott begründen und damit seine prinzipielle Empfänglichkeit für die Selbstoffenbarung Gottes. Pröppers Ansatz bietet die Möglichkeit, die Unbedingtheit menschlicher Freiheit zugleich als geschaffene Freiheit zu denken und somit aus der Aporie ihrer faktischen Bedingtheit herauszukommen, ohne diese Bedingtheit zu leugnen, „indem angenommen wird, dass Gott sich selbst endgültig dazu bestimmt hat, sich von der Freiheit des Menschen bestimmen zu lassen".[53] Die Vollkommenheit der Freiheit Gottes impliziert, dass die von ihm geschaffene Freiheit des Menschen nicht eingeschränkt zu verstehen ist. Und so können wir transzendental-logisch Gott als denjenigen denken, der die Unbedingtheit der menschlichen Freiheit überhaupt zu verbürgen vermag: „In diesem Sinn, d.h. nicht nur als Grund der Ansprechbarkeit des Menschen für Gott, sondern auch in seiner *Antwortfähigkeit* im Gegenüber zu Gott, hat nun eben die formal unbedingte Freiheit als *die von Gottes Offenbarung und Gnade selbst beanspruchte anthropologische Voraussetzung* zu gelten, die auch durch die Sünde niemals so restlos zerstört werden kann, dass sie von der Gnade nicht aktualisiert und freigesetzt werden könnte".[54] Helmut Jansen merkt dazu nicht zu Unrecht an: „Eine Theologie, die diese Voraussetzung nicht erfüllt, spräche dem Menschen sein Subjektsein ab: Der Mensch könnte nicht länger als Adressat ernst genommen werden, Verantwortung und Offenbarung wären Worthülsen und damit überflüssig."[55]

Im Anschluss an den Philosophen Hermann Krings sprechen Pröpper und seine Schüler von einer transzendentalen oder auch

---

[52] Ebd., 90.

[53] Helmut Jansen, Wenn Freiheit Wirklichkeit wird. Erlebnispädagogische Jugendpastoral in kritischer Sichtung, Berlin 2007, 92.

[54] Thomas Pröpper, Evangelium und freie Vernunft. Konturen einer theologischen Hermeneutik, Freiburg/Basel/Wien 2001, 19.

[55] Jansen, Wenn Freiheit Wirklichkeit wird, 93.

formellen Unbedingtheit der Freiheit.[56] Daher lohnt es sich, die Überlegungen von Krings kurz zusammenzufassen:

Indem sich Gott den Menschen offenbart hat, hat er sich ihnen geöffnet. Diese grenzenlose und prinzipielle Offenheit ist die Bedingung und Grundlage von Freiheit. Freiheit wiederum bedeutet Selbstbestimmung, denn nur wer sich selbst bestimmt, ist wirklich frei.[57] Was zunächst eine formale Offenheit ist, wird erst dann konkret, wenn es sich einem bestimmten Inhalt öffnet. Wenn ich z.B. ein Buch lese und mich mit dem Inhalt auseinandersetze, mich diesem also öffne, dann verwirklicht sich meine Freiheit. Die prinzipielle Offenheit, die jeder Mensch in sich trägt, bekommt einen konkreten Inhalt: das Sich-Öffnen für den Inhalt des Buches. Die Konkretisierung vollzieht sich also darin, dass die Selbstbestimmung oder Freiheit dem Willen einen bestimmten, einen konkreten Inhalt gibt.[58] Der Wille hat allgemein „die transzendentale Bedeutung, sich einer inhaltlichen Möglichkeit zu erschließen, oder sich vor ihr zu verschließen".[59] Doch nur, wenn er sich öffnet, kann er die Bedingung von Selbstbestimmung sein. Verschließt er sich hingegen, ist diese Bedingung nicht mehr vorhanden, und somit ist auch keine Selbstbestimmung bzw. Freiheit mehr gegeben. Mit anderen Worten heißt das, dass Freiheit nur dort gegeben ist, wo sich der Wille öffnet, also etwas bejaht.

Wenn nun die formale Offenheit sich erst durch „eine Bestimmung für etwas" konkretisiert, stellt sich in diesem Zusammenhang die Frage nach diesem konkreten Inhalt.[60] Konkret wird die Offenheit in der Bejahung von etwas. Wenn nun die grenzenlose und prinzipielle Offenheit die Bedingung für Selbstbestimmung darstellt, „so liegt die entsprechende Bestimmung dieser Selbstbestimmung in der Bejahung der Freiheit selbst"[61], d.h. der erfül-

---

56 Vgl. als klassischen Fundort Pröpper, Erlösungsglaube und Freiheitsgeschichte. Eine Skizze zur Soteriologie, München 1991, 183ff.

57 Vgl. Hermann Krings, Freiheit. Ein Versuch Gott zu denken. In: Günther Bien (Hg.), System und Freiheit. Gesammelte Aufsätze, Freiburg 1980, 171.

58 Vgl. ebd.

59 Ebd., 173.

60 Vgl. ebd., 172.

61 Paulus Budi Kleden, Christologie in Fragmenten: Die Rede von Jesus

lende Inhalt der Freiheit kann kein anderer sein als Freiheit selbst.[62] Nur in der Bejahung von Freiheit erfüllt sich Freiheit. Und dadurch, dass Gott Freiheit sowohl in formaler als auch materialer Hinsicht erfüllt, ist Gott Freiheit. Sein ursprünglicher Wille ist Wille zur Offenheit und damit zur Freiheit.

Transzendentale Freiheit vollzieht sich also erst durch die Bejahung anderer Freiheit. „Nur im Ent-schluß zu anderer Freiheit setzt sich Freiheit selbst ihrer vollen Form nach“[63], denn nur so kann der Wert der Freiheit ihr in „der Form und Dignität nicht nachstehen“[64]. Das heißt, Gottes vollkommene, unbedingte Freiheit vollzieht sich durch die Bejahung menschlicher Freiheit. Menschliche Freiheit bezieht sich auf Gottes vollkommene Freiheit, denn der Mensch trägt ebenfalls eine prinzipielle, grenzenlose Offenheit in sich, die aber erst durch die Bejahung der Freiheit selbst konkret wird. „Der Mensch bejaht in seiner Freiheit die Freiheit. Damit ist er die Freiheit.“[65] Anders als Gott bleibt der Mensch dennoch relativ und vergänglich. Da nun die Ausübung der Freiheit des Menschen einer Endlichkeit unterworfen ist, muss die Unbedingtheit seiner Freiheit, die ihre Bedingung in der prinzipiellen, unbegrenzten Offenheit findet und damit unerschöpflich ist, auf etwas Unbedingtes, eine unbedingte Freiheit zurückgehen. Diese unbedingte Freiheit bejaht der Mensch schon immer durch die Bejahung der endlichen Freiheit mit, und es handelt sich bei dieser unbedingten Freiheit um Gott selbst. Damit also die menschliche Freiheit als Bejahung der endlichen Freiheit überhaupt existieren kann, muss Gott unbedingte Freiheit und somit der Rückbezug der Unbedingtheit menschlicher Freiheit zu ihr sein. Gott, als unbedingte Freiheit gedacht, ist das unbedingte „Sich-Öffnen“.

Menschliche Freiheit vollzieht sich im Bedingten und ist als solche deshalb zunächst einmal bedingt. Allerdings ist sie, wenn

---

Christus im Spannungsfeld von Hoffnungs- und Leidensgeschichte bei J. B. Metz, Münster 2001, 81.

[62] Vgl. Krings, Freiheit. Ein Versuch Gott zu denken, 174.

[63] Ebd.

[64] Ebd.

[65] Kleden, Christologie in Fragmenten, 81.

sie wirklich frei sein soll, in transzendentaler Hinsicht unbedingt. Damit ist gemeint, dass Freiheit, wenn sie wirklich frei sein soll, nicht vollständig durch die Bedingungen erklärbar sein kann, unter denen sie sich vollzieht. Natürlich ist Freiheit durch Umwelteinflüsse und genetische Dispositionen geprägt. Aber wenn die Menschen nur das Produkt von ihnen sind, würde man sie nicht als *frei* bezeichnen. Die Bedingung der Möglichkeit der Behauptung der Freiheit ist also ein Moment der Nichtbedingtheit im menschlichen Freiheitsvollzug. Diese Nichtbedingtheit bzw. Unbedingtheit stellt nicht in Frage, dass menschliche Freiheit sich immer unter bestimmten Bedingungen vollzieht und von daher nie frei von Bedingtheit ist. Aber aus formaler Perspektive dürfen diese Bedingtheiten sie nicht vollständig bedingen, wenn sie sie selbst sein soll.

Mit Hilfe dieser Redeweise von Freiheit wird deutlich, dass das Freiheitsdenken die Möglichkeit bietet, einen Begriff des Unbedingten zu entwickeln, der es dem Menschen erlaubt, Ansprüche eines Unbedingten kriterial prüfen zu können.[66] Es eröffnet auch eine Orientierung, insofern es sich im Freiheitsdenken zeigen lässt, dass Freiheit erst dann realisiert wird, wenn sie sich auf Freiheit bezieht; der erfüllende Inhalt der Freiheit kann kein anderer sein als die Freiheit selbst.[67] Nur in der Bejahung von Freiheit erfüllt sich Freiheit.

Das bedeutet nun aber auch für Gottes vollkommene Freiheit, die natürlich nicht nur formal, sondern – anders als endliche Freiheit – auch materialiter unbedingt ist, dass sie sich in der Schöpfung durch die Bejahung menschlicher Freiheit vollzieht. Anders gesagt: Gott hat sich in Freiheit dem Menschen geöffnet und damit die Freiheit des Menschen bejaht. Würde Gott den Menschen in seiner Freiheit einschränken, würde dies die Freiheit Gottes selbst einschränken; denn Freiheit vollzieht sich, indem sie sich einer anderen Freiheit öffnet, sie zulässt, sie zum Freisein ermutigt. Die Gott-Mensch-Beziehung ist daher eine Freiheitsbeziehung, in der sich beide Freiheiten komplementär zueinander ver-

---

66 Vgl. von Stosch, Offenbarung, Paderborn 2010, 74–81.
67 Vgl. Krings, Freiheit. Ein Versuch Gott zu denken, 174.

halten und nicht in Konkurrenz stehen. Diese bedingungslose Öffnung Gottes gegenüber dem Menschen ist der Inbegriff einer liebenden Barmherzigkeit, die sich für den Menschen entschieden hat und die ihn mit Mitteln der Liebe zu sich einlädt. Könnte man ein solches Freiheitsdenken auch der muslimischen Verhältnisbestimmung von Gott und Mensch zugrunde legen?

3.1.3 Die Offenbarung Gottes ist die Offenbarung der liebenden Barmherzigkeit

Versucht man den Koran in seiner Gesamtheit zu würdigen, so kann man sagen, dass er alle Menschen zu einer Beziehung mit Gott einlädt. Zugleich ist er aus muslimischer Perspektive Gottes Selbstoffenbarung, sodass er eben die Gegenwart Gottes wirkmächtig vermittelt, in die er einlädt. Die Gegenwart Gottes, zu der der Koran einladen will, ist nicht erst durch die Offenbarung des Korans präsent, sondern prägt die Schöpfung von Anfang an. Gott muss also in seiner Offenbarung nicht erst zur Welt hinzukommen, sondern umgreift sie seit ihrem ersten Moment. Entsprechend unterstreicht der Koran, dass Gott nicht außerhalb der Welt ist, sondern diese in seiner Barmherzigkeit umfasst (Q 7:156) und uns Menschen zugleich näher ist als unsere Halsschlagader (Q 50:16).

Nach koranischer Vorstellung hat Gott den Menschen auserwählt, um ihm das Angebot zu machen, sein Leben auf Gott hin auszurichten. Damit hat Gott sich dem Menschen geöffnet und sich auf ihn eingelassen. Wie oben ausgeführt wurde, stellt gerade diese grenzenlose und prinzipielle Offenheit die Bedingung und Grundlage von Freiheit dar, in der Gott dem Menschen Freiheit in Freiheit schenkt und ihn dadurch zur Selbstbestimmung befähigt. Ein Gott, der dem Menschen eigenen Willen schenkt und ihn zur Freiheit befähigt, ist kein restriktiver Gott, der unmittelbar in die Welt eingreift, um alles zu kontrollieren und zu bestimmen.

Der ägyptische Philosoph Zakarīya Ibrāhīm (gest. 1976) fragt in seinem Buch „Das Problem der Freiheit" im Zuge seiner Kritik an Spinoza und dessen Vorstellungen von der fehlenden Freiheit des Menschen gegenüber Gott:

„Was hindert uns daran, anzunehmen, dass Gott selbst wollte, dass es freie Wesen gibt, die von sich aus handeln im Sinne, dass sie mit einem eigenen Willen unabhängig von dem Willen Gottes ausgestattet sind? Warum können wir nicht sagen, dass gerade weil es unmöglich ist, dass es Dinge gibt, die Gottes Willen widersprechen, dass es Gott möglich ist, ein Wesen zu schaffen, das mit einem freien Willen ausgestattet ist?“[68]

Ibrāhīm führt weiter aus:

„Wahrlich, so eine autonome Macht, die Gott aus freiem Willen durch das Schenken anderen Willens ermöglicht, mag als Unvollkommenheit der Allmacht Gottes erscheinen. Können wir aber nicht sagen, dass die absolute Allmacht Gottes gerade dann vollkommener und deutlicher erscheint, wenn dieses tatsächlich mächtige Wesen hervorbringt anstelle von unfähigen Wesen, die weder eigene Macht besitzen noch fähig sind, sich selbst zu bestimmen? Was soll eine göttliche Macht sein, die lediglich Marionetten hervorbringen kann? Ist nicht so eine Vorstellung ganz weit von unserer Vorstellung von der absoluten Allmacht Gottes? Warum also sagen wir nicht, dass je mehr Gott seiner Schöpfung autonome Macht und tatsächliche Bewegung gibt, desto vollkommener und sichtbarer ist seine Allmacht? Denn die Größe des Geschenkten verweist auf die Größe des Verleihers dieses Geschenkten. Ist unsere Freiheit nicht der wahrhaftigste Verweis auf Gottes absolute Allmacht?“[69]

Ibrāhīm führt den Widerstand gegen das Freiheitsdenken auf latent pantheistische Vorstellungen in der islamischen Tradition zurück und sympathisiert in seinem Denken mit der Position des stark von Friedrich Schelling beeinflussten Schweizer Philosophen Charles Secrétan (gest. 1895). Secrétan fasst Ibrahims Rekonstruktion zufolge Gott als absolute Freiheit auf[70], die sich selbst gegenüber frei ist. Secrétan argumentiert, dass Gott sich auch für seine Vollkommenheit in Freiheit entschieden hat. Denn ein Gott, der sich selbst als vollkommen vorfindet, sei weniger vollkommen, als ein Gott, der sich selbst die Vollkommenheit in Freiheit verleihe.[71]

---

68 Zakarīya Ibrāhīm, Muškilat al-ḥurrīya, Kairo 1972, 136.

69 Vgl. ebd., 137.

70 Vgl. ebd.

71 Vgl. Charles Secrétan, La Philosophie de La Liberté. Cours de philosophie

Es könne nicht sein, dass Gott einer bestimmten Natur unterlegen sei, die ihm auferlegt werde. Gott als absolute Freiheit gedacht bedeute, dass er in Freiheit für seine Vollkommenheit entschieden sei.[72] Secrétan sieht – immer noch in der Rekonstruktion Ibrāhīms – die Schöpfung als freie Entscheidung Gottes entsprechend seinem freien Willen. Gott habe demnach ein Wesen erschaffen, dem er in seiner Freiheit Autonomie schenkt. Dies tue Gott nicht, um seine Herrlichkeit und Größe zu demonstrieren, sondern ohne Vorbedingungen und ohne einem bestimmten Zweck zu folgen – ansonsten wäre die Schöpfung notwendig und keine freie Entscheidung Gottes mehr. Gott wolle vielmehr den Menschen unbedingt, er wolle ihm seine Liebe schenken. Deshalb wolle Gott einen freien Menschen, der kein bloßer Zweck für irgendwelche Intentionen Gottes sei, sondern einen Zweck an sich selbst darstelle.[73]

Es ist offensichtlich, wie stark Ibrāhīm bei derartigen Überlegungen vom neuzeitlichen Freiheitsdenken beeinflusst ist. An dieser Stelle kommt es mir nicht darauf an, dieses genauer zu entwickeln, sondern nur zu prüfen, ob es mit der traditionellen islamischen Schultheologie in Einklang zu bringen ist. Dabei ist es hochinteressant, dass sowohl die ašʿaritischen als auch die māturīdītischen Schulen sich darüber einig sind, dass die ursprünglichste Wesenseigenschaft Gottes in seiner *irāda* (dtsch. Willen) besteht. At-Taftazānī[74] vertritt – wie viele weitere Gelehrte – die Position, dass *irāda* kein Motiv benötigt. Er sei das Motiv aller Motive in Gott. Mit *irāda* ist nichts anderes gemeint als die absolute Freiheit Gottes, gewissermaßen seine ursprüngliche Selbstbestimmung. Gott ist entsprechend der klassischen sunnitischen

morale fait à Lausanne, Lausanne 1849. Zitiert in arabischer Übersetzung in Ibrāhīm, Muškilat al-ḥurrīya, 137.

[72] Vgl. Emile Boutroux, Nouvelles études d'histoire de la philosophie, Paris 1927, 324. Zitiert in arabischer Übersetzung in Ibrāhīm, Muškilat al-ḥurrīya, 137.

[73] Vgl. Ibrāhīm, Muškilat al-ḥurrīya, 138.

[74] Vgl. Saʿd ad-Dīn at-Taftazānī, Šarḥ al-aqāʾid an-nasafīya, hg. v. Aḥmad as-Siqqā, Kairo 1988.

Theologie also absolut unabhängig und frei, zu tun und zu lassen, was er will.

Gott als Freiheit zu denken, ist daher gut mit der traditionellen islamischen Theologie zu vereinbaren, ja es ist sogar ausgesprochen naheliegend.

So deutlich auch muslimisch die Denkmöglichkeit Gottes in Kategorien der Freiheit besteht, so umstritten ist allerdings die Frage, ob auch der Mensch in eine Freiheitsbeziehung zu Gott eintreten kann. Hier sind dieselben theologischen Traditionen skeptisch, die so sehr die Freiheit Gottes betonen. Dagegen sind die Tradition der Muʿtazila und noch früher die Überlegungen der Qadariten gute Beispiele dafür, dass auch schon in den klassischen Debatten islamischer Theologie Optionen für einen starken Freiheitsbegriff auf Seiten des Menschen erwogen wurden.[75] Entsprechend ist das Insistieren neuzeitlicher Freiheitstheologie, dass das Gott-Mensch-Verhältnis als Freiheitsverhältnis und wechselseitiges Bestimmungsverhältnis zu denken ist, keineswegs ohne Referenzpunkte in der traditionellen islamischen Theologie. Auch auf mystische Strömungen der Volksfrömmigkeit kann eine neuzeitliche Freiheitstheologie verweisen, weil es hier zahllose Texte gibt, die das Verhältnis von Gott und Mensch als Liebesverhältnis bestimmen. Vor allem aber bietet der Koran ausgerechnet in seiner chronologisch mutmaßlich letzten Sure, nämlich der fünften Sure, eine Verhältnisbestimmung zwischen Gott und Mensch, die bisher viel zu wenig für die islamisch-theologische Theoriebildung fruchtbar gemacht worden ist. Gott spricht hier von Menschen, „die er liebt und die ihn lieben“ (Q 5:54) und die er als Zeugen für Menschen beruft, die ihren Glauben zu verlieren drohen. Offenbar hat Gott besonderes Vertrauen gerade zu diesen Menschen, mit denen er in einem Liebesverhältnis steht. Von daher scheint es nicht zu weit hergeholt, anzunehmen, dass der Verkünder des Korans in dieser wechselseitigen Liebesbeziehung einen wichtigen Aspekt der Vollendung menschlichen Daseins sieht.

---

[75] Vgl. einführend Ulrich Schoen, Gottes Allmacht und die Freiheit des Menschen. Gemeinsames Problem von Islam und Christentum. (Christentum und Islam im Dialog; 2), Neudruck Münster 2003.

Wenn Gott die Menschen aber in ein Liebesverhältnis einlädt, muss er ihre Freiheit respektieren.[76] Denn Freiheit ist anthropologisch gesehen ein konstitutives Kriterium von Liebe, und ohne Freiheit kann sich auch keine aufrichtige Liebe zu Gott entwickeln. Etwas zugespitzt kann man deswegen sagen, dass Gott den Menschen gerade deshalb Propheten und ihre Botschaften geschickt hat, weil er sie in dieses Liebesverhältnis einladen will. Eben deshalb ist auch der Ruf zum Islam aus koranischer Sicht eine Einladung (arab. *daʿwa*). Denn eine Einladung kann nur in Freiheit angenommen werden, wenn durch sie Liebe Wirklichkeit werden soll. Wenn die Freiheit des Menschen bewahrt und geschützt werden soll, dann wird Gott in der Welt nur auf eine Art und Weise eingreifen, die diese Freiheit nicht zerstört. Daher nimmt Gott die Freiheit des Menschen in Anspruch, um Freiheit zu ermöglichen. Es ist an erster Stelle der Mensch, der Gottes Intention nach Liebe und Barmherzigkeit realisiert und zu einer erfahrbaren Wirklichkeit hier und jetzt umsetzt. Darin liegt die höchste Würdigung des Menschen. Er ist Gottes Partner, in der koranischen Sprache *kalif* (arab. *ḫalīfa*), um die göttliche Intention Wirklichkeit werden zu lassen. Daher darf man göttliches und menschliches Handeln nicht in ein Konkurrenzverhältnis zueinander setzen. Im Gegenteil gilt: Je mehr sich der Mensch für die Freisetzung von Freiheit einsetzt, desto mehr wird die Intention Gottes mit seiner Schöpfung realisiert. Der Einsatz des Menschen für die Freisetzung von Freiheit verwirklicht sich in seinem Handeln im Sinne der Liebe und der Barmherzigkeit. Beide müssen deshalb zum Selbstzweck menschlichen Handelns werden.

Dieses Verständnis der Freiheit Gottes als seine Entschieden-

---

[76] Das tut Gott ebenfalls nach koranischem Selbstzeugnis, denn er hat die Menschen auf den Urvertrag verpflichtet. (Q 7:172): „Bin ich nicht euer Herr? Sie antworten mit einem klaren ‚ja', so sei es." Auch in der rabbinischen Tradition stößt man auf eine ähnliche Darstellung, in der Gott den Menschen nicht ohne Gegenleistung einfach verpflichtet, sondern ihnen Wohltaten erwiesen und sich dann zum Herrn aufgeschwungen hat, was diese dann akzeptieren aus Anerkennung von Gottes Fürsorge. Vgl. dazu Dirk Hartwig: Der „Urvertrag" (Q 7:172) – ein rabbinischer Diskurs im Koran. In: Ders. (et al.) (Hg.), „Im vollen Licht der Geschichte", 191–202.

heit für den Menschen, indem er sich selbst in Freiheit dem Menschen öffnet und damit die Freiheit des Menschen bejaht, stellt den Inbegriff der liebenden Barmherzigkeit Gottes dar.

Gott als Freiheit zu denken, bedeutet, dass wir von einem Gott sprechen, der in sich vollkommen ist und daher keiner Schöpfung bedarf. Er bringt die Welt nicht deshalb hervor, um erst dadurch zu seiner Erfüllung und Vollkommenheit zu gelangen. Es ist ausschließlich die liebende Barmherzigkeit Gottes, die ihn dazu veranlasst, die Welt zu erschaffen. Diese ist daher keineswegs notwendig. Denn wie schon oben expliziert: Es gehört zum Wesen der Freiheit, dass sie sich öffnet und andere Freiheiten zulässt. Darin bezeugt sich die Allmacht Gottes. Dies soll auch unterstreichen, dass die Rede von der Nichtnotwendigkeit der Schöpfung keineswegs deren Überfluss bedeuten soll. Die Welt und vor allem der Mensch selbst ist von Gott gewollt, daher hat dieser eine besondere Bedeutung und Würdigung, wie die koranische Schöpfungserzählung dies zum Ausdruck bringen will: Als Gott den Menschen erschaffen hat (im Koran durch Adam symbolisiert), wurde den Engeln befohlen, sie mögen sich vor dem Menschen niederwerfen (wohlgemerkt nicht vor Gott), um seinen Stellenwert als im Zentrum des Interesses Gottes stehend hervorzuheben.[77]

Gott als absolute Freiheit und damit als Vollkommenheit zu denken, macht verständlich, warum die Selbstoffenbarung dieses Gottes ausschließlich eine Zusage an die Adressaten seiner Offenbarung darstellt, und zwar um deren selbst willen und nicht etwa, weil er etwas von ihnen benötigen würde. Ein solcher freiheitstheologischer Ansatz rückt den Menschen in den Mittelpunkt des Offenbarungsgeschehens. Demnach ist es der Mensch, der ein personaler Ansprechpartner dieser Zusage Gottes ist, und er ist eingeladen, aus freien Stücken und bewusster Entscheidung heraus, diese Offenbarung anzunehmen und so in Beziehung zu Gott zu treten und dessen Liebe im eigenen Handeln der Schöpfung gegenüber zu erwidern. Ziel der Selbstoffenbarung Gottes ist es, die Menschen dazu einzuladen, die Zusage Gottes anzuneh-

[77] Vgl. Q 2:34.

men und gemeinsam mit dem Menschen als Kalifen, also als Stellvertreter Gottes und Medium der Verwirklichung von Gottes Intention nach Liebe und Barmherzigkeit, in der Geschichte zu wirken und den Menschen dabei als Werkzeug der Liebe und Barmherzigkeit in Freiheit zu gewinnen und so die Intention Gottes nach Liebe und Barmherzigkeit mit Mitteln der Freiheit zu realisieren.

Um möglichen Missverständnissen vorzubeugen, ist es notwendig zu zeigen, dass der Koran deutlich zwischen zwei Formen der Barmherzigkeit unterscheidet. Um dies genauer zu erklären, bedarf es eines Blicks auf den koranischen Begriff der Barmherzigkeit.

3.1.3.1 Auf den Spuren der Barmherzigkeit im Koran

Die Barmherzigkeit ist die zentrale Kategorie des Korans; laut dem Koran hat Gott sich selbst zu nichts anderem verpflichtet als zur Barmherzigkeit: „Kataba ʿalā nafsihī r-raḥma" (Gott hat sich selbst die Barmherzigkeit vorgeschrieben) (Q 6:12). Diese Aussage wiederholt sich in dieser spätmekkanischen Sure in Vers 54 erneut. Gott schreibt sich also selbst die Barmherzigkeit rückhaltlos zu. Daher verwundert es nicht, dass die Kategorie der Barmherzigkeit auch quantitativ die am stärksten im Koran vertretene Eigenschaft Gottes ist: 169 Mal ist von der liebenden Barmherzigkeit Gottes (arab. *ar-raḥmān*) die Rede, 226 Mal von seiner vergebenden Barmherzigkeit (arab. *ar-raḥīm*).[78] Der Koran führt aber auch weitere Namen und Eigenschaften Gottes an, die ebenfalls die Barmherzigkeit Gottes zum Ausdruck bringen wollen, wie *al-wadūd, ar-raʾūf, al-laṭīf* usw., sodass insgesamt 598 Mal eine derartige Bezeichnung im Koran vorkommt.

113 der 114 Suren beginnen zudem mit der Invokationsformel „bi-smi llāhi r-raḥmāni r-raḥīm" (dtsch. Im Namen Gottes, des Allbarmherzigen Allerbarmenden), die mit dem Akronym „basmala" benannt wird. Diese Formel stammt, wie die Koranwissen-

[78] Vgl. Mohammed Ali Shomali (Hg.), God: Existence and attributes, London 2008 (Islamic Reference Series; 1), 19.

schaftlerin und Arabistin Angelika Neuwirth vermutet, höchstwahrscheinlich aus der mittelmekkanischen Zeit.

„Ihr Gebrauch entspricht dem der Trinitätsformel ‚Im Namen des Vaters und des Sohnes und des Heiligen Geistes' in christlichen Texten, die relevanten öffentlichen und offiziellen Mitteilungen vorangestellt ist. Diese wird hier zu einer Aussage über den einen Gott umformuliert."[79]

Der katholische Theologe Klaus von Stosch bezieht sich auf den gegenwärtigen Metropoliten der syrisch-orthodoxen Kirche von Deutschland, Mor Philoxenos Mattais Nayis, wenn er schreibt:

„Schaut man sich die Literatur vorislamischer syrischer Kirchenväter an, stellt man allerdings fest, dass die Basmala eine gängige Einleitung der eigenen Rede auch schon bei Christen war. Erst als Reaktion auf die Usurpation dieser Rede durch Muslime scheint sich die christliche Invokation der Trinität als Antwort auf die muslimische Formel durchgesetzt zu haben."[80]

Indem der Koran die Barmherzigkeit Gottes als absolut setzt, während seine Strafe relativ bleibt, erhebt der Koran die Barmherzigkeit Gottes zu einer die ganze Schöpfung umfassenden Größe: „Meine Strafe trifft, wen ich möchte, und meine Barmherzigkeit umfasst alles" (Q 7:156). Der Islamwissenschaftler Abdoldjavad Falaturi meint dazu, dass

„die Anzahl derjenigen göttlichen Namen, die infolge seiner Gerechtigkeit auf seinen Zorn und seine Strafe hindeuten, einen Bruchteil dessen ausmacht, was seine Barmherzigkeit betont. Selbst die Erwähnung seiner Gerechtigkeit (fadl und qisṭ) steht in der Häufigkeit weit hinter dem zurück, was seine Gnade, Vergebung, Gütigkeit und Barmherzigkeit verkündet (…) Dass seine Barmherzigkeit auch die zu Strafenden umfasst, wird durch diese Gegenüberstellung besonders betont."[81]

Falaturi resümiert: „Die Grundeinstellung des Islam basiert auf dem obersten Handlungsprinzip rahma".[82] Daher bezeichnet der

---

[79] Neuwirth, Der Koran. Frühmittelmekkanische Suren. Bd. 2,1: Das neue Gottesvolk: „Biblisierung" des altarabischen Weltbildes, 88.

[80] von Stosch, Herausforderung Islam, 65.

[81] Abdoldjavad Falaturi, Der Islam – Religion der raḥma, der Barmherzigkeit. In: Ders. (Hg.), Der Islam im Dialog – Aufsätze von Professor Abdoljavad Falaturi, Hamburg 1996, 66 f.

[82] Ebd., 80.

Koran die Verkündung Muḥammads als Barmherzigkeit: „Wir haben dich lediglich als Barmherzigkeit für alle Welten entsandt“ (Q 21:107), und erklärt sie somit zur Mitte seiner Botschaft und liefert uns damit einen wichtigen hermeneutischen Schlüssel für die Begegnung mit dem Koran (s. Kap. 3.3).

Was bedeutet aber Barmherzigkeit im Koran genau?

Etymologisch bezeichnet der arabische Begriff für Barmherzigkeit *raḥma* Sanftheit im Herzen (arab. *riqqa*), Zuneigung/Mitgefühl (arab. *taʿāṭṭuf*) und Güte (arab. *iḥsān*).[83] Daraus abgeleitet ist das Wort *raḥim* (Mutterleib).[84]

Aus der Fülle der von der Wurzel r-ḥ-m abgeleiteten Verbal- und Nominalformen haben zwei Nomina, *ar-raḥmān* und *ar-raḥīm*, durch den Islam eine zentrale Bedeutung gewonnen. Spricht der Koran von der Barmherzigkeit Gottes, dann verwendet er diese zwei Bezeichnungen, die beide vom Begriff *raḥma* (dtsch. Barmherzigkeit) abgeleitet werden.[85] Der klassische Exeget aṭ-Ṭabarī (gest. 923) wirft in seiner Erklärung der *Basmala* (die islamische Formel, mit der u.a. koranische Suren eingeleitet werden: Im Namen Gottes, des Allbarmherzigen Allerbarmenden) zu Beginn seines exegetischen Werkes *Ǧāmiʿ al-bayān fī taʾwīl āy al-*

---

[83] Vgl. Ibn Manẓūr, Lisān al-ʿarab, hg. v. Abdullāh al-Kabīr, u.a., Kairo o.A., 1611 f.

[84] Vgl. ebd., 1613.

[85] Vgl. z.B. Muḥammad Ibn Ǧarīr aṭ-Ṭabarī, Tafsīr aṭ-Ṭabarī. Ǧāmiʿ al-bayān ʿan taʾwīl āy al-Qurʾān, hg. v. Abdullāh at-Turkī, Kairo 2001. Bd. 1, 125, sowie Abū ʿAbdullāh al-Qurṭubī, al-Ǧamiʿ li-aḥkām al-Qurʾān, hg. v. Abdullāh at-Turkī, Beirut 2006. Bd. 1, 160, und Al-Qāḍī al-Bayḍāwī, Anwār at-tanzīl wa-asrār at-taʾwīl, Istanbul 1998. Bd. 1, 27. Folgenden ḥadīṯ haben at-Tirmiḏī und Aḥmad überliefert: „Der Prophet Muḥammad sagte: ‚Gott der Erhabene sagte: *Ich bin ar-Raḥmān, habe den Mutterleib (arab.* raḥīm*) erschaffen und habe ihm einen Namen aus meinem Namen gemacht*‘“. Dadurch gewinnt *ar-raḥmān* eine physische und emotionale Konnotation mütterlicher Liebe. Dazu schreibt Abdoldjavad Falaturi: „Das Gott-Mensch-Verhältnis bekommt somit im Islam mütterliche, also weibliche Züge und nicht wie im Christentum väterliche, also männliche Züge. Sein Verhältnis zu den Menschen ist somit nicht in seiner Allmacht, also seiner Stärke begründet, sondern mehr von der Raḥma (Barmherzigkeit) bestimmt, die als oberstes Handlungsprinzip sogar dieser, seiner Allmacht eine bestimmte Richtung weist.“ Vgl. Falaturi, Der Islam, 76.

Qur'ān die Frage auf: „Wenn beide Namen von der Barmherzigkeit abgeleitet sind, was ist dann Sinn dieser Wiederholung?“[86] Tatsächlich sind sich die meisten Gelehrten darüber einig, dass beide Namen *ar-raḥmān* und *ar-raḥīm* keine Synonyme sind, denn *ar-raḥmān* (bedeutet wörtlich *derjenige, der unübertreffliche „raḥma“ besitzt*)[87] bezieht sich in der klassischen Auslegung auf die Barmherzigkeit Gottes seiner gesamten Schöpfung gegenüber, während *ar-raḥīm* auf seine Barmherzigkeit gegenüber den Gläubigen limitiert ist.[88] *Ar-raḥmān* umfasst also Muslime wie Nichtmuslime, *ar-raḥīm* nur Muslime.[89] *Ar-raḥmān* ist demnach umfassender als *ar-raḥīm* und impliziert daher eine andere Qualität der Barmherzigkeit Gottes als *ar-raḥīm* (s. u.).[90] Daher betont der klassische Exeget al-Qurṭubī (gest. 1272), dass *ar-raḥmān* derjenige Begriff sei, dessen substanzieller Gehalt von Barmherzigkeit nicht zu übertreffen sei, weshalb es – anders als bei *ar-raḥīm* – weder einen Dual noch einen Plural davon gebe.[91]

Was ist jedoch genau damit gemeint, wenn in der Tradition gesagt wird, dass die Barmherzigkeit Gottes in seiner Eigenschaft als *ar-raḥmān* alle Menschen (Gläubige wie Nichtgläubige) umfasst, während seine Barmherzigkeit als *ar-raḥīm* nur Gläubigen zugutekommt? Aṭ-Ṭabarī fasst dies folgendermaßen zusammen: Was die Gläubigen angeht, so bezieht sich die Barmherzigkeit Gottes als *ar-raḥīm* darauf, dass er „ihnen den Weg erleichtert

---

86 aṭ-Ṭabarī, Ǧāmiʿ, Bd. 1, 125.

87 Vgl. Ibn Manẓūr, Lisān al-ʿarab, 1612. Ibn Manẓūr zitiert darin al-Azharī: „man darf niemanden außer Gott mit *ar-rahmān* bezeichnen“, weil *ar-rahmān* die unübertreffliche Barmherzigkeit zum Ausdruck bringen soll. Ibn ʿArabī hält *ar-rahmān* für den edelsten Namen Gottes (vgl. al-Qurṭubī, al-Ǧāmiʿ, Bd. 1, 163).

88 Vgl. aṭ-Ṭabarī, Ǧāmiʿ, Bd. 1, 126, al-Qurṭubī, *al*-Ǧāmiʿ, Bd. 1, 162, Abū l-Qāsim Ibn Ǧuzzī al-Kalbī, at-tashīl li ʿulūm at-tanzīl, hg. v. Muḥammad Ḥāšim, Beirut 1995, Bd. 1, 43 sowie Abū l-Barakāt an-Nasafī, Madārik at-tanzīl, hg. v. Marwān aš-Šaʿʿār, Beirut 2005, Bd. 1, 30.

89 Vgl. aṭ-Ṭabarī, Ǧāmiʿ, Bd. 1, 127.

90 Vgl. al-Bayḍāwī, Anwār, Bd. 1, 27, Ibn Ǧuzzī al-Kalbī, at-Tashīl, Bd. 1, 43, an-Nasafī, Madārik, Bd. 1, 30, sowie Ismāʿīl Ibn Kaṯīr, Tafsīr al-Qur'ān al-ʿaẓīm, hg. v. Sāmī as-Salāma, Riad 1999, Bd. 1, 124.

91 Vgl. al-Qurṭubī, Ǧāmiʿ, Bd. 1, 160.

hat (arab. *laṭṭafa lahum*), Ihm zu gehorchen, an Ihn und Seine Propheten zu glauben, Seinen Geboten zu folgen und Seine Verbote zu vermeiden […] dazu kommt, was Er, gepriesen sei Er, an ewigem Lohn und klarem Gewinn im Jenseits für den, der an Ihn geglaubt hat, vorbereitet hat."[92] Die Barmherzigkeit Gottes als *ar-raḥmān* dagegen bezieht sich auf das, „womit Er die Muslime und Nichtmuslime[93] an Gaben und Großzügigkeiten umgibt, dazu gehören alle Formen der Versorgung, der Regen aus den Wolken, das Wachsen der Landschaft aus der Erde, die Gesundheit des Körpers und des Geistes, sowie alle Gaben, die unzählbar sind, all diese teilen Muslime und Nichtmuslime gleichermaßen".[94]

Die muslimischen Gelehrten sind sich darüber einig, dass Menschen mit dem Attribut *ar-raḥīm* beschrieben werden dürfen,[95] jedoch nicht mit dem Attribut *ar-raḥmān*, denn mit diesem Attribut dürfe nur Gott beschrieben werden.[96] In diesem Zusammenhang macht aṭ-Ṭabarī darauf aufmerksam, dass der kora-

---

[92] Aṭ-Ṭabarī, Ǧāmiʿ, Bd. 1, 127.

[93] Hier wird der Begriff „*kuffār*" bei aṭ-Ṭabarī deshalb mit „Nichtmuslime" wiedergegeben, weil er ihn in diesem Zusammenhang als Bezeichnung für alle verwendet, die dem Islam nicht angehören, und nicht als Bezeichnung für Verleugner des Islams. Er spricht hier von Muslimen versus Nichtmuslimen.

[94] aṭ-Ṭabarī, Ǧāmiʿ, Bd. 1, 127.

[95] Der Koran bezeichnet zum Beispiel Muḥammad als *raḥīm*, vgl. Q 9:128.

[96] Vgl. aṭ-Ṭabarī, Ǧāmiʿ, Bd. 1, 132 f. aṭ-Ṭabarī verweist auch auf al-Ḥasan al-Baṣrī, der diese Meinung vertreten habe, und betont dann, dass es darüber einen Konsens unter den Gelehrten gebe, vgl. aṭ-Ṭabarī, Ǧāmiʿ, Bd. 1, 134, vgl. auch al-Qurṭubī, Ǧāmiʿ, Bd. 1, 163, al-Bayḍāwī, Anwār, Bd. 1, 27, Ibn Ǧuzzī al-Kalbī, at-Tashīl, Bd. 1, 43, an-Nasafī, Madārik, Bd. 1, sowie Ibn Kaṯīr, Tafsīr, Bd. 1, 126. In seinem Kommentar zu Sure *al-Fātiḥa* geht al-Māturīdī ausführlich auf die Unterscheidung zwischen *ar-raḥmān* und *ar-raḥīm* ein; *ar-raḥmān* ist ein Eigenname für Gott *(ism ḏātī)*, während *ar-raḥīm* eine Handlung Gottes beschreibt *(ism fiʿlī)*, daher darf niemand außer Gott selbst *ar-raḥmān* heißen. Als koranischer Hinweis darauf führt er den Vers „Ruft Allāh oder ruft *ar-raḥmān* […]" (Q 17: 110) an (vgl. Abū Manṣūr al-Māturīdī, Taʾwīlāt ahl as-sunna, hg. v. Fāṭima al-Ḫaymī, Beirut 2004, Bd. 1, 5). Vgl. auch al-Qurṭubī, Ǧāmiʿ, Bd. 1, 163. Dieser beruft sich ebenfalls auf denselben Vers: „Er [Gott] setzt *ar-raḥmān* mit seinem Namen, den niemand mit ihm teilen darf, gleich", und al-Qurṭubī verweist auf Sure *az-Zuḫruf*, Vers 45, dass es *ar-raḥmān* ist, dem die Anbetung gebührt.

nische Vers „Ruft Allāh, oder ruft *ar-raḥmān* […]“[97] einen Hinweis darauf gibt, dass „auch wenn es berechtigt wäre, manche seiner Geschöpfe mit einigen Inhalten der Bedeutung von *ar-raḥmān* zu charakterisieren, da es legitim ist, einigen Geschöpfen Aspekte von Gottes Barmherzigkeit zuzuschreiben, darf niemandem etwas von der (absoluten) Heiligkeit Gottes zugeschrieben werden. Daher kam *ar-raḥmān* gleich an zweiter Stelle nach dem Namen Allāh.“[98] Durch das Verbot, einen Menschen mit *ar-raḥmān* zu beschreiben, bekommt dieses Attribut eine spezifisch göttliche Konnotation, sie wird zum Bestandteil seiner immanenten Heiligkeit.

Das Attribut *ar-raḥīm* kommt im Koran häufig im Zusammenhang mit der Vergebung von Sünden vor und wird daher sehr oft an den Namen Gottes *al-ġafūr* (dtsch. der Vergebende) gekoppelt.[99] Es handelt sich also bei *ar-raḥīm* um ein Tatattribut. Wenn hier allerdings die Rede von Barmherzigkeit ist, dann nicht von der Barmherzigkeit als Vorgang der Vergebung durch Gott *ar-raḥīm*, sondern als Ausdruck seiner absoluten Barmherzigkeit als *ar-raḥmān*, von der alle Menschen gleichermaßen betroffen sind. Denn als *ar-raḥīm* vergibt Gott „wem er will, und er bestraft, wen er will.“[100] Gott wird manchmal zornig[101] und manchmal bestraft er.[102] Die Barmherzigkeit Gottes als *ar-raḥmān* will andere Aspekte als den Vorgang der Vergebung zum Ausdruck bringen. *Ar-raḥmān* ist nämlich Ausdruck der bedingungslosen Zuwendung Gottes dem Menschen gegenüber. Und genau diese koranische Bedeutung von *ar-raḥmān* entspricht der syro-aramäischen Übersetzung des Wortes, nämlich der Liebende.[103] Demnach ist *ar-*

---

97 Q 17:110 (Nach eigener Übersetzung. Paret führt folgende Übersetzung an: „Sag: Ihr mögt zu Allah beten oder zum Barmherzigen *(ar-raḥmān)*.“ Das arabische Wort *udʿū* kann sowohl mit „rufen“ als auch mit „beten“ übersetzt werden. Häufiger erfolgt die Übersetzung allerdings mit „rufen“).

98 aṭ-Ṭabarī, Ǧāmiʿ, Bd. 1, 133.

99 Vgl. z. B. Q 2:37, 2:54, 2:128, 2:160, 9:104, 9:118, 10:107, 12:98.

100 Q 3:129, vgl. auch 48:14.

101 Vgl. z. B. Q 2:61, 2:90, 4:93.

102 Vgl. z. B. Q 3:128, 4:173, 5:40.

103 Muslimische Exegeten wie ar-Rāzī erwähnen die Möglichkeit eines syro-

raḥmān der liebende Gott. Daher spreche ich hier von der liebenden Barmherzigkeit, um Missverständnisse zu vermeiden, denn mit Barmherzigkeit ist hier die immer schon das Wesen Gottes prägende und seine Freiheit lenkende Liebe gemeint. Diese in Gottes Wesen eingeschriebene Barmherzigkeit hat nichts zu tun mit der Begnadigungssouveränität, an die wir neuzeitlich denken, wenn wir diesen Begriff verwenden.

„Diese Unterscheidung würde es erlauben, doch eine unbedingte und bleibende Barmherzigkeit Gottes für alle Menschen zu behaupten […]. Gott wäre dann immer und allen Menschen gegenüber voller Erbarmen geöffnet und wartet auf ihre Hinwendung zu ihm.“[104]

Diese liebende Barmherzigkeit beschreibt, wenn man den Wortsinn in den semitischen Sprachen ernst nimmt, das *Betroffensein* Gottes bis in seine „Eingeweide“ hinein. Gott ist in diesem Bild zutiefst berührt durch die Not der Menschen. Er muss dieses Berührtsein nicht erst wählen und kann es auch nicht von sich distanzieren, ohne sich zu verraten.

Nimmt man diesen Gedanken auf, würde Freiheit nicht primär als absolute Selbstwahl verstanden, sondern eher als Gottes Selbstentsprechung in seiner Menschenfreundlichkeit und in seiner bedingungslosen Zugewandtheit dem Menschen gegenüber.

Die Offenbarung Gottes bedeutet daher, dass die liebende Barmherzigkeit Gottes gegenwärtig wird, die ja nichts anderes darstellt als das Wesen Gottes. Es ist Gott, der sich in seiner unbedingten Barmherzigkeit den Menschen im Koran offenbart und sie zur Gemeinschaft mit Gott einlädt.

Auf das Argument mancher Gelehrter, die damaligen Araber hätten den Begriff *ar-raḥmān* nicht gekannt und der Koran habe ihn neu eingeführt, entgegnet aṭ-Ṭabarī mit Entschiedenheit:

„Einige wenig Wissende (arab. *ahl al-ġabāʾ*) behaupteten, dass die Araber *ar-raḥmān* nicht kannten und dieser Begriff nicht in ihrem Sprachgebrauch

---

aramäischen Ursprungs des Namen Gottes ar-raḥmān (vgl. bei seinen Ausführungen zur Sure al-Fātiḥa Muḥammad Ibn ʿUmar Faḫr ad-Dīn ar-Rāzī, Tafsīr al-Faḫr ar-Rāzī al-mušahhar bi-t-tafsīr al-kabīr wa-mafātīḥ al-ġaib. Bd. 1, Beirut 1981, 169).

104 von Stosch, Herausforderung Islam, 67.

vorhanden war, denn die Polytheisten sagten zu Muḥammad, Gottes Friede und Segen mit ihm, als Zeichen der Verleugnung dieses Namens: ‚Und wenn man zu ihnen sagt: *Werft euch (in Anbetung) vor dem Barmherzigen nieder!*, sagen sie: *Was soll das heißen:* der Barmherzige? *Sollen wir uns vor etwas niederwerfen, nur weil du es uns befiehlst?* Und es bestärkt sie (nur noch) in ihrer ablehnenden Haltung.‘[105] Als denke er [dieser Gelehrte, den aṭ-Ṭabarī nicht namentlich nennt], dass sie [die Polytheisten] Gott nicht auch verleugnen würden, wenn sie ihn kennen, oder hat er im Koran nicht gelesen: ‚Diejenigen, denen wir das Buch gegeben haben, kennen ihn‘[106], damit ist Muḥammad, Gottes Segen und Frieden mit ihm, gemeint, ‚wie sie ihre eigenen Kinder kennen‘[107]. Trotzdem haben sie ihn und seine Prophetie geleugnet?“[108]

Der spätere Gelehrte Ibn ʿĀšūr widerspricht in seinem Werk *At-taḥrīr wa-t-tanwīr* dieser Meinung aṭ-Ṭabarīs und geht davon aus, dass die alten Araber die Denomination *ar-raḥmān* nicht kannten:

„Die Mehrheit der Gelehrten vertrat die Meinung, dass die Beschreibung *ar-raḥmān* von den vorislamischen Arabern nicht verwendet wurde. Der Koran führte diese Bezeichnung für Gott ein, um zu sagen, dass dies ein Eigenname für ihn und kein Adjektiv sei. Als Hinweis beriefen sich die Gelehrten auf den Vers ‚Und wenn man zu ihnen sagt: *Werft euch (in Anbetung) vor dem Barmherzigen nieder!*, sagen sie: *Was soll das heißen: ‚der Barmherzige‘? Sollen wir uns vor etwas niederwerfen, nur weil du es uns befiehlst?* Und es bestärkt sie (nur noch) in ihrer ablehnenden Haltung.‘[109] und ‚So haben wir dich in eine Gemeinschaft gesandt, vor der es schon (verschiedene andere) Gemeinschaften gegeben hat, damit du ihnen vorliest, was wir dir (als Offenbarung) eingegeben haben, während sie an den Barmherzigen (arab. *ar-raḥmān*) nicht glauben. Sag: Er ist mein Herr. Es gibt keinen Gott außer ihm. Auf ihn vertraue ich, und ihm wende ich mich (bußfertig) zu‘[110], ähnliche Verse wiederholen sich gerade in der mekkanischen Phase, wie in den Suren *al-Furqān* und *al-Mulk*. In Sure *al-Mulk*

---

105 Q 25:60.

106 Q 2:146 (Nach eigener Übersetzung. Paret führt folgende Übersetzung an: „Diejenigen, denen wir die Schrift gegeben haben, kennen sie (so gut) […]“, bezieht damit die Aussage auf den Koran und nicht auf Muḥammad. Das Personalpronomen lässt im Arabischen allerdings beides zu).

107 aṭ-Ṭabarī, Ǧāmiʿ, Bd. 1, 127.

108 Ebd., Bd. 1, 130.

109 Q 25:60.

110 Q 13:30.

wird *ar-raḥmān* bzw. der Hinweis auf ihn acht Mal erwähnt, was das Ziel vermuten lässt, diesen Namen in die Herzen der Zuhörerschaft einzuprägen.“[111]

Schaut man sich die vorislamische arabische Dichtung an, dann stellt man fest, dass der Name Gottes *ar-raḥmān* kein unbekannter war. Darauf verweisen auch einige muslimische Exegeten, wie Ibn Kaṯīr in seinen Ausführungen zu der ersten Sure.[112] Dort verweist er auf aṭ-Ṭabarī, einen früheren Exegeten, der wiederum den vorislamischen Dichter Salāma b. Ǧandal (gest. 600) zitiert: „*wa-mā yaša'i r-raḥmānu ya'qidu wa-yuṭliqu*“[113] (dtsch. Was der Barmherzige will, wird beschlossen und freigesetzt). Die Araber kannten also den Gottesnamen *ar-raḥmān* schon in vorislamischer Zeit, allerdings wurde dieser überwiegend in christlichen und jüdischen Kreisen verwendet[114], und zwar als Bezeichnung für *den einen* Gott im Himmel. Somit wurde der Gottesname *ar-raḥmān* von den alten Arabern anders als der Name Allāh verwendet, der umfassender auch als Bezeichnung für andere Götter benutzt wurde:

„In the case of Allāh and *al-Raḥmān*, it seems that one may advance the following assertions. The name Allah designated the creator God known by the Meccans, but His cult, bevor Islam, allowed for the worship of other secondary divinities- *al-Raḥmān*, on the other hand, was the name of the unique Got in certain portions of Arabia (at least in al-Yamama and Yemen), but the Meccans felt an aversion to its use. The name was a stranger to them.“[115]

---

[111] Muḥammad Ibn ʿĀšūr, at-Taḥrīr wa-t-tanwīr, Tunis 1984, 172.

[112] Vgl. Abū l-Fidā' b. Kaṯīr, al-Bidāya wa-n-nihāya, Bd. 1, Beirut 1992, 127.

[113] Ebd., 127.

[114] Vgl. Jaques Jomier, The divine name ‚al-Raḥmān' in the Qur'ān. In: Colin Turner, The Koran. Critical concepts in Islamic Studies. Bd. 1, London 2004, 345–358, hier 347 f.

[115] Ebd. S. 347. Jaques Jomier führt dazu weiter an: The fact that Islam prefers Allāh as the principle name of the unique God agrees with what we know from elsewhere about the spirit of the Qur'ān. As the pre-Islamic cult of the Kaʿba was preserved with completely changed spirit, so the cult of Allāh persisted with a rejuvenated doctrine. This solution had the advantage of not provoking the aversion of the Meccans to the name *of al-Raḥmān*, while not totally giving up on doctrine. The attempt at preaching the name of *of al-*

Daher kann mit Angelika Neuwirth festgehalten werden, dass die Barmherzigkeit zwar tiefe Wurzeln in der Gedankenwelt des mediterranen Raums hat, sie ist jedoch „vor dem Hintergrund des herkömmlichen arabischen Denkens ein im Koran neu entwickelter Gedanke“[116].

Der Gottesname *ar-raḥmān* taucht prominent im Koran in der mittelmekkanischen Phase auf, und zwar in der Gruppe der sog. *raḥmān*-Suren[117] (Q 17, 19, 20, 21, 25, 36, 43, 67, 68), daher auch die Bezeichnung *raḥmān*-Phase. Der Gottesname *ar-raḥmān* tritt hier an die Stelle des vorher üblichen *ar-rabb/rabbuka* (dtsch. Herr/dein Herr)[118]. In Mittelmekka wird daher etwas in den Vordergrund gestellt, was bislang zwar angesprochen und vom Propheten sowie von der Gemeinde erfahren wurde, jedoch ohne dass es mit einem eigenen Gottesnamen genannt wurde: die Personalität und damit die Emotionalität Gottes; Gott ist keineswegs lediglich ein unbeteiligter Erstursacher der Welt, sondern er lässt sich auf die Menschen ein und offenbart sich in der Geschichte, er lässt sich auch emotional bewegen. Er tritt also in die Geschichte ein, jedoch nicht in Form eines Menschen, wie im Falle des Christentums, sondern als der barmherzige Gott, der auch als solcher, vor allem in der Rezitation des Korans, erfahrbar wird. Wie Angelika Neuwirth feststellt, taucht gerade in der besonders an der paradiesischen Dimension des jenseitigen Raumes interessierten Sure 55 der letzten frühmekkanischen Periode der Gottesname *ar-raḥmān* erstmals im Koran auf:[119]

Raḥmān had so outraged the Meccans that its continuation would have been quite disadvantage. It should be noted that the ḥadīth reflecting Ḥījāzī Muslim attitude only uses this divine name on a few ocaccions.

116 Neuwirth, Die koranische Verzauberung der Welt und ihre Entzauberung in der Geschichte, Freiburg 2017, 134.

117 Vgl. ebd., 33 ff.

118 Aus diesem Grund verortet Neuwirth die Herkunft der *basmala* in die mittelmekkanischen Phase (vgl. Neuwirth, Der Koran. Frühmittelmekkanische Suren. Bd. 2,1, 88; dies., Der Koran als Text der Spätantike, 472 ff.).

119 Der Name Gottes *ar-Raḥmān* kommt schon in Q 78:37–38 vor. Dabei ist Q 78 früher offenbart worden als Q 55:1. Dies könnte den Eindruck erwecken, der Name *ar-Raḥmān* sei schon vor Q 55 angewandt worden. Allerdings verweist Angelika Neuwirth in den literarkritischen Anmerkungen zu Q 78 da-

„Göttliche Barmherzigkeit wird hier durch die Preisung der Schöpfung und zugleich durch ihre kongeniale Abbildung in der Offenbarungs-Sprache gefeiert. Die antiphonische Struktur des Textes, die ihn als eine Litanei erkennen lässt, deutet auf eine Gebetsmeditation als Sitz im Leben dieser ersten Rahman-Sure.“[120]

Sure 55 spricht zwar nicht explizit von *raḥma*, sie leitet allerdings in die *raḥmān*-Suren der mittelmekkanischen Periode ein. Bemerkenswert ist, dass das erstmalige Auftauchen des Gottesnamens *ar-raḥmān* im Koran in Sure 55 in unmittelbarem Zusammenhang und an erster Stelle mit den Lehren des Korans steht, danach an zweiter Stelle mit der Erschaffung des Menschen und seinem ihm von Gott geschenkten Erkenntnisvermögen und dann an dritter Stelle mit der gesamten Schöpfung, um dann die Gerechtigkeit ins Zentrum zu rücken:

„Der Allbarmherzige, er hat den Koran gelehrt, den Menschen erschaffen, ihn die klare Rede gelehrt. Sonne und Mond gehen nach Berechnung, die Sterne und die Bäume werfen sich nieder. Den Himmel hat er emporgehoben und die Waage aufgestellt, dass ihr beim Wägen nicht gesetzlos handelt. Setzt das Gewicht gerecht und gebt bei der Waage nicht weniger! Die Erde hat er für die Geschöpfe angelegt. Auf ihr gibt es Früchte und die Palmen mit Fruchthüllen, das Korn auf Halmen und die duftenden Kräuter. Welche der Wohltaten eures Herrn wollt ihr denn leugnen?“ (Q 55:1–13).

---

rauf, dass die mehrgliedrigen Verse 37–40 als späterer Zusatz zu betrachten sind. Der Zusatz mit dem Gottesnamen *ar-Raḥmān*, der wohl aus mittelmekkanischer Zeit stammen dürfte – vgl. die Benutzung von *ar-Raḥmān* in den mittelmekkanischen Suren –, ist besonders auffällig in Q 19. Das literarkritische Argument Neuwirths scheint zu tragen, da es sich ausnahmslos um mehrgliedrige Verse handelt, die in Q 78, die hymnisch bestimmt ist, herausfallen. Zwar wird der Endreim gehalten, aber eine kolometrische Aufstellung lässt die Überlängen und Reimprobleme offenkundig werden (vgl. Neuwirth, Der Koran. Frühmekkanische Suren. Bd. 1: Poetische Prophetie, Berlin 2012, 455; dies., Der Koran als Text der Spätantike, 459–463). Zu einer ähnlichen Beurteilung kommt auch Richard Bell, der die Verse 37–40 als späteren Nachtrag betrachtet (vgl. Richard Bell, The Qur'an. Translated, with a Critical Re-Arrangemnt of the Surahs, Bd. 2, Edinburgh 1939, 629). Damit wäre die erste Nennung des Wortes *ar-Raḥmān*, ob nun adjektivisch oder als Gottesname, in Q 55:1 zu finden.

[120] Neuwirth, Die koranische Verzauberung, 135.

An anderer Stelle wird der Koran selbst als Barmherzigkeit beschrieben, z. B. Q 31:3; Q 45:20.

Der Name Gottes *ar-raḥmān* verbindet sich in Q 1:1

> „mit dem ab Spätmekka üblichen Gottesnamen Allah,[121] der vorher nur gelegentlich gebraucht worden war. Der auch in zentralen jüdischen liturgischen und in epigraphischen Texten geläufige Gottesname (hebr. *ha-raḥaman*) ist mit hoher Wahrscheinlichkeit über Südarabien in die nordarabische Liturgiesprache gelangt (siehe dazu bereits Horovitz 1925: 201–203 und jetzt Robin 2004). Die etymologisch und semantisch eng verwandte Prädikation *raḥīm* ‚übersetzt' den vorgefundenen Namen noch einmal in das gebräuchliche Arabisch."[122]

Neuwirth vermutet in der Prädominanz des Gottesnamens *ar-raḥmān* in der mittelmekkanischen Surengruppe, den sogenannten „raḥmān-Suren", über diese Genealogie hinaus einen Anstoß aus liturgischer Richtung.[123] Sie verweist hier auf die am Ende der frühmekkanischen Periode stehende *Sūrat ar-Raḥmān*,

> „eine[n] Text, der einen liturgisch prominenten Psalm (Ps 136) schöpfungstheologisch ‚um-schreibt' [und] ganz offenbar Liturgieerfahrung für die Fokussierung des Leitgedankens (speziell: Schöpfungsharmonie als Zeichen göttlicher Huld) ausschlaggebend war […]. Man denke etwa an die in der christlichen Liturgie ubiquitäre Formal *kyrie eleēson* (‚Herr, erbarme dich')."[124]

Es ist bemerkenswert, dass die Mitte des Korans, die Barmherzigkeit, nach der Ersterwähnung des Gottesnamens *ar-raḥmān* in Q 55 zum ersten Mal im Koran in so prominenter Weise ausgerechnet im Zusammenhang mit Sure 19 vorkommt, also einer Sure, die sich ausführlich mit Maria und Jesus auseinandersetzt.[125] Die Barmherzigkeit Gottes stellt das theologische Hauptthema

---

121 Zur Geschichte des Namens Allāh siehe David Kiltz, The Relationship between Arabic Allāh and Syriac Allāhā. In: Der Islam 88 (2011), 33–50.

122 Neuwirth, Der Koran. Frühmittelmekkanische Suren. Bd. 2,1, 88 f.

123 Vgl. ebd., 89.

124 Ebd.

125 Vgl. dies., Der Koran als Text der Spätantike, 487 f.; dies., Der Koran. Frühmittelmekkanische Suren. Bd. 2, 1, 605, 641.

dieser ganzen Sure dar. Angelika Neuwirth weist zu Recht darauf hin, dass die Entdeckung der Barmherzigkeit als Gottesname ein besonderes Erbe Marias im Koran darstellt und dass diese Verknüpfung des Gottesnamens mit einer Frauengestalt angesichts der Verwandtschaft des Begriffs der Barmherzigkeit (arab. *raḥma*) mit dem der Gebärmutter (arab. *raḥīm*) kein Zufall ist.[126]

Der Koran ist hier offensichtlich bemüht, die Kontinuität der eigentlichen Botschaft beider Religionen (Islam und Christentum) zu betonen, nämlich die Barmherzigkeit Gottes.[127] Diese begegnet mir im Koran, aber auch in Jesus; denn beide werden ebenfalls als *Barmherzigkeit* bezeichnet:[128]

> „Die Rede von dem Erweis der Barmherzigkeit durch Jesus (Q 19:21) bindet ihn an den in der mittelmekkanischen Zeit üblichen Gottesnamen. Diese Barmherzigkeit wird wenig später [in Q 19] in überraschender Weise schon an Maria deutlich."[129]

Ausgerechnet in der dritten und in der fünften Sure, die sich ausführlich mit Jesus von Nazaret auseinandersetzen, wird das Verhältnis von Gott und Mensch in Worten der Liebe beschrieben. Dementsprechend kann man auch im Koran Belege dafür finden, dass die Gott-Mensch-Beziehung als Liebesbeziehung bestimmt wird, und zwar als Bestätigung und Kontinuität des christlichen Glaubens.

---

126 Vgl. dies., Der Koran. Frühmittelmekkanische Suren. Bd. 2,1, 636ff.

127 Vgl. von Stosch, Herausforderung Islam, 65.

128 Interessant ist auch die Tatsache, dass die Barmherzigkeit Gottes in so prominenter Weise ausgerechnet in der Sure 19 dargestellt wird, die zugleich die Eltern-Kind-Beziehungen thematisiert und zugleich auch Jesu Geburt so ausführlich schildert. Damit wird implizit das Verhältnis der Eltern zu ihren Kindern unter der Leitkategorie der Barmherzigkeit bewertet und von ihr her erschlossen. Zudem wird auch Jesu Leben unter diese Leitkategorie gestellt und von ihr her gedeutet.

129 von Stosch, Herausforderung Islam, 154.

3.1.3.2. Im Koran ereignet sich die Gegenwart Gottes liebender Barmherzigkeit

Im vorigen Kapitel haben wir gesehen, wie stark die Kategorie der Barmherzigkeit im Zentrum des Korans steht und wie sehr der Koran sie im Sinne einer liebenden Barmherzigkeit dem Wesen Gottes zuschreibt. Der Koran setzt sie Gott gleich. So heißt es in Q 17:110: „Ruft Allāh, oder ruft ar-Raḥmān, egal was ihr ruft, ihm gehören die edelsten Namen", hier wird „Allāh" mit *ar-raḥmān* gleichgesetzt. In Q 7:56 verwendet der Koran ein Personalsuffix im Maskulinum, um sich auf die Barmherzigkeit Gottes zu beziehen, die eigentlich grammatikalisch im Femininum bezeichnet werden müsste. So lesen wir im Koran: *„inna raḥmata Llāhi qarīb"* (dtsch. Die Barmherzigkeit Gottes [rahma], er ist nah). Grammatikalisch korrekt müsste der Vers lauten *„inna raḥmata Llāhi qarība"* (dtsch. Die Barmherzigkeit Gottes, sie ist nah). Da Gott aber im Arabischen oft als „Er" bezeichnet wird, spricht hier viel dafür, dass die (grammatisch feminine) Barmherzigkeit Gottes und „Er", also Gott, als austauschbar und damit weitgehend synonym verstanden werden.

Der Koran charakterisiert Gott als ein Wesen, das in personaler Weise dem Menschen unbedingt zugewandt ist. Diese koranischen Beschreibungen Gottes als der liebende Barmherzige stellen eine Mitteilung über Gott dar. Sie machen Aussagen über Gott, wie er ist und wie er in der Welt handelt. Der Koran als Selbstoffenbarung Gottes bedeutet allerdings, dass sich im Koran nicht nur eine Mitteilung Gottes bzw. der Wille Gottes offenbart, sondern es ist zugleich die Wirklichkeit Gottes selbst, die den eigentlichen Inhalt der Offenbarung darstellt. Der Koran ist daher mehr als nur ein Buch, in dem ich als Muslim lese, wie Gott ist und was Gott mir sagen will, denn der Koran ist ein Ereignis, in ihm ereignet sich die Zuwendung Gottes. Gott selbst wird im Koran gegenwärtig.[130]

---

[130] Falaturi beklagt in seinem Aufsatz: „Wie ist menschliche Gotteserfahrung trotz des strengen islamischen Monotheismus möglich?": „Offensichtlich haben die islamischen Theologen und Philosophen kein Bedürfnis verspürt, über ihre Spekulationen über Gott die Notwendigkeit seiner Existenz und

Um dies zu verdeutlichen, muss man sich in den Kontext der Offenbarung des Korans im 7. Jahrhundert auf der arabischen Halbinsel hineinversetzen. Wie haben Muḥammad und die Erstadressaten den Koran wahrgenommen?

Der Koran wurde bekanntlich nicht auf einmal, sondern sukzessive innerhalb von 23 Jahren (610 bis 622 mekkanische Phase und 622 bis 632 medinensische Phase) in verschiedenen zeitlichen, räumlichen, politischen, wirtschaftlichen und gesellschaftlichen Kontexten offenbart. Der Koran begleitete die Menschen über diesen Zeitraum unmittelbar und reagierte auf deren Anliegen. Im Bewusstsein der Erstadressaten war der Koran kein abstraktes, von ihrem Leben unabhängiges Buch, das ihnen irgendwelche Lehrsätze vermitteln wollte, sondern eine ständige Präsenz Gottes in ihrem Leben, und zwar als ein bekümmerter, betroffener, sorgender und besorgter Gott. Sie haben nicht im Koran gelesen, wie wir dies heute tun, denn der Koran wurde später und erst nach dem Tod des Propheten Muḥammad zu einem Buch schriftlich fixiert, wie wir es heute zwischen zwei Buchdeckeln in den Händen halten. Im Bewusstsein der Erstadressaten des Korans war es eigentlich nicht der Koran, der sie begleitet, sondern Gott selbst. Im Koran hat sich ihnen ein mit einer liebenden Barmherzigkeit zugewandter Gott offenbart, der sich allen Menschen zuwendet und sie zur Beziehung mit ihm einlädt. Diese liebende Barmherzigkeit manifestierte sich für die Erstadressaten im begleitenden Klang des Korans, durch den Gottes „Emotionen" realisierbar wurden. Diese drückten an erster Stelle Gottes

---

über seine Eigenschaften hinaus die Frage nach der Möglichkeit und Wirklichkeit einer menschlichen Gotteserfahrung zu stellen. Es ist sogar schwer, einen passenden arabischen oder persischen Ausdruck für Gotteserfahrung zu finden, ohne Gefahr zu laufen, den islamischen Gott in seiner absoluten Transzendenz zu schmälern, ihn zu vermenschlichen bzw. zu verweltlichen. Es ist deshalb geboten, bei dieser unserer Fragestellung von der rein religiösen Empfindung eines frommen Muslims auszugehen und sich quellenmäßig streng an den Koran zu halten, ohne die Meinungsverschiedenheit der islamischen Richtungen und Schulen mitspielen zu lassen." (Falaturi: Wie ist menschliche Gotteserfahrung trotz des strengen islamischen Monotheismus möglich. In: Ders. u.a. (Hg.), Drei Wege zu dem einen Gott. Glaubenserfahrung in den monotheistischen Religionen, Freiburg 1980, 45–59, hier 45.

Sorge um die Unterdrückten, die Bedürftigen, die Leidenden, aber auch um diejenigen aus, die „nein" zur Annahme von Gottes liebender Barmherzigkeit gesagt haben. Der Koran stellte daher für die Erstadressaten die Beziehungszusage Gottes schlechthin dar: „Er liebt sie und sie lieben ihn" (Q 5:45). Gott lädt den Menschen ein, sein Leben auf ihn hin auszurichten, und sagt ihm zu, ihm in dieser Ausrichtung immer neu entgegenzukommen, was die Selbstzuschreibung des Korans *hudā* deutlich macht: „Es ist der Monat Ramadan, in dem der Koran als *hudā* für alle Menschen hinabgesandt worden ist." (Q 2:185) Dieser Ausdruck wird sonst gerne als Rechtleitung übersetzt und kann dadurch auch leicht rein juristisch ausgelegt werden, obwohl es um Gottes Mithilfe bei der existenziellen Grundausrichtung des Menschen geht.

Eine – auch unter Muslimen – verbreitete Vorstellung des Begriffs *hudā* bezieht sich primär auf juristische Aspekte; dieser Vorstellung nach ist der Koran primär ein Gesetzesbuch, das ein möglichst alle Lebensbereiche der Menschen umfassendes juristisches Schema entwirft. Demnach gehe es im Islam um die Befolgung von klaren Gesetzen, die der Koran explizit aufführt und für alle Zeiten und Orte verbindlich vorschreibt. Dieses Islamverständnis dominiert heute und führt zu einer konfliktträchtigen Situation: Einerseits stehen viele Muslime vor dem Dilemma, dass sie alle juristischen Regelungen des Korans wortwörtlich ins Hier und Jetzt übertragen wollen, diese sich jedoch nicht mit ihrer Lebenswirklichkeit vereinbaren lassen. Andererseits haben viele Menschen in Europa Angst vor einer Religion, die den Anspruch hat, eigene – zu dem im jeweiligen Nationalstaat geltenden Recht zum Teil in Konkurrenz oder Widerspruch stehende – Gesetze einzuführen.

Die Unterscheidung, die gemacht werden muss, ist die nach der Wahrnehmung des Korans als Mitteilung oder als Selbstmitteilung Gottes. Stellt der Koran lediglich einen Brief dar, in dem ich eine Botschaft von Gott lese, sodass ich im Koran zwar etwas über seinen Willen erfahren kann, aber eine Begegnung mit ihm, eine Gotteserfahrung, mir dennoch versagt bleibt, oder ermöglicht mir gerade der Koran, weil er mehr ist als nur ein Brief von Gott, nämlich die Gegenwart Gottes, eine Begegnung mit ihm? Wenn wir den Koran auf eine Mitteilung/Instruktion Gottes reduzieren, dann wäre die Aufgabe der Gläubigen heute darauf beschränkt, den Koran als Text zu behandeln, den man auszulegen versucht (philologisch, historisch, literaturwissenschaftlich usw.), um zu verstehen, was Gott uns Menschen an Instruktionen mitteilen will. Demnach habe ich es im Koran mit einem Text zu tun. Es ist dann der Text und nicht Gott, der hier im Mittelpunkt steht. Ich brauche Gott nicht wirklich, um den Koran zu verstehen. Zugespitzt kann man meinen, dass nach diesem Verständnis des Korans Gott im Akt der Auseinandersetzung mit dem Koran keine unmittelbare Rolle mehr spielt, um den Koran zu verstehen. Es geht lediglich um die „Dekodierung" (Abu Zaid) eines Textes bzw. um die ethische Rekonstruktion seiner Botschaft (Ankaraner Schule, s. u.), Gott habe im Koran alles gesagt, was er uns mitteilen wollte, der Koran ist nun abgeschlossen.

Der Koran als Selbstoffenbarung Gottes bedeutet hingegen, dass ich es im Koran unmittelbar mit Gottes Gegenwart zu tun habe. Der Koran ist demnach nicht lediglich ein Text, der ausgelegt werden will, sondern eine Begegnung mit Gottes Wirklichkeit, die zur Freiheit ruft und als Erfahrung der Freiheit erlebt werden will, so wie Muḥammad und die Erstadressaten ihn erlebt haben. Gott ist im Erleben des Korans, vor allem im Akt seiner Rezitation, präsent, sein Zusagewort im Koran, das im Herzen klingt und dieses berührt, will zur Liebe entzünden und macht das Angebot, auch an mich heute, diese Liebe anzunehmen und im gelebten Leben zu verwirklichen.

An dieser Stelle möchte ich erneut auf die oben explizierten Überlegungen zum Gott-Mensch-Verhältnis als Freiheitsverhältnis zurückkommen. Wenn wir diese Überlegungen auf den Koran als Selbstoffenbarung Gottes übertragen, dann wird klar, dass der Koran für Muslime die Wirklichkeit der Beziehungszusage Gottes an die Menschen ist. Er bezeugt die Menschenfreundlichkeit und die Barmherzigkeit Gottes. Der Koran ist das Ja-Wort Gottes an den Menschen. Um diesem Ja-Wort ganz und gar vertrauen zu können, muss man es ernst nehmen, dass sich in ihm authentisch Gottes Wille und Wesen ausdrückt.

Das heißt, die Begegnung mit dem Koran ist eine Begegnung

mit einem zur Freiheit rufenden Gott. Die Annahme dieser Zusage bedeutet in der jeweiligen Situation eine Haltung des Sich-Öffnens des Menschen. Und so haben Muḥammad und die Erstadressaten des Korans ihn wahrgenommen und erfahren. In ihm offenbart sich ein emotionaler empathischer Gott, den das Leiden, die Sorgen, Hoffnungen, Erwartungen, Ängste und Wünsche der Menschen betroffen machen. Gerade diese Emotionalität, die dem Rezipienten des Korans begegnet und ihn bewegen will, zeugt von einem durch und durch emotionalen Gott, dem das Leiden der Menschen, Ungerechtigkeiten in der Welt, Armut, Kriege, Unterdrückung usw. nicht unberührt lassen. Diese Emotionalität will den Menschen zum Handeln bewegen, um Leid und Not in der Welt zu verringern. Die liebende Barmherzigkeit Gottes, die sich im Koran offenbart, will den Menschen ergreifen und zum Handeln bewegen, allerdings ohne seine Freiheit zu beeinträchtigen, und deshalb bleibt sie eine einladende liebende Barmherzigkeit und keine vereinnahmende. Denn Liebe erfordert Freiheit nicht nur in Bezug auf die Liebe Gottes, sondern auch im Blick auf die Freiheit des Menschen zur Erwiderung dieser göttlichen Liebe. Beide Freiheiten sind notwendig, um die Verwirklichung gegenseitiger Liebe zu ermöglichen.

Dass sich Gott auf den Menschen einlässt und sich ihm selbst offenbart, ist Ausdruck des Wesens Gottes als liebende Barmherzigkeit. Daher können wir sagen, dass Gott wesenhaft auf den Menschen bezogen ist und sich ihm wesenhaft im Sinne seiner liebenden Barmherzigkeit erbarmt. Und gerade weil diese Zugewandtheit Gottes dem Menschen gegenüber seinem Wesen als Freiheit entspricht, können wir Menschen die Zuversicht haben, dass Gott es ernst mit uns Menschen meint und uns nicht aufgeben wird.

Die Anhänger Muḥammads wurden sowohl in Mekka als auch in Medina immer wieder unterdrückt, verfolgt, vertrieben und bekämpft. Darauf reagiert Gott, indem er sich auf die Seite der Unterdrückten stellt und ihnen Mut macht. Er erinnert sie immer wieder an das Jenseits, wo Gerechtigkeit durch das unmittelbare Eingreifen Gottes wiederhergestellt wird. Als zum Beispiel ein mächtiger Mekkaner Namens ʿAmr b. Hišām (gest. 624), der

Muḥammad und seine Anhänger immer wieder bedroht und verfolgt hatte, eine alte Frau erstach, weil sie zum Islam konvertiert ist, wurden folgende Verse im Koran verkündet:

> „Was meinst du von dem, der untersagt, einem Diener, wenn er betet? Was meinst du: Ob er der Führung folgt oder die Gottesfurcht gebietet? Was meinst du: Ob er leugnet und sich abkehrt? Weiß er nicht, dass Gott sieht? Nein, wenn er nicht aufhört, packen wir ihn gewiss am Schopf, einem lügnerischen und sündigen Schopf. Rufe er doch seine Kumpane! Wir werden die Schergen (die Wächter-Engel der Hölle im Jenseits) rufen. Nein, gehorche ihm nicht! Wirf dich nieder und nahe dich!" (Q 96:9–19).

Dieser emotionale drohende Ton offenbart entsprechende Emotionen Gottes als Ausdruck seines Betroffenseins. Die Begegnung der Erstadressaten mit dem Koran war daher eine Begegnung mit diesem emotionalen/empathischen Gott, den sie im Klang des Korans unmittelbar erfahren haben. Man denke auch an Stellen im Koran, die Gewalt ansprechen oder sogar legitimieren. Schaut man genauer hin, wird man feststellen, dass es sich hierbei um Gottes Zugehen auf die Unterdrückten, auf diejenigen, denen Unrecht widerfahren ist, geht. Es offenbart sich ein Gott, der diesen andauernden gewaltsamen Unterdrückungen nicht mehr tatenlos zusehen kann. Im historischen Kontext gelesen offenbart sich Gottes Empathie mit den Schwachen und Leidenden und erlaubt ihnen, sich zu wehren, und zwar als Ausdruck seiner liebenden Barmherzigkeit, die sie befreien will.[131]

Im Koran offenbart sich Gott nicht losgelöst von der Geschichte Muḥammads und seiner Gemeinde. Diese ist daher konstitutiv für die koranische Offenbarung. Die Geschichte der Offenbarung Gottes liebender Barmherzigkeit und somit die Geschichte des Korans ist die Geschichte des Involviertseins Gottes im Leben der Gemeinde in Mekka und Medina im 7. Jahrhundert. Ein Involviertsein allerdings auf eine Weise, die Freiheit ermöglichen und nicht einschränken will, daher ist dieses Involviertsein Gottes ein zur Freiheit einladendes und an den Menschen appellierendes.

---

[131] Im geplanten Korankommentar wird es einen eigenen Band zum Thema Gewalt im Koran geben, in dem wir auf die historischen Gegebenheiten und Kontexte dieser koranischen Stellen ausführlich eingehen werden.

Die Geschichte des Korans zeugt zugleich von der Annahme, aber auch von der Zurückweisung dieser Einladung.

Die sich im Koran offenbarte liebende Barmherzigkeit Gottes ist also ein Ereignis, das als solches von den Erstadressaten erfahren wurde und als solches von den Rezipienten des Korans erfahren werden will. Daher ist der Koran mehr als ein Text oder ein Buch, er war, ist und bleibt ein Ereignis von Gottes liebender Barmherzigkeit, die allerdings in der Geschichte des Menschen bezeugt wird: „Im Jenseits wird Gott einen Mann fragen: ‚Ich war krank und du hast mich nicht besucht, ich war hungrig und du hast mir nichts zu essen gegeben, und ich war durstig und du hast mir nichts zu trinken gegeben.' Der Mann wird daraufhin erstaunt fragen: ‚Aber du bist Gott, wie kannst du krank, durstig oder hungrig sein?!' Da wird ihm Gott antworten: ‚Am Tag soundso war ein Bekannter von dir krank, und du hast ihn nicht besucht; hättest du ihn besucht, hättest du mich dort, bei ihm, gefunden. An einem Tag war ein Bekannter von dir hungrig, und du hast ihm nichts zum Essen gegeben, und an einem Tag war ein Bekannter von dir durstig, und du hast ihm nichts zum Trinken gegeben.'"[132] Im folgenden Kapitel möchte ich genauer auf dieses emotionale Betroffensein Gottes durch das Leid des Menschen eingehen, um anhand einiger Beispiele aus dem Koran zu zeigen, dass hier die Emotionen eines empathischen Gottes im Koran gegenwärtig werden.

3.2 Der empathische Gott des Korans

Viele muslimische Gelehrte interpretierten die koranische Rede von der Barmherzigkeit Gottes als Verwirklichung seines Willens, „die Güte zu jeder seiner Schöpfung erreichen zu lassen"[133]. Diese Position finden wir sowohl bei ašʿaritischen wie auch bei māturīditischen Gelehrten, die Gott jegliche Emotionalität abge-

---

[132] Überliefert nach Muslim, ḥadīt-Nr. 2569.

[133] Ibn ʿĀšūr, at-Taḥrīr, 170.

sprochen haben, um ihn nicht anthropomorph zu verstehen. Dazu schreibt zum Beispiel al-Bayḍāwī (gest. 1286), dass Barmherzigkeit

> „eine emotionale Neigung ist, die Mitleid und Sanftmut ausdrückt, und das sind Emotionen, die der Psyche widerfahren, Gott ist jedoch über diese [Emotionen] erhaben […] Daher sollte Gott nicht mit *ar-raḥmān* und *ar-raḥīm*, *ar-ra'ūf* (‚sanftmütig'), *al-'aṭūf* (‚bemitleidend') und *al-ġaḍab* (‚Zorn') und Ähnlichem im Sinne einer emotionalen Empfindung, die missverstanden werden könnte, beschrieben werden […] Gott wird mit diesen Attributen nur in Betracht ihrer Zweckmäßigkeiten beschrieben, diese Zwecke dürfen Gott zugeschrieben werden, und so bedeuten *ar-raḥmān* und *ar-raḥīm*, der Gütige, Großzügige durch seinen Willen (arab. *irāda*) und seinen eigenen Entschluss (arab. *iḫtiyār*)".[134]

Daher versteht al-Bayḍāwī solche Attribute, „in denen die Ursache verwendet wird, um damit jedoch das Verursachte zu meinen, metaphorisch".[135] Denn die Ursache von Barmherzigkeit seien emotionale Bewegungen, die auch Güte, Sanftmut, Mitleid usw. auslösen. Gott stehe über all diesen „menschlichen" Emotionen. Dazu schreibt auch Falaturi: „Er [Gott] ist über solche Art Gefühlswelt erhaben. Seine raḥma gilt nur als in'ām (Gabe) und als ifḍāl und iḥsān (Wohltat und Güte), ohne dass der Empfänger dies verdient oder einen Anspruch darauf hat."[136]

Weder die Aš'ariten noch die Māturīdīten oder die Mu'taziliten haben die Barmherzigkeit zu den Wesensattributen Gottes gezählt, um zu vermeiden, Gott anthropomorphe Eigenschaften zuzuschreiben. Sie haben daher Beschreibungen, die eine emotionale Konnotation haben (z.B. Liebe, Barmherzigkeit, Sanftheit, Zorn, Zufriedenheit usw.), metaphorisch gedeutet, um Gott keine Emotionen zuzuschreiben. Denn Emotionen würden bedeuten, dass Gott Veränderungen unterlegen sei (er wird z.B. zornig, nachdem er nicht zornig war, hat Mitleid bzw. wird traurig oder freut sich, nachdem er sich in anderen Zuständen befunden hat); und was sich verändert, kann nicht absolut sein. Gerade in dieser Argumentation wird der griechische Einfluss auf die islamische

[134] al-Bayḍāwī, Anwār, Bd. 1, 27.
[135] Ebd.
[136] Falaturi, Der Islam, 63f.

Theologie sichtbar. Bei der Rede von Gott handelt es sich in den klasischen Schulen sehr oft eher um das Porträt des aristotelischen statischen „unbewegten Bewegers" als um den im Koran bezeugten lebendigen personalen Gott.[137]

Ibn Taimīya und die Gelehrten, die ihm gefolgt sind, haben Gott jedoch Emotionen beigemessen, aber nicht in der Weise, wie wir Menschen sie kennen:[138]

„Gott nennt sich im Koran *ar-raḥmān* und *ar-raḥīm* und hat sich im Koran mit der Barmherzigkeit und mit der Liebe beschrieben, wie er sagte: ‚Herr! Deine Barmherzigkeit und dein Wissen kennen keine Grenzen'[139], und sagte: ‚Aber meine Barmherzigkeit kennt keine Grenzen'[140], und sagte: ‚Allah wird Leute erschaffen, die er liebt, und die ihn lieben'[141], und sagte: ‚Gott liebt die, die fromm sind'[142], und er liebt die Gütigen, er liebt die Geduldigen, er liebt, die auf seinem Weg standhaft kämpfen und ähnliche Stellen."[143]

Ibn Taimīya kritisiert „einige, die seine Liebe und Barmherzigkeit mit seinem Willen gleichgesetzt haben, und bestritten haben, dass er Attribute besitzt wie Liebe, Zufriedenheit, Barmherzigkeit und Zorn, die verschieden von seinem Willen sind".[144] Dann fragt Ibn Taimīya seinen fiktiven Gesprächspartner:

„Warum hast du ihm einen richtigen Willen und dass er wirklich will zugeschrieben, verneinst jedoch die Existenz richtiger Liebe und Barmherzigkeit und Ähnliches? Wenn er nun sagt: ‚Weil diese Zuschreibung zu anthro-

---

[137] Manuel Schmidt macht in seiner noch nicht veröffentlichten Dissertation zum Thema Open Theism auf ähnliche Entwicklungen im Christentum aufmerksam, vgl. Gregory Boyd, Trinity and Process, New York u.a. 1992, 200; vgl. ders., God of the Possible: A Biblical Introduction to the Open View of God, Grand Rapids 2000, 131; und – übereinstimmend mit Boyd – die Ausführungen Pinnocks zu den theologisch weitreichenden Konsequenzen der Vorstellung Gottes als actus purus in: Clark Pinnock, Most Moved Mover: A Theology of God's Openness, Grand Rapids 2001, 117.

[138] Vgl. Taqī ad-Dīn Ibn Taimīya, Šarḥ al-aṣfahānīya, Riad 1995, 25f.

[139] Q 40:7.

[140] Q 7:156.

[141] Q 5:54.

[142] Q 9:4.

[143] Ibn Taimīya, Šarḥ al-aṣfahānīya, 25.

[144] Ebd., 26.

pomorphen Aussagen führt, weil die Barmherzigkeit eine Art Sanftmut im Geschöpf und Gott erhaben über die Attribute seiner Geschöpfe sei', wird erwidert: ‚Und so sagt derjenige, der den Willen bestreitet, dass der uns bekannte Wille eine Neigung des Menschen zu dem, was ihm guttut und nicht schadet, bedeutet, und Gott darüber erhaben ist, dass er seine Diener braucht, sie können ihm weder nutzen noch schaden.' Wenn du nun sagst: ‚Der Wille, den wir Gott zuschreiben, ist mit der Natur des Willens des Menschen nicht identisch' [...], wird dir gesagt: ‚So auch die Barmherzigkeit und die Liebe, die wir Gott zuschreiben, beide sind nicht von der Natur der Barmherzigkeit und der Liebe der Geschöpfe', wenn du aber dann sagst: ‚Ich begreife nur diese Form der Barmherzigkeit und der Liebe', sagen dir die Verneiner [des Willens]: ‚Und wir begreifen auch nur diese Form des Willens'. Es ist jedem Vernünftigen offensichtlich, dass unser Wille, unsere Liebe und unsere Barmherzigkeit in Bezug zu uns anders sind als sein Wille, seine Liebe und seine Barmherzigkeit in Bezug zu ihm."[145]

Ibn Taimīya ist davon überzeugt: Wenn wir Gott das eine oder andere Attribut zuschreiben, mit dem er sich selbst beschreibt, dann gibt es keinen Grund für eine Selektion, indem wir andere Attribute, mit denen er sich selbst beschreibt, nicht als solche anerkennen. „Dafür gäbe es weder überlieferte noch rationale Begründungen".[146] Ibn Taimīya argumentiert weiter, dass Gott für die Menschen viele Zeichen und Spuren seiner Barmherzigkeit erfahrbar gemacht hat. So hat er die Menschen erschaffen, sie versorgt, ihnen alles, was in den Himmeln und auf der Erde ist, dienstbar gemacht usw.[147] Ibn Taimīya schreibt also die Barmherzigkeit Gottes, ähnlich wie dessen Willen und alle weiteren Attribute, dem Wesen Gottes direkt zu. Entscheidend ist darüber hinaus der Stellenwert der Barmherzigkeit Gottes, die von Ibn Taimīya besonders gewürdigt wird, denn „die Existenz der Güte und Barmherzigkeit bedingt die Existenz von der Allmacht (arab. *qudra*) und dem freien Entschluss Gottes (arab. *mašī'a*) und nicht umgekehrt".[148] Damit sagt Ibn Taimīya, dass die Barmherzigkeit Gottes nicht seiner Allmacht bzw. seinem freien Entschluss unterliege, sondern umgekehrt, denn er handelt nur barmherzig und

---

[145] Ebd.
[146] Ebd.
[147] Vgl. ebd., 27.
[148] Ebd.

entscheidet sich nur für die Barmherzigkeit, nicht jedoch für die Unbarmherzigkeit. Man darf Gott nicht als unbarmherzig bezeichnen. Gott handelt barmherzig, weil er barmherzig ist und nicht umgekehrt: Er ist barmherzig, weil er allmächtig ist. Seine Allmacht setzt er ein, um seine Barmherzigkeit zum Ausdruck zu bringen. Er entscheidet sich für das Barmherzige, weil er barmherzig ist und nicht umgekehrt: Er sei barmherzig, weil er sich frei entscheiden kann.[149]

---

149 Diese Ausführungen Ibn Taimīyas zum Begriff der Allmacht Gottes können im Sinne des neuzeitlichen Freiheitsdenkens weitergedacht werden. Denn die Gott-Mensch-Beziehung als Liebesbeziehung und somit als Freiheitsbeziehung aufzufassen, hat Konsequenzen für eine neue Bestimmung des Allmacht-Begriffs: Kierkegaard definiert Allmacht wie folgt: „Das Höchste, das überhaupt für ein Wesen getan werden kann, höher als alles, wozu einer es machen kann, ist dies: es frei zu machen. Eben dazu, dies tun zu können, gehört Allmacht." (vgl. Søren Kierkegaard, Eine literarische Anzeige. Übers. v. Emanuel Hirsch, Düsseldorf 1954 (Gesammelte Werke; 17, 124) Allmacht ist dieser Konzeption zufolge also mehr als unbegrenztes „Alles-logisch-Mögliche-tun-Können". Klaus von Stosch schreibt dazu: „Recht verstandene Allmacht kann keine alles beherrschende und kontrollierende Super-Macht sein, sondern zeichnet sich gerade durch die Erschaffung von Wesen aus, die selber mächtig sind und aus dieser gewährten Macht heraus in ein Freiheitsverhältnis zu ihrem Schöpfer eintreten können. Wird die Allmacht aber gedacht als Macht des Hervorbringens des von sich Unabhängigen, die zugleich die Macht hat, dieses Unabhängige für sich zu gewinnen, kann Allmacht nur noch als Liebe bestimmt werden. Denn allein die Liebe vermag Macht freizusetzen und in der Freisetzung für sich zu gewinnen. Gerade eine Liebe, die rückhaltloses Vertrauen verdient, weil sie eben reine Liebe ist. Nur in der Liebe kann gedacht werden, dass die Hingabe und Selbstpreisgabe als Macht erfahrbar wird, die eben jede andere Macht positiv überbietet, weil sie das von sich Unabhängige noch einmal für sich zu gewinnen vermag." (Klaus von Stosch, Allmacht als Liebe denken. Zur Verteidigung einer theologischen Grunderkenntnis neuerer Theologie. In: Thomas Marschler/Thomas Schärtl (Hg.), Eigenschaften Gottes, Ein Gespräch zwischen systemtischer Theologie und analytischer Philosophie, Münster 2015, 251 ff.) Liebe ist deswegen, wie Jürgen Werbick dies expliziert, „die Macht, über die hinaus eine größere, bessere Macht gar nicht gedacht werden kann." (Jürgen Werbick, Gott verbindlich. Eine theologische Gotteslehre, Freiburg 2007, 407) Man kann eben nichts Größeres und nichts Mächtigeres denken als die Fähigkeit, ein Gegenüber zu völliger Eigenständigkeit zu ermächtigen (vgl. Pröpper, Art. Allmacht Gottes. In: LThK 1 (1993), 412–417, hier 416: „Da Größeres nicht denkbar ist als eine

Das Attribut der Barmherzigkeit besitzt dieselbe Eigenschaft wie die Wesensattribute Gottes. Gott darf nämlich mit ihm, jedoch nicht mit seinem Gegenteil beschrieben werden.

„Wenn aber argumentiert wird: ‚Wir verneinen die Barmherzigkeit, die Liebe, die Zufriedenheit und den Zorn und ähnliche Attribute, da es nicht vorstellbar ist, dass diese eine wahre Existenz, die Gott gerecht wird, außerhalb seines Willens haben […]', wird gesagt, dass dies ungültig ist, denn sowohl der Koran als auch die Sunna und der Konsens sowie die rationalen Argumente verdeutlichen den Unterschied."[150]

Ibn Taimīya führt in der Folge einige koranische Verse an, in denen Gott sagt, dass er Handlungen an sich unabhängig von den Handelnden selbst bevorzugt (wie Dankbarkeit) bzw. ablehnt (wie Leugnen). Wenn die Barmherzigkeit Gottes auf seinen Willen zurückgeführt wird, dann bleibt allerdings die Frage nach dem „Motiv" Gottes, das Gütige und Barmherzige zu wollen. Die Rückführung dieses „Motivs" auf Gottes Barmherzigkeit als Wesensattribut eröffnet eine Perspektive, in der die Barmherzigkeit Gottes den unbedingten Anfang jeglicher Handlungseigenschaft bedeutet.

Ibn Taimīya geht auch auf den koranischen Vers 5:54 „Er liebt sie und sie lieben ihn" ein und kritisiert dabei diejenigen Gelehrten, welche die Liebe Gottes lediglich im Sinne seines Willens, gütig zu sein, interpretieren.[151] Er schreibt dazu: „Er, der Erhabene liebt, was er geboten hat, und liebt seine gläubigen Diener. Das ist die Position der Altvorderen und die der vorbildlichen Gelehrten."[152] An einer anderen Stelle schreibt er: „Liebe als Eigenschaft gehört zu der Vollkommenheit Gottes. Sie bildet den Kern und die Wurzel des Willens […]. Daher ist die Erschaffung seiner

---

Liebe, die andere Freiheit will u[nd] zu ihren Gunsten, ohne vernichtet zu sein, auf ihre tötende Negation eingeht, kann erst solche Liebe als wahrhafte A[llmacht] gelten"). Dieser Machtbegriff ist ein dialogischer, der das Wirken Gottes in der Welt ausschließlich mit Mitteln der Liebe begründet sieht.

[150] Ibn Taimīya, Šarḥ al-aṣfahānīya, 29.

[151] Zum Beispiel schreibt an-Nasafī zur Bedeutung der Liebe Gottes in Q 5:54: „Er ist mit ihren Taten zufrieden und belohnt sie dafür". An-Nasafī, Madārik, Bd. 1, 270.

[152] Ibn Taimīya, Šarḥ al-aṣfahānīya, 27.

Kreaturen aus einer von ihm gewollten geliebten Weisheit (Veranlassung) erfolgt."[153]

Gottes Liebe kann allerdings nicht als Wesensmerkmal Gottes gesehen werden in dem Sinne, dass Gott bedingungslos liebt, denn „Gott liebt die, die fromm sind"[154], „diejenigen, die geduldig sind"[155], „die gerecht handeln"[156] und „die Rechtschaffenen"[157] usw. Er liebt aber nicht „die Leugner"[158], „wer eingebildet und prahlerisch ist"[159], „der ein Verräter und Sünder ist"[160] und „die Frevler".[161] Seine Liebe ist wie seine Barmherzigkeit als Ausdruck von *raḥīm* (Vergebung) eine Handlung, die relativ ist. Er vergibt nicht alle Sünden bedingungslos, er liebt auch nicht alles und jeden. Er ist aber wohl bedingungslos zu allem und zu jedem barmherzig als Ausdruck von *ar-raḥmān.* Die „Barmherzigkeit Gottes *(raḥma)* hingegen bleibt in ihrer Absolutheit bestehen. Sie kommt nicht in einer negativen Form vor. Es gibt im Koran keine Aussage ‚lā yarḥamu l-llāhu', d. h. die Aussage: ‚Gott übt mit dem und dem keine Barmherzigkeit'. Seine Barmherzigkeit kennt doch keine Grenzen."[162]

Zur Barmherzigkeit macht der Gelehrte al-Māturīdī (gest. 941) eine wichtige Bemerkung: Gott erbarme sich nicht „durch eine erschaffene Barmherzigkeit. Denn es kann nicht sein, dass er am Anfang der Schöpfung nicht barmherzig war, bis er die Barmherzigkeit erschaffen hat."[163]Auffällig dabei ist, dass al-Māturīdī immer vom Attribut *ar-raḥīm* spricht, wobei hier der Eindruck entsteht, dass *ar-raḥmān* und *ar-raḥīm* als Synonyme verwendet werden. Als al-Māturīdī von den Namen (nicht von den Attribu-

153 Ibn Taimīya, Minhāǧ as-sunna an-nabawīya, hg. v. Muḥammad Sālim, Bd. 3, Bulāq 1904, 100.
154 Q 3:76, 9:4 und 9:7.
155 Q 3:146.
156 Q 5:42 sowie 49:9 und 60:8.
157 Q 2:195, 3:134, 3:148, 5:13 und 5:93.
158 Q 3:32.
159 Q 4:36, 31:18 und 57:23.
160 Q 4:107, 8:58 und 22:38.
161 Q 3:57 und 3:140.
162 Falaturi, Islam, 88.
163 al-Māturīdī, Ta'wīlāt ahl as-sunna. Bd. 1, 128 f.

ten) Gottes spricht, zählt er *ar-raḥmān* zu den Wesensnamen Gottes (arab. *asmāʾ aḏ-ḏāt*) neben *allāh*, *al-wāḥid* (dtsch. der Einzige), *al-mawǧūd* (dtsch. der Existierende), *al-qadīm* (dtsch. der Ewige) usw.[164]

Ibn ʿĀšūr begründet die Erwähnung von *ar-raḥmān* vor *ar-raḥīm* im Koran, wie dies zum Beispiel in der ersten Sure vorkommt, damit, dass „ein Attribut, das eine Wesenseigenschaft Gottes betrifft, höhere Priorität in der Nennung erhielt als ein Attribut, das Referenzgegenstände benötigt, da sich Letzeres [erst durch die Schöpfung entfaltet, wie *ar-raḥīm* im Sinne von Erbarmen]“[165]. Darin ist ein Hinweis Ibn ʿĀšūrs zu finden, dass er die Barmherzigkeit als Wesensattribut Gottes würdigt, auch wenn er nicht explizit darauf eingeht.

Die Barmherzigkeit als Wesensattribut Gottes impliziert, wie schon oben erwähnt, dass sich Gott auf den Menschen einlässt und sich ihm selbst als Ausdruck seines Wesens, als liebende Barmherzigkeit offenbart. Nun könnte man an dieser Stelle einwenden, dass durch die Beziehung Gottes zum Menschen eine Relationalität in Gott entsteht, die vorher nicht vorhanden war, und somit wäre Gott doch auf diese „neu entstandene“ Relationalität angewiesen, um sich zu vervollkommnen. Ich möchte im Rahmen dieser Ausführungen über den Koran nicht auf die Ontologie Gottes eingehen. Es sei hier nur so viel angedeutet: Diese Öffnung Gottes, die eine bedingungslose Zuwendung Gottes dem Menschen gegenüber darstellt, besteht auch unabhängig vom Menschen, da Gott durch die vielen Wesensattribute in ihm, die der Koran ausführlich benennt, Relationalität in sich trägt. Wenn zum Beispiel Gott nach der klassischen aš'aritischen wie māturīdītischen Schule allwissend ist und seine Allwissenheit eine Wesenseigenschaft Gottes darstellt, dann steht Gott in ontologischer Beziehung zu diesem Wissen. Ähnliches gilt für weitere Wesenseigenschaften Gottes wie sein Sehen und Hören. Dadurch dass Gott eine Beziehung zum Menschen eingeht, entsteht keine neue Relationalität in Gott. Die verschiedenen Wesenseigenschaf-

---

[164] Vgl. ebd., 129.

[165] Ibn ʿĀšūr, at-Taḥrīr, 172.

ten Gottes, die der Koran beschreibt, drücken die Vollkommenheit Gottes nicht in dem Sinne aus, dass es in Gott keine nicht realisierten Möglichkeiten gibt, sondern sind Ausdruck maximaler Potentialität in Gott, und darin besteht auch seine Vollkommenheit.[166] Maximale Potentialität in Gott bedeutet unendliche Möglichkeiten, die sich realisieren könnten. Auch die klassischen islamischen Schulen, wie die Ašʿariten und die Māturīditen sprechen von den Wesenseigenschaften Gottes als Potentialitäten in Gott, die sich erst mit der Schöpfung entfalten (arab. *mutaʿalliqāt*). Die Aktualisierung einer Potentialität bedeutet Dynamik und Veränderung. Die Eigenschaft der *takwīn* (die achte Wesenseigenschaft Gottes bei den Māturīditen) zum Beispiel aktualisiert sich in jedem Akt der Schöpfung. Die Schöpfung ist nicht ewig, das heißt, es gibt ein „vor" und ein „nach" der Schöpfung und somit eine zeitliche Dimension in Gott. Dies war auch den klassischen Gelehrten klar, weshalb sie zwischen den Wesenseigenschaften und den Tatattributen Gottes differenzieren.

In der folgenden Fokussierung auf den Koran soll exemplarisch gezeigt werden, dass dieser durch und durch eine Selbstoffenbarung göttlicher Emotionen darstellt, genauer gesagt der Emotionen, welche die Menschen mitnehmen und bewegen wollen. Der Koran beschreibt diejenigen, die sich auf ihn und damit auf die Begegnung mit Gott einlassen: „Und sie werfen sich nieder auf ihr Kinn, weinend. Und vermehrt wird ihre Demut." (Q 17:109) Sie weinen, weil Gott ihre Herzen berührt hat. Sie weinen, weil das Herz überwältigt ist von der Begegnung mit der unendlichen göttlichen liebenden Barmherzigkeit, die sich im Koran offenbart. Und so findet religiöse Erkenntnis ihren Ausdruck im Pulsieren des Herzens, in der Demut des Menschen.

Der Koran charakterisiert Gott als ein Wesen, das in personaler Weise dem Menschen unbedingt zugewandt ist. Gott gibt sich im Koran als der zu erkennen, der an der Seite des Menschen steht und sich für den Menschen interessiert, der sich für ihn und mit ihm freut und die Sorge des Menschen trägt. Von daher liegt auch in koranischer Perspektive der Gedanke nahe, dass Gott die Lei-

166 Vgl. Boyd, Trinity and Process, 196 ff.

den der Menschen betroffen machen. In Sure 93 werden Muḥammad und mit ihm alle Frommen getröstet:

> „Dein Herr hat dich nicht aufgegeben noch verschmäht […]. Dein Herr wird dir geben, dass du zufrieden bist. Hat er dich nicht als Waise gefunden und Zuflucht gewährt? Hat er dich nicht als Armen gefunden und reich gemacht? Die Waise also bedrücke nicht! Den Bettler also schelte nicht!" (Q 93:3.5–10)

Diese tröstende Botschaft an Muḥammad geht auch in der nächsten Sure 94 weiter:

> „Haben wir dir nicht die Brust geweitet, dir nicht abgenommen deine Last, die schwer auf deinem Rücken lag, und haben wir nicht deinen Ruf erhöht? Darum siehe, mit dem Schweren kommt auch Leichtes. Wenn du frei bist, dann bemühe dich und richte dein Begehren auf deinen Herrn!" (Q 94:1–8)

Gott stellt sich hier in seiner Sorge um Muḥammad vor. Er bemüht sich um seine Bedürfnisse und Nöte und lässt sich umgekehrt von ihm Kummer bereiten; d.h. er zeigt Emotionen gegenüber seinem Geschöpf.

Dieses Verhältnis prägt auch spätere Suren des Korans. So hat Gott immer wieder mit seinen Gesandten Mitgefühl und sagt beispielsweise zu Muḥammad. „Doch vielleicht wirst du, ihnen folgend, niedergeschlagen sein, wenn sie an die Geschichte, die hier folgt, nicht glauben." (Q 18:6). Gott versucht Muḥammad hier zu trösten und sein Tun neu auszurichten. An anderer Stelle heißt es:

> „Nur die streiten über Gottes Zeichen, die ungläubig sind. So möge dich nicht täuschen, dass sie im Land umherziehen. Geleugnet hatte schon vor ihnen das Volk von Noah, nach ihnen dann die Völkerschaften. Jegliche Gemeinschaft trachtete danach, ihren Gesandten zu ergreifen, und sie stritten mit Trug, um damit die Wahrheit zu entkräften. Da ergriff ich sie. Wie war da meine Strafe." (Q 40:4f.)

Auch als der Prophet Muḥammad seine Heimat Mekka, aus der er vertrieben wurde, vermisst und sich wünscht, dass sich die Gebetsrichtung nach Mekka ändert, begegnet uns im Koran ein empathischer Gott: „Wohl sehen wir, wie du dein Angesicht gen Himmel hin- und herbewegst. So wollen wir dir eine Richtung geben, die dein Gefallen findet. So wende nun dein Angesicht zur heiligen Anbetungsstätte!" (Q 2:144).

Es ist Gott wichtig, dass nicht nur er mit seinem Gesandten zufrieden ist, sondern dieser auch mit ihm (vgl. Q 93:5). Diese grundlegende Beobachtung lässt sich insgesamt auf das Verhältnis von Gott und Mensch ausweiten – gerade wenn man die eschatologische Bestimmung des Menschen in den Blick nimmt. Denn an den vier Stellen im Koran, in denen es heißt, dass Gott mit den aufrichtig Handelnden zufrieden ist, heißt es weiter: „Gott hat an ihnen Wohlgefallen und sie an ihm." (vgl. Q 5:119; 9:100; 58:22; 98:8). Auch wenn hier erst einmal ein eschatologischer Kontext aufgerufen wird, zeichnet der Koran ein Bild von einem Gott, dem die menschlichen Bedürfnisse wichtig sind und der darauf Wert legt, dass auch die Menschen mit ihm zufrieden sind. Wenn dies aus koranischer Sicht auch eine paradiesische Erwartung für das Gott-Mensch-Verhältnis ist, so darf man doch annehmen, dass Gott auch schon im Diesseits an den menschlichen Nöten und Sorgen gelegen ist und die Menschen zufrieden machen will. Jedenfalls ist an keiner Stelle im Koran die Rede davon, dass alleine Gott mit den Menschen zufrieden sein soll, ohne dass erwähnt wird, dass auch sie mit ihm zufrieden sein sollen.

Zudem wird Gott nicht müde, mit denjenigen zu hadern, die die Zeichen Gottes zurückweisen und nicht annehmen wollen. Wir können hier nur exemplarisch auf einige koranische Stellen verweisen, die deutlich machen, dass es Gott nicht gleichgültig ist, ob seine Worte angenommen werden oder nicht. Sure 53 appelliert zum Beispiel mit ermahnendem Ton an einen Mekkaner[167], der die Verkündigung Muḥammads zurückgewiesen hat. Diese Ermahnung beginnt mit einer rhetorischen Frage an Muḥammad: „Sahst du denn den nicht, der sich abgewandt und wenig gab und geizte? (Q 53:33 f.). Dieser wird nun an die eschatologischen Konsequenzen seiner Handlungen erinnert:

> „oder bekam er keine Kunde von dem, was in den Blättern Moses steht […]. Dass eine lasttragende Seele nicht die Last einer anderen trägt und dass dem Menschen nur das zuteil wird, wonach er strebte, und dass sein Streben schließlich sichtbar wird und ihm dann in vollem Maß vergolten wird?

---

[167] Die muslimischen Exegeten nennen hier al-Walīd b. al-Muġīra als Adressaten dieser Ermahnung (vgl. z. B. aṭ-Ṭabarī, Ǧāmiʿ al-bayān, Bd. 22, 71 f.).

Und dass zu deinem Herrn der Dinge Ausgang ist, dass *er* es ist, der lachen lässt und weinen, dass *er* es ist, der sterben lässt und lebendig macht [...] Ja, welche Gnadengaben deines Herrn willst du denn leugnen?" (Q 53:36 ff.)

Man kann aus dieser Reaktion des Korans auf die Zurückweisung des Angebots Gottes zwar kein unmittelbares Zeugnis für das Leiden Gottes ableiten, aber diese Reaktion und vor allem die Emotionen, die hier zutage treten, zeigen doch, dass wir im Koran keinem gleichgültigen Gott begegnen, den es unberührt lässt, wie sich die Menschen zu seinem Wort verhalten. Die göttlichen Zeichen (arab. *āyāt*), mit denen die Menschen zu Gott gerufen werden, sind Ausdruck göttlicher Emotionalität, die der Koran mit der Milde und Barmherzigkeit Gottes beschreibt, um die Menschen auf den Weg Gottes zu bringen: „Er ist es, der auf seinen Knecht klare Verse herniedersandte, um euch herauszuführen aus der Finsternis zum Licht. Siehe, Gott ist zu euch wahrhaft gütig, barmherzig." (Q 57:9) Eben diese Barmherzigkeit hatten wir weiter oben als eine Macht in Gott bestimmt, die sein Innerstes in Mitleidenschaft zieht und so Gottes Präsenz in der Not der Gottferne deutlich macht. Und wenn es um die Armen und Bedürftigen geht, dann identifiziert sich Gott mit ihrem Leid, er bittet sogar für sich selbst um eine Spende bzw. ein Darlehen:

„Wer ist es, der Gott ein schönes Darlehen gibt, damit er es ihm bestimmt. Reicher Lohn ist ihm verdoppele? Reicher Lohn ist ihm bestimmt. Siehe, die Frauen und die Männer, die Almosen geben und Gott ein schönes Darlehen gewährten, denen wird doppelt gegeben, und ihnen ist reicher Lohn bestimmt." (Q 57:11 und 18)[168]

Dies erklärt die sich im Koran wiederholende ermahnende Botschaft, gütig zu den Waisen und Bedürftigen zu sein (vgl. Q 93:9–10; 89:17–18). Wer die Waisen zurückstößt und nicht zur Speisung des Armen anhält, der glaube nicht an die Begegnung mit Gott (vgl. Q 107:1–3). Auch im Koran gibt es also Indizien dafür, dass wir Gott vor allem im Leidenden und im Bedürftigen

[168] Diese Identifikation Gottes mit den Armen und Bedürftigen erinnert an den oben zitierten ḥadīt, in dem Muḥammad erzählt: „Im Jenseits wird Gott einen Mann fragen: ‚Ich war krank und du hast mich nicht besucht ...'" (überliefert nach Muslim, ḥadīṯ-Nr. 2569).

begegnen. Schauen wir uns zum Beispiel den historischen Kontext der gerade angesprochenen Sure Q 107 an. Ibn Ǧuraiǧ erzählt: „Abū Sufyān b. Ḥarb [er war sehr vermögend, Vf.] hat jede Woche zwei Kamele [für seine Gäste, Vf.] schlachten lassen. Ein Waisenkind kam eines Tages zu ihm und bat ihn um etwas zu Essen. Abū Sufyān jagte es mit einem Stock hinaus, daraufhin wurde diese Sure verkündet.“[169] Diese ermahnende Sure beginnt mit einer rhetorischen Frage an Muḥammad: „Was meinst du von dem, der das jenseitige Gericht leugnet? Das ist der, der die Waise zurückstößt und nicht zur Speisung des Armen anhält. Weh den Betenden, die bei ihrem Gebet achtlos sind, gesehen werden wollen und Unterstützung verwehren!“ Hier zeigt sich ein betroffener Gott, der durch die ermahnenden Worte seine Wut über solche Form der Gleichgültigkeit gegenüber einem Waisenkind zum Ausdruck bringt.

Die Zurückweisung des Wort Gottes lässt Gott nicht unberührt, der Koran beschreibt dies als einen Akt der Kränkung Gottes und seines Propheten: „Siehe, die Gott und seinen Gesandten schmähen, die wird Gott im Diesseits und im Jenseits verfluchen. Erniedrigende Strafe hält er für sie bereit.“ (Q 33:57) Diese drohende Strafe ist als Ausdruck der Verletztheit Gottes zu verstehen. Gott lässt sich treffen von der Ablehnung des Menschen. Sie tut ihm weh.

Oft achten wir in unserer Koranlektüre nur auf die Drohungen, die der Koran in diesen Zusammenhängen ausspricht. Aber diese immer wiederkehrenden Drohungen sind als Ausdruck dafür zu verstehen, dass es Gott nicht gleichgültig ist, ob die Menschen seine Zusage annehmen oder nicht. Gott weiß, was wir tun (Q 63:11), und ruft die Menschen zur Umkehr (Q 63:5). Den Menschen, die sich ihm nicht anvertrauen wollen, droht er mit Vergeltung und erinnert sie daran, dass alle Macht bei ihm liegt (Q 63:8). Sie werden daher dazu aufgefordert, Gott zu gedenken und Almosen zu geben (Q 63:9 f.). Betrachtet man die literarische

---

169 Abū l-Ḥasan ʿAlī b. Aḥmad al-Wāhidī, Asbāb an-nuzūl al-Qurʾān, hg. v. Kamāl Basyūnī Zaġlūl, Beirut 1991, 493.

Funktion solcher Verse, dann wird deutlich, dass sie den Menschen zur Umkehr bewegen wollen. Diese Umkehr sucht der Verkünder des Korans auch der Analyse Karen Bauers zufolge durch die Schilderung von Emotionen zu bewirken. Die hier verwendeten *emotional plots* „stellen eine spezifische Serie von Emotionen dar, die die Hörer von einem emotionalen Status in einen anderen emotionalen Status versetzen und so eine emotionale Transformation erzielen".[170] Zwei dieser Plots, welche von Bauer anhand mehrerer Beispiele definiert werden, sind zum einen der Plot, „der von Angst zur Barmherzigkeit [...] übergeht", und zum anderen der Plot, „der mit arrogantem Verhalten [...] oder anderen Emotionen beginnt und in Zerstörung oder Verdammnis endet". Dabei beschreibt „der emotionale Plot [...] den Bogen der Gefühle, den der Gläubige durchläuft, der mit Verdammung bedroht und dem eine große Belohnung versprochen wird, während er ermahnt wird, die richtigen Dinge zu tun".[171]

Die drastischen Strafen, mit denen Gott immer wieder droht, dürfen also nicht als Ausdruck von Gottes Brutalität und Gewaltbereitschaft gelesen werden, sondern zeigen die Radikalität und Ernsthaftigkeit seiner Bemühungen um den Menschen. Sie sollen den von Gott abgewandten Menschen nicht verdammen, sondern ihn eindringlich zu einem anderen Lebenswandel rufen – einem Lebenswandel, der Gott ins Zentrum rückt und auf dieser Basis solidarisch mit den Menschen ist, die unsere Hilfe brauchen. In diesem Sinne interpretiert al-Ġazālī das im Koran beschriebene Paradies bzw. die Hölle. Die endgültige Glückseligkeit (den wahren paradiesischen Zustand) sieht er in der Nähe zu Gott, also in dem Gelangen in seine Gegenwart: „Die jenseitige Seligkeit besteht nämlich in der Nähe zu Gott und im Schauen auf sein Antlitz."[172] Hingegen sei der wahre Zustand der Hölle die Trennung von Gott. Al-Ġazālī (gest. 1111) spricht vom „Feuer der Tren-

---

[170] Karen Bauer, Emotion in the Qur'an: An overview. In: Journal of Qur'anic Studies 19 (2017), 1–30, hier 17.

[171] Ebd., 17 f.

[172] Richard Gramlich, Muḥammad Al-Gazzalis Lehre von den Stufen zur Gottesliebe. Die Bücher 31–36 seines Hauptwerkes eingeleitet, übersetzt und kommentiert, Wiesbaden 1984, 67.

nung".[173] Die koranischen Bilder von Paradies und Höllenstrafen stellen für al-Ġazālī Gleichnisse dar, die diese beiden Zustände der Nähe bzw. Ferne von Gott beschreiben wollen: „Doch ist es undenkbar, dass man die Wesenswelt [das Jenseits] in der Erdenwelt anders erklären könnte als durch Gleichnisse. Darum sprach Gott: ‚Gleichnisse wie diese prägen wir für die Menschen, doch nur die Wissenden begreifen sie.' (Q 29:43)"[174] Nach diesem Verständnis al-Ġazālīs beginnt die Hölle als Zustand schon hier auf der Erde, wenn sich der Mensch für Hass und Hochmut und gegen Liebe und Barmherzigkeit entscheidet.

Der Koran spricht an vielen Stellen von positiven wie negativen göttlichen Emotionen: So liebt Gott nicht die Leugner (Q 3:32), die widerrechtlich handeln (Q 2:190), er liebt nicht die Hochmütigen (Q 4:36), die Verräter (Q 8:58) und die Unheilstifter (Q 28:77). All diese Verse bringen zum Ausdruck, dass Gott bestimmte Handlungen des Menschen nicht gutheißt und die Menschen, die diese Handlungen tun, nicht liebt. Seine Liebe findet offenbar ihre Grenze an der menschlichen Ablehnung. Daraus folgt keine Begrenzung Gottes oder seiner Liebe, sondern nur der Selbstausschluss des Menschen von dieser Liebe, den Gott in diesem Sich-Verschließen nicht liebt. Gott überschüttet den Menschen nicht blind mit seiner Liebe, sondern kommt ihm dialogbereit und einladend entgegen.[175]

Dazu passt, dass der Koran bezeugt, dass Gott die Gütigen liebt (Q 2:195). Gott liebt diejenigen, die Reue zeigen und sich läutern (Q 2:222), die Frommen (Q 3:76), die Gerechtigkeit üben (Q 5:42). Damit ist nicht gemeint, dass Menschen sich die Liebe Gottes verdienen könnten oder müssten. Aber es wird deutlich, dass Gott in ein wechselseitiges Freiheits- und Liebesverhältnis zum Menschen eintreten will. Es wurde bereits weiter oben versucht, diesen Umstand vom koranischen Vers „Er liebt sie und sie lieben ihn" (Q 5:54) herzuleiten. Der Gelehrte Ibn Taimīya nutzt, wie wir oben gezeigt haben, ebenfalls diesen Vers, um diejenigen

173 Ebd.

174 Ebd., 62 f.

175 Vgl. Bauer, Emotion in the Qur'an, 10.

Theologen zu kritisieren, die die Liebe Gottes lediglich im Sinne seines Willens, gütig zu sein, interpretieren. Es geht also auch dieser – des Modernismus unverdächtigen – Positionierung darum, dass Gott wirklich liebt.

Liebe ist also nicht nur koranisch, sondern auch in der korantreuen Theologie Ausgangspunkt der göttlichen Zugewandtheit und seiner Freiheitsbeziehung zum Menschen. Der Koran erklärt: Gott ist nah, er erhört den Ruf der Rufenden (Q 2:186) und er begleitet die Menschen überall im Hier und Jetzt (Q 57:4). Als Moses und Aaron ihre Ängste vor der Begegnung mit dem Pharao geäußert haben, sprach ein empathischer und mitfühlender Gott zu ihnen, um ihnen Mut zu machen: „Fürchtet euch nicht! Siehe, ich bin mit euch, ich höre, und ich sehe." (Q 20:46) Das Leiden des Menschen ist Gott eben nicht gleichgültig (Q 4:28). Er weiß um die Schwächen des Menschen und ist deswegen stets bereit, ihn auf seinem Weg zu unterstützen.

Zugleich führt diese Unterstützung nicht zur Entmündigung des Menschen und entlässt ihn nicht aus seiner Verantwortung. Wie bereits begründet wurde, schenkt Gott dem Menschen die Freiheit; er hat sich selbst dazu bestimmt, sich von den Menschen bestimmen zu lassen, und so riskiert er eine offene Geschichte mit ihnen. Entsprechend bindet er die Verwirklichung seines guten Willens an das Mittun der Menschen und lädt sie so ein, zu Mittätern seines guten Willens zu werden. „Siehe, Gott ändert an seinem Volke nichts, ehe *sie* nicht ändern, was in ihren Seelen ist." (Q 13:11)

Gott und Mensch befinden sich also in einem dialogischen Verhältnis, und Gott erweist sich als ein Gott, der auf die Anliegen der Menschen reagiert und sie beständig wirkmächtig begleitet: „Ihn bittet, wer in den Himmeln und auf Erden ist. Jeden Tag ist er am Wirken." (Q 55:29) Als das Gebot zum Fasten im Monat Ramadan in Q 2:183 verkündet wurde, beschäftigten sich die beiden darauffolgenden Verse sofort mit der Frage nach den Kranken und denen, die aus gesundheitlichen Gründen nicht in der Lage sind zu fasten bzw. denen dies schwer fällt, um sie alle vom Fastengebot zu befreien. Im Anschluss zeigt sich die Sorge eines empathischen Gottes, der unterstreicht, dass er nicht dahingehend missverstanden werden will, dass mit dem Fastengebot eine Erschwernis für den Menschen gemeint ist: „Gott will für euch das Leichte und nicht das Schwere“ (Q 2:185). Danach folgt in Vers 186 die Betonung der Nähe Gottes: „Wenn dich meine Diener nach mir fragen – ich bin nahe. Ich antworte dem Ruf des Rufenden, wenn er zu mir ruft.“ Und als in der fünften Sure die Gläubigen an das Gebot zum Beten und an die Gebetswaschung erinnert werden, führt der Koran im selben Vers Alternativen für Kranke, Reisende und andere auf, die nur schwer Zugang zu Wasser haben. Am Ende des Verses zeigt sich das Bild eines empathischen Gottes, der viel Verständnis für die angesprochenen Umstände hat und sich beinahe entschuldigend erklärt: „Gott will nicht, dass er etwas Anstößiges für euch macht, sondern er will euch reinigen und seine Gnade an euch vollenden, vielleicht seid ihr ja dankbar.“ (Q 5:6)

Diese koranischen Befunde decken sich auch mit dem Bild, das der Prophet Muḥammad in seiner Verkündigung vermittelte – eben das Bild eines personalen Gottes, der sich vom Menschen emotional bewegen lässt. Auch wenn der Mensch sündigt, bleibt Gott ihm zugewandt; denn seine Barmherzigkeit ist bedingungslos und absolut. Nur der Mensch kann durch sein Sich-Verschließen dieser Barmherzigkeit gegenüber deren Realisierung verhindern. Deshalb sagt der Prophet Muḥammad: „Gott streckt Arme der Liebe und Vergebung in der Nacht für diejenigen aus, die am Tag gesündigt haben, und er streckt Arme der Liebe und Vergebung am Tag für diejenigen aus, die in der Nacht gesündigt haben“.[176] Dieses Bild eines barmherzigen Gott, der dem Menschen Hoffnung machen will, korrespondiert mit dem Bild Gottes, das auch im Koran begegnet, wenn es dort heißt: „Sprich: ‚Meine Knechte, die ihr euch zu eurem Schaden übernommen habt: Verzweifelt nicht an Gottes Barmherzigkeit! Siehe, Gott vergibt die Missetaten allesamt, siehe, er ist es, der bereit ist zu vergeben, der Barmherzige.‘“ (Q 39:53)

Ebenso gilt für viele ḥadīte: Der Mensch ist es, der sich Gott verschließt, der Mensch ist es, der Gott den Rücken zudreht, nicht aber verschließt sich Gott dem Menschen. Von daher soll die Rede

---

[176] Überliefert nach Muslim, ḥadīth-Nr. 2759.

von Emotionalität in Gott nicht seine Treue und Beständigkeit in Frage stellen. Gott ruft den Menschen, rüttelt ihn wach und wartet auf ihn. Er will ihm einen Neuanfang ermöglichen und stattet ihn mit der dafür nötigen Energie aus. In einer anderen Aussage des Propheten Muḥammad wird die Freude Gottes über jeden, der sich ihm wieder zuwendet, bildhaft beschrieben:

> „Stellt euch vor, jemand ist alleine in der Wüste mit seinem Kamel unterwegs und plötzlich läuft das Kamel mit all seinem Essen und Trinken davon. Als der Mann es aufgibt, sein Kamel wiederzufinden und sich resignierend, auf den Tod wartend, auf den Boden legt, steht plötzlich sein Kamel mit Essen und Wasser neben ihm. Stellt euch die Freude dieses Menschen vor! Gott freut sich über jeden, der sich von ihm ab- und wieder zugewandt hat, viel mehr als dieser Mensch in der Wüste über das Kamel."[177]

Es ist interessant, wie in dieser prophetischen Überlieferung das biblische Bild von der Zuwendung Gottes zum Menschen radikalisiert wird. Geht im Lukasevangelium Gott als guter Hirte dem einen verlorenen Schaf nach, um es zur Herde zurückzubringen (Lk 15,3–7), obwohl noch 99 andere Schafe zu seiner Verfügung stehen, und freut sich der barmherzige Vater des Evangeliums über die Rückkehr des verlorenen Sohnes, obwohl sein anderer Sohn ja immer bei ihm ist (Lk 15,11–32), radikalisiert Muḥammad die verwendete Bildsprache. Gott hat hier nur den einen Menschen, auf den er sich verlässt und dessen Rückkehr ihm neue Hoffnung bringt. Es gibt eben nur das eine Kamel, und dieses Kamel ist für seinen Besitzer lebensnotwendig. So braucht Gott jeden von uns, um seinen guten Willen Wirklichkeit werden zu lassen, und er verlässt sich auf uns – in letzter Radikalität.

Dieses Sich-Verlassen Gottes auf uns bedeutet aber nicht, dass er uns alleine lässt. Vielmehr beantwortet er auch den kleinsten Schritt von uns auf ihn zu mit seiner übergroßen Barmherzigkeit und Liebe. So heißt es in einem weiteren ḥadīt:

> „Gott, der Erhabene, sagt: ‚Ich bin, wie mein Diener es von mir annimmt. Und ich bin mit ihm, wenn er meiner gedenkt. Gedenkt er meiner in seinem Inneren, gedenke ich seiner in meinem Inneren. Gedenkt er meiner in einer Gruppe, gedenke ich seiner in einer besseren Gruppe. Nähert er sich

---

177 Überliefert nach Muslim, ḥadīt-Nr. 2744.

mir um eine Handbreit, nähere ich mich ihm um eine Elle. Nähert er sich mir um eine Elle, nähere ich mich ihm um einen Klafter. Kommt er mir gehend entgegen, komme ich ihm laufend entgegen.'"[178]

Dieser ḥadīt macht deutlich, wie sehr Gott ein reziprokes Verhältnis zum Menschen eingeht, zugleich aber eine grundlegende Asymmetrie in diesem Verhältnis liegt. Gott bleibt immer der Barmherzigere, weil er als der absolut Liebende aus seinen unendlichen Möglichkeiten immer neue Chancen für den Menschen kreiert und seine Möglichkeiten stets erweitert.

Wendet man diese Verhältnisbestimmung soteriologisch, so wird klar, dass es aus muslimischer Sicht keine Rettung des Menschen an seiner Freiheit vorbei gibt. Gott entlässt den Menschen an keiner Stelle aus seiner Verantwortung. Hier gibt es keinen stellvertretenden Dienst, der den Menschen ersetzen könnte. Aber zugleich macht Gott das Leiden des Menschen betroffen. Er wirbt um den Menschen, indem er sich in seiner Verletzlichkeit und Schwäche zeigt. Diese „Schwäche für den Menschen"[179] wird sicherlich erst deutlich, wenn wir den Koran in seiner performativen Gestalt als Selbstoffenbarung Gottes ernst nehmen. Aber wenn wir dies tun, wird immer wieder deutlich, wie sehr sich Gott dem Menschen aussetzt und sich von ihm bewegen lässt.

3.3 Barmherzigkeit als hermeneutischer Schlüssel koranischer Offenbarung

Man kann nicht genug betonen, dass der Koran als Selbstoffenbarung Gottes und somit als Medium der Vergegenwärtigung Gottes und der Begegnung mit ihm nicht lediglich gelesen und

---

[178] Bei Muslim nach Abū Huraira überliefert (Buch über das Gedenken, die Bittgebete, die Reue und die Bitte um Vergebung; Unterkapitel: Die Veranlassung zum Gottgedenken).

[179] Friedrich Wilhelm Joseph Schelling, Philosophie der Offenbarung. Ausgewählte Werke. Bd. 2, Darmstadt 1974, 26, spricht hier in Anknüpfung an 1 Kor 1,25 davon, dass Gott eben wegen dieser Schwäche „stärker als der Mensch" ist, sodass sein Herz den Menschen zugute alles vermag. Diesen Hinweis verdanke ich Jürgen Werbick.

ausgelegt werden will. Vor allem will er erlebt werden als Begegnung mit der liebenden Barmherzigkeit Gottes, die Ausdruck der Entschiedenheit Gottes für den Menschen ist. Diese will dem Menschen Freiheit schenken und ihn zur Liebe entzünden. Indem sich Gott dem Menschen selbstoffenbart, macht er den ersten Schritt auf ihn zu und wartet auf die Erwiderung seiner zur Liebe einladenden Offenbarung. Erst durch diese Annahme und Erwiderung des Menschen wird die liebende Barmherzigkeit Gottes gelebte Realität. Die liebende Barmherzigkeit Gottes will also vom Menschen erkannt und als solche verstanden werden, sie will aber auch im Handeln des Menschen gelebt werden.

Die oben beschriebene Freiheit als Bestimmungsmoment der Beziehung zwischen Gott und dem Menschen entspricht der koranischen Kategorie der Barmherzigkeit, die ich im Sinne der syro-aramäischen Deutung des arabischen Wortes *ar-raḥmān* (der Liebende) als „liebende Barmherzigkeit" bezeichne, um sie von einer bloß vergebenden Barmherzigkeit abzugrenzen (s. Kap. 3.1.3.1). Mit der liebenden Barmherzigkeit ist hier die bedingungslose Zuwendung Gottes dem Menschen gegenüber und seine Entschiedenheit für ihn und somit für seine Freiheit zu verstehen. Im Zentrum der Rede Gottes steht daher die menschliche Freiheit in ihrer ursprünglichen Unbedingtheit. Diese gilt zugleich als Ausweis der bleibenden Ansprechbarkeit des Menschen für und seiner Verwiesenheit auf ein sich offenbarendes Wort.

Der Gott, den Muḥammad und die Erstadressaten des Korans im Verlauf der Offenbarungsgeschichte erfahren haben, ist, wie schon gezeigt wurde, ein personaler, empathischer, liebender, barmherziger Gott, der sich auf die Seite der Armen, Unterdrückten und Leidenden stellt und die Menschen sozial, geistig und politisch befreien will. Sie haben ihn als den Gott erfahren, der das freie Andere um seiner selbst willen liebt und dessen Erfüllung will, weshalb Gott heute nur in Kategorien der Liebe und somit der Freiheit angemessen gedacht werden kann. Muḥammad und seine Gefährten haben die Begegnung mit Gott im Koran als befreiende erlebt. So beschreibt zum Beispiel Rabʿī b. ʿĀmir, ein Gefährte des Propheten, die Hingabe an Gott, die Muḥammad verkündet hat, als eine, die von der Menschensklaverei und von jeglicher weiteren Abhängigkeit des Menschen befreit.[180]

Die liebende Barmherzigkeit Gottes offenbart sich somit nicht außerhalb, sondern in der Geschichte. Das heißt, Gott offenbart sich, indem er auf die Menschen (die Erstadressaten im 7. Jahrhundert in Mekka und Medina) und auf ihre Lebenswirklichkeit eingeht. Sie und deren Geschichte sind daher konstitutiv für die koranische Rede und zugleich deren Objekt. Beide sind Subjekt und Objekt der Offenbarung zugleich. Darin zeigt sich der kommunikative Charakter der koranischen Offenbarung.

Mit anderen Worten können wir sagen, dass gerade die Geschichte der Offenbarung des Korans im 7. Jahrhundert in Mekka und Medina, in der Gottes Involviertheit bezeugt wird, selbst ein Zeugnis von Gottes Menschenfreundlichkeit und Barmherzigkeit ablegt. Wenn der Koran die Selbstoffenbarung der liebenden Barmherzigkeit Gottes ist, welche die Menschen zum liebenden barmherzigen Handeln bewegen will, ist die Kategorie der Barmherzigkeit die angemessene hermeneutische Kategorie, den Koran entsprechend seinem Selbstverständnis als Barmherzigkeit (vgl. exemplarisch Q 7:52) nicht lediglich als Zeugnis der Barmherzigkeit, sondern als Begegnung mit dieser zu verstehen. Die Auslegung des Korans ist an erster Stelle die Auslegung der Geschichte Gottes mit dem Menschen als Geschichte der Realisierung von Gottes liebender Barmherzigkeit. Aufgabe einer entsprechenden theologischen Koranhermeneutik ist demnach im ersten Schritt, das Zeugnis der liebenden Barmherzigkeit Gottes in dieser Geschichte aufzudecken, also danach zu fragen, wo sie konkret Wirklichkeit wird. Wo hat die Begegnung mit dem Koran die Erstrezipienten zur Liebe entzündet? Welchen Wandel der Geschichte der Erstrezipienten in Richtung der Freisetzung von Freiheit und somit der Entfaltung von liebender Barmherzigkeit hat die Begegnung mit dem Koran angestoßen? In einem zweiten Schritt geht es darum, die heutigen Rezipienten des Korans für die Begegnung mit dem Koran als Begegnung mit der liebenden Barmherzigkeit Gottes zu sensibilisieren. Auf diese Weise soll ihnen die Möglich-

180 Vgl. Ibn Kaṯīr, al-Bidāya wa-n-nihāya. Bd. 7, 39.

keit eröffnet werden, die liebende Barmherzigkeit Gottes in dieser Begegnung für sich neu zu entdecken, um sie dann in das eigene Leben zu tragen und zu einer erfahrbaren Wirklichkeit zu machen. Damit bleibt der Koran auch für seine heutigen Rezipienten als Ereignis der Begegnung mit Gottes liebender Barmherzigkeit lebendig. Da der Koran weniger über Lehrsätze und juristische Regelungen informieren, sondern zur Liebe entzünden will, macht er aus seinen Rezipienten keine Objekte der Hörigkeit. Sie sind immer zugleich die Subjekte des Korans, die sich mit ihrer Lebenswirklichkeit in eine offene Kommunikation mit dem barmherzigen Gott einbringen, um die Frage an sich zu stellen, wie sie die Liebe, die sich in ihnen durch die Begegnung mit dem Koran entzündete, in ihrem jeweiligen Lebensentwurf verwirklichen können. Daher reicht es nicht, den Koran einmal gelesen und seine Inhalte verstanden zu haben, um sein Leben nach ihm auszurichten. Der Koran lädt vielmehr zu einer ständigen Begegnung mit ihm ein, die immer wieder von Neuem zur Liebe entzünden will. Er lädt ein zur Freiheit und will Trost und Hoffnung, Sinn und Kraft spenden. Da Gott dem Menschen von seinem Geist eingehaucht hat (Q 15:29) und dieser ihn erfüllt, ist er dazu befähigt, Gott im Koran zu erkennen, aber auch sein Wort in das eigene Leben fortzuschreiben und somit den Koran selbst fortzuschreiben.

Die Selbstoffenbarung Gottes im Koran ist somit der kriteriologische Maßstab und die normative Instanz des Auslegungsprozesses. Gottes Selbstaussage und -zusage als vollkommene Barmherzigkeit ist das Hauptkriterium, das über die Wahrheitsfrage entscheidet. Das zentrale Prüfkriterium jeder Denkform läuft daher auf die Frage hinaus, ob sie die wesentliche Bedeutung der dialogischen Offenbarung des Korans angemessen zum Ausdruck zu bringen vermag. Die Selbstoffenbarung Gottes im Koran bleibt der zwar erfahrbare, aber unableitbare, den Glauben konstituierende Ursprung, der jeder ihn hermeneutisch erschließenden Denkform vorzuordnen ist und als ihr orientierendes Zentrum fungiert.

Der Koran selbst stellt die Barmherzigkeit als seine Mitte dar: Barmherzigkeit ist das Woher und Woraufhin des Korans als

Selbstoffenbarung Gottes. Gerade durch eine holistische Lesart des Korans, die ihn in seiner Ganzheit ernst nimmt, können wir feststellen, dass der Koran selbst die Barmherzigkeit zu seinem hermeneutischen Schlüssel erhebt. Und doch will er nicht lediglich durch die Brille der Barmherzigkeit gelesen werden, sondern er lädt dazu ein, die in ihm vergegenwärtigte Barmherzigkeit Gottes zu reflektieren, zu erfahren, ins Leben zu tragen und sie letztendlich als Leitprinzip gelebter Wirklichkeit umzusetzen. Die Begegnung mit dem Koran lädt also dazu ein, sein Leben auf die Barmherzigkeit hin auszurichten, indem der Mensch diese in seinem Handeln, in seinem Charakter und in seinem ganzen Lebensentwurf bezeugt. Wie die Geschichte des Korans eine Geschichte der Wirklichkeit göttlicher liebender Barmherzigkeit darstellt, soll das Leben des Gläubigen ein Zeugnis von dieser liebenden Barmherzigkeit sein. Er ist angehalten, die Geschichte der Offenbarung Gottes liebender Barmherzigkeit zu aktualisieren, und er ist eingeladen, den Koran in seinem eigenen Leben zu vergegenwärtigen. Dadurch verwirklicht der Mensch nicht nur Gottes Barmherzigkeit in der Welt, sondern zugleich sich selbst.

Neben den systematisch-theologischen Argumenten, die ich ausgeführt habe, um zu verdeutlichen, warum die Kategorie der Barmherzigkeit die angemessenste ist, um sich dem Koran hermeneutisch anzunähern, habe ich die wichtigsten Argumente aus dem Koran selbst angeführt, die zeigen sollen, dass die Kategorie der Barmherzigkeit als hermeneutischer Schlüssel keineswegs von außen projiziert ist, sondern dem Selbstanspruch des Korans entspricht und von seiner Selbstverständlichkeit heraus im Zentrum seiner Botschaft steht.

Gerade der koranische Vers: „Wir [Gott] haben dich [Muḥammad] ausschließlich als Barmherzigkeit für alle Welten entsandt" (Q 21:107) erhebt die Barmherzigkeit zu *der* Maxime der Verkündigung Muḥammads und somit zu seiner eigenen Mitte. Das neuzeitliche Freiheitsdenken hilft uns, diese Kategorie konkret zu definieren als Bestimmung der Gott-Mensch-Beziehung als Freiheitsverhältnis. Diese Bestimmung soll vor Beliebigkeit schützen.

4. Liebende Barmherzigkeit kann sich nur in liebender Barmherzigkeit offenbaren – Ästhetische Zugänge zum Koran

Für den muslimischen Glauben ist es konstitutiv, dass sich Gott in der Geschichte offenbart. Er ist durch das Offenbarungshandeln Gottes möglich geworden. Seine Realisierung/Konkretion vollzieht sich allerdings erst in der menschlichen Rezeption und Antwort. Im Koran heißt es: „Gott erschafft Menschen, die er liebt und die ihn lieben" (Q 5:54). Zuerst kommt Gottes Liebe als einladendes Angebot und erst in der Erwiderung dieser Liebe durch den Menschen wird sie zu einer erfahrbaren Wirklichkeit. Um sich allerdings zu Gottes Selbstoffenbarung verhalten zu können, muss sie zuerst verstanden werden, weshalb die Offenbarungswahrheit auf eine für den Menschen verstehbare, also vernünftige Weise expliziert werden muss.

Die Geschichte des Korans ist in ihrer wesentlichen Bedeutung als der Erweis des sich unbedingt für den Menschen entschieden habenden barmherzigen Gottes zu verstehen. Da im Koran Gott als er selbst, als der liebende Barmherzige, gegenwärtig ist, ist der Koran nicht allein Medium einer von Gott noch verschiedenen Botschaft, er ist vielmehr das geschichtliche Dasein des sich für die Menschen entschieden habenden Gottes selbst. Der Struktur nach entspricht die Selbstoffenbarung dem Geschehen unbedingter liebender Barmherzigkeit, in der nicht irgendetwas mitgeteilt wird, sondern in der sich der liebende Barmherzige als er selbst mitteilt: als der, der die Freiheit anderer bejaht.[1] Mit Magnus Lerch können wir von „Einheit in Differenz von unbedingtem Entschluss und bedingtem Ausdruck"[2] sprechen.

---

[1] Vgl. ähnliche Überlegungen der Selbstoffenbarung Gottes und der Entsprechung zwischen Medium und Inhalt dieser Offenbarung für das Christentum: Helmut Jansen, Wenn Freiheit Wirklichkeit wird. Erlebnispädagogische Jugendpastoral in kritischer Sichtung, Berlin 2007, 89.

[2] Magnus Lerch, Hypostatische Union als Freiheitsgeschehen. Zur gegenwär-

Im Koran wird die liebende Barmherzigkeit Gottes für die Menschen Realität, sie wird erfahrbar. Im Akt der freien Affirmation seiner realgeschichtlichen Bedingungen zeigt sich Gott somit seinem Wesen nach als die sich unbedingt für die Menschen entschiedene liebende Barmherzigkeit.

Mit anderen Worten können wir sagen, dass eine zum liebenden Barmherzigen einladende Offenbarung dies nur mit Mitteln der Liebe und Barmherzigkeit tut und dass sie die Menschen auf eine Weise erreicht, die sie ihrer Freiheit nicht beraubt. Die Adressaten der Selbstoffenbarung Gottes müssen nämlich die Freiheit besitzen, sich zu dieser zu verhalten.

4.1 Das Wesenswort Gottes entspricht dem Koran, beide sind aber nicht identisch

Wenn Gott als der liebende Barmherzige gilt, der sich zur Barmherzigkeit verpflichtet hat und daher die Menschen durch seine Selbstoffenbarung zu sich in Freiheit einlädt (daʿwa), dann muss die Form dieser Einladung seiner Selbstbestimmung zur Barmherzigkeit angemessen sein. Das heißt, sie muss einerseits Gott selbst gegenüber angemessen sein, indem sie seinem Wesen als der Barmherzige entspricht, und sie muss andererseits für die Adressaten dieser Einladung vernehmbar sein. Die Offenbarung Gottes als liebende Barmherzigkeit muss also eine geschaffene Gestalt annehmen, die von den Menschen wahrgenommen werden kann und dennoch der Gegenwart Gottes entspricht. Mit Pröpper können wir daher auch für den Koran gelten lassen:

„Jede Liebe kann für den, den sie meint, zur eigenen Gewißheit und bestimmten Wahrheit nur werden, indem sie aus Freiheit geschieht; und dies heißt nun zugleich, sofern es Menschen sind, denen sie gilt: indem sie auf reale Weise sich äußert. Also konnte auch Gottes für uns Menschen ent-

---

tigen Diskussion um eine transzendentalphilosophische Reformulierung der Christologie, Wien 2017 (zitiert in: noch unveröffentlichte Dissertation von Cornelia Dockter: Wort im Geist. Zur Bedeutung Jesu Christi in Christentum und Islam), 11.

schiedene Liebe zur Wahrheit für uns nur werden, indem sie in unsere irdische Wirklichkeit eintrat und hier eine Gestalt fand, die ihrer Unbedingtheit entsprach und sie als Liebe Gottes erkennen ließ."[3]

Die Rede vom Koran als Medium der Selbstoffenbarung Gottes und daher der Entsprechung von Medium und Inhalt der Offenbarung darf allerdings keineswegs als Inlibration missverstanden werden. Gott ist nach islamischem Glauben weder Text noch Buch geworden. Weder ist der Koran Gott, noch ist Gott der Koran. Beide, Gott und sein im Koran geoffenbartes Wesenswort, sind zwar ontologisch identisch (ansonsten wäre es nicht Gott, der mir im Koran begegnet), der Ausdruck des unbedingten Entschlusses Gottes, seine liebende Barmherzigkeit zu offenbaren, besteht jedoch in einer material bedingten Gestalt.

Diese in der Zeit und in einem bestimmten historischen Kontext erschaffene arabische Rede unterliegt den Bedingtheiten der Geschichte. Die Sprache des Korans ist eine historisch gewordene und der Koran als Buch (arab. *kitāb*) bzw. Kodex (arab. *muṣḥaf*) unterliegt den Bedingungen von Zeit und Raum. Weil der Koran aber zugleich Gottes Offenbarung ist, ereignet sich im Koran das Unbedingte im Bedingten. Es ist Gott und somit das Unbedingte, das mir im Koran begegnet. Aber er begegnet mir in einer für mich nachvollziehbaren und von mir erkennbaren und daher bedingten Weise. Und genau darin liegt die Besonderheit des Korans: Er bringt das Bedingte und das Unbedingte zusammen und dennoch bleiben beide voneinander unterschieden: Gott wird im Koran nicht zu einem Buch. Die Entstehungsbedingungen des Korans wie die arabische Sprache und der kulturelle Kontext, in denen der Koran entsteht, sind historisch bedingte, während die im Koran offenbarte liebende Barmherzigkeit Gottes unbedingt ist und daher unendlich bleibt. Sprache selbst kann die unendliche Barmherzigkeit Gottes nicht umfassend erschöpfen.

Der Koran spricht zwar vom Wort Gottes, aber im Sinne von *Gottes direkt gesprochenem Wort*. Damit meine ich nicht das von uns Menschen gehörte koranische Wort. Vielmehr verwendet der

---

[3] Thomas Pröpper, Theologische Anthropologie. Bd. II, Freiburg u.a. 2011, 1311.

Koran diese Kategorie des Sprechens Gottes als Medium der Verwirklichung von Gottes Willen/Freiheit, und daher heißt es im Koran: „Vielmehr ist unsere Rede [unser Wort], wenn wir irgendetwas wollen, dass wir zu ihm sagen: ‚Sei!' – und dann ist es." (Q 16:40) Und da sich Gott selbst in Freiheit zur Barmherzigkeit verpflichtet hat, hat er sich dazu entschieden, sein Wort durch die Barmherzigkeit zu bestimmen. Dieses Wort manifestiert sich in der Schöpfung, aber auch in verschiedenen Offenbarungen Gottes. Der Koran ist in diesem Sinne das Wort Gottes.

Die traditionelle ašʿaritische Theologie spricht vom Koran als *kalām lafẓī* (äußere Rede Gottes), die dem *kalām nafsī* (innere Rede Gottes) Ausdruck und Gestalt gibt.[4] Während *kalām nafsī* dem Wesen Gottes entspricht (die klassische Theologie, vor allem die ašʿaritische und die māturīditische, verstanden das Sprechen Gottes als seine Wesenseigenschaft, weshalb das Wort Gottes seinem Wesen entspricht), ist das *kalām lafẓī* die in der Zeit erschaffene menschliche Sprache.[5] Entsprechend können wir festhalten, dass die traditionelle islamische Theologie immer zwischen der transzendenten und der immanenten Seite des Korans unterscheidet. Seine transzendente unerschaffene Seite ist Ausdruck seiner Unbedingtheit als Wesensmitteilung Gottes, während seine immanente erschaffene Seite Ausdruck seiner Bedingtheit in seiner Sprachlichkeit ist. Auch für die Ašʿariten war klar, dass Gott nicht schon vor der Erschaffung der Welt arabisch gesprochen hat, sondern dass die konkrete Gestaltwerdung des Korans in klarer arabischer Sprache erst in der Schöpfung Wirklichkeit werden kann. Und dennoch war den Ašʿariten wichtig, dass diese immanente Versprachlichung der ewigen Wesensmitteilung Gottes tatsächlich diese Mitteilung selbst in menschliche Worte fasst. Mit der ašʿaritischen Position können wir deshalb sagen, dass der Koran die Wesensmitteilung Gottes darstellt, die aber als gesprochenes bzw. rezitiertes Wort in die bedingte Welt eingetreten ist. Dieser von der ašʿaritischen Schule beschriebene doppelte Charakter des

---

[4] Vgl. al-Bāqillānī: al-inṣāf fi-mā yaǧib iʿtiqādu wa-lā yaǧūz al-ǧahl bihi. Ed. M. al-Kawṯarī, Kairo 2000, S. 84 ff.

[5] Vgl. ebd.

Korans mit einer unbedingten transzendenten Seite – die Ašʿariten sprechen hier von der inneren Rede Gottes, dem *kalām nafsī*[6] – und einer bedingten immanenten Seite wirft natürlich sofort die Frage auf, wie denn die transzendente in der immanenten Seite erkannt werden kann.

Der Koran selbst verwendet den Begriff *āyā* (Zeichen Gottes), um das Transzendente im Immanenten zu denken. Um diesen Begriff zu erklären, beziehe ich mich auf das Realsymbol bei Magnus Lerch, mit dem er die „Einheit in Differenz von unbedingtem Entschluss und bedingtem Ausdruck“[7] bezeichnet. Der Koran ist daher nicht Gott, denn seine bedingte Gestalt „kann nach den Vorgaben der Freiheitsanalyse mit dem formal unbedingten Entschluss nicht schlechthin identisch sein“[8], aber Gott ist dennoch im Koran präsent. Das heißt freilich zugleich, dass die Göttlichkeit des Korans vermittelt werden muss. Hierbei kommt dem Geist (arab. *rūḥ*) eine zentrale Bedeutung zu.[9] Der Koran spricht davon, dass das Wort Gottes Muḥammad nicht unvermittelt geoffenbart wurde, sondern durch den Geist (vgl. exemplarisch Q 26:193).[10] Und da Gott dem Menschen von seinem Geist eingehaucht hat (Q 15:29) und dieser ihn erfüllt, ist der Mensch dazu befähigt, Gott im Koran zu erkennen, aber auch sein Wort in seinem eigenen Leben zu aktualisieren und somit den Koran selbst fortzuschreiben.

Aufgrund der Entsprechung von Form und Inhalt der Offenbarung vollzieht sich bereits, was geoffenbart wird: nämlich die liebende Barmherzigkeit Gottes.[11] Das Offenbarungshandeln entspricht damit essentiell bereits dem befreienden Heilshandeln Gottes, „kann doch jede Liebe und darum auch Gottes Liebe zu

---

6 Vgl. Al-Āmidī, Sayf ad-Dīn, Abkar al-afkar fi usūl ad-dīn. Bd. 1, Kairo 2004, 353 ff.

7 Lerch, Hypostatische Union, 11.

8 Ders., Selbstmitteilung Gottes, 310.

9 Vgl. die noch nicht veröffentlichte Dissertation von Cornelia Dockter: Wort im Geist. Zur Bedeutung Jesu Christi in Christentum und Islam.

10 In der islamischen Tradition wird der Geist als der Erzengel Gabriel identifiziert.

11 Vgl. Pröpper, Evangelium und freie Vernunft, 15.

den Menschen, da sie wesentlich frei ist und sein unverfügbares Verhältnis zu ihnen betrifft, für sie, denen sie gilt, zur eigenen und bestimmten Freiheit nur werden, indem sie in der Wirklichkeit, die ihnen zugänglich ist, sich äußert und die Entschiedenheit seiner Freiheit einen Ausdruck gewinnt, der ihr gemäß ist und für sie spricht".[12] Der Koran ist demnach nicht nur eine Rede darüber, dass Gott sich für die Menschen entschieden hat bzw. dass er sich ihrer erbarmen will, sondern seine Offenbarung selbst ist ein Geschehen göttlicher liebender Barmherzigkeit. Die koranische Offenbarung als Selbstoffenbarung von Gottes liebender Barmherzigkeit ist daher ein Freiheitsgeschehen und lässt sich deshalb auch in der menschlichen Verkündigung ausschließlich als Freiheitsgeschehen vermitteln. Das Medium der Vermittlung von Freiheit muss zugleich Freiheit ermöglichen und daher selbst Freiheit sein. So verstanden ist der Koran nicht etwa nur Medium einer von Gott noch verschiedenen Botschaft, er ist vielmehr das geschichtliche Dasein des für die Menschen entschiedenen Gottes selbst. Der Struktur nach entspricht die Selbstoffenbarung dem Geschehen unbedingter liebender Barmherzigkeit, in der nicht irgendetwas mitgeteilt wird, sondern in der sich der liebende Barmherzige als er selbst mitteilt: als der, der andere Freiheit bejaht. Offenbarungswahrheit kann somit für den Empfänger nur dann bedeutsam und real werden, wenn sie sich in Kategorien der Freiheit äußert und entsprechend wahrnehmbar wird. Die Vermittlung von Gottesoffenbarung wird verkündet, indem sie sich im geschichtlichen Vollzug ereignet. Die Freiheit und der Geschehenscharakter werden somit zu grundlegenden Kriterien bei der lebensrelevanten Vermittlung der koranischen Botschaft.

Gerade die Besonderheit der Ästhetik des Korans ist der entscheidende Schlüssel, um den Koran als Manifestation der Selbstmitteilung Gottes bezeichnen zu können. Die Schönheit des Korans wird von diesem explizit gelehrt und verteidigt (Q 39:23; 12:3; 25:33) und wurde im Laufe der islamischen Theologiegeschichte immer wichtiger, wie beispielsweise Navid Kermani in

12 Pröpper, Evangelium und freie Vernunft, 250 (zitiert in: Jansen „Wenn Freiheit Wirklichkeit wird" 91).

seiner Dissertation *Gott ist schön. Das ästhetische Erleben des Koran* (s. u.) ausführlich gezeigt hat.

Das transzendente Wesenswort Gottes nimmt gerade in der Schönheit des koranischen Klangs seine immanente Gestalt an. Der koranische Klang als Medium der Begegnung mit Gottes Schönheit will zur Liebe entzünden, weil diese Schönheit, ganz im Sinne von Friedrich Schillers Ästhetik, sowohl die Vernunft als auch die Emotionen des Menschen anspricht und ihn zur Freiheit befähigen will.

Gerade die ästhetische Rekonstruktion des Korans zeigt, wie Inhalt und Form der koranischen Offenbarung zusammengedacht werden können. Das Dogma der Unnachahmlichkeit des Korans *(iʿǧāz al-Qurʾān)* steht im Mittelpunkt dieser ästhetischen Rekonstruktion des Korans. In der islamischen Tradition war es vor allem der Gelehrte al-Ǧurǧānī (gest. 1078), der schon im 11. Jahrhundert, aufbauend auf Vorarbeiten von vielen anderen Gelehrten, aus einer literaturwissenschaftlichen Perspektive den Koran erforscht und sich mit dieser Frage nach der Einheit zwischen Inhalt und Form auseinandergesetzt hat. Die meisten modernen Ansätze, die vor allem im 20. Jahrhundert ausgearbeitet wurden und die sich mit der Frage nach dem literaturwissenschaftlichen Zugang zum Koran auseinandergesetzt haben, beziehen sich direkt oder indirekt auf al-Ǧurǧānīs Arbeiten und Thesen.

Daher lohnt es sich, einen Blick auf den literaturwissenschaftlichen Zugang zum Koran sowohl in der Tradition als auch in der Moderne in den Blick zu nehmen.

4.2 Eine literaturwissenschaftliche Perspektive auf den Koran

Gerade der hier zu erläuternde ästhetisch-theologische Zugang zum Koran soll zeigen, wie Gottes Zuwendung und Schönheit in der Schönheit seiner Ansprache an den Menschen erfahrbar wird und somit einen hermeneutischen Zugang zum Koran ermöglicht, der der Rede vom Koran als Selbstoffenbarung Gottes gerecht wird. Dieser Ansatz besteht in der Reflexion der Wahrnehmung der göttlichen Selbstmitteilung in der koranischen Ästhetik, vor allem in seinem Klang. Er erweist sich als das ästhetisch-mediatorische Bild der vollkommenen Unbedingtheit, d.h. in seiner Schönheit fungiert der Koran als Vermittlung einer Spur Gottes, ja letztlich sogar als Gegenwart Gottes selbst. Da in kommunikationstheoretischer Perspektive die gesamte Offenbarungswirklichkeit ein radikal dialogisches Beziehungsgeschehen zwischen Gott und dem Menschen als dem Hörer und Zur-Antwort-Gerufenen des koranischen Klanges konstituiert, ist diese angedeutete theologisch-anthropologische Hermeneutik unabdingbar, um dieses Beziehungsgeschehen umfassend zu deuten.

So kann man auch aus muslimischer Perspektive vom Koran sagen, dass er in seiner arabischen Sprache menschliches Wort darstellt, ohne dass diese Charakterisierung die Göttlichkeit seines Ursprungs in Frage stellt. Auch die Selbstreflexion des Korans hebt darauf ab, dass einerseits das göttliche Wort menschlich vernehmbar wird und sich somit in seiner Zugänglichkeit für den Menschen beweist. Entsprechend wird dann auch die Menschlichkeit des Hörers der göttlichen Botschaft immer wieder betont. Andererseits ist dasselbe Wort aber auch das göttliche Wort, das alle menschlichen Zusammenhänge transzendiert. Seine Schönheit übersteigt alles Menschliche, allzu Menschliche, und weitet den Menschen auf eine Wirklichkeit hin, die all sein Verstehen übersteigt.

Die Offenbarung Gottes im koranischen Klang kann dabei nicht nur in der Ikonizität des Korans, sondern auch in der Schöpfung erfahren werden. Diese Erfahrung darf durchaus im Kontinuum des Klanges als *perpetuiert* beschrieben werden. Kraft der Geistwirklichkeit Gottes ist Gottes Gegenwart also nicht nur in der Schönheit der Rezitation des Korans erfahrbar, sondern in allen Zeichen der Schöpfung. Der koranische Klang hat dabei eine regelrecht soterische Dimension, weil er den ästhetisch vermittelten An- und Zuspruch der Rechtleitung des vom Vollkommenen her und auf den Vollkommenen hin geschaffenen Menschen trägt. In der Rezitation des Korans können wir also erfahren, wie Gott uns in aller Wirklichkeit bereits nahegekommen ist, sodass wir uns an seine heilsame Wirklichkeit nur im Rückblick auf unser Leben zu erinnern brauchen.

4.2.1 Dogma der „Unnachahmlichkeit des Korans" *(iʿǧāz al-Qurʾān)*[13]

Der literaturwissenschaftliche Zugang zum Koran erlaubt eine Denkmöglichkeit, wie Gott sich den Menschen in einer ästhetisch vermittelnden Weise, die ihnen Freiheit schenken will, selbst mitteilt. Denn Gott will – das ist der Kern des muslimischen Glaubens – als der liebende Barmherzige verstanden werden, der hofft, dass die Menschen seine in seiner Selbstoffenbarung ausgestreckte Hand der Liebe und Barmherzigkeit annehmen und diese als erfahrbare Wirklichkeit in ihr eigenes Leben integrieren und so die Selbstoffenbarung Gottes erfahrbar machen.

Gerade die literaturwissenschaftliche Analyse der ästhetischen Dimension des Korans ermöglicht es, den muslimischen Offenbarungsanspruch mit Mitteln der Vernunft zu beantworten. Dabei darf das ästhetische Moment nicht gegen die kognitiv-propositionalen Ansprüche des Korans ausgespielt werden, denn unter Ästhetik wird hier die umfassende Bedeutung des Wortes im Sinne von *aisthesis* bei Baumgarten und Kant verstanden und meint damit jede Form von sinnlicher Wahrnehmung. Es soll damit im Anschluss an Navid Kermanis Überlegungen zur Ästhetik des Korans verdeutlicht werden, dass der Koran mehr als nur den Verstand[14], nämlich den ganzen Menschen ansprechen will.

Ein literaturwissenschaftlicher Zugang zum Koran, welcher vor

---

[13] In seiner Habilitation zum Thema *iʿǧāz al-Qurʾān* analysiert Tobias Specker die literaturwissenschaftlichen Zugänge zum Koran sowohl in der islamischen Tradition als auch in der modernen Zeit ausführlich. Seine Arbeit, die er mir dankenswerterweise zur Verfügung gestellt hat, ist noch nicht veröffentlicht, sie wird m. E. aber zu einer wichtigen Grundlage in der Koranforschung, vor allem zum Thema *iʿǧāz al-Qurʾān* werden.

[14] Vgl. Navid Kermani, Appelliert Gott an den Verstand? Eine Randbemerkung zum koranischen Begriff aql und seiner paretischen Übersetzung. In: Lutz Edzadr/ Christina Szyska (Hg.), Encounters of Words and Texts, Hildes-

allem die literarische Qualität des Korans und seine Eloquenz in den Mittelpunkt stellt, ist innerhalb der islamischen Gelehrsamkeit keineswegs etwas Fremdes, im Gegenteil, sie findet sich gerade in der Auseinandersetzung mit dem Dogma der „Unnachahmlichkeit des Korans" *(iʿǧāz al-Qurʾān)* wieder. Dieses Dogma, das in der islamischen Tradition als *das* Wunder des Propheten Muḥammad gilt und die Beglaubigung seiner Prophetie darstellen soll und daher eng mit dem Prophetentum Muḥammads verbunden ist, findet seine Grundlage zunächst im Koran selbst.[15] Und zwar in den sogenannten *taḥaddī*-Versen (Verse der Herausforderung), die in langsamer Zuspitzung von den Gegnern Muḥammads fordern, Textstücke hervorzubringen, die mit dem Koran vergleichbar sind. Der arabische Begriff *iʿǧāz* meint daher das „Unfähigmachen" der Gegner Muḥammads, sich der Herausforderung (arab. *taḥaddī)* zum Wettstreit zu stellen und ein vergleichbares Textstück zum Koran hervorzubringen, welches ihm sprachlich ebenbürtig ist.[16]

Hintergrund dieser Herausforderung an die Gegner Muḥammads war, dass Muḥammad im Laufe seines Wirkens immer wieder mit unterschiedlichen Vorwürfen seiner Gegner konfrontiert wurde. Ein Hauptvorwurf war, dass er ein Magier bzw. Dichter oder auch Wahrsager sei und er die von ihm verkündete Offenbarung gefälscht habe. Die *taḥaddī*-Verse wollen die Göttlichkeit des Korans beglaubigen.[17] Konkret handelt es sich um folgende fünf Stellen im Koran, die als *taḥaddī*-Verse gelten:[18]

---

heim/Zürich/New York 1997 (Arabistische Texte und Studien; 10), 43–66, hier 56 f.

15 Vgl. Richard C. Martin, Inimitability. In: Encyclopedia of the Qurʾān 2 (2002), 527_b; sowie Sophia Vasalou: The Miraculous Eloquence of the Qur'an: General Trajectories and Individual Approaches. In: Journal of Qur'anic Studies 4.2 (2002), 23.

16 Vgl. Angelika Neuwirth, Das islamische Dogma der ‚Unnachahmlichkeit des Korans' in literaturwissenschaftlicher Sicht. In: Der Islam 60 (1983), 166–183, hier 170.

17 Dennoch ist es in der Koranforschung umstritten, ob sich die *iʿǧāz*-Vorstellung tatsächlich auf den Koran selbst zurückführen lässt oder ob sie sich gänzlich der theologischen Reflexion des 9. und 10. Jahrhunderts verdankt.

18 Vgl. Heinz Grotzfeld, Der Begriff der Unnachahmlichkeit des Korans in

Der erste Vers fordert Muḥammads Gegner auf, eine ähnliche Rede vorzubringen: „Oder sagen sie: ‚Er hat das dahergeredet'? Aber nein, sie glauben nicht. Da sollen sie eine Rede ähnlicher Art bringen, falls sie wahrhaftig sind." (Q 52:33 f.)

Später werden sie herausgefordert, nur zehn ebenbürtige Suren hervorzubringen: „Oder sagen sie: ‚Er hat es sich ausgedacht'? Sag: ‚So bringt zehn Suren bei, die dem gleichen und ausgedacht sind! Und ruft außer Gott an, wen ihr könnt, falls ihr wahrhaftig seid!'" (Q 11:13)

Danach ist lediglich von einer einzigen ebenbürtigen Sure die Rede: „Oder sagen sie: ‚Er hat ihn sich ausgedacht'? Sag: ‚So bringt eine Sure bei, die ihm gleicht, und ruft außer Gott an, wen ihr könnt, falls ihr wahrhaftig seid!'" (Q 10:38)

In Q 17:88 und schließlich Q 2:23 f. wiederholt sich die Aufforderung zur Nachahmung des Korans. In der islamischen Tradition lassen sich einige Berichte über heidnische Zeitgenossen Muḥammads ausmachen, wie al-Walīd b. al-Muġīra, die den Koran zwar aufgrund seiner sprachlichen Qualität bewundert, aber dennoch Muḥammads Verkündigung abgelehnt haben.[19] Aber auch altarabische Dichter, die noch zu Lebzeiten Muḥammads zum Islam konvertierten, wie Kaʿb b. Zuhair, Labīd b. Rabīʿa und Hasān b. Ṯābit, werden als Zeugen für den *iʿǧāz* herangezogen.[20]

In diesem Zusammenhang tritt noch ein weiteres Phänomen hinzu, das den Beginn der Entstehung des Dogmas der „Unnachahmlichkeit des Korans" kennzeichnet, nämlich dass seine Rezitation bereits zu Beginn seiner Entstehung eine „reale Wirkung auf die Gläubigen"[21] gehabt haben soll.

Kermani hat in seiner Dissertation über den ästhetischen Zugang zum Koran *Gott ist schön* die hadīṯe und sīra-Berichte über

seiner Entstehung und Fortbildung. In: Archiv für Begriffsgeschichte 13 (1969), 58–72, hier 159.

19 Vgl. Yusuf Rahman, The miraculous nature of Muslim scripture, A study of 'Abdal-Jabbar's I'jaz al-Qur'an. In: Islamic Studies 35 (1996), 409–426.

20 Vgl. Navid Kermani, Gott ist schön. Das ästhetische Erleben des Koran, München 1999, 293.

21 Neuwirth, Das islamische Dogma der ‚Unnachahmlichkeit des Korans', 167.

die Wirkung des Korans und vor allem über die Erfahrungen der Erstadressaten mit dem Koran ausführlich untersucht. Eines der bekanntesten Beispiele in der islamischen Geschichte, das diese Wirkung verdeutlichen sollte, ist das vom zweiten Kalifen ʿUmar b. al-Ḫaṭṭāb (gest. 644), der sich allein durch das Hören der vom Propheten hervorgebrachten Koranrezitation zum Islam bekehrt haben soll.[22] Um eine solche Wirkung zu erzielen, musste das Gehörte etwas Außerordentliches darstellen, was Neuwirth wie folgt erklärt:

> „Aus der Bestimmung des Koran als Lektionar der sich bildenden Gemeinde erklärt sich auch die auffallende Tatsache, daß viele Suren ähnliche Themenfolgen abwandeln, und daß die einzelne Sure verschiedenste Elemente wie Prophetenerzählung, Drohrede, eschatologische Schilderung, Paränese usw. enthält. Die einzelne Sure als primäre Einheit der Rezitation soll ja die verschiedenen Elemente der Lesegottesdienste der anderen ‚Schriftbesitzer' in sich vereinigen und ihnen – nicht in den Einzelheiten, aber in der Gesamtwirkung – entsprechen. In dieser Form nun stellte sich der Koran den Zeitgenossen des Propheten, die, wie wir auch aus anderen und unverdächtigen Quellen wissen, sprachlichen Eindrücken gegenüber sehr empfindlich waren, als etwas gänzlich Neues dar, etwas von den vorhandenen Gattungen völlig Verschiedenes, bisher Unerhörtes."[23]

Die islamische Gelehrsamkeit wollte diese zentrale Erfahrung mit dem Text bzw. mit seiner Rezitation im 9./10. Jahrhundert rational erfassen:[24] „Es ging um die Rationalisierung einer fundamentalen Erfahrung einer Religionsgemeinschaft."[25] In diesem Bedürfnis kann ein Grund für die systematische Auseinandersetzung mit der Wirkung der Koranrezitation auf den Hörer bzw. für die Entstehung des Dogmas der „Unnachahmlichkeit des Korans" liegen,

---

22 Vgl. Vasalou, Miraculous Eloquence, 23.

23 Neuwirth, Das islamische Dogma der ‚Unnachahmlichkeit des Korans', 169.

24 Der Begriff *iʿǧāz* im Zusammenhang mit dem Koran wurde höchstwahrscheinlich erst im 9. Jahrhundert verwendet, der früheste gesicherte Beleg entstammt einem Werk des zaiditischen Imams al-Qāsim b. Ibrāhīm (gest. 860), der der Muʿtazila nahestand, vgl. dazu Martin: Inimitability, 526–536, hier 533.

25 Neuwirth, Das islamische Dogma der ‚Unnachahmlichkeit des Korans', 170.

wobei sich das Dogma keineswegs nur am Inhalt des Korans festmacht, sondern vor allem an seiner sprachlichen Gestalt. Daher „galt es, das Dogma auch durch grammatische und stilistische Studien zu unterbauen".[26] Der Inhalt dieser Studien war ganz unterschiedlicher Natur und erstreckte sich von der Untersuchung der rhetorischen Stilmittel über die chronologische Anordnung der Suren bis hin zur Gesamtanalyse der Komposition der Suren sowie ihrer Struktur und Anordnung der einzelnen Worte in den jeweiligen Versen. Dies umfasste auch die Abteilung der Suren und Verse und die Untersuchung einzelner Redeeinheiten sowie Brüche im Text.

Welche Faktoren nun im Einzelnen zur Entfaltung des Dogmas beigetragen haben, soll im Folgenden dargelegt werden.

4.2.2 Faktoren der Etablierung des *iʿǧāz al-Qurʾān*-Dogmas[27]

In der Forschung werden verschiedene Aspekte bzw. Faktoren angeführt, die entscheidend für die Etablierung des *iʿǧāz*-Dogmas sind. Wie bereits erwähnt, spielt das Bedürfnis nach einer rationalen Erklärung für die Wirkung des Korans als eine spirituelle und ästhetische Erfahrung mit dem Gehörten eine vorbereitende Rolle. Aber auch die im Koran angedeutete Diskussion um die Unfähigkeit der Gegner Muḥammads, etwas Ähnliches wie den Koran hervorzubringen, bildet einen Ausgangspunkt für das später entstandene Dogma. Diese Diskussion wird vor allem in der islamischen Exegeseliteratur aufgegriffen und diskutiert, wobei sie hier maßgeblich dazu dient, den Wundercharakter der göttlichen Botschaft zu betonen und den Propheten vor gegnerischen Angriffen bzw. Vorwürfen zu verteidigen.[28]

---

[26] Max Weisweiler, Abdalqahir al-Curcani's Werk über die Unnachahmlichkeit des Korans und seine syntaktisch-stilistischen Lehren. In: Oriens 11 (1958), 77.

[27] Dieser Abschnitt stammt von Dr. Dina El Omari.

[28] Vgl. Neuwirth, Das islamische Dogma der ‚Unnachahmlichkeit des Korans', 172.

Die traditionellen frühen exegetischen Werke, wie das *Ǧāmiʿ al-bayān* des berühmten Exegeten aṭ-Ṭabarī (gest. 923), befassen sich in ihrer Vers-für-Vers-Analyse selbstverständlich mit der Erklärung bzw. Deutung der *taḥaddī*-Verse, tun dies aber noch nicht im Sinne einer systematischen Entwicklung eines Dogmas und bleiben noch auf einer rudimentären Ebene.[29] Allerdings könnten sie durchaus einen Anstoß für einen weiteren Faktor zur Entwicklung des Dogmas gegeben haben, und zwar für „die eigentliche schematische Prophetologie, die die islamische Welt für alle von ihr anerkannten Propheten von Adam über Moses bis zu Muḥammad entwickelte"[30] und in deren Zentrum die Bestätigungswunder der Propheten *(dalāʾil an-nubūwa)* standen. Einen guten Nährboden für diese Literaturgattung bot die im 9. und 10. Jahrhundert entstandene Diskussion um Beglaubigungswunder allgemein, die sowohl von Rationalisten als auch von Sufis, Ismāʿīliten und Philosophen angetrieben wurde und ganz unterschiedliche Fragen diesbezüglich in den Fokus rückte:

„The constellation of circumstances that brought this about included the rise of the Fatimid Ismacilt Caliphate (ruling from 909 in Tunisia and 969 in Egypt), the establishment of Sufi schools, and the efflorescence of philosophical thought not least at the hands of Ibn Sina (d. 1037): ideas like the non-finality of Muḥammad's prophethood and the possibility of divine incarnation (Ismacilis), the performance of miracles by people of as yet ‚unaccredited' religious status (Sufis) and the denial of the possibility of miracles altogether (philosophers) demanded the adoption of a well-articulated position."[31]

Innerhalb der Prophetologie zeichnete sich entgegen der rationalistischen Positionen, die teils prophetische Wunder verneinten und sie als veraltete Vorstellung bezeichneten[32], ganz klar eine Tendenz zu den Beglaubigungswundern ab. Und so sollte dem Propheten Muḥammad, der selbst „jede Wunderfähigkeit für sei-

[29] Vgl. ebd., 172, Vasalou, Miraculous Eloquence, 29.

[30] Neuwirth, Das islamische Dogma der ‚Unnachahmlichkeit des Korans', 172.

[31] Vasalou, Miraculous Eloquence, 24.

[32] Vgl. ebd.

ne eigene Person des öfteren weit von sich gewiesen hatte“[33], ebenso wie Moses, der das Meer teilen konnte, und Jesus, der Kranke heilen und Tote zum Leben erwecken konnte, ein Wunder zukommen.[34] Dabei stand innerhalb der Theologie maßgeblich der Koran im Fokus und wurde aufgrund seines wundersamen Charakters zum Zeichen und persönlichen Wunder für die Prophetie Muḥammads. Stützen konnten sich die Gelehrten sogar auf einen dem Propheten zugeordneten Ausspruch aus der kanonischen Sammlung des Buḫārī: „Es gibt keinen Propheten, dem nicht ein Zeichen gegeben wurde, damit das Volk an ihn glaube. Was man mir gegeben hat, ist nichts als die Worte die mir offenbart sind, und ich hoffe, dass ich am Tag der Auferstehung die größte Gefolgschaft haben werde.“[35]

Ein weiterer wichtiger Faktor zur Etablierung des Dogmas der „Unnachahmlichkeit des Korans“ war die „hellenistisch inspirierte philosophische Diskussion“[36] um die Erschaffenheit bzw. Unerschaffenheit des Korans, die sich zwischen Ḥanbaliten, Ašʿariten und Muʿtaziliten ereignete.[37] Während sich Letztere dafür stark machten, dass der Koran von Gott in der Zeit erschaffen worden sei, da sie davon ausgingen, dass das Sprechen Gottes ein Tatattribut sei, sich also erst durch die Handlung Gottes in der Zeit realisiere, sahen die Ašʿariten hingegen im Sprechen Gottes ein ewiges Wesensattribut. Somit müsse der geistige Inhalt des Korans ewig sein, der Wortlaut des Korans sei aber von Gott in der Zeit erschaffen. Die Ḥanbaliten gingen noch einen Schritt weiter und verstanden den Koran in Wortlaut und Inhalt als ewig, d. h. der Koran ist unerschaffen. Dieses letzte Verständnis hatte „eine starke Betonung des Abstands zwischen dem Koran und aller übrigen Rede zur Folge“.[38]

---

33 Neuwirth, Das islamische Dogma der ‚Unnachahmlichkeit des Korans‘, 173.

34 Vgl. Martin: Inimitability, 527b.

35 Entnommen aus Neuwirth, Das islamische Dogma der ‚Unnachahmlichkeit des Korans‘, 173.

36 Ebd.

37 Vgl. Martin: Inimitability, 531b; Neuwirth, Das islamische Dogma der ‚Unnachahmlichkeit des Korans‘, 173.

38 Ebd., 173.

Sicherlich ebenfalls wichtig und vielleicht auch im Zusammenhang mit dem letztgenannten Faktor zu betrachten, ist die Polemik und der damit verbundene Wettstreit mit den anderen Religionen bzw. Schriftbesitzern, sprich den Juden und Christen zur Zeit der Verkündigung des Korans. Dieser entwickelte sich maßgeblich durch die Expansion des islamischen Reichs und das damit verbundene Zusammenleben der unterschiedlichen Kulturen und Religionen. Jede Gemeinschaft proklamierte ihre heiligen Schriften als den einzig wahren Weg. So kam es zu zahlreichen Disputen und Polemiken zwischen Muslimen, Christen, Juden sowie einigen Sekten innerhalb der muslimischen Gemeinschaft selbst.[39] Von muslimischer Seite stand besonders die Betonung Muḥammads als Siegel der Propheten im Mittelpunkt, dessen Buch das erhabenste aller Bücher sei und der Islam damit den anderen Religionen gegenüber überlegen sei. In diesem Zusammenhang zeichnet sich eine Argumentation als besonders interessant heraus, denn der Literat und Denker al-Ǧāḥiẓ (gest. 869) versucht die Überlegenheit des Propheten und des Korans gegenüber den anderen Religionen mit einer völkerpsychologischen Theorie zu erklären:

> „Gott stattete jeden seiner Gesandten mit einem solchen Zeichen aus, wie es die Empfänger auf Grund ihrer besonderen Disposition und ihrer Neigungen am besten apprezzieren konnten. Mūsā [Mose] wurde zu den Ägyptern gesandt, bei denen die Zauberei in hohem Ansehen stand. Indem nun Mūsās Zauberkunst – die Verwandlung eines Stabes in eine Schlange – die Kunst der Zauberer am Pharaonenhof übertraf, war er als Prophet bestätigt. ʿĪsā [Jesus] kam zu einer Zeit, in der die Heilkunst besonders geschätzt wurde. Seine Auferweckung der Toten überstieg alle Heilkunst, und so war er beglaubigt. Muḥammad schließlich war zu einem Volk gesandt, das sich selbst mehr als aller anderen Verdienste seiner hervorragenden Redner und Dichter rühmte, das ihm gegebene Zeichen mußte daher ein sprachliches Meisterwerk sein, daß alles Vorhandene übertraf.“[40]

Daraus schlussfolgert Neuwirth, dass ein Vergleich zwischen den sprachlichen Qualitäten der Schriften obsolet sei, denn die ande-

39 Vgl. Martin: Inimitability, 531a.

40 Neuwirth, Das islamische Dogma der ‚Unnachahmlichkeit des Korans', 174.

ren Schriften können laut al-Ǧāḥiẓ nur bezüglich ihres Inhaltes eine Übernatürlichkeit proklamieren, nicht aber bezüglich der Sprache, so wie es beim Koran der Fall sei.[41]

Als ein weiterer Faktor, welcher die Entstehung des Dogmas der „Unnachahmlichkeit des Korans" beeinflusste, ist die Kontroverse um den arabischen Nationalstolz zu erachten, die sich zwischen Arabern und den von ihnen besiegten Völkern im 9. Jahrhundert abzeichnete (arab. *šuʿūbīya*). Diese Kontroverse zeichnete sich dadurch aus, dass die eroberten Völker, vorrangig die Perser, sich keineswegs den Arabern unterlegen, sondern vielmehr in Kultur, Verwaltung, Kunst etc. überlegen sahen. Die Araber hingegen verwiesen auf ihre Offenbarung, den Koran, der sich als Bestätigungswunder von den früheren insofern abhob, als dass er „ein subtiles, rein sprachliches Wunder"[42] war und somit als „vergeistigtes Bestätigungswunder auch ein Beweis für den geistigen Höchststand des arabischen Volkes und der Araber"[43] galt. In diesem Zusammenhang entstanden zudem Ausführungen, die den besonderen Stellenwert der arabischen Sprache betonten, denn sie stelle ja das „von Gott erkorene Instrument der abschließenden Botschaft"[44] dar.[45]

Als letzten begünstigenden Faktor für die Etablierung des Dogmas sollte die Entwicklung der Literaturkritik genannt werden, die ihre Anfänge im späten 8. Jahrhundert fand und den Nährboden für eine Vielzahl literaturtheoretischer sowie auch literaturkritischer Werke gebildet hat. Ausgangspunkt war die sich zu Anfang des Abbasidenreichs (750–1517) immer weiter ausdifferenzierende Dichtung mit ihren zahlreichen Tropen und rhetorischen Figuren, deren Analyse die Aufmerksamkeit einer großen Anzahl von Gelehrten auf sich gezogen hatte.[46] Im Lichte dieser Analysen rückten auch die stilistischen und linguistischen Quali-

---

41 Vgl. ebd.

42 Ebd.

43 Ebd.

44 Ebd., 175.

45 Vgl. ebd., Vasalou, Miraculous Eloquence, 25 ff.

46 Vgl. Neuwirth, Das islamische Dogma der ‚Unnachahmlichkeit des Korans', 175.

täten des Korans in den Fokus der Untersuchungen und bildeten einen festen Bestandteil der literaturtheoretischen und -kritischen Theorien.[47]

Die Fusion all dieser Faktoren kann als konstitutives Moment für die Entstehung des Dogmas der „Unnachahmlichkeit des Korans" erachtet werden. Welche Diskussionen sich innerhalb der Entwicklung des Dogmas ergaben, soll in der Folge genauer durchleuchtet werden.

4.2.3 Entwicklungen in den klassischen Diskussionen um die „Unnachahmlichkeit des Korans"[48]

In ihrem Bemühen, die Wirkung des Korans auf den Hörer rational nachzuvollziehen, haben die islamischen Gelehrten unterschiedliche Theorien zum Dogma der „Unnachahmlichkeit des Korans" entwickelt. Dabei zeigen sich zwei Schwerpunkte: die Theorien, die das Wunder innerhalb des Korans verorten, und diejenigen, die dies außerhalb des Korans tun.[49] Die ersten erhaltenen Ausführungen lassen sich im muʿtazilitischen Diskurs um die Prophetologie und die Notwendigkeit von Bestätigungswundern verorten. So stellt der Schüler des großen muʿtazilitischen Gelehrten Abū l-Huḏail (gest. 841/2), Abū Isḥāq Ibrāhīm an-Naẓẓām (gest. 845), die Theorie auf, „dass der Koran [nicht] per se unimitierbar sei, sondern es in den linguistischen Möglichkeiten von gewöhnlichen Menschen und Sprechern des Arabischen läge, eine Sprache wie den Koran zu produzieren".[50] Die Unfähigkeit der Zeitgenossen des Propheten, etwas wie den Koran sprachlich zu imitieren, sieht er demnach nicht in der grundsätzlichen Unfähigkeit der Araber, die linguistischen Qualitäten des Korans zu erreichen, schließlich waren diese bekannt für ihre Dichtung und Eloquenz. Vielmehr hätte Gott den Arabern mit Auftreten

47 Vgl. Martin, Inimitability, 531b.
48 Dieser Abschnitt stammt von Dr. Dina El Omari.
49 Vgl. Vasalou, Miraculous Eloquence, 30.
50 Martin, Inimitability, 532a.

des Propheten und seiner göttlichen Botschaft das Wissen um diese Qualitäten geraubt (arab. *ṣarfa*), sodass sie unfähig geworden seien, etwas Ähnliches wie den Koran zu komponieren.[51] Dieses als *ṣarfa*-Theorie bezeichnete Eingreifen Gottes sieht an-Naẓẓām als Wunder des Korans an. Zudem entdeckt er in den Passagen, die über Dinge berichten, die verborgen oder aber in der Zukunft lägen, ebenfalls den Wundercharakter des Korans.[52] Diese Theorie fand zwar einige Anhänger, wurde aber von der Mehrzahl der Gelehrten abgelehnt, unter ihnen Vertreter der Muʿtazila von Basra und Abū l-Ḥasan al-Ašʿarī (gest. 935/6).[53]

Aber auch der Schüler an-Naẓẓāms, al-Ǧāḥiẓ (gest. 865), lehnte dessen Theorie ab und formulierte in einigen Schriften, die er zur Verteidigung des Propheten verfasste, eine eigene These, welche die klassische Diskussion über die „Unnachahmlichkeit des Korans" nachhaltig prägen sollte. Laut dem Literaten sei der Koran in Bezug auf seine Komposition (arab. *taʾlīf*) und seine Struktur bzw. die Anordnung seiner Wörter (arab. *naẓm*) unimitierbar, und somit sei der Wundercharakter innerhalb des Korans zu verorten.[54] Mit seinem Ansatz gilt al-Ǧāḥiẓ zum einen als Exempel dafür, wie sich der Einfluss der Literaturkritik auf die *kalām*-Argumente auswirkte, zum anderen formte er nachhaltig die allgemeinen Argumente, die sunnitische und einige schiitische Intellektuelle fortan für den Beweis der Unimitierbarkeit des Korans nutzten.[55]

Ab dem 10. Jahrhundert wurde die Debatte daher maßgeblich auf den Stil und die Eloquenz des Korans fokussiert, wobei drei zentrale Begriffe eine Rolle spielten: die bereits erwähnte Anordnung der Wörter (arab. *naẓm*), die Worte bzw. der Ausdruck selbst (arab. *lafẓ*) sowie die Bedeutungen (arab. *maʿnā*), wobei besonders der erste Begriff die spätere Debatte maßgeblich be-

---

[51] Vgl. ebd., 532b.
[52] Vgl. Vasalou, Miraculous Eloquence, 30.
[53] Vgl. Martin: Inimitability, 532a.
[54] Vgl. ebd., 533a.
[55] Vgl. ebd., 533b.

stimmte.[56] Er stellt hier „die Beziehung zwischen den Wörtern in Synergie mit der beabsichtigten Bedeutung“[57] dar, sodass folglich „die Eloquenz in der Art und Weise liegt, wie die Worte perfekt zueinander angeordnet sind, dabei die Bedeutung in makelloser Genauigkeit rüberbringend, so dass kein Wort durch ein anderes ausgetauscht werden kann, ohne dass dabei der nahtlose Übergang zerstört werden würde“.[58]

Im Spannungsfeld zwischen der *ṣarfa*-Theorie und der *naẓm*-Theorie entfalten sich eine ganze Reihe an Arbeiten, von denen im folgenden Unterkapitel vier der in der islamischen Tradition wichtigsten Gelehrten vorgestellt werden sollen, vor allem in Hinblick auf eine literaturwissenschaftliche Betrachtung des Textes.

4.2.4 Beispiele in der klassischen Tradition für eine literaturwissenschaftliche Beschäftigung mit dem Text[59]

In der Debatte um den Wundercharakter des Korans lassen sich eine Vielzahl von Werken der unterschiedlichen islamischen Strömungen und Ausrichtungen finden. Für die heutige Frage nach einer literaturwissenschaftlichen Perspektive auf den Koran lassen sich in der islamischen Tradition besonders vier Gelehrte ausmachen, die „in der konstitutiven Phase der Entwicklung der iʿǧāz-Lehre […] dem Komplex eine systematische Behandlung gewidmet haben“.[60] In den Abhandlungen dieser vier Gelehrten wird die Sprachgestalt des Korans in den Fokus gerückt, mit dem Ziel, die Unimitierbarkeit rational begründen zu können. Daher sind es gerade literaturtheoretische Analysen und Argumente, die im Mittelpunkt dieser Abhandlungen stehen. Exemplarisch vorgestellt werden sollen der muʿtazilitische Gelehrte ʿAlī b. ʿĪsā ar-Rummānī (gest. 994), der šāfiʿitische Ḥadīṯgelehrte und Literat

---

56 Vgl. ebd., 31.
57 Vasalou, Miraculous Eloquence, 32.
58 Ebd.
59 Dieser Abschnitt stammt von Dr. Dina El Omari.
60 Neuwirth, Das islamische Dogma der ‚Unnachahmlichkeit des Korans', 176.

Abū Sulaimān Ḥamd al-Ḫaṭṭābī (gest. 996 oder 998), der ašʿaritische Gelehrte Abū Bakr Muḥammad al-Bāqillānī (gest. 1013) sowie der Literat ʿAbd al-Qāhir al-Ǧurǧānī (gest. 1078).

Der am frühesten wirkende unter den vieren, ar-Rummānī, gehörte der muʿtazilitischen Schule in Bagdad an, die von Abū Bakr Aḥmad b. ʿAlī al-Iḫšīḏ (ca. 932) gegründet wurde[61], und zeigt in seinen Ausführungen *an-Nukat fī iʿǧāz al-Qurʾān* sowohl eine Zugewandtheit zur *ṣarfa*-Theorie als auch zur *naẓm*-Theorie. Der Gelehrte zeichnet in diesem Zusammenhang einen „großen methodischen Rahmen […] für die Einzelaspekte des iʿǧāz"[62] und macht deutlich, dass die Unnachahmlichkeit des Korans für ihn auf der höchsten Stufe sprachlicher Eloquenz liegt.[63] Dabei bilden zehn rhetorische Figuren aus dem Koran die Basis für seine Theorie zur Unnachahmlichkeit des Korans, die dessen Eloquenz belegen sollen:[64]

„vier von ihnen gehören zu den in seiner Zeit viel diskutierten badīʿ-Figuren: der Vergleich (tašbīh), die Metapher (istiʿāra), die Paronomasie (taǧānus) und die Hyperbel (mubālaġa); drei weitere entsprechen in der arabischen Rhetorik konventionellen Forderungen nach sprachlicher Disziplin, nämlich die prägnante Kürze (īǧāz), die Klarheit der Rede (bayān) und die Euphonie (talāʾum). Die letzten drei Elemente schließlich sind von Rummānī neu entwickelt worden: nämlich die freie Abwandlung desselben

61 Vgl. Martin, Inimitability, 534a.

62 Neuwirth, Das islamische Dogma der ‚Unnachahmlichkeit des Korans', 177.

63 Vgl. ebd., 177. ar-Rummānī beschreibt insgesamt sieben Aspekte, die seiner Meinung nach die Unnachahmlichkeit des Korans ausmachen, „unter diesen inkludiert er Aspekte der allgemein anerkannten Argumente […] wie die Tatsache, dass die Araber vom Koran herausgefordert wurden etwas Ähnliches wie den Koran zu produzieren und es nicht schaffen, dass der Koran einen Grad der Eloquenz erreichte, der das Gewohnte sogar für die eloquentesten Araber überschritt, und dass der unimitierbare Koran in einer Reihe steht mit der Spaltung des Roten Meeres durch Moses sowie Jesus, der Tote zum Leben erweckt […] auch zählt er die göttliche Beraubung (ṣarfa) sowie die prophetischen Voraussagungen der nicht sichtbaren Ereignisse, also der Zukunft, dazu" (Martin, Inimitability, 534a.). Den größten Raum nehmen aber seine Ausführungen zur Sprachgestalt des Korans ein.

64 Vgl. ebd., 534a.

Themas (taṣrīf al-maʿānī), der Implikationsgehalt fester Redewendungen (taḍmīn) und die Versschluss-Assonanz (fawāṣil)".[65]

Die Besonderheit in den Ausführungen des Gelehrten liegt vor allem darin, dass er einigen Topoi koranspezifische Bedeutungen zukommen lässt und sich somit die gängige Bedeutung verschiebt. So werden Metaphern von ihm nicht mehr als Schmuck der Rede gedeutet, sondern als Mittel zur Verdeutlichung bestimmter Inhalte. Die Metapher verhilft also dazu, einer koranischen Aussage mehr Klarheit[66] zu geben, und kommt damit der Bedeutung der koranischen Rede als *bayān* (Verdeutlichung) sehr nahe.[67]

Ein weiteres Beispiel für ar-Rummānīs koranspezifische Umdeutung von Topoi zeigt sich an der freien Abwandlung desselben Themas. Denn im Gegensatz zur Gestaltung in der Dichtung, in der „die Neugestaltung eines konventionellen poetischen Motivs […] sich nur formal, d.h. metrisch und reimtechnisch, in das Gedichtganze einzufügen [braucht]"[68], ohne dass dabei die Motive in einem logischen Zusammenhang stehen, hat im Koran „das einzelne Motiv in seiner jeweiligen Verwendung auch verschiedene Funktion, je nach dem, welchen Gedankengang es stützen soll".[69] Somit hat diese rhetorische Figur im Koran eine neue Bedeutung und erfährt eine andere Umsetzung, wodurch die Besonderheit der Komposition des Korans, aber auch der Unterschied zur Dichtung deutlich wird. Einzelne Motive aneinanderzureihen erfordert nicht die gleiche Eloquenz wie die Verknüpfung mehrerer Motive zu einem in sich stimmigen Ganzen, wobei die Funktion des Motivs sich je nach Komposition verändern kann.

Ar-Rummānīs Überlegungen zur Unnachahmlichkeit des Korans zentrieren sich also in ihrer Gesamtheit um die rhetorisch-

---

65 Neuwirth, Das islamische Dogma der ‚Unnachahmlichkeit des Korans', 177.

66 Die Klarheit ergibt sich aus dem Gebrauch bekannter Metaphern aus dem vorislamischen Kontext, die den Hörern das Anliegen mithilfe bekannter Bilder verdeutlichen.

67 Vgl. Neuwirth, Das islamische Dogma der ‚Unnachahmlichkeit des Korans', 177.

68 Ebd., 178.

69 Ebd.

sprachliche Vorzüglichkeit des Korans, die nach seiner Argumentation in einer unübertreffbaren Weise im Koran zum Ausdruck kommt. Dabei ist ar-Rummānīs Anliegen kein rein literatur- oder sprachwissenschaftliches, vielmehr spielt sein theologisches Interesse eine entscheidende Rolle innerhalb seiner Analyse, denn Sprache ist das Werkzeug Gottes für seine Offenbarung und steht somit im Spannungsverhältnis von Transzendenz und Immanenz: „The fact that language was a vehicle of revelation meant that language in itself deserves considerable attention, since language had become the point of contact between man and God."[70] Durch die Sprache erhält das Handeln Gottes demnach eine konkrete Gestalt. Es verwundert deshalb nicht, dass ar-Rummānīs Blick entsprechend geschärft ist für die rhetorische Vorzüglichkeit des Korans und er mit deren Analyse aufzeigen möchte, wie die Transzendenz der göttlichen Botschaft in der Immanenz der menschlichen Sprache realisiert werden kann. Trotz dieses Anliegens geht die Argumentation ar-Rummānīs nicht über einen qualitativen Unterschied zwischen Koran und Poesie hinaus, was die Gefahr birgt, doch übertreffbar zu sein. Es bleibt also fraglich, ob ar-Rummānī wirklich die Brücke von Transzendenz zu Immanenz über die Sprache schlagen kann oder die Transzendenz doch nur eine Verlängerung der Immanenz bleibt.[71]

Der Ḥadīṯgelehrte al-Ḫaṭṭābī greift in seinem Buch *Bayān iʿǧāz al-Qurʾān* einige Punkte seines Zeitgenossen ar-Rummānī auf, unterscheidet sich aber von diesem insofern, als er eine Beobachtung zum Text macht, die bei ar-Rummānī fehlt. Denn al-Ḫaṭṭābī sieht die Sure als eine literarische Einheit, innerhalb derer die verschiedenen, sich inhaltlich in ihrer Beweiskraft stützenden gedanklichen Inhalte zu einer harmonischen und in sich stimmigen Komposition verknüpft werden. Der Gelehrte sieht gerade in diesem polythematischen Charakter der Sure einen großen Vorteil,

---

70 Awad Muaiwed Al-Jemaey: Al-Rummānī's „al-Nukat fī I'jāz al-Qur'ān": an annotated translation with introduction, Diss. Univ. Indiana 1987, 50.

71 Diesen Gedanken verdanke ich Tobias Specker aus seiner noch nicht veröffentlichten Habilitationsschrift zum Thema iʿǧāz al-Qurʾān.

da seiner Ansicht nach einzelne Themen die Gegner des Propheten nicht so zu überzeugen vermochten, wie es mehrere Inhalte, vereint in einer harmonischen Komposition, erreichen konnten.[72] Innerhalb dieser Kompositionen hat jedes Element seinen exakten Platz, ist also nicht austauschbar oder verrückbar, und die Unfähigkeit des Menschen, diese in sich vollkommene Komposition nicht zu begreifen und nachzuahmen, erhebt den Koran wiederum auf seine Stufe der Unnachahmlichkeit, die somit aus dem Wesen des Korans selbst erzeugt wird und nicht, wie es bei der *ṣarfa*-Theorie der Fall ist, auf Gottes Eingreifen beruht. Dadurch zeigt sich zwar zum einen eine Abgrenzung von menschlicher Rede und somit die Vermeidung, die koranische Rede als Verlängerung der menschlichen Rede zu sehen, wie es eben bei ar-Rummānī der Fall ist, aber es entsteht gleichzeitig auch die Gefahr, die koranische Sprache in Abgrenzung zur menschlichen Sprache zu einer Sondersprache zu machen.

Der dritte zu nennende Gelehrte ist der ašʿaritische Theologe al-Baqillānī, der in seinem Werk *Iʿǧāz al-Qurʾān* eine systematische Behandlung des Themas vornimmt[73], indem er bereits vorhandene Theorien systematisiert und in eine Synthese überführt. Dafür greift er wie seine Vorgänger die Tendenz auf[74], den Wundercharakter vor allem im außergewöhnlichen Sprachmantel des Korans zu verorten, und betont dabei, dass es nicht die Eloquenz des Korans alleine ist, die ihn aus allen anderen literarischen Gattungen hervorhebt, sondern der Bruch mit den bestehenden literarischen Formen. Ausgangspunkt seiner Überlegungen ist die Vorstellung zweier Gedichte, die „*Muʿallaqa* des Imraʾ al-Qais als Repräsentant der altarabischen Poesie“[75] sowie eine Qaṣīde (arabisches Strophengedicht) „des Buḥturī für die moderne abbasidische Dichtung“[76], deren Versstrukturen er analysiert und gegen-

[72] Vgl. Neuwirth, Das islamische Dogma der ‚Unnachahmlichkeit des Korans‘, 179 f.
[73] Vgl. ebd., 180.
[74] Vgl. Vasalou, Miraculous Eloquence, 33.
[75] Neuwirth, Das islamische Dogma der ‚Unnachahmlichkeit des Korans‘, 180.
[76] Ebd.

über dem vollkommenen Aufbau der Koranverse bemängelt.[77] Dabei sieht er es anhand der koranischen Beschreibung, dass die Araber den Koran in die bekannten Literaturgattungen nicht einordnen konnten[78], als gegeben an, dass der Text für diese nicht anhand alter Muster klassifizierbar war. Dies verfolgt al-Bāqillānī weiter, indem er selbst „eine Aufstellung aller bekannten literarischen Formen vornimmt, wie zum Beispiel verschiedene Typen von poetischer Prosodie, Wörtern im Metrum, aber nicht reimend, Wörtern in gereimter Prosa [...] und der Koran passt in keine dieser Formen".[79] Er kommt in diesem Zusammenhang auch zu dem Schluss, dass der Koran im Gegensatz zur Dichtung in seiner Struktur nicht auf bereits vorhandenen Vorbildern aufbaue. Außerdem könne man anhand der rhetorischen Figuren alleine nicht das Wunder des Korans ausmachen, vielmehr sei es die Frage, wie sie koranspezifisch eingebettet seien.[80] In seiner *iʿǧāz*-Theorie geht der Gelehrte dabei ebenfalls empirisch vor, allerdings konzentriert er sich auf die Komposition der Verse (arab. *naẓm*) und zeigt zunächst anhand der langen Verse mittels syntaktischer und semantischer Kriterien, dass diese sich in eine unterschiedliche Anzahl von syntaktisch oftmals selbstständigen Einheiten einteilen lassen, die er selbst als *kalimāt* (Kolon)[81] bezeichnet.[82] Auf der Grundlage dieser strukturellen Gliederung der Verse, kommt al-Bāqillānī zu folgender Typisierung von Versen: Es gibt a) kurze, ein- bis zweigliedrige Verse, „bestehend aus einer kalima bzw. einer kalima und einem Schlußkolon"[83], und b) „lange, mehrgliedrige Verse, bestehend aus drei kalimāt und mehr".[84] Neuwirth kommt hier zu dem Fazit:

---

[77] Vgl. ebd.

[78] Vgl. Vasalou, Miraculous Eloquence, 34: Sie werfen dem Propheten vor, Dichter, Wahrsager oder Magier zu sein.

[79] Ebd.

[80] Vgl. ebd., 35.

[81] Aus der antiken Rhetorik stammende Bezeichnung für eine rhythmische Spracheinheit, die auf einer Atempause beruht.

[82] Vgl. Neuwirth, Das islamische Dogma der ‚Unnachahmlichkeit des Korans', 181.

[83] Ebd., 182.

[84] Ebd.

„Wenn Bāqillānīs Analyse der Koranverse auch keineswegs Vollständigkeit beanspruchen kann, und wenn vor allem auch bei ihm wichtige Beobachtungen nur angedeutet sind, so muß doch seine Einführung des Begriffs kalima und die Dichotomie der Verstypen als ein bedeutender Fortschritt in der Erfassung der koranischen Sprachstruktur angesehen werden."[85]

Al-Bāqillānīs Ansatz zeigt die Prämisse, dass die Unnachahmlichkeit des Korans nicht in einer perfekten Umsetzung der menschlichen Sprache zu suchen ist, denn etwas von Menschen Gemachtes kann Gott nicht repräsentieren. Vielmehr liegt für ihn die Unnachahmlichkeit des Korans in der Andersartigkeit der koranischen Sprache und der Komposition des Korans. In diesem Zusammenhang unterscheidet der Gelehrte zudem zwischen dem Koran als ewiger Lehre oder innerer Rede Gottes (arab. *kalām nafsī*), das ist der Sinngehalt, der in allen Offenbarungen der gleiche ist, und der konkreten sprachlichen Gestaltung des Korans, also dem geschichtsgebundenen Gehalt des Wortes Gottes. Für die Ašʿariten ist Ersteres das ewige unerschaffene Wort Gottes (arab. *kalām lafẓī*), während Letzteres die in der Zeit erschaffene äußere Form dieses Wortes Gottes ist. Wir können also sagen, dass das Wort Gottes eine überzeitliche transzendente und eine zeitgebundene immanente Seite besitzt.[86]

Womit wir nun zum letzten der vier Gelehrten kommen, dem Literaten al-Ǧurǧānī und seinem Werk *Dalāʾil al-Iʿǧāz*. Ebenso wie den Gelehrten vor ihm, ist es ihm ein Anliegen, die *iʿǧāz*-Theorie neu zu begründen, da die bisherigen Ergebnisse ihn nicht in ihrer Gänze überzeugen.[87] Dabei zeichnet sich sein Ansatz dadurch aus, dass er ein System entwickeln möchte, mit dessen Hilfe eine Rede maßgeblich sprachlich bewertet werden kann, ohne das Wort bzw. den Ausdruck selbst (arab. *lafẓ*) ins Zentrum zu rücken, sondern der *naẓm*-Theorie folgend das Gefüge der Wörter zu einem Satz und somit den Stil im Einzelnen zu betrachten, um so den Wert der Rede zu bestimmen.[88] Der Literat macht deutlich,

---

85 Ebd., 183.

86 Vgl. al-Bāqillānī: al-inṣāf fī-mā yaǧib iʿtiqādu wa-lā yaǧūz al-ǧahl bihi. Ed. M. al-Kawṯarī, Kairo 2000. S. 84 ff.

87 Vgl. Vasalou, Miraculous Eloquence, 39.

88 Vgl. Weisweiler, Abdalqahir al-Curcani's Werk, 77.

dass es nicht ausreichend ist, „sich durch die Kunst einer Rede innerlich ansprechen zu lassen, sondern [man müsse] den Gründen der Kunst nachgehen".[89] Wie schon bei ar-Rummānī vor ihm gehört zu der Bewertung des Stils die Beurteilung der „kunstvolle[n] Verflechtung der Satzelemente zu einer geschlossenen Einheit statt ihrer [bloßen] Aneinanderreihung".[90] Außerdem sind „die Beachtung der syntaktischen Regeln bis zu den subtilsten Feinheiten [und] die bildliche Redeweise im weitesten Sinne"[91] von großer Bedeutung. Der Blick für diese stilistischen Feinheiten und Unterschiede hebt al-Ǧurǧānī von seinen Vorgängern deutlich ab. Er untersucht jedes sprachliche Phänomen im Einzelnen hinsichtlich seiner Ursache, seines Zwecks und seiner psychologischen Wirkung[92], denn „jede Ausdrucksweise hat ihren eigenen Zweck, ihren inneren Sinn"[93] und bedarf daher einer eigenen Untersuchung, für die er sowohl die Dichtung als auch den Koran einbezieht.[94] Besonders der Wirkung von sprachlichen Konstruktionen widmet er einige Kapitel in seinem Werk, indem er aufzeigt, dass man den Sinn eines Satzes leicht mithilfe syntaktischer Mittel verändern kann und dies eine entsprechende Wirkung auf den Rezipienten hat.[95] Für den Koran bedeutet dies, dass die bewusste Konstruktion der Satzgefüge ebenfalls eine ganz bestimmte Wirkung auf den Rezipienten erzielt und dabei eine bestimmte Bedeutung überträgt, die allerdings verloren ginge, sollte sich etwas an der Komposition verändern.

Somit wird die Unnachahmlichkeit des Korans bei al-Ǧurǧānī aus zwei Perspektiven betrachtet: Zum einen setzt er bei dem Begriff der kompositionellen Fügung (arab. *naẓm*) an, zum anderen versucht er über den Wirklichkeitsbezug poetischen Sprechens die Unnachahmlichkeit des Korans zu erklären.[96] Da nun besonders

---

89 Ebd., 78.

90 Ebd.

91 Ebd.

92 Vgl. ebd., 79.

93 Ebd., 78.

94 Vgl. Vasalou, Miraculous Eloquence, 40.

95 Vgl. Weisweiler, Abdalqahir al-Curcani's Werk, 78 f.

96 Vgl. Naʿim al-Ḥumṣī, Fikrat iʿǧāz al-Qurʾān. Min al-baʿṯa n-nabawīya ilā

seine Ausführungen für einen literaturwissenschaftlichen Zugang innerhalb der Koranhermeneutik von besonderer Bedeutung sind, sollen diese beiden Perspektiven an dieser Stelle noch einmal genauer präsentiert werden.

Der Begriff des *naẓm* bildet, wie bereits erwähnt, den zentralen Ausgangspunkt für die Ausführungen von al-Ǧurǧānī und beinhaltet im Wesentlichen zwei Aspekte:[97] So betont al-Ǧurǧānī, dass Form und Inhalt eine untrennbare Einheit darstellen, und zugleich verweist er darauf, dass es nicht einzelne Stilmittel sind, welche die Bedeutung der poetischen Rede ausmachen, sondern ihre syntaktische und kontextuelle Einbettung in das Gesamtgefüge des Textes, die zudem in einer Beziehung zu eben diesem Gesamtgefüge steht. Also nicht die einzelnen Elemente spielen isoliert eine Rolle für die Bedeutung, sondern die Gesamtkomposition, die letztlich auch eine entsprechende Wirkung beim Rezipienten auslöst. Dadurch werden rhetorische Mittel nicht als bloße Ornamente der poetischen Rede verstanden, die nur dazu dienen, einen auch anders aussagbaren Inhalt in schöner Sprache zu vermitteln, sondern diese Ornamente bilden innerhalb der Gesamtkomposition eines Textes eine Einheit mit dem Inhalt. Somit gehen die einzelnen Stilmittel und Topoi über das einzelne Wort hinaus, sie erhalten ihre Bedeutung durch ihre syntaktische Einbettung und den jeweiligen poetischen Kontext in der Gesamtkomposition des Textes. Dies hat in der weiteren Argumentation al-Ǧurǧānīs zur Folge, dass die Umstellung oder das Weglassen eines Wortes eine Veränderung der Bedeutung als Konsequenz nach sich zieht, wodurch poetische Formulierungen ihre poetische Kraft erst durch ihre Position entfalten.[98]

Die zweite Perspektive al-Ǧurǧānīs auf die poetische Sprache richtet sich auf deren eigene Erschließung von Wirklichkeit. Dabei denkt er sie nicht als eine statische Struktur, sondern versteht sie in ihrem dynamischen Charakter, durch den sie eine transformie-

ʿaṣrinā l-ḥāḍ, Beirut [3]1980, 86 ff.; vgl. auch Abū Bakr ʿAbd al-Qāhir b. ʿAbd ar-Raḥmān b. Muḥammad al-Ǧurǧānī, Kitāb dalāʾil al-iʿǧāz, hg. v. Maḥmūd Muḥammad Šākir. Kairo 1984, 81 ff.

[97] Vgl. al-Ǧurǧānī, Kitāb dalāʾil al-iʿǧāz, 80 ff.

[98] Vgl. Kermani, Gott ist schön, 260 f.

rende Wirkung auf den Rezipienten hat. Dieser wird nämlich zunächst auf einer psycho-physischen Ebene berührt, die al-Ǧurǧānī als erste eher oberflächliche emotionale Reaktion deutet, wie Ruhe, Lust oder Freude.[99] Hinter dieser Ebene liegt der eigentliche kognitive Akt, denn Poesie will nicht nur emotional bewegen, sie will zu Erkenntnis gelangen. Dies gelingt ihr vor allem dadurch, dass der Rezipient zur geistigen Tätigkeit des Rückschließens animiert wird, und zwar indem die poetische Rede nicht nur Bekanntes wiedergibt, sondern auch Neues erkennen lässt. Hier liegt die Erschließungsfunktion von Wirklichkeit, welcher der poetischen Rede inhärent ist.[100] Dabei ist die geistig-dynamische Aktivität des Rezipienten abhängig von der Komplexität der poetischen Rede, denn je anspruchsvoller diese gestaltet ist, desto mehr Aktivität bedarf es. In diesem Zusammenhang stellt al-Ǧurǧānī fest, dass die ästhetische Wirkung entsteht, wenn der Rezipient mit Neuem, das ihm nicht vertraut ist, konfrontiert wird.[101]

Ausgehend von diesen Vorüberlegungen und Analysen zur poetischen Sprache nähert sich al-Ǧurǧānī nun dem Dogma der Unnachahmlichkeit des Korans, die laut dem Gelehrten ebenfalls hauptsächlich in seiner kompositionellen Fügung (arab. *naẓm*) liegt. Die poetische Rede und entsprechend ihre rhetorischen Stilmittel sind also als wesentlich für die Unnachahmlichkeit des Korans zu erachten, aber eben nicht isoliert, sondern in ihrer kompositorischen Fügung (arab. *naẓm*), in der sie erst ihre Wirkmacht auf den Rezipienten entfalten. Dabei stellt die Verbindung von Inhalt und Form eine entscheidende und untrennbare Verbindung dar, denn jeder realisierte poetische Ausdruck steht innerhalb der Komposition an einer unverrückbaren Stelle, die seine Bedeutung ausmacht. Eine Veränderung seiner Position würde eine Veränderung in seiner Bedeutung zur Folge haben. Worin unterscheidet sich aber der Koran nun von der Dichtung, wenn das bisher Gesagte auch auf die Dichtung zutrifft? Er ist eben deshalb anders bzw. unnachahmlich, weil er ein Bedeutungsgefüge

[99] Vgl. al-Ḥumṣī, Fikrat iʿǧāz al-Qurʾān, 86.
[100] Vgl. ebd., 89.
[101] Dies betont Kermani, Gott ist schön, 272 ff.

darstellt, das nur durch seine eigene poetische Eigenart erzeugt werden kann. Hinzu kommt, dass ein poetischer Ausdruck in der Dichtung nicht zwangsläufig gelungen sein muss. Diese Option schließt al-Ǧurǧānī aber für den Koran aus, denn dieser beinhaltet schlichtweg nur gelungene Realisierungen.[102] Für diese Realisierungen greift der Koran laut dem Gelehrten verstandesmäßige topische Bedeutungen (arab. *maʿānī ʿaqlīya*) auf, d.h. es lassen sich im Koran im Gegensatz zur Dichtung keine poetischen Ausrücke finden, die fantastische Elemente (arab. *taḫyīl*) beinhalten. Während Letztere nicht unbedingt darauf bedacht sind, mit der bildhaften Beschreibung eine parallele Logik aufzubauen, hat der Koran einen innersprachlichen Wirklichkeitsanspruch: Er will in poetischer Sprache eine Wirklichkeit aufzeigen, wie sie von Gott her erschlossen ist. Somit bilden Sprache und Wirklichkeit eine Einheit. Das bedeutet weiterhin, dass die Unnachahmlichkeit des Korans keinesfalls nur auf die Rezeptionsästhetik bezüglich der überwältigenden Wirkung seiner Rezitation zu reduzieren ist. Vielmehr macht genau die von ihm konstruierte Wirklichkeit bzw. deren Erschließung durch den Rezipienten seine Unnachahmlichkeit aus. Durch dieses Verständnis dient Offenbarung im Falle des Korans durchaus als Vermittlung von Wissen, allerdings nicht in Form von Instruktionen, denen zu folgen ist, sondern in Form eines Erkenntnisprozesses, der durch die Erschließung der koranischen Wirklichkeit in Gang gesetzt wird.

Nun führt uns dieser Aspekt unweigerlich zu der Frage nach dem Verhältnis von göttlicher und menschlicher Rede, also nach der Transzendenz und Immanenz im Verständnis von al-Ǧurǧānī. Der Gelehrte versteht den Koran nicht einfach als unmittelbares Gotteswort. Vielmehr findet sich bei ihm das ašʿaritische Verständnis der Differenzierung zwischen *kalām nafsī* und *kalām lafẓī*, und zwar ganz im Sinne des Verhältnisses von Inhalt (arab. *maʿnā*) und Form (arab. *lafẓ*) in Bezug auf die kompositionelle Fügung (arab. *naẓm*). Denn *lafẓ* und *maʿnā* sind ebenso wie *kalām lafẓī* und *kalām nafsī* voneinander zu unterscheiden, d.h. der sprachlich realisierte Koran ist nicht mit der göttlichen Rede

[102] Vgl. ebd., 266.

gleichzusetzen. Gleichzeitig verdeutlicht der *naẓm*-Begriff die Untrennbarkeit von *lafẓ* und *maʿnā*, was wiederum ebenso auf das Paar *kalām nafsī* und *kalām lafẓī* übertragbar ist, denn beide können weder identisch noch getrennt voneinander sein. Wären nämlich beide identisch, würde dies bedeuten, dass der rezitierte Koran unmittelbar das wortwörtliche Gotteswort ist. Wäre ihre Bindung jedoch trennbar, so würde dies bedeuten, dass der Koran lediglich auf dem Zufallsprinzip basierend Formulierungen frei wählt, um etwas Nichtsprachliches zum Ausdruck zu bringen. Es ist also eine differenzierte Identität, welche das Verhältnis von *lafẓ* und *maʿnā* sowie von *kalām lafẓī* und *kalām nafsī* bestimmt:

> „The relationship, ʿAbd al-Qahir al-Jurjani suggests, between the mental vision of a body of discourse and the stylistic form it takes in actual linguistic expression, resembles the formula ascribed to the ashʿarites regarding the relationship of the Qurʾan to its Creator, whereby ‚God's eternal speech is nor God, nor something other than God; God is not His speech, nor something other than His speech'".[103]

Die Wirklichkeit Gottes ist somit aufs Engste mit der Sprache verbunden und zugleich von ihr unterschieden.

Al-Ǧurǧānīs Ausführungen bilden bis heute eine gute Ausgangslage, um einen literaturwissenschaftlichen Zugang zum Koran zu begründen und fruchtbar zu machen, denn durch diesen löst sich die Exegese von einer literalistischen, also wortwörtlichen Lesart des Korans und eröffnet neue Perspektiven für eine moderne Koranhermeneutik.

4.2.5 Moderne literaturwissenschaftliche Ansätze[104]

Auch viele moderne Gelehrte verfolgten in ihrer literaturwissenschaftlichen Auseinandersetzung mit dem Koran in erster Linie weniger ein exegetisches Interesse, sondern vielmehr den Erweis des Wundercharakters des Korans als Beglaubigungswunder

---

103 Margaret Larkin: The inimitability of the Qur'an: two Perspektives. In: Religion und Literature of Islam 20, 1 (1988), 31–47, hier 44.

104 Einige Passagen aus diesem Abschnitt stammen von Dr. Dina El Omari.

Muḥammads. Dennoch ist diese literaturwissenschaftliche Betrachtung des Korans, die vor allem die ästhetische Dimension der koranischen Rede betont, eine Möglichkeit aufzuzeigen, wie das Transzendente im Immanenten gedacht werden kann. Dadurch gelingt es, aus der literaturwissenschaftlichen Reflexion heraus theologische Positionen zu formulieren, welche die koranische Sprache als Ort der Theologie begründen, um zu zeigen, wie der Koran als Inhalt der liebenden Barmherzigkeit Gottes und zugleich Medium ihrer Offenbarung gedacht werden kann. Der liebende Barmherzige offenbart sich als er selbst: als der, der die Freiheit anderer bejaht. Dabei trägt die ästhetische Gestalt der koranischen Offenbarung dazu bei, die Freiheit ihrer Rezipienten zu ermöglichen.

Fast eintausend Jahre nach al-Ǧurǧānī haben sich muslimische Gelehrte, die der modernen Zeit zugeschrieben werden, aufbauend vor allem auf den Überlegungen al-Ǧurǧānīs und anderen, für einen literaturwissenschaftlichen Zugang zum Koran stark gemacht. All diesen Gelehrten ist gemeinsam, dass sie sich vor allem traditionskritisch gegen die segmentierende Einzelversanalyse der klassischen Exegese gewendet haben. Stattdessen sahen sie eine organische Einheit im Koran, vor allem in den einzelnen Suren. Sie haben die enge Verbindung zwischen Bedeutung und Form zum Teil stärker betont als einige klassische exegetische Ansätze. Der Koran vermittelt nach ihrer Auffassung weniger Informationen und Gesetze im Sinne von Instruktionen, sondern will die Menschen an erster Stelle emotional ergreifen und bewegen. Diese Intention des Korans verwirklicht sich vor allem durch seine literarische Eigenart. Die Form des Korans dient daher nicht lediglich der Ausschmückung, sondern ist konstitutiv beteiligt an seiner Bedeutung. Es ist vor allem die sogenannte „Kairiner Schule“, die sich mit einem literaturwissenschaftlichen Zugang zum Koran auseinandersetzt und diesen zu begründen versucht.

Die Kairiner Schule ist eine bisher nur unzureichend beachtete, an der literaturwissenschaftlichen Hermeneutik orientierte Forschungstradition, die sich im 20. Jahrhundert in Ägypten entwickelt hat. Man kann ihr keine eindeutige Geburtsstunde zuweisen; sie ist vielmehr aus einer größeren Verhandlung von Tradition und Moderne entstanden, die in den Gedanken der islamischen Modernisten wie Ǧamāl ad-Dīn al-Afġānī (gest. 1897), Muḥammad ʿAbduh (gest. 1905), Qāsim Amān (gest. 1908) und Rašīd Riḍā (gest. 1935) wurzelt.[105] Es war al-Afġānī, der als erster Denker einer arabischen Moderne nach einem reformorientierten Islam rief, der sich westliche Technologie und Wissenschaft zu eigen machen sollte.

Insgesamt war die Kairiner Schule bestrebt, den literaturwissenschaftlichen Zugang zum Koran wieder aufzunehmen, der seit al-Ǧurǧānī aus dem Bewusstsein der islamischen Fachvertreter und der gemeinen Gläubigen in seiner theoretischen Komplexität und den damit verbundenen praktischen Implikationen verschwunden war. Zu ihren Gründungsvätern zählen neben Ṭāhā Ḥusain (gest. 1973)[106] vor allem Amīn al-Ḫūlī (gest. 1966)[107] und sein Schüler Muḥammad Aḥmad Ḫalafallāh (gest. 1997).[108] Ihr akademischer Wirkungsort war die 1908 gegründete staatliche Ägyptische Universität von Kairo (arab. *al-ǧāmiʿat al-ahlīya*), woraus sich auch der Name „Kairiner Schule" ableitet.

Einer der ersten Gelehrten in der modernen Zeit, die einen literaturwissenschaftlichen Zugang zum Koran erforscht haben, war Sayyid Quṭb (gest. 1966). Schon in der Einleitung seines bekannt gewordenen Buches *at-Taṣwīr al-fannī fī l-Qurʾān*[109] (dtsch. *Die künstlerische Gestaltgebung im Koran*) äußerte er scharfe Kri-

---

105 Vgl. Albert Hourani, Arabic Thought in the Liberal Age, 1798–1939, Oxford/ London 1962.

106 Zur Person vgl. Michael Fisch, Ein Fremder war er in der Heimat. Einführung in Leben und Werk von Tâhâ Hussein. In: Michael Fisch/Dalia Aboul Fotouh Salama (Hg.), Die Wissenschaft ist ein Meer ohne Ufer. Beiträge zum Forschungskolloquium an der Abteilung für Germanistik der Universität Kairo, Berlin 2017, 11–26; vgl. auch Abu Zaid, Gottes Menschenwort, 52–58.

107 Zur Person vgl. Arthur Goldschmidt, Biographical Dictionary of Modern Egypt, London 2000, 105–106; vgl. auch Abu Zaid, Gottes Menschenwort, 58–60; Rotraud Wielandt, Offenbarung und Geschichte im Denken moderner Muslime, Wiesbaden 1971; Hans [J. J. G.] Jansen, The Interpretation of the Koran in Modern Egypt, Leiden 1981, 65–67.

108 Rachid Benzine, Islam und Moderne. Die neuen Denker, Berlin 2004, 14–140.

109 Sayyid Quṭb, at-Taṣwīr al-fannī fī l-Qurʾān, Kairo 1968.

tik an traditionellen exegetischen Zugängen, die ihn die Schönheit der koranischen Rede haben vermissen lassen.[110] Diese traditionellen Exegeten seien in ihrer Exegese Vers für Vers vorgegangen und hätten den Koran nicht in seiner Ganzheit betrachtet und schon gar nicht in seiner Schönheit.[111]

Er selbst habe diese Schönheit des Korans, die in den exegetischen Werken verloren gegangen sei, erst durch die direkte Lektüre des Korans für sich neu entdeckt.[112] Diese persönliche Erfahrung des Ergriffenseins von der Schönheit des Korans habe ihn dazu bewegt, sich mit dem ästhetischen Zugang zum Koran zu beschäftigen. Im Anschluss an al-Ǧurǧānī vertrat auch Quṭb die These, dass sich die literarische Besonderheit des Korans nicht im formalen und additiven Gebrauch von Stilmitteln erschöpft. Er führte daher den Begriff *taṣwīr* (dtsch. verbildlichen) ein, um einen spezifisch koranischen Ganzheitszugang zum Verstehen des Korans, der mit der *naẓm*-Theorie von al-Ǧurǧānī korrespondiert, zu explizieren. Dieser soll ebenfalls die Einheit von Inhalt und Form zum Ausdruck bringen, denn auch *taṣwīr* erschließt eine eigenständige Wirklichkeit.[113] *Taṣwīr* beschreibt Quṭb demnach als *huwa qāʿidat at-taʿbīr fī hāḏā l-kitāb al-ǧamīl*[114] (dtsch. das Ausdrucksprinzip in diesem schönen Buch [dem Koran]), an anderer Stelle spricht er von *al-qāʿida al-kabīra* (dtsch. das große Prinzip bzw. die große Regel). Eine Ausnahme sind in seinen Augen die *tašrīʿ*-Verse im Koran[115], also solche, die juristisch-normative Aussagen tätigen. Diese würden eine normative Instruktion vermitteln wollen – und dies jenseits vom *taṣwīr*-Prinzip.

Sayyid Quṭb sah im Koran ein Subjekt, das seine Rezipienten anspricht und emotional bewegt und sie so zu konkreten Handlungen animieren will. Diese Wirkung des Korans mache seine

110 Vgl. ebd., 8; vgl. auch später in seinem Buch 27 ff. Ausnahmen sieht er nur sehr sporadisch vorhanden, so zitiert er wenige Bemühungen von az-Zamaḫšarī, die Schönheit des Korans in manchen Suren zu deuten, 28.

111 Vgl. ebd. 34 f.

112 Vgl. ebd. 35 f.

113 Vgl. ebd., 36 ff.

114 Ebd., 9.

115 Vgl. ebd.

Besonderheit aus. Quṭb spricht in diesem Zusammenhang von *al-manṭiq al-wiǧdānī*[116] (dtsch. emotionale Logik des Korans) und verweist auf seine Wirkung schon zur Zeit der Verkündigung. Er sieht in dieser emotionalen Ergriffenheit durch den Koran den entscheidenden Grund dafür, dass die Adressaten Muḥammads den Islam angenommen haben.[117] Allerdings gestaltet sich diese ergreifende Wirkung des Korans, wie sie Quṭb beschreibt, auf eine überwältigende Art, in der die erfüllende Schönheit des Korans von außen an den Rezipienten herantritt. Der Rezipient ist dabei lediglich passiver Empfänger, der selbst zum Objekt des Korans wird. Daher spricht Quṭb vom Zauber des Korans (arab. *siḥr*)[118], dem seine Adressaten ohnmächtig gegenüberstanden, weshalb die Mekkaner davor gewarnt haben, der Rezitation des Korans zuzuhören.[119] Dies hat der Koran selbst dokumentiert: „Die Leugner sagen: ‚Hört nicht auf diesen Koran, sondern schwätzt dazwischen! Vielleicht werdet ihr siegen!'" (Q 41:26). Quṭb zitiert weitere Stellen aus dem Koran, die diese emotionale Bewegtheit seiner Adressaten, sobald sie seine Rezitation gehört haben, dokumentieren:

„Die, denen vor ihm das Wissen gegeben worden ist, fallen, wenn er ihnen rezitiert wird, anbetend nieder auf ihr Kinn und sagen: ‚Gepriesen sei unser Herr! Das Versprechen unseres Herrn wird erfüllt.' Sie fallen weinend nieder auf ihr Kinn. Das mehrt ihre Demut." (Q 17:107–109)

„Gott hat die schönste Botschaft herabgesandt, eine Schrift voller Ähnlichkeiten an Wiederholungen, vor der die Haut derer, die ihren Herrn fürchten, erschauert. Dann werden ihre Haut und ihr Herz weich, so dass sie Gottes gedenken. Das ist Gottes Führung […]" (Q 39:23)

„Wenn sie hören, was zum Gesandten herabgesandt worden ist, siehst du ihre Augen von Tränen überfließen wegen dessen, was sie an Wahrheit erkennen. Sie sagen: ‚Herr, wir glauben. So verzeichne uns bei den Zeugen!'" (Q 5:83)

---

116 Ebd., 226 ff.

117 Vgl. ebd., 11 ff.

118 Ebd., 14.

119 Vgl. ebd.

Quṭb argumentiert vor allem damit, dass die Mekkaner, die den Koran ganz am Anfang der Verkündigung gehört haben, in einer anderen Situation waren als die späteren Adressaten Muḥammads. Deren Konversion zum Islam wurde durch weitere Faktoren begünstigt, vor allem wirtschaftliche und politische, aber auch persönliche. Die ersten Mekkaner, die den Islam angenommen haben, waren ausschließlich vom Koran selbst verzaubert.[120]

Er führt einige Beispiele aus dem Koran für seine Argumentation an, vor allem aus dem mekkanischen Koran, weil gerade Letzterer keine normativen Regelungen beinhaltet, die wegen ihrer normativ-regulativen Kraft die Menschen hätten beeindrucken können, um dann zu betonen, dass die Zauberkraft des Korans in seiner gesamten Komposition liege. Diese sorge für die Lebendigkeit der koranischen Rede, die auch Emotionen im Rezipienten wecken will, denn *al-manṭiq al-wiǧdānī* (dtsch. emotionale Logik des Korans) sei die zentrale bewegende Kraft des Korans und nicht die rationale Logik *(al-manṭiq aḏ-ḏihnī).*[121] Quṭb schließt sein Buch über das Prinzip des *taṣwīr* mit dem erneuten Verweis auf al-Ǧurǧānīs Betonung der Einheit von *lafẓ* und *maʿnā* (dtsch. Inhalt und Form). Er unterstreicht, dass es al-Ǧurǧānī war, der den alten Streit zwischen den Anhängern des *lafẓ* und denen des *maʿnā* beendet habe, indem er die Einheit der beiden Begriffe betont hat. Qutb selbst macht sich an dieser Stelle für diese Überlegungen al-Ǧurǧānīs stark und unterstreicht: „Ändert sich die Form, dann ändert sich auch der Inhalt."[122] Er unterscheidet allerdings zwischen dem kognitiven und dem emotionalen Inhalt einer Rede und meint, dass wenn sich die Form ändere, ändere sich nicht zwangsläufig die kognitive Bedeutung, wohl aber die emotionale.[123] Da der Koran jedoch an erster Stelle eine emotionale Rede ist, würde sich sein Inhalt durch eine Änderung der Gesamtkomposition (arab. *taṣwīr*) mitverändern.

---

120 Vgl. ebd., 17.

121 Vgl. ebd., 237 f.

122 Vgl. ebd., 241.

123 Vgl. ebd., 241.

Insgesamt verweist also Qutb in seinem Werk immer wieder auf *taṣwīr*, also dass es dem Koran weniger um die alleinige Vermittlung von Informationen, die die Rezipienten kognitiv erfassen sollen, geht. Er rückt die Ästhetik des Korans, die emotional bewegen will, in den Vordergrund seiner Untersuchungen.

Mit seinen Bemühungen war Qutb in Kairo nicht alleine; auch Ṭāhā Husain und Amīn al-Ḫūlī etablierten in ihren Werken einen modernen literaturwissenschaftlichen Zugang zur altarabischen Dichtung, zum Koran und zum frühislamischen Schrifttum. Die Historizität der altarabischen Dichtung und die Authentizität des Korans standen hierbei gleichermaßen auf dem Prüfstand.

Vorreiter für diese Entwicklungen ist der Exeget und Religionsgelehrte Muḥammad ʿAbduh (gest. 1905), der innerhalb seines Korankommentars *al-Manār* immer wieder auf die Ausführungen al-Ǧurǧānīs rekurriert, um auf deren Grundlage eigene Überlegungen zu Fragen seiner Zeit bezüglich des Islams zu unternehmen. Diese Fragen drehten sich vor allem um die Vereinbarkeit des Islams mit der Moderne, mit der Demokratie, mit der Philosophie und mit neueren wissenschaftlichen Erkenntnissen sowie die Vereinbarkeit von göttlichem und positivem Recht. Die literaturwissenschaftliche Methode diente ihm dabei bezüglich der Koranauslegung als Mittel, diese Fragen aus einer rationalen Perspektive zu beantworten. Insofern öffnete ʿAbduh die Tür zum *iǧtihād*, d. h. zu rationalen Überlegungen und eigenen Schlussfolgerungen, und zwar „in allen Aspekten des gesellschaftlichen und intellektuellen Lebens“.[124] Sein Ziel ist es, das islamische Denken so zu reformieren, dass es, in Einklang mit der koranischen Botschaft, den Fortschritten der westlichen Welt in nichts nachsteht. Aus diesem Grund tritt er „für eine Kombination aus klassischem Rationalismus und modernem gesellschaftspolitischem Bewusstsein ein“.[125] Diese Zielsetzung spiegelt sich auch in seinem Umgang mit den prophetischen Narrativen im Koran und deren Bedeutung wider. Denn laut ʿAbduh ist der Koran nicht als ein Geschichtsbuch zu betrachten, die Narrative im Koran sind dem-

124 Abu Zaid, Gottes Menschenwort, 53.
125 Ebd.

nach auch keine historischen Dokumente, die historisches Wissen vermitteln wollen, andernfalls wäre der Koran viel genauer bezüglich der Daten sowie Orts- und Personenangaben. Vielmehr dienen die Narrative der Vermittlung einer moralischen und ethischen Botschaft, einer Warnung oder Mahnung. Der literarische Stil des Korans ist nach ʿAbduh das Mittel, um diese Botschaft auf emotionaler bzw. ethischer Ebene auf die Hörer wirken zu lassen, und er müsse dementsprechend analysiert werden. Diesen literaturwissenschaftlichen Zugang hält ʿAbduh auch bezüglich der Passagen im Koran für notwendig, in denen die Weltanschauung der damaligen Araber konkret in den Text einfließt und deren Erklärung im Widerspruch zur Logik und Naturwissenschaft steht, wie das bei Versen der Fall ist, die von Zauberei oder Ähnlichem handeln. Diese Widersprüche seien nur aufzulösen, wenn man „literaturwissenschaftliche Kategorien wie ‚Metapher' und ‚Allegorie'"[126] auf sie anwende, um so zu rationalen Erklärungen zu gelangen. Mit diesen Schlussfolgerungen ebnet ʿAbduh den Weg dafür, den Koran mithilfe der literaturwissenschaftlichen Methode zu analysieren und zu interpretieren.

Diesem von ʿAbduh eingeschlagenen Weg folgte auch sein Nachfolger Amīn al-Ḫūlī (gest. 1966), der sich ebenfalls im Geiste der Erneuerung mit Koran und Literatur auseinandersetzte. Dabei verortete er seine Überlegungen im Kontext der europäischen Renaissance der frühen Neuzeit, denn diese habe nur stattfinden können, da es eine Erneuerung der Kunst und Literatur gab. Eine solche Erneuerung brauche es auch im Ägypten seiner Zeit, denn nur so sei gewährleistet, dass sich das „geistige und ästhetische Bewusstsein der Ägypter"[127] fortentwickeln würde „und so eine echte und umfassende Renaissance im Lande"[128] erreicht werde. Im Zuge dieser Fokussierung von Kunst und Literatur macht al-Ḫūlī deutlich, dass es eine literaturwissenschaftliche Methode brauche, die sowohl die Struktur als auch die Funktion der neuen Literatur erkläre, Sprache und Rhetorik werden zu zentralen Ka-

[126] Ebd., 55.
[127] Ebd., 58.
[128] Ebd.

tegorien.[129] Daher ist laut Al-Ḫūlī der Koran alleine mit Mitteln der literaturwissenschaftlichen Methode zu untersuchen, sodass er „eine Verbindung zwischen dem Studium der Sprache, Rhetorik und Literatur auf der einen Seite sowie Koranexegese auf der einen Seite"[130] herstellt. Doch hier bleibt der Gelehrte keineswegs stehen, denn ganz im Sinne der *iʿǧāz*-Theorie will er rational nachvollziehen, was die Gründe für die emotionale Wirkung des Korans auf den Rezipienten sein könnten, und aus diesem Grund zieht er eine weitere verbindende Linie zwischen Literaturwissenschaft, Ästhetik und Psychologie.

> „Nur eine Herangehensweise an den Koran, die der modernen literaturwissenschaftlichen Theorie folge, könne dessen iʿjaz aufdecken, der auf der emotionalen Ebene stattfinde und insofern ein ‚psychologischer Wundercharakter' (iʿjaz nafsi) sei."[131]

Vor allem die Arbeiten von Amīn al-Ḫūlī gaben wichtige Impulse für die Weiterentwicklung einiger akademischer Disziplinen, z. B. die islamischen Rechtswissenschaften, die Literaturwissenschaft, die Koranstudien, die *tafsīr*-Studien und die vergleichenden Religionswissenschaften. Für al-Ḫūlī sollte ein idealer Korankommentar die Genese des Korans selbst in den Blick nehmen, er sollte den gesellschaftlichen Hintergrund ausleuchten, auf dessen Basis die koranische Verkündigung an Brisanz gewinnt, wobei insbesondere auf die altarabische Sprache und Kultur Gewicht gelegt werden sollte[132]; eine Beschreibung seiner Hermeneutik erschien bereits 1944 als *at-Tafsīr.*[133] Auf das im Entstehen begriffene Gebiet der modernen Koranforschung wirkte sich sein Engagement als ‚Geburtshelfer' für einen auch heute noch wegweisenden Ansatz in der modernen Koranhermeneutik aus. Al-

[129] Vgl. ebd.
[130] Ebd., 59.
[131] Ebd., 60.
[132] Vgl. Paulin Caspar/Jacques Jomier, L'exegèse scientifique du Coran d'après le Cheikh Amin al-Khouli In: Miscellanies of the Dominican Institute for Oriental Studies 4 (1957), 269–280.
[133] Vgl. Amīn al-Ḫūlī, at-Tafsīr. Maʿālim ḥayātihī manhaǧuhu l-yawm, Kairo 1944 (wiederabgedruckt in ders., Manāhiǧ taǧdīd fī l-naḥw wa-l-balāġa wa-t-tafsīr wa-l-adab, Kairo 1961, 203–243).

Ḫūlī setzte sich für eine literaturwissenschaftliche Untersuchung des Korans ein, die allein – so sein Anspruch – dazu geeignet sei, die geistige und soziale „Leitung" zu verstehen, die der Koran der Menschheit in der Vergangenheit gab und in der Gegenwart bereit zu geben ist. Um diese „Leitung" nicht nur unter ideologisch-theologischen Prämissen zu verstehen, bemühte er sich um das Erschließen der intendierten Bedeutung von Koranversen. Dieses Erschließen kann nur dann gewährleistet werden, wenn man das Verständnis der arabischen Verse voraussetzt, so wie sie die Araber in der arabischen Halbinsel zur Zeit der Offenbarung verstanden hatten, wobei er nicht bereit war, allein auf die tradierten Berichte von Offenbarungsanlässen (arab. *asbāb an-nuzūl*) zu vertrauen.[134] Mit dieser der Tradition gegenüber kritischen Methode, die es im Einzelnen erst noch herauszuarbeiten gilt, gelang es ihm letztlich, einen nicht unbedeutsamen Beitrag zum Verständnis des Aufbaus und der Thematik des Korans zu leisten.

Al-Ḫūlī fasst das sprachliche Kunstwerk des Korans als ein Instrument auf, „mit dem sich die Gefühle der Angesprochenen nach Wunsch bewegen ließen."[135] Rotraud Wielandt vermutet hinter dieser Erkenntnis al-Ḫūlīs einen Einfluss al-Ǧurǧānīs, fügt aber die Anmerkung an:

> „Allerdings ist nicht zu übersehen, daß die Frage nach dem psychischen Vorgang im Hörer oder Leser des Textes bei AL-ḪŪLĪ und Ḫalafallāh nicht genau dasselbe bedeutet wie bei AL-ǦURǦĀNĪ: AL-ḪŪLĪ und Ḫalafallāh betrachten die Seele einseitig als Sitz der Gefühle. Bei AL-ǦURǦĀNĪ dagegen ist sie primär der Sitz der ‚Sinngehalte' (maʿānī) des Gesprochenen, die in ihr nach den Gesetzen der Vernunft angeordnet sind; er interessiert

[134] Zu einem ähnlichen Schluss kommen neuere Studien zum Genre der Offenbarungsanlässe, vgl. Hans-Thomas Tillschneider, Typen historisch-exegetischer Überlieferung: Formen, Funktionen und Genese des asbāb an-nuzūl-Materials, Würzburg 2011; Bassām al-Ǧamāl, Asbāb an-nuzūl: ʿilm min ʿulūm al-Qur'ān, Casablanca 2005; vgl. da auch Walid A. Saleh, The Formation of the Classical Tafsir Tradition: The Qur'an Commentary of al-Thaʿlabi (d. 427/1035), Leiden/Boston 2004, 162, n. 32: „There is always the possibility that some [asbāb al-nuzūl] might be historically true and as such not fictive. There is internal evidence from the Qur'an that some suras were indeed revealed as a response to an incident or report."

[135] Wielandt, Offenbarung und Geschichte, 139.

sich hauptsächlich dafür, mit welchen Mitteln die Sprachkunst in der Seele des Angesprochenen diese oder jene Vorstellungen in einer ganz bestimmten Reihenfolge, Verknüpfung und Intensität heraufzubeschwören vermag. Nur insofern ein Teil dieser Vorstellungen mit einem Gefühlswert beladen ist, befaßt er sich auch mit der Möglichkeit emotionaler Beeinflussung durch die Sprache."[136]

Für al-Ḫūlī hingegen war ein dichterischer Text „Ausdruck seelischer Befindlichkeiten und Gefühle [...], die der Leser zur Veredelung seines eigenen Inneren nachempfindend auf sich selbst übertragen sollte."[137] Al-Ḫūlī betont in seinem literaturwissenschaftlichen Zugang zum Koran das Eigenrecht der literarisch vermittelten Wahrheit. Interessant für unsere Betrachtung hier ist, dass die Besonderheit des Korans bei al-Ḫūlī gerade in der Verbindung aus Wahrheitsanspruch und literarischer Form besteht. Das hat die Konsequenz, dass sein literaturwissenschaftlicher Zugang zum Koran die Einheit von Inhalt und Form als Denkmöglichkeit erlaubt.

Amīn al-Ḫūlīs literaturwissenschaftlicher Zugang zum Koran ist wegweisend in der islamischen Welt und sollte die folgenden Generationen von an der ägyptischen Moderne ausgerichteten Wissenschaftlern prägen.[138] Seine Forschungen werden breit rezipiert, evozieren gesellschaftliche Debatten und ziehen eine Reihe von Schülern in seinen Bann. Zu nennen sind hier vor allem ʿAlī ʿAbd ar-Rāziq (gest. 1966)[139] und al-Ḫūlīs spätere Ehefrau ʿĀʾiša ʿAbd ar-Raḥmān (gest. 1998).[140] Diese wird unter dem Pseudonym Bint aš-Šaṭiʾ („Tochter des Ufers") bekannt, insbesondere, da sie sich neben der Koranforschung, die historisch-kritischen Arbeiten westlicher Koranforscher in nichts nachsteht, auch den Frauengestalten aus dem Frühislam widmet, deren Geschichte sie ganz im Sinne von al-Ḫūlī einer literaturwissenschaftlichen Kritik unterzieht. Daneben ist auch Muḥammad A. Ḫalafallāh (gest.

136 Ebd.

137 Ebd., 140.

138 Vgl. Abu Zaid, Gottes Menschenwort, 58 ff.

139 Zur Person vgl. Arthur Goldschmidt, Biographical Dictionary of Modern Egypt, London 2000, 7 f.

140 Zur Person vgl. ebd., 6 f.

1991) zu nennen, der seine Doktorarbeit mit dem Titel *Erzählkunst im Koran* (1950, ^{2}1957)[141] unter der Betreuung von al-Ḫūlī schreibt und den massiven Widerstand der etablierten konservativen Korangelehrten auf sich zieht[142], weil diese jeden literaturwissenschaftlichen Zugang ablehnen. Nach ihrem Dafürhalten ist der Koran die verbalinspirierte Offenbarungsurkunde, Gottes ungeschaffenes Wort, das nicht mit den Werken menschlicher Literatur auf eine Stufe gestellt werden dürfe und somit der Möglichkeit wissenschaftlicher Untersuchung a priori entzogen sei. Vornehmlich geht es Ḫalafallāh um die Einsicht, dass der Koran kein Buch der Geschichte, der Wissenschaft oder der politischen Theorie sein will, sondern ein Buch der spirituellen und ethischen Rechtleitung. Koranische Erzählungen verfolgen demnach eher ein typologisches Interesse. Sie sind für ihn Exemplar einer „Heilsgeschichte", die vornehmlich religiösen Zwecken dienen und nicht auf politische und ideologische Interessen hingedeutet werden sollen. Nach jahrelangen Streitigkeiten, die mehr durch dogmatische Kontroversen als durch wissenschaftliche Redlichkeit geprägt waren, wird Ḫalafallāh eine Universitätskarriere verwehrt.

Ḫalafallāh hält die koranischen Erzählungen für künstlerische Einkleidung göttlicher Wahrheiten, die „durch die Art ihrer Darbietung psychisch beeindrucken und so religiöse Haltungen wie z. B. Furcht vor der Verdammnis und gläubige Zuversicht wecken".[143] Zu den wichtigsten psychologischen Wirkungen nennt Ḫalafallāh: Linderung eines psychischen Druckes seitens des Propheten und der Gläubigen; Beruhigung und Festigung ihrer Herzen; Vertiefung ihrer gefühlsmäßigen Vorliebe für das Wahre und Rechte und ihres Widerwillens gegen das Verwerfliche; Einschüchterung noch nicht bekehrter Hörer und Erregung ihres Gefühls und Gewissens zugunsten des wahren Glaubens.[144] Für die

---

141 Vgl. Muḥāmmad Aḥmad Ḫalafallāh, al-Fann al-qaṣaṣī fī l-Qurʾān, Kairo 1950.

142 Zur Problematik vgl. Abu Zaid, Gottes Menschenwort, 60 ff.

143 Wielandt, Offenbarung und Geschichte, 137.

144 Vgl. ebd., 138.

künstlerische Gestaltung der koranischen Erzählungen sind nach Ḫalafallāh allein die beabsichtigten seelischen Reaktionen maßgeblich, nicht die vermittelten Lehrgehalte.[145]

Die Besonderheit des Korans besteht nach Ḫalafallāh in der emotionalen Wirkung auf seine Rezipienten. Der Koran ist demnach nicht nur das von Gott inspirierte Gotteswort, sondern auch das den Rezipienten inspirierende Gotteswort, denn „es erschöpft sich nicht darin, in sich selbst wahr zu sein“[146], es lenke vielmehr darüber hinaus die Emotionen seiner Rezipienten, und zwar mit künstlerischen Mitteln und auf eine Weise, die sie bewegt, Stellung zu nehmen. „Dazu bedarf es einer Sprachlogik, die nicht ‚rational‘ (ʿaqlī), sondern ‚emotional‘ (ʿātifī) ist; sie kennzeichnet den Koran“.[147] Das Besondere am Koran ist die Intensität, mit der er die Emotionen seiner Rezipienten in die von Gott gewollte Verfassung bringt. „Denn nach seiner Theorie ist ein Kunstwerk umso meisterhafter gelungen, je zuverlässiger es das Gefühlsleben seiner Hörer oder Betrachter in der gewünschten Weise beeinflußt“.[148] Deshalb schreibt er dem Koran, wie dies schon Sayyid Quṭb vor ihm getan hat, verwandelnde und verändernde Kraft zu. Anders als Quṭb betrachtet Ḫalafallāh in der Tradition seines Lehrers al-Ḫūlī den Koran nicht als Text, sondern als Rede. Die emotional bewegende Kraft des Korans ergebe sich nicht aus einer ganzheitlichen Betrachtung, sondern aus den jeweiligen situativ geäußerten Aussagen. Dementsprechend will der Koran emotional bewegen und die Menschen ergreifen, um sie von innen heraus zu transformieren. Diese Reduzierung der literarischen Form des Korans auf deren emotionale Wirkung läuft allerdings Gefahr, die koranische Botschaft stark subjektiv und damit beliebig zu machen.

Ḫalafallāh greift in seinen Untersuchungen Prinzipien literaturwissenschaftlicher Methoden auf, die von al-Ḫūlī entworfen wurden[149], und wendet sie explizit auf die koranischen Narrative

---

[145] Vgl. ebd.
[146] Ebd.
[147] Ebd.
[148] Ebd.
[149] Vgl. Abu Zaid, Gottes Menschenwort, 60.

an. Dafür sammelt er zunächst alle im Koran vorhandenen Geschichten und ordnet sie in einem nächsten Schritt in der Reihenfolge ihrer Offenbarung an, „um sie vor dem Hintergrund der sozialen Umwelt, des emotionalen Zustands des Propheten und der Entwicklung der Botschaft des Islams zu analysieren“.[150] Damit macht Ḫalafallāh einen entscheidenden Schritt in der Koranexegese, denn er orientiert sich nicht wie die traditionelle Exegese an der Anordnung des verschriftlichten Korans, sondern betrachtet die Geschichten in Abhängigkeit zur Entwicklung der Gemeinde und demnach vor dem Hintergrund ihrer chronologischen Anordnung. Diesen Schritt erachtet er vor allem deshalb als notwendig, da nur durch eine Kontextualisierung „die ursprünglichen Bedeutungsebenen der koranischen Erzählungen [...], wie die Araber sie zur Zeit der Offenbarung verstanden hätten“[151], aufgedeckt werden können. Allerdings folgt Ḫalafallāh nicht dem von al-Ḫūlī empfohlenen Vorschlag, die Textfragmente einer Erzählung in unterschiedlichen Suren in einen Zusammenhang zu bringen, um so deren Dynamik und Entwicklung nachzuzeichnen, sondern analysiert jede Geschichte für sich.

Dies tut er aber in jedem Fall auf der Grundlage literaturwissenschaftlicher Methoden, denn auch Ḫalafallāh verweist darauf, dass der Korpus der koranischen Geschichten durchaus historisch sein *könne*, ihre Bedeutung *müsse* aber keinesfalls historisch sein. Vielmehr zeige sich an den fehlenden geschichtlichen Details im Koran, dass der Koran nicht primär an einer Rekonstruktion von Geschichte interessiert sei. Außerdem benennt der Koran in den Geschichten einige Details, andere wiederum nicht und verletzt dabei auch „häufig die chronologische Reihenfolge der Ereignisse“[152] oder er erweitert „manche Geschichten durch bestimmte Ereignisse, die erst später passiert sein könnten“.[153] Hinzu kommt, dass der Koran die Erzählungen nicht konstant wiedergibt, sondern manche Handlungen unterschiedlichen Personen zuordnet

150 Ebd., 61.
151 Ebd.
152 Ebd., 64.
153 Ebd.

und von sich wiederholenden Geschichten verschiedene Versionen bietet.[154] All diese Punkte sprechen demnach dagegen, dass der Koran als historisches Buch aufzufassen sei, und stärken den Ansatz, dass die Erzählungen als literarisch zu verstehen seien und dem Zweck der Vermittlung einer moralischen Botschaft dienen.[155] Diese moralische bzw. spirituelle Botschaft ist nach Ḫalafallāhs Dafürhalten lange Zeit in der islamischen Tradition vernachlässigt worden, weshalb er betont, dass der Koran sich gerade als ein „Buch der spirituellen und ethischen Rechtleitung, in dem Geschichten dazu dienen, einen bestimmten Zweck zu erfüllen"[156], verstanden wissen will.

Dieser verlagerte Blickwinkel hilft auch bei der Entschärfung des Vorwurfs der Orientalistik, der Koran sei kein authentisches, von Gott offenbartes Buch, da er in einigen Punkten den historischen Fakten widerspreche. Denn wenn man davon ausgeht, dass der Koran keinen absoluten historischen Anspruch hat, sondern die Erzählungen auf literarische Weise zur Vermittlung einer bestimmten Botschaft einbettet, tritt die Frage nach der Historizität dieser Geschichten in den Hintergrund.[157] Zur Unterstützung seiner Argumentation zieht Ḫalafallāh Zitate klassischer und moderner Quellen hinzu wie von ʿAbd al-Ǧabbār, az-Zamaḫšarī (gest. 1144), ar-Rāzī (gest. 1209) und ʿAbduh, die bereits vor seiner Zeit darauf verwiesen haben, dass die koranischen Erzählungen Allegorien bzw. Gleichnisse seien, deren Anliegen nicht darin bestehe, historische Fakten zu übermitteln.[158] Daher betont Ḫalafallāh die Notwendigkeit eines literaturwissenschaftlichen Zugangs für die Auslegung der Narrative, um mithilfe dieser Methode zu erklären, wie der Koran seine ethischen, spirituellen und moralischen Botschaften an den Rezipienten überbringt.[159]

Ein ähnliches Schicksal der Verbannung aus dem universitären Betrieb wie bei Ḫalafallāh trifft ungefähr 50 Jahre später auch Nasr

[154] Vgl ebd., 63.
[155] Vgl. ebd., 62.
[156] Ebd., 65.
[157] Vgl. ebd., 62.
[158] Vgl. ebd.
[159] Vgl. ebd., 65.

Hamid Abu Zaid[160], der in seinen Büchern eine Öffnung und zugleich eine Schärfung der Koranhermeneutik fordert, welche insbesondere die sozialen und politischen Verhältnisse auf der arabischen Halbinsel zur Zeit der Koranverkündigung, die er als nonverbale Kommunikation auffasst, einbezieht. Der Koran ist für Abu Zaid demnach ein kommunikatives Geschehen. Mit seiner oft als Hauptwerk angesehenen Studie *Der Begriff des Textes*[161] zieht er endgültig den Unmut der islamischen Gelehrsamkeit auf sich und muss letztlich gemeinsam mit seiner Ehefrau ins Exil gehen. Abu Zaid betont die konstitutive Rolle des historischen Kontextes für die koranische Rede und damit für den Diskurs, in dem der Koran entstanden ist. Dieser Diskurs ist „das Resultat von Dialog, Debatte und Argumentation, von Annahme und Zurückweisung".[162] Neben der Bedeutung des historischen Kontextes steht für Abu Zaid auch die ästhetische Dimension der Offenbarung im Zentrum seiner Untersuchungen:

> „Die ästhetischen Eigenheiten der Koransprache, die das Alltagsleben der Muslime betreffen, hängen vor allem mit seiner Rezitation und seinem Vorsingen zusammen. Einer der wichtigsten ästhetischen Effekte des Koran ist der, der von seiner poetischen Sprache ausgeht, wenn er privat oder kollektiv rezitiert wird. Deshalb ist die Koranrezitation eine äußerst bedeutende Praxis im sozialen wie im individuellen Leben."[163]

Abu Zaid spricht der poetisch-metaphorischen koranischen Rede einen eigenen Wert und eine eigene Wirklichkeitserschließung zu.[164] Die Besonderheit des Korans besteht nach Abu Zaid gerade in der sprachlich verkörperten Dynamik seiner Rede.

---

160 Zur Person vgl. Thomas Hildebrandt, Nasr Hamid Abu Zaid, Ägypten/Niederlande. In: Katajun Amirpur/Ludwig Ammann (Hg.), Der Islam am Wendepunkt. Liberale und konservative Reformer einer Wetreligion, Freiburg 2006, 127–135.

161 Vgl. Naṣr Ḥāmid Abū Zaid, Mafhūm an-naṣṣ – dirāsa fī ʿulūm al-Qurʾān, Kairo 1990. Dazu vgl. Stefan Wild, Die andere Seite des Textes. Nasr Hamid Abu Zaid und der Koran. In: Die Welt des Islam 33 (1993), 256–261; Navid Kermani, Offenbarung als Kommunikation. Das Konzept waḥy in Naṣr Ḥāmid Abū Zayd, Mafhūm an-naṣṣ, Frankfurt am Main 1996.

162 Abu Zaid, Gottes Menschenwort, 165.

163 Ebd., 125.

164 Vgl. Hildebrandt, Neo-Muʿtazilismus, Intention und Kontext im moder-

In diesem Zusammenhang betont er zudem die Notwendigkeit der historischen Verortung des Korans sowie der Verbindung des historischen und literaturwissenschaftlichen Ansatzes mit Ansätzen aus der Kommunikationstheorie. So macht Abu Zaid eine Unterscheidung zwischen der universalen koranischen Botschaft und den sprachlichen Codes, die der Koran verwendet. Er wendet dabei die aus der Kommunikationstheorie stammenden Begriffe des „Senders" für Gott und „Empfängers" für den Propheten sowie eines zwischen ihnen zur Übermittlung einer „Botschaft" erforderlichen „Codes" auf den Koran an.[165] Er vertritt dabei die These, dass sich Gott unter der Verwendung einer menschlichen linguistischen und kulturellen Sprache an die Araber des 7. Jahrhunderts gewandt habe, denn nur, wenn die Botschaft von den Rezipienten zu entschlüsseln sei, könne sie von ihnen auch verstanden werden. Die von Gott im Koran verwendeten Kommunikationscodes seien dabei keine festen Instanzen, sie seien je nach Zeit und Kontext veränderbar. Damit nun der Koran nicht an Aktualität verliere, müsse das von Gott im 7. Jahrhundert gesprochene Wort aus seinem ursprünglichen Code in die Sprache und in den Horizont der jeweiligen Zeit übertragen werden.[166]

Damit bleibt Abu Zaid bezüglich der Koranauslegung nicht alleine bei der Frage nach der Deutung der Narrative stehen, sondern versucht eine allgemeine Hermeneutik für den Koran zu entwickeln. Darüber hinaus ist an seinem Kommunikationsmodell besonders, dass er die koranische Offenbarung als einen Prozess von 23 Jahren in Form einer Kommunikation zwischen Gott, Prophet und Gemeinde versteht; eine Offenbarung erfolgte in der Regel dann, wenn es einen konkreten Anlass wie eine Fragestellung oder einen Disput gab, auf den Gott mit einer Offenbarung reagierte. Dieses kommunikative Verständnis der Offenbarung fordert eine neue, eine diachrone Lesart des Textes, die sich an der Reihenfolge der Offenbarung orientiert.

---

nen arabischen Umgang mit dem rationalistischen Erbe des Islam, Leiden/Boston 2007, 393 f.

[165] Vgl. Abu Zaid, Gottes Menschenwort, 83.

[166] Vgl. ebd.

In diesem Zusammenhang trifft Abu Zaid eine äußerst wichtige Unterscheidung: Er stellt die Begriffe *Qur'ān* und *mushaf* einander gegenüber. Während *Qur'ān* sich auf den Zustand der Verkündigung vor der Verschriftlichung, also die Mündlichkeit bezieht, meint *mushaf* den verschriftlichten Text. In der traditionellen Exegese wurde diese Unterscheidung durch die Verschriftlichung des Korans lange Zeit vernachlässigt, man stützte sich lediglich auf den verschriftlichten Text. Da die Suren bei der Erstellung des Koran-Manuskripts nicht nach ihrer Offenbarungsabfolge, sondern u. a. nach dem Längenkriterium angeordnet wurden, verlor der Text an Dynamik und ging seines prozessualen Charakters verlustig. Abu Zaid verweist aber darauf, dass die Betrachtung des rezitierten Diskurses in seiner chronologischen Abfolge zwingend für eine adäquate Textauslegung sei, verortet im historischen Kontext und untersucht mit Methoden der Literaturwissenschaft.[167]

In jüngster Zeit und vor allem im deutschsprachigen Raum ist es gerade Navid Kermani zu verdanken, dass der ästhetische Zugang zum Koran thematisiert wird. Dazu schreibt Klaus von Stosch:

> „Ich habe mich – wie viele christliche Interpreten – lange Zeit schwer damit getan, den islamischen Offenbarungsanspruch angemessen zu würdigen. Das Beharren konservativer Muslime darauf, dass der Koran wörtlich das Wort Gottes darstellt, hat mich immer ratlos fragen lassen, warum Gott all diese Anweisungen und Ratschläge dem Menschen in dieser wörtlichen Form geben sollte. Welches Interesse könnte Gott daran haben, uns in Buchform mit seinem Willen bekannt zu machen, wenn er uns doch diesen Willen auch viel einfacher schon mit der Schöpfung hätte mitteilen können? Zu offensichtlich schien hier ein instruktionstheoretisches Offenbarungsmodell am Werk, als dass man diesen als Kind der Moderne wirklich ernst nehmen konnte. […] Hier hat mir Kermanis Dissertation eine hochinteressante, für mich persönlich völlig unerwartete Antwort gegeben, indem sie die Bedeutung der ästhetischen Seite des Korans betont."[168]

---

167 Die hundertjährige Geschichte der Kairiner Schule der Koranforschung ist bis heute nicht geschrieben und bleibt wichtiges Desideratum in der Beschäftigung mit inner-islamischen Positionen in einer erwachenden Moderne, die einen literaturwissenschaftlichen Umgang mit dem Koran nicht zu scheuen braucht.

168 Klaus von Stosch, Mit Gott ringen. Eine theologische Auseinandersetzung

Das soll jedoch nicht heißen, dass der Glaube dadurch unvernünftig wird, sondern er ereignet sich „aufgrund von nachvollziehbaren Argumenten. Doch diese Argumente gründen zumindest auch im sinnlichen Erkennen der Schönheit Gottes“.[169] Im Zusammenhang mit diesem sinnlichen Erkennen spricht Kermani von der Herzenswahrnehmung.[170]

Für Kermani ist religiöses Erkennen gerade deshalb ästhetisch vermittelt, weil es die Menschen emotional berührt, und zwar „als ein Schauder erregendes, Gänsehaut verursachendes Hören einer als schön bezeichneten Rede, [...] eine Schönheitserfahrung“.[171] Dabei nimmt gerade die Rezitation des Korans einen zentralen Stellenwert innerhalb seiner Ästhetik ein: „Gott spricht, wenn der Koran rezitiert wird, sein Wort kann man genaugenommen nicht lesen, man kann es nur hören.“[172]

4.3 Friedrich Schiller und der Koran

In ihrer Dissertation *Die Ästhetik des Schönen und Erhabenen* nennt die Literaturwissenschaftlerin Hannah Dingeldein zwei Pole, um welche die Ästhetikdiskussion seit ihren Anfängen bis heute beständig kreist:

> „Meist wird zwischen einer Ästhetik in weiterer Bedeutung als Lehre von der sinnlichen Wahrnehmung und einer Ästhetik in engerer Bedeutung als Lehre von dem Schönen und der Kunst unterschieden, wobei sich das Verständnis von Ästhetik im Sinne einer Lehre vom Schönen und der Kunst als der eigentlich ‚harte Kern‘ im Ästhetikdiskurs durchgesetzt hat.“[173]

---

mit Navid Kermani. In: Michael Hofmann/ Klaus von Stosch (Hg.): Islam in der deutschen und türkischen Literatur, Paderborn 2012, 268–278, hier: 268 f.

169 von Stosch, Mit Gott ringen, 272; vgl. Kermani, Appelliert Gott an den Verstand?, 60.

170 Vgl. ebd., 61 f.

171 Kermani, Gott ist schön, 25 f.; vgl. auch von Stosch, Mit Gott ringen, 270.

172 Kermani, Gott ist schön, 173.

173 Hannah Dingeldein, Die Ästhetik des Schönen und Erhabenen. Friedrich Schiller und Johnson. Göttingen 2014, 21 f.; vgl. auch Franz von Kutschera, Ästhetik, Berlin/New York 1998, 1, sowie Wolfhart Henckmann, Ästhetik. In:

Ihrer Etymologie zufolge beschäftigt sich Ästhetik allgemein mit dem sinnlich Wahrnehmbaren. Daher kritisiert Dingeldein nicht zu Unrecht die einseitige Einschränkung von Ästhetik auf Schönheit und auf die Auseinandersetzung mit schönen Dingen, vor allem, wenn sie ausschließlich als Lehre von dem Schönen und der schönen Kunst aufgefasst wird:[174]

> „Die übliche Auslegung von Ästhetik befasst sich mit nur einem Teil der sinnlichen Empfindung, nämlich mit jenem, der empfänglich ist für das Schöne. Dabei werden zwangsläufig andersartige, häufig gegenläufige Sinneseindrücke wie etwa das Erhabene, Unförmige, Hässliche, Furchtbare, Zerstörerische oder Groteske einfach ausgeblendet."[175]

Carsten Zelle spricht daher von einer „Halbierung der Ästhetik auf Kallistik".[176]

Erst im ausgehenden 18. und vor allem im 19. Jahrhundert gewinnen weitere Kategorien des Ästhetischen wie das Hässliche oder Groteske, „obwohl es schon in der Antike Überlegungen dazu gab, an Konjunktur und bilden sich zu eigenständigen ästhetischen Konzepten aus".[177]

Wolfhart Henckmann/Konrad Lotter (Hg.): Lexikon der Ästhetik. München 1992, 20–24, hier 20.

174 Vgl. Dingeldein, Die Ästhetik des Schönen und Erhabenen, 33. Zum Beispiel definiert das Metzler Literaturlexikon Ästhetik als „Lehre von den sinnl.[ichen] Wahrnehmungen, im engeren Sinne [als] die philosoph.[ische] Disziplin, die sich mit prinzipiellen Problemen der Kunst und des Schönen befaßt" (Franz Schmidt, Aesthetik. In: Günther Schweikle/Irmgard Schweikle (Hg.): Metzler Literaturlexikon: Begriffe und Definitionen. Stuttgart 1990, 4, zitiert in Dingeldein, Die Ästhetik des Schönen und Erhabenen, 33). Auf den Begriff des Erhabenen wird darin nicht eingegangen.

175 Dingeldein, Die Ästhetik des Schönen und Erhabenen, 22; vgl. auch Wolfhart Henckmann, Ästhetik. In: Wolfhart Henckmann/Konrad Lotter (Hg.), Lexikon der Ästhetik. München 1992, 20–24, hier 20 f.: Aisthesis ist die „Wissenschaft von der sinnlichen Erkenntnis".

176 Carsten Zelle, Die doppelte Ästhetik der Moderne. Revisionen des Schönen von Boileau bis Nietzsche. Stuttgart/Weimar 1995, 155.

177 Dingeldein, Die Ästhetik des Schönen und Erhabenen, 24; vgl. auch Marie Luise Raters, Hässliches/Hässlich. In: Achim Trebeß (Hg.), Metzler Lexikon Ästhetik: Kunst, Medien, Design und Alltag, Stuttgart/Weimar 2006, 151–154.

Die Kritik Dingeldeins gilt auch für eine einseitige Anwendung des Begriffs Ästhetik auf den Koran. Würde man unter der Kategorie Ästhetik im Koran lediglich das Schöne verstehen, würde dies eine Verdrängung der Kategorie des Erhabenen im Koran bedeuten. Dies wiederum würde zu einer einseitigen Rede von der koranischen Ästhetik führen, die den Eindruck entstehen ließe, man habe es im Koran mit einem idealisierten und weltfremden schönen Bild vom Menschen, von der Natur, von der Geschichte und vom Verkündigungskontext im 7. Jahrhundert auf der arabischen Halbinsel zu tun. Der Leser des Korans wird zum Beispiel folgende Verse kaum durch die Kategorie der „Schönheit" beschreiben:

> „Die nicht an unsere Zeichen glauben, die werden wir in Feuer brennen lassen. Immer wenn ihre Haut gar ist, tauschen wir sie ihnen gegen eine andere aus, damit sie die Strafe kosten. Gott ist mächtig und weise." (Q 4:56)

> „Da packte sie der Schrei mit der Wahrheit und wir machten sie zu Spreu. Weg mit dem Volk, das Unrecht tut!" (Q 23:41)

Wenn wir von der koranischen Ästhetik sprechen, benötigen wir daher neben der Kategorie der Schönheit weitere Kategorien, um die Wirkung solcher und ähnlicher koranischer Aussagen zu beschreiben. Dabei erweist sich die Kategorie des Erhabenen bei Friedrich Schiller (gest. 1805), die zu einer vernunftgeleiteten Reaktion des Menschen einlädt, um seine Freiheit im Angesicht solcher überwältigenden Bilder zu entfalten, hierfür am geeignetsten.

Wie weiter oben festgestellt wurde, zeigt sich die Schönheit des Korans nicht nur in seiner sprachlichen Gestalt und seiner ästhetischen Einzigartigkeit, sondern auch in der großen Emotionalität, die seine Rezitation beim Menschen auslöst. Die Besonderheit des Korans lässt sich somit nicht erkennen, wenn man ihn objektiviert und aus seinen Beziehungsstrukturen zur muslimischen Gemeinde herauslöst, sondern nur, wenn man ihn als Beziehungszusage liest und dabei auch die Resonanz des Menschen mithört. Nur durch eine Untersuchung des Korans in Beziehungsereignissen kann auch das durch ihn geoffenbarte Freiheitsverhältnis zwischen Gott und Mensch erfahrbare Wirklichkeit werden. Daher ist das Prinzip der Relationalität auch in transzendentaler Hinsicht als Grundbedingung der Möglichkeit anzunehmen, überhaupt von einem wechselseitig freiheitlichen Offenbarungsgeschehen zwischen Gott und Mensch zu sprechen.

Weder die Isolierung des subjektiven Erlebens noch die der objektiven Schönheit des Korans kann uns also weiterführen, wenn wir seinen Offenbarungsanspruch epistemologisch einholen wollen. Stets muss es um ein Beziehungsgeschehen gehen, das immer auch Geheimnis bleibt, weil es den Menschen mit dem Unbedingten selbst konfrontiert und damit all unser Verstehen übersteigt. Zwar können wir, wie oben expliziert, ausgehend von der formellen Unbedingtheit der Freiheit, einen Begriff des Unbedingten bilden, der uns davor bewahrt, der Beziehungszusage einfach blind zu vertrauen. Aber auch wenn wir die Zusage des Korans noch einmal begrifflich daraufhin prüfen, ob sie dem Freiheitsdenken entspricht, übersteigt ihre Wirklichkeit und damit die Realität des Unbedingten jede mögliche begriffliche Sicherstellung. Von daher kann es an dieser Stelle keine positive Form der Glaubensbegründung geben, sondern nur Annäherungen *ex negativo*.

Wenn es in der islamischen Tradition die Schönheit des Korans ist, die dem Menschen als Brücke zum Unbedingten dienen kann, lässt sich dies gut mit Friedrich Schillers Ästhetikkonzeption verbinden. Denn auch Schiller ist der Auffassung, dass die Schönheit die verbindende Brücke zwischen dem Sinnlichen und dem Übersinnlichen bildet.[178] Dabei ist es für unsere freiheitstheoretische Aneignung des Offenbarungsdenkens hochinteressant, dass Schiller die Schönheit als Ausdruck menschlicher Freiheit ansieht. Schönheit verwirklicht sich für Schiller, wenn der Mensch keinen äußeren Zwecken und Zwängen, Regeln und Fremdbestimmungen ausgesetzt ist, sondern frei und selbstbestimmt um seinetwillen als Mensch aus sich heraus existiert.[179] Wenn aber Schön-

[178] „Die Schönheit ist das Produkt der Zusammenstimmung zwischen dem Geist und den Sinnen" (Friedrich Schiller, Friedrich von Schiller's sämmtliche Werke. Bd. 9., Gotta 1826, 323.

[179] Vgl. ebd., 373.

heit tatsächlich als Ausdruck von Freiheit angesehen werden kann, wird es auch leichter, in der Schönheit des Korans die Freiheit Gottes und damit seine frei gewählte Menschenfreundlichkeit zu erkennen.

Einerseits gehört Schönheit für Schiller konstitutiv zum Menschsein und eröffnet dem Menschen Freiheit. Zugleich erscheint Schiller Schönheit als die Idee der Selbstbestimmung, die uns aus bestimmten Eigenschaften der Natur entgegentritt.[180] Damit zeigt sich bei Schiller in der Idee der Selbstbestimmung ein Kriterium dafür, was als *schön* bezeichnet werden sollte. Schiller zufolge ist ein Gegenstand dann als schön zu bezeichnen, wenn er in der Sinnenwelt so erscheint, als ob er freiwillig nur seinem innersten autonomen Gesetz folgt.

Abermals ist diese Einsicht theologisch relevant, weil so deutlich wird, dass die Schönheit des Korans gerade dann die Schönheit Gottes zu zeigen vermag, wenn in ihm zugleich die Souveränität und die innere Autonomie Gottes zum Ausdruck kommen. Damit ist deutlich, dass es bei der Beziehungszusage Gott nie darum gehen kann, dass sich Gott vom Menschen abhängig macht. Seine Schönheit besteht gerade darin, dass er den Menschen nicht braucht, sondern sich in innerer Autonomie dazu bestimmt, den Menschen frei zu wollen. In Anlehnung an Carsten Zelle[181] spricht Dingeldein von einer „doppelten Ästhetik" bei Friedrich Schiller[182], „welche das Schöne einerseits und das sich zu diesem kom-

---

[180] Vgl. Schiller, Briefe an Gottfried Körner. Brief vom 19. Februar 1793. In: Schillers Briefwechsel mit Körner, Berlin 1859, 41–43, hier 42.

[181] Vgl. Zelle, Die doppelte Ästhetik der Moderne, 3: „Im Medium der Ästhetik vollzieht sich Aufklärung über Aufklärung als Kritik des Schönen durch das Erhabene. Ästhetik in der Moderne ist daher stets doppelte Ästhetik gewesen. In dieser Gestalt setzen sich die ‚postmodernen' Bedenklichkeiten der Moderne gegenüber von Anfang an als ästhetische Revisionen des Schönen ins Werk."

[182] Dingeldein betont nicht zu Unrecht, dass es Zelles Forschung zu verdanken ist, die in der Geschichte der Ästhetik bestehende Tradition, in welcher Schönes und Erhabenes als wechselseitig aufeinander verweisendes „Kategorienpaar" auftreten, darzulegen. Schillers Ästhetik schließt an diese Tradition an. Dingeldein beklagt dennoch, dass diese doppelte Ästhetik allerdings von der Forschung bis in die letzten Jahre stark vernachlässigt wurde. Sie würdigt

plementär verhaltende Erhabene andererseits umfasst".[183] In der Ästhetik des Schönen „befindet sich der Mensch in jener ersehnten Gemütsverfassung der Vollkommenheit und Freiheit"[184], in der Ästhetik des Erhabenen hingegen „erscheint er als ein durch Zeit und Geschichte determiniertes Wesen"[185], weshalb der Mensch herausgefordert wird, diesen Zustand zu überwinden. Dingeldein betont, dass sich beide Ästhetiken nach Schillers Verständnis nicht gegenseitig ausschließen, „sondern [sie] stehen vielmehr in einer äußerst spannungsvollen Wechselbeziehung zueinander".[186] Sie spricht von einem „dialektischen spannungsgeladenen System", in dem beide Ästhetiken verortet werden.[187]

Das Schöne bei Schiller meint „den beglückenden Zustand der Harmonie des mit sich und der Welt versöhnten Menschen."[188] Das Erhabene versteht Schiller als „die Vernunftstärke, die der Mensch auszubilden angehalten ist, um die über ihn hereinbrechende feindliche Macht von Historie und Schicksal ertragen zu

---

den Beitrag Zelles wie folgt: „Es ist maßgeblich Zelles Verdienst, dass sich die Sichtweise einer doppelten, das Schöne und Erhabene gleichermaßen umfassenden Ästhetik in jüngerer Zeit allmählich durchzusetzen beginnt. Dabei ist die Grundannahme im eigentlichen Sinn gar nicht neu, wurde doch schon viel früher vereinzelt auf die Existenz einer gemeinsamen Tradition des Schönen und Erhabenen hingewiesen. So hat bereits Hermann August Korff, einer der Dozenten Uwe Johnsons in Leipzig, im 1930 erschienenen zweiten Band seines Werkes Geist der Goethezeit die Koexistenz von Schönem und Erhabenem betont. Ebenso ‚kann mit Hermann Schmitz […] festgehalten werden, daß es zwei Proto-Ästhetiken gibt, deren Wurzeln bis in die Antike zurückreichen: Zum einen eine kallistische Ästhetik, die sich seit Platon am Kernbegriff des Schönen orientierte […]. Zum anderen eine auf Aristoteles zurückgehende rhetorisch argumentierende Ästhetik. […] [E]s geht, wie in der Rhetorik, um die Verwaltung der Affekte, z. B. um die Katharsis und das Erhabene. […] Die beiden Tendenzen prägen die europäische Vorgeschichte der Gründung der Ästhetik nachhaltig.'" (Dingeldein, Die Ästhetik des Schönen und Erhabenen, 23)

183 Ebd., 15.

184 Ebd., 16.

185 Ebd.

186 Ebd.

187 Vgl. ebd.

188 Ebd., 15.

können."[189] Es ist also eine vernunftgeleitete Haltung, die der Mensch einnehmen kann, ja soll, und die es ihm ermöglicht, sich zu überwältigenden Erfahrungen zu verhalten. Schillers Ästhetik betont somit nicht nur den Rezipienten als Subjekt, der Mensch gilt ihm zugleich als freies und vernünftiges Subjekt, das sich vernunftgemäß verhalten kann – anders als bei Ḫalafallāh, der von einer überwältigenden Erfahrung spricht, welcher der Rezipient unterworfen ist und zu der er sich nicht verhalten kann.

Angelehnt an Schillers Überlegungen zur Ästhetik können wir von der doppelten Ästhetik des Korans sprechen: der Ästhetik des Schönen und des Erhabenen. Eine in Freiheitskategorien explizierte ästhetische Koranhermeneutik stellt gerade den Anspruch an die Rezipienten des Korans: sich mit sich und ihrer Welt zu versöhnen, auch und gerade dort, wo noch keine Harmonie herrscht. Der Mensch ist also angehalten, Barmherzigkeit (wieder-)herzustellen und zur Entfaltung zu bringen. Die Auslegung des Textes ist somit noch nicht das Endziel einer ästhetischen Koranhermeneutik, sondern sie will zugleich den Rezipienten das Angebot machen, die Schönheit und die Erhabenheit als Vernunftkategorien in der koranischen Rede zu entdecken, um beide in ihrem eigenen Leben zu verwirklichen.

Die Fokussierung der Ästhetik auf die doppelte Ästhetik des Schönen und des Erhabenen will weitere Dimensionen des Ästhetischen wie das Hässliche[190], das Groteske usw. keineswegs negieren. Die beiden Kategorien der Ästhetik Schillers sind jedoch meines Erachtens die zwei zentralen Kategorien koranischer Ästhetik, weshalb Schillers Konzept als geeignet erscheint, um eine koranische Ästhetik des Schönen und des Erhabenen zu beschreiben.

Schiller sieht im Menschen ein sinnlich-vernünftiges Doppelwesen: „Meine Seele ist nicht allein ein denkendes; Sie [sic!] ist auch ein empfindendes Wesen."[191] Der Mensch sei zwischen bei-

---

[189] Ebd.

[190] Vgl. z. B. Karl Rosenkranz, Ästhetik des Hässlichen, Stuttgart 2015.

[191] Schiller, Philosophie der Physiologie. In: Rolf-Peter Janz (Hg.): Friedrich Schiller.Werke und Briefe in zwölf Bänden. (Frankfurter Ausgabe). Bd. 8: Theoretische Schriften, Frankfurt am Main 1992, 37–58, hier 58.

den Dimensionen hin- und hergerissen. Dennoch ist der Mensch nach Schillers Überzeugung nicht dazu bestimmt, ein in zwei Pole gespaltenes Geschöpf zu sein, sondern einem ganzheitlichen Konzept aus Geist und Körper zu folgen, „das es in einem zukünftigen noch zu schaffenden elysischen Freiheitsstaat wieder herzustellen gilt“[192], denn „der Mensch ist nicht Seele und Körper, der Mensch ist die innigste Vermischung dieser beiden Substanzen.“[193]

Schillers Suche nach einer Verbindung zwischen dem Sinnlichen und dem Übersinnlichen wird bei Immanuel Kants *Kritik der Urteilskraft* fündig. Kant bestimmt hier einen Übergang zwischen Naturbegriff und Freiheitsbegriff:

> „Es ist der Begriff der Schönheit und, damit zusammenhängend, des Spiels, in denen Schiller jene geheime und bis dahin unerklärbare Mittelkraft entdeckt, die einen Ausgleich zwischen den Trieben zu schaffen verspricht. In den ästhetischen Briefen wird diese Vorstellung einer geheimen Mittelkraft, jetzt als ‚mittlere[r] Zustand‘ (ÄE: S. 643, S. 622)[194] oder als ‚mittlere Stimmung‘ (ÄE: S. 633)[195] bezeichnet, wieder aufgegriffen und als Schönheit und als Spiel identifiziert. Im Anschluss hieran entsteht Schillers Schönheitslehre, die auf ein versöhnliches klassisch-idealistisches Menschen- und Geschichtsbild zielt. Das Schöne visiert also die Wiederherstellung der Harmonie des Menschen mit sich und der Welt an und ist zugleich mit dem aufklärerischen Gedankengut der Selbstbestimmung und Freiheit eng verbunden.“[196]

Aber nicht nur zu seiner Ästhetik des Schönen findet Schiller in Kants *Kritik der Urteilskraft* einen Ansatzpunkt, auch zu seiner Ästhetik des Erhabenen wird er bei Kant fündig. Denn die Versöhnung des Menschen mit sich und mit der Welt, die im Begriff des Schönen zum Ausdruck kommen soll, droht an den Bedingungen der Wirklichkeit zu zerbrechen. Schiller gelangt zu dieser

---

192 Schiller, Über die ästhetische Erziehung des Menschen in einer Reihe von Briefen. In: Janz (Hg.): Friedrich Schiller. Werke und Briefe in zwölf Bänden, Bd.8, 556–676, hier 578.

193 Ders., Versuch über den Zusammenhang der tierischen Natur des Menschen mit seiner geistigen. In: Janz (Hg.): Friedrich Schiller. Werke und Briefe in zwölf Bänden, Bd. 8, 119–166, hier 149.

194 Schiller, Über die ästhetische Erziehung des Menschen, 643, 622.

195 Ebd., 633.

196 Dingeldein, Die Ästhetik des Schönen und Erhabenen, 67.

Einsicht angesichts der Französischen Revolution. Er befürwortet zwar deren Ziele, verabscheut jedoch ihre gewaltsame Umsetzung und gewinnt daher den Eindruck, dass die Menschheit zum tiefsten moralischen Punkt herabgestürzt sei.[197] Die ersehnte Einheit zwischen Vernunft und Sinnlichkeit scheitert an den Bedingungen der Wirklichkeit. Auch die Erfahrung der Entfremdung des Menschen in der Moderne, seine Fremdbestimmung und Funktionalisierung haben eine ernüchternde Wirkung auf ihn. Daher entwickelt Schiller neben der Ästhetik des Schönen die des Erhabenen. Damit „bricht er das versöhnliche Welt- und Menschenbild des Schönen dekonstruktiv auseinander und setzt dem harmonischen Schöpfungskonzept ein desillusionierendes und pessimistisches Gesellschafts- und Geschichtsgemälde entgegen."[198]

Das Erhabene ist bei Schiller mit einem düsteren Menschen-, Geschichts- und Naturbild verknüpft. Die Kategorie des Erhabenen wird im Laufe der Zeit immer wichtiger für Schiller und überlagert schließlich das Schöne, hebt es aber keineswegs auf: „Das Erhabene übernimmt nun die Aufgabe, den Menschen zu lehren, mit tragischen Geschichtsverläufen und Schicksalsschlägen umzugehen und die unauflösbaren Widersprüche und Differenzen des Lebens zu ertragen."[199] Die Kategorie des Schönen „bleibt als eine unerreichbare menschliche Sehnsucht stets im Bewusstsein. Beide Konzepte stehen sich dialektisch gegenüber."[200]

Schiller geht es um die Idee der Schönheit als Inbegriff des Menschseins. Für ihn gründet die Schönheit des Menschen in dem Begriff seiner Menschheit.[201] Wenn die Vernunft „den Ausspruch tut: es soll eine Menschheit existieren, so hat sie eben da-

---

197 Vgl. Helmut Koopmann, Einführung. In: Helmut Koopmann (Hg.), Friedrich Schiller: Sämtliche Werke in fünf Bänden. Band I: Dramen I. Düsseldorf/Zürich 1997, 5–69, hier 41 f.

198 Dingeldein, Die Ästhetik des Schönen und Erhabenen, 69; vgl. auch Zelle, Die doppelte Ästhetik der Moderne, 162.

199 Dingeldein, Die Ästhetik des Schönen und Erhabenen, 69.

200 Ebd.

201 Vgl. ebd., 71.

durch das Gesetz aufgestellt: es soll eine Schönheit sein."[202] In der Schönheit sieht Schiller, wie dargelegt, die verbindende Brücke zwischen dem Sinnlichen und dem Übersinnlichen: „Die Schönheit ist das Produkt der Zusammenstimmung zwischen dem Geist und den Sinnen".[203] Schiller will also „die allgemeine Idee der Schönheit aus dem Begriff der menschlichen Natur überhaupt ableiten"[204] und bemüht sich, eine Antwort zu finden auf die Frage: „Wie aber eine Schönheit sein kann, und wie eine Menschheit möglich ist".[205]

Die Schönheit ist die Selbstbestimmung des Menschen, sie ist Ausdruck seiner Freiheit. Schönheit verwirklicht sich, wenn der Mensch keinen äußeren Zwecken und Zwängen, Regeln und Fremdbestimmungen ausgesetzt ist, sondern frei und selbstbestimmt um seinetwillen als Mensch aus sich heraus existiert:[206]

> „Damit meint Schönheit für Schiller nichts anderes als das Ideal einer menschenwürdigen, freiheitlichen Daseinsweise, die ursprüngliche und wahre Bestimmung des Menschen, die ihm allein aufgrund seines Menschseins zukommt. Kurz: ‚Schönheit [...] [ist] eine notwendige Bedingung der Menschheit' (ÄE: S. 592)[207]".[208]

Dieser ideale Zustand einer höchsten Schönheit des Menschen existiert nur in der Vernunft und den Ideen, nicht aber in der wirklichen Welt. In diesem Sinne spricht Schiller auch vom „reinen Vernunftbegriff der Schönheit".[209] Und so unterscheidet Schiller zwischen „Schönheit in der Idee"[210] und „Schönheit in der Erfahrung".[211] Wenn allerdings das Ideal der Schönheit[212], das rein

---

202 Schiller, Über die ästhetische Erziehung des Menschen, 610.

203 Ebd., Über naive und sentimentalische Dichtung. In: Janz (Hg.): Friedrich Schiller. Werke und Briefe in zwölf Bänden, Bd., 706–810, hier 792.

204 Ebd., Über die ästhetische Erziehung des Menschen, 619.

205 Ebd., 611.

206 Dingeldein, Die Ästhetik des Schönen und Erhabenen, 72.

207 Schiller, Über die ästethische Erziehung des Menschen, 592.

208 Dingeldein, Die Ästhetik des Schönen und Erhabenen, 72.

209 Schiller, Über die ästhetische Erziehung des Menschen, 592.

210 Ebd., 615.

211 Ebd., 616.

212 Ebd., 619.

vernunftgegeben ist und für Schiller zugleich das „Ideal [...] der Menschheit“[213] darstellt, in der erfahrbaren Sinnenwelt nicht anzutreffen ist, was gibt es dann in dieser Sinnenwelt, das auf die Idee von Autonomie und Freiheit verweist?

Schillers Antwort lautet: „Die große Idee der Selbstbestimmung strahlt uns aus gewissen Eigenschaften der Natur zurück, und diese nennen wir Schönheit.“[214] Die erfahrbare Schönheit in der Sinnenwelt verweist demnach symbolisch auf die höchste Schönheit. Die schönen Gegenstände der Sinnenwelt dienen als Symbole für die Idee des Schönen. Diese Idee trägt die Vernunft in das Schöne der Erscheinungen hinein.

Die schönen Gegenstände der Sinnenwelt können zur Natur, Kunst oder zum Alltag, aber auch zu Handlungen und Gesinnungen des Menschen gehören. Ihnen ist gemein, dass sie eine Verweisungsfunktion auf das Schöne haben.[215] Nun stellt sich die Frage, was einen Gegenstand bzw. einen Menschen auszeichnet, den wir als schön empfinden. Schillers Antwort darauf lautet: Die Selbstbestimmung. Auch wenn Gegenstände keine eigentliche Freiheit besitzen, entsteht der Eindruck des Beobachters, „als ob der Gegenstand durch das harmonische Zusammenspiel seiner Einzelteile Form und Materie, Vernunft und Natur freiwillig hervorgebracht worden sei, als ob sein sinnlicher Teil, der Ton, die Formregel gleichsam in sich trüge und es sich um seine eigene Regel handele, die er autonom und allein aus sich heraus befolge.“[216] Demnach ist ein Gegenstand schön, wenn er in der Sinnenwelt so erscheint, als ob er freiwillig nur seinem innersten autonomen Gesetz folgt. Für den Betrachter erscheint der Gegenstand, als wäre er frei und unabhängig von äußeren Zwecken und Regeln:

---

[213] Ebd., 619.

[214] Schiller, Kallias, oder über die Schönheit. Briefe an Gottfried Körner. In: Janz (Hg.): Friedrich Schiller. Werke und Briefe in zwölf Bänden, Bd. 8, 276–329, hier 288.

[215] Vgl. Dingeldein, Die Ästhetik des Schönen und Erhabenen, 73.

[216] Ebd., 74.

„Das schöne Produkt darf und muß sogar regelmäßig sein, aber es muß regelfrei erscheinen.“[217] Im Moment der Betrachtung spielt die eigentliche Funktion des Gegenstands keine Rolle, er ist einfach Selbstzweck: „Wenn das Geschmacksurteil völlig rein ist, so muß ganz und gar davon abstrahiert werden, was für einen […] Wert das schöne Objekt für sich selbst habe […] Mag es sein, was es will!“[218]

Schiller bezieht sich auf Kants Bestimmungen des Schönen, denn das Schöne gefalle „ohne alles Interesse“, „ohne Begriffe“[219] und sei „ohne Vorstellung eines Zwecks“.[220] Für Schiller ist Schönheit also ein interesseloses Wohlgefallen.

Schiller schlussfolgert daraus,

> „dass wir von den ‚Erscheinungen […] nichts weiter als Freiheit verlangen‘ (K: S. 288)[221] und ‚bloß darauf sehen, ob sie das, was sie sind, durch sich selbst‘ (K: S. 288)[222] sind. Dies aber ist nichts anderes als der aufklärerische Gedanke der Autonomie und des ‚Bestimme dich aus dir selbst‘.[223] Schönheit kann demnach als ein Zustand aufgefasst werden, in dem etwas vollkommen harmonisch, freiwillig und ohne Zwang von außen um seiner selbst willen zu existieren *scheint*.“[224]

Die Schönheit des Korans und somit die Schönheit Gottes kann nur dann entdeckt werden, wenn in ihm zugleich die Souveränität und innere Autonomie Gottes zum Ausdruck kommt, die den Menschen zur Freiheit einlädt. Die Ästhetik Schillers hilft uns, den Blick auf den Koran im Sinne des neuzeitlichen Freiheitsdenkens zu schärfen. Sie lädt uns dazu ein, die Beziehungszusage Gottes, den Menschen frei zu wollen, im Koran zu entdecken. Sie lädt

---

217 Schiller, Kallias, oder über die Schönheit, 289.

218 Ebd., 289.

219 Dingeldein, Die Ästhetik des Schönen und Erhabenen, 74.

220 Ebd.

221 Schiller, Kallias, oder über die Schönheit, 288.

222 Ebd., 288.

223 Helmut Koopmann, „Bestimme Dich aus Dir selbst“: Schiller, die Idee der Autonomie und Kant als problematischer Umweg. In: Wolfgang Wittkowski (Hg.), Friedrich Schiller: Kunst, Humanität und Politik in der späten Aufklärung. Tübingen 1982, 202–218. Zitiert in Dingeldein, Die Ästhetik des Schönen und Erhabenen, 74.

224 Ebd., 74 f.

uns aber auch dazu ein, diesen freien Menschen in uns zu entdecken. Denn jenseits von Funktionalität ist der Mensch an sich würdig, er ist sein eigener Wert. Er ist in sich wertvoll und nicht, weil er der Erfüllung dieser oder jener Funktion dienlich ist. Schiller ermöglicht es, den Koran aus der Perspektive der Schönheit als Freiheitsgeschehen zu betrachten und die der Funktionalität beiseite zu lassen.

5 Die bleibende Offenheit des Korans

Gott ist transzendent und ist daher nicht erfassbar. Das bedeutet, dass sein offenbartes unerschaffenes Wesenswort, das uns im erschaffenen koranischen Wort begegnet, ebenfalls nicht wirklich erfassbar ist. Das soll nicht heißen, dass deshalb der Koran unverständlich ist, es bedeutet vielmehr, dass die kontingente Form seiner erschaffenen menschlichen Sprache so reich an Bedeutungen und Bedeutungszusammenhängen ist, dass es unmöglich ist, die koranische Rede auf eine einzige, vermeintlich „wahre" Deutung zu reduzieren.[1] Ich teile die Einschätzung des Korangelehrten Ibn al-Ǧazarī (1429), der gerade in diesem Reichtum an Deutungszusammenhängen die Besonderheit des Korans, ja sogar seinen Wundercharakter sah. Jede Behauptung, den Koran auf eine einzige „wahre" Deutung zu reduzieren, ist ein Versuch, Gott in seiner Unendlichkeit auf endliche Kategorien reduzieren zu wollen. Der Koran selbst betont die Offenheit/Unverfügbarkeit Gottes: „Jeden Tag ist er in einer anderen Angelegenheit." (Q 55:29).

Thomas Bauer unterstreicht in seinem Buch *Die Kultur der Ambiguität. Eine andere Geschichte des Islams*, dass die Auslegungsvielfalt des Korans eine Selbstverständlichkeit der islamischen klassischen Tradition war. Für das Denken der klassischen Exegeten war es in keiner Weise problematisch, dass die Offenbarung zwar abgeschlossen, ihr Inhalt jedoch nicht ausgeschöpft ist, weil die Bedeutungsfülle des Korans unerschöpflich ist.[2] Zudem zeigt sich auch innerhalb der Auslegung der einzelnen

---

[1] Dass die Barmherzigkeit die hermeneutische Mitte des Korans ausmacht, bedeutet nicht, dass der Koran auf eine Botschaft reduziert wird, sondern dass diese Mitte mit der Polyvalenz der koranischen Aussagen ins Gespräch zu bringen ist.

[2] Vgl. Thomas Bauer, Kultur der Ambiguität, Eine andere Geschichte des Islam, Berlin 2011, 117.

Exegeten durchaus eine Genese, und so kann es nicht verwundern, dass es zu einem Wandel in der Interpretation des gleichen Sachverhaltes in ein und demselben exegetischen Werk kommt.

Exemplarisch zitiert Bauer hierzu den Gelehrten Ibn al-Ǧazarī:

„Die Gelehrten dieser Gemeinde hörten seit der Frühzeit niemals auf und werden bis zum Ende der Zeit nicht aufhören, aus dem Koran (rechtliche) Hinweise, Argumente, Beweisgründe, Einsichten und dergleichen abzuleiten, die noch kein Früherer erkannt hatte, ohne ihn deshalb für die Späteren auszuschöpfen. Vielmehr ist der Koran ein gewaltiges Meer, in dem man nie auf Grund stößt und nie durch ein Ufer zum Halten gebracht wird. Deshalb benötigt diese Gemeinde auch nach ihrem Propheten – Gott segne ihn und spende ihm Heil – keinen weiteren Propheten mehr, wie das mit den früheren Völkern der Fall war, wo es zu jeder Zeit Propheten gab, um nach den Beurteilungen ihrer Schrift zu richten und die Menschen zu ihrem Heil im Diesseits und im Jenseits zu führen.“[3]

Auch der Koran selbst verweist auf diese Unerschöpflichkeit seines Inhaltes:

„Wäre das Meer Tinte für die Worte meines Herrn, ginge es zu Ende, bevor die Worte meines Herrn zu Ende gingen, selbst wenn wir noch einmal so viel hinzubrächten.“ (Q 18:109)

„Wäre alles, was es auf der Erde an Bäumen gibt, Schreibrohre und kämen nach dem Meer (als Tinte) noch sieben weitere dazu, gingen Gottes Worte nicht zu Ende. Gott ist mächtig und weise.“ (Q 31:27)

Diese Worte sind die Selbstoffenbarung des Unbedingten und Unendlichen, aber sie bleiben als gelesene bzw. rezitierte Worte Teil der bedingten Wirklichkeit. Dennoch offenbart sich das Unbedingte selbst im Bedingten, wodurch den rezitierten bzw. im Koran gelesenen Worten eine unerschöpfliche Bedeutung zukommt. Sie stellen das Wesenswort Gottes dar und sind deshalb unendlich in ihrem Gehalt. Sie öffnen auch einen unendlichen Horizont, weil sie dazu einladen, sich auf das Unendliche einzulassen, sein Angebot anzunehmen, Hand in Hand mit ihm daran zu arbeiten, Liebe und Barmherzigkeit hier und jetzt in der Welt zu einer erfahrbaren Wirklichkeit zu machen. Die Begegnung mit dem Ko-

[3] Zitiert in Bauer, Kultur der Ambiguität, 116: Šams ad-Dīn Muḥammad ʿAlī b. al-Ǧazarī, an-Našr fī l-qirāʾāt al-ʿašr. Bd. 1, Beirut 1980, 5.

ran eröffnet es dem Rezipienten aber auch, sein Leben auf die Liebe Gottes auszurichten, denn der Islam zielt auf die Hingabe zu Gottes liebender Barmherzigkeit ab. Deshalb ist der Koran viel mehr als die Summe seiner mit den Augen und Ohren zu vernehmenden Worte. Der Koran ist mehr als die zwischen den zwei Buchdeckeln festgehaltenen 600 Seiten. Als Medium der Begegnung mit der Gegenwart Gottes und seiner Barmherzigkeit ist der Koran unerschöpflich. Daher bleibt sein Rezeptionsprozess offen und kann nicht abgeschlossen sein. Abgeschlossen sind einerseits die erschaffenen arabischen Worte, in denen der Koran verkündet wurde, und andererseits die historisch kontingenten Ereignisse, die der Koran kommentiert und welche die Wirkmacht der Liebe Gottes bezeugen.

Der Begriff der Offenheit bzw. Unabgeschlossenheit des Korans darf also nicht dahingehend verstanden werden, dass man einen weiteren Koran erdichten will, es geht vielmehr darum, ihn für unendlich viele Begegnungen zwischen Gott und dem Menschen offenzuhalten. Jeder Versuch, den Koran für abgeschlossen zu erklären, ist ein Versuch, Gott zum Schweigen zu bringen und seine Barmherzigkeit als bedingt zu erklären. Als unbedingt kann die liebende Barmherzigkeit Gottes allerdings weder erfasst noch begrenzt werden. Sie begegnet uns im Koran und will uns entzünden und uns dazu bewegen, sie in unser eigenes Leben und in jeden Lebenskontext immer wieder neu aufzunehmen und umzusetzen – und zwar als erfahrbare und gelebte Barmherzigkeit. Den Koran zu deuten, beschränkt sich daher nicht auf die exegetischen Aufgaben, sondern zieht eine gelebte Praxis nach sich, nämlich die göttliche, liebende Barmherzigkeit zu leben, die in jedem historischen Kontext neu entschlüsselt werden will. Damit ist der Koran für jede Generation offen, neue Zeugnisse der Liebe Gottes in ihm zu entdecken und aus ihm unmittelbar die liebende Barmherzigkeit Gottes zu schöpfen.

Die Auseinandersetzung mit dem Koran bleibt stets ein offener Prozess des Hineinwachsens in seine Welt. Als Wesenswort Gottes ist die Auseinandersetzung mit ihm immer eine Geschichte des Hineinwachsens in das Geheimnis Gottes. Deshalb will der Koran immer und immer wieder gelesen bzw. rezitiert und gehört werden. Warum ist dies notwendig? Weil die zur Liebe entzündende Ästhetik des Korans ihren Ausdruck auch in seinem Klang findet. Dieser Klang will nicht nur die Ohren erreichen, sondern auch und vor allem die Herzen als Ort der Vernunft und der Emotionen zugleich. Der Klang des Korans will den Menschen ganzheitlich erreichen und bewegen: sowohl als Wesen der Vernunft als auch der Emotionalität. Sich auf eine der beiden Dimensionen einzuschränken, bedeutet eine Einschränkung der koranischen Botschaft selbst. Denn der Koran will nicht nur ausgelegt, sondern vor allem erlebt werden. Die Rezitation des Korans ist ein Geschehen der Offenbarung Gottes hier und jetzt. Daher bezeugt der Koran, dass auch Muḥammad ihn nicht in einer schriftlichen Form erhalten hat, sondern seine Verse ihm vorgetragen bzw. rezitiert wurden:

„Das sind Gottes Zeichen. Wir tragen sie dir [Muḥammad] wahrheitsgemäß vor. Du gehörst zu den Gesandten.“ (Q 2:252)

„Das tragen wir dir von den Zeichen und der weisen Mahnung vor.“ (Q 3:58, auch Q 3:108; Q 45:6)

Und Muḥammad hatte die Aufgabe, den Koran der Gemeinde nicht einfach vorzulesen, sondern ihn zu rezitieren, um ihn nicht lediglich als Mitteilung/Rede Gottes an sie weiterzugeben, die Gemeinde sollte vielmehr das Geschehen der Offenbarung Gottes erleben und sich dazu verhalten:

„Auch haben wir unter euch einen Gesandten aus euch gesandt, der euch unsere Zeichen vorträgt.“ (Q 2:151)

„Trag vor, was dir von der Schrift deines Herrn offenbart worden ist!“ (Q 18:27)

„So haben wir dich in eine Gemeinschaft gesandt – schon vor ihr gab es Gemeinschaften, damit du ihnen vorträgst, was wir dir offenbart haben. Sie glauben aber nicht dem Allerbarmenden. Sag: ‚Er ist mein Herr. Kein Gott ist außer ihm. Auf ihn vertraue ich. Zu ihm kehre ich um.‘“ (Q 13:30)

Es war Aufgabe des Propheten, den Gläubigen den Koran vorzutragen. Man beachte dabei die koranische Reihenfolge seiner Aufgaben:

„Auch haben wir unter euch einen Gesandten aus euch gesandt, der euch unsere Zeichen vorträgt, euch läutert, euch die Schrift und die Weisheit lehrt und was ihr nicht wusstet. So gedenkt meiner, dann gedenke ich euer! Dankt mir und seid mir nicht undankbar!“ (Q 2:151–152)

Das Vortragen bzw. Rezitieren kommt an erster Stelle und will die Herzen läutern und die Vernunft erreichen. Es will die Menschen also nicht nur emotional, sondern auch zur Annahme der in der Rezitation begegnenden liebenden Barmherzigkeit Gottes bewegen und sie dabei einladen, den Akt ihrer Verwirklichung im eigenen Leben rational zu reflektieren.

Dieser Anspruch an den Koran wiederholt sich an anderen Stellen in einer ähnlichen Form:

„Gott hat den Gläubigen Güte erwiesen, als er bei ihnen einen Gesandten aus ihnen selbst berufen hat, der ihnen seine Zeichen vorträgt/rezitiert, sie läutert und sie die Schrift und die Weisheit lehrt. Vorher waren sie in deutlicher Verirrung.“ (Q 3:164, vgl. auch Q 62:2)

Durch den Akt des Rezitierens und des Zuhörens der Rezitation soll der Koran aus der Finsternis führen:

„Gott hat zu euch erinnernde Mahnung herabgesandt, einen Gesandten, der euch Gottes Zeichen rezitiert, erhellende, um die, die glauben und gute Werke tun, aus den Finsternissen herauszubringen ins Licht.“ (Q 65:11)

„Denen wir vor ihm (dem Koran) die Schrift gegeben haben, die glauben an ihn. Wenn er ihnen vorgetragen wird, sagen sie: ‚Wir glauben an ihn. Er ist die Wahrheit von unserem Herrn. Wir waren schon vor ihm gottergeben – Muslime.‘“ (Q 28:52–53)

Im Koran wird die rhetorische Frage gestellt: „Wie könnt ihr leugnen, wo euch doch Gottes Zeichen vorgetragen werden und sein Gesandter unter euch ist?“ (Q 3:101) „Sind euch nicht stets meine Zeichen vorgetragen worden? Ihr aber habt sie stets für Lüge erklärt.“ (Q 23:105). Es wirkt so, als würde der Koran erwarten, dass die Herzen allein durch seine Rezitation bzw. durch das Zuhören der Rezitation bewegt und ergriffen und zur Annahme von Gottes Angebot veranlasst werden. Er zeigt kein Verständnis für diejenigen, die der Rezitation des Korans zwar zuhören, sich aber dennoch abwenden. Er sieht dies als Zeichen des Hochmuts an:

„Weh jedem Lügner und Sünder, der Gottes Zeichen, die ihm vorgetragen werden, hört und dann in seinem Hochmut beharrt, als hätte er sie nie gehört!" (Q 45:7–8, auch Q 31:6–7)

Die Schönheit des Korans erweist sich also offenbar nicht nur durch seine sprachliche Gestalt und ästhetische Einzigartigkeit, sondern auch durch die große Emotionalität, die seine Rezitation beim Menschen auslösen will. Seine Besonderheit lässt sich daher nicht erkennen, wenn man den Koran verobjektiviert und aus seinen Beziehungsstrukturen zur muslimischen Gemeinde herauslöst, sondern nur, wenn man ihn als Beziehungszusage liest und dabei auch die Resonanz des Menschen mithört. Nur durch eine Untersuchung des Korans in Beziehungsereignissen kann auch das durch ihn geoffenbarte Freiheitsverhältnis zwischen Gott und Mensch erfahrbare Wirklichkeit werden. Daher ist das Prinzip der Relationalität auch in transzendentaler Hinsicht als Grundbedingung der Möglichkeit anzunehmen, überhaupt von einem wechselseitig freiheitlichen Offenbarungsgeschehen zwischen Gott und Mensch zu sprechen.

Weder die Isolierung des subjektiven Erlebens noch die der objektiven Schönheit des Korans kann uns also weiterführen, wenn wir seinen Offenbarungsanspruch epistemologisch einholen wollen. Stets muss es um ein Beziehungsgeschehen gehen, das immer auch Geheimnis bleibt, weil es den Menschen mit dem Unbedingten selbst konfrontiert und damit all unser Verstehen übersteigt. Zwar können wir, wie oben expliziert, ausgehend von der formellen Unbedingtheit der Freiheit einen Begriff des Unbedingten bilden, der uns davor bewahrt, der Beziehungszusage einfach blind zu vertrauen. Aber auch wenn wir die Zusage des Korans noch einmal begrifflich daraufhin prüfen, ob sie dem Freiheitsdenken entspricht, übersteigt ihre Wirklichkeit und damit die Realität des Unbedingten jede davon mögliche begriffliche Sicherstellung. Von daher kann es an dieser Stelle keine positive Form der Glaubensbegründung geben, sondern nur Annäherungen *ex negativo*.

Die Bereitschaft, sich von der Begegnung mit dem Koran berühren zu lassen und die in dieser Begegnung geoffenbarte liebende Barmherzigkeit Gottes anzunehmen, ist die Voraussetzung dafür, die Offenheit des Korans zu garantieren und zu schützen. Denn seine Offenheit verwirklicht sich in einer Haltung der Freiheit, einer Haltung des „Sich-Öffnens“ seines Rezipienten, zu der die Begegnung mit dem Koran einlädt.

Die Offenheit des Korans unterstreicht somit nicht nur seine in der Tradition vorhandene Bedeutungsvielfalt, sondern lädt seine Rezipienten immer wieder ein, in ihm Gottes liebende Barmherzigkeit zu entdecken und diese aus ihm zu schöpfen. Daher bleibt der Koran immer zukunftsoffen. In dieser Zukunftsoffenheit sieht Ibn al-Ǧazarī den Ersatz für die Prophetie für alle Zeiten.[4] Es wird allerdings immer wieder eingewendet, Gott hätte doch eindeutig sprechen können, um den Menschen die vielen Spekulationen um die Bedeutung seiner Worte zu ersparen. Ein allmächtiger Gott sei schließlich dazu fähig, sich eindeutig zu äußern. Vielmehr sei es ein Zeichen der Schwäche Gottes, sich nicht eindeutig zu äußern. Thomas Bauer kritisiert dieses Beharren auf der Eindeutigkeit des Korans und sieht in der Prämisse, wonach Gott eindeutig sprechen würde, „eine Idee der cartesianischen Moderne“.[5] Mit Bauer können wir kritisch anmerken, dass es für unsere Zeit selbstverständlich geworden ist anzunehmen, „daß ein normativer Text eindeutig zu sein hat. Wer heute an einen von Gott den Menschen offenbarten Text glaubt, wird in aller Regel stillschweigend voraussetzen, daß auch dieser Text eindeutig ist. Wer behauptet, der Koran könne nicht interpretiert werden, weil er das Wort Gottes ist, unterschlägt diese Voraussetzung.“[6]

Wir haben bereits gesehen, dass die Allmacht Gottes im Sinne einer Freiheitsbestimmung der Gott-Mensch-Beziehung mehr ist als ein unbegrenztes ‚Alles-logisch-Mögliche-tun-Können‘. Die Allmacht Gottes ist keine alles beherrschende und kontrollierende Supermacht, die aus den Menschen Marionetten machen will. Was die Allmacht Gottes ausmacht, besteht gerade in ihrer Entschiedenheit, Wesen zu erschaffen, die selber mächtig sind und

---

[4] Vgl. Bauer, Kultur der Ambiguität, 118.
[5] Ebd., 119.
[6] Ebd., 118.

aus dieser gewährten Macht heraus in ein Freiheitsverhältnis zu Gott eintreten können:[7]

„Wird die Allmacht aber gedacht als Macht des Hervorbringens des von sich Unabhängigen, die zugleich die Macht hat, dieses Unabhängige für sich zu gewinnen, kann Allmacht nur noch als Liebe bestimmt werden. Denn allein die Liebe vermag Macht freizusetzen und in der Freisetzung für sich zu gewinnen."[8]

Nichts Größeres und nichts Mächtigeres lässt sich denken als die Fähigkeit, ein Gegenüber zu völliger Eigenständigkeit zu ermächtigen.[9] Dieser Machtbegriff ist ein dialogischer, der das Wirken Gottes in der Welt ausschließlich mit Mitteln der Liebe begründet sieht. Die Allmacht Gottes will die Freiheit des Menschen nicht beeinträchtigen, sondern umgekehrt diese Freiheit zur Entfaltung bringen. Sie will Freiheit zulassen, weswegen sich Gott nicht bevormundend offenbart, sondern zur Freiheit einladend, was zugleich auch die Offenheit des Korans als Selbstoffenbarung Gottes begründet. Mit anderen Worten: Weil Gott allmächtig ist und seine Allmacht realisieren will, soll seine Rede möglichst offen bleiben und die Menschen immer wieder auf verschiedenste Weise einladen, sie neu auszulegen und zu erleben. Denn nur so kann Gott die Freiheit des Menschen ermöglichen. Für muslimische Gelehrte wie Ibn al-Ǧazarī sowie für die meisten klassischen Exegeten war es eine Selbstverständlichkeit, dass Gott mehrdeutig spricht.[10]

Thomas Bauer skizziert die Logik derer, die meinen, der Koran sei eindeutig, und es deshalb nur eine einzige richtige Auslegung des Korans geben könne, anhand von zwei Prämissen und einer Konklusion:

„Prämisse 1: Der Text des Korans ist gemäß dem vorherrschenden sunnitisch-islamischen Verständnis das unerschaffene Wort Gottes.
Prämisse 2: Gott spricht eindeutig.

---

7 Vgl. von Stosch, Allmacht als Liebe denken, 251 ff.
8 Ebd.
9 Vgl. Thomas Pröpper, Art. Allmacht Gottes. In: LThK 1 (1993), 412 ff.
10 Vgl. Bauer, Kultur der Ambiguität, 118.

Konklusion: Jeder Koranvers hat nur eine einzige richtige Bedeutung, die keinen Interpretationsspielraum aufweist und deshalb nicht an die wechselnden zeitlichen Umstände angepaßt werden kann."[11]

Der Fehler dieser Logik liegt in der zweiten Prämisse. Denn Gott in Kategorien der Freiheit und somit das Gott-Mensch-Verhältnis als Freiheitsverhältnis zu denken, bedeutet, dass Gott – und dazu gehört sein Wesenswort – offen ist. Würde Gott dem Menschen alles eindeutig diktieren, würde er ihm damit seine Freiheit rauben. Die Vollkommenheit des Korans liegt in seiner Offenheit und somit in seinen vielfältigen Deutungsmöglichkeiten. Genauso wie Gott dem Menschen unbegreiflich bleibt, bleibt ihm auch sein Wesenswort unbegreiflich. Der Anspruch nach einer eindeutigen Auslegung des Korans sowie das Beharren auf einen einzigen, zu allen Zeiten allein richtigen Sinn jeder Koranstelle münden in ein Streben nach der Verfügbarkeit des Wortes Gottes. Der Mensch als das Bedingte, das Erschaffene, das Immanente kann sich allerdings Gott, dem Unbedingten, dem Transzendenten annähern, ihn jedoch nicht besitzen.

Auch der Prophet selbst soll die Vieldeutigkeit koranischer Verse unterstrichen haben: „Keiner ist von vollkommener Einsicht, ehe er nicht im Koran viele *wuǧūh* (Bedeutungsaspekte) erkennen kann."[12]

Das Streben nach einer einzigen wahren Bedeutung eines koranischen Verses führte in der islamischen Tradition zu einer „Erstarrung und Dogmatismus".[13]

„Diese Erstarrung trat aber nur deshalb ein, weil man den Glauben an die gewollte Ambiguität des göttlichen Wortes aufgegeben hat und deshalb die vorigen Generationen im Irrtum wandeln sieht, wenn man eine ihnen noch nicht bekannte Auslegung zur richtigen erklärt."[14]

Bauer kritisiert viele Modernisten unter den muslimischen Exegeten, weil sie auf ihrer Suche nach einer einzigen eindeutigen Auslegung des Korans die ambigue Tradition zum Ballast erklären,

---

11 Ebd.
12 Ebd., 123.
13 Ebd., 128.
14 Ebd.

von dem man sich befreien muss, „weil man die vielen verschiedenen Deutungen, von denen ein großer Teil doch eher unwahrscheinlich erscheint […] nicht mehr brauchen kann“.[15] Exemplarisch zitiert er den pakistanischen Reformmuslim Khalid Zaheer, einen Schüler des Reformers Islahi:

„Islahi sagte immer, daß jeder Koranvers aufgrund seines Wortlauts und seines Kontexts nur eine einzige richtige Bedeutung hat. Für mich heißt das, daß die von vielen Exegeten vertretene Ansicht, es gebe verschiedene, oft widersprüchliche Möglichkeiten, einen Vers zu deuten, nicht korrekt ist. Denn wenn der Allmächtige etwas sagen will, sagt Er es deutlich. Seine Aussagen meinen etwas Eindeutiges. Deshalb würde Er selbst in der Regel darauf beharren, daß ein bestimmter Vers genau eine einzige Bedeutung hat.“[16]

Viele muslimische Modernisten treffen sich hier in ihrer Suche nach der vermeintlich einen wahren Deutung des Korans mit Salafisten und anderen Fundamentalisten, aber auch mit Islamkritikern, die alle meinen, dass das Nebeneinander verschiedener, oft widersprüchlicher Deutungen nicht zulässig sei. Wir beobachten heute eine starke Tendenz, auch unter Modernisten, den Koran auf seine ethisch-normative Dimension zu reduzieren. Dies geht sehr oft auf Kosten der Entfaltung der Spiritualität des Korans, verstanden als Begegnung mit der Gegenwart Gottes, die zur Liebe und Barmherzigkeit entzünden will.

5.1 Kritik an der juristischen Rekonstruktion der koranischen Geltungsansprüche

Immer wieder wird der Islam als Gesetzesreligion definiert und damit der Koran als Gesetzesbuch betrachtet. Rechtliche Fragen rücken auf Kosten spiritueller Aspekte in den Vordergrund. Diese Reduktion des Islams auf einen rechtlich-ethischen Diskurs wird

---

15 Ebd., 128 f.

16 Zitiert in ebd., 129. Ḥāǧǧī Ḫalīfa, Kašf aẓ-ẓunūn, Beirut 1994, Bd. 2, S. 261 f.

nicht nur von traditionellen, sondern auch von vielen progressiven Muslimen betrieben.

Als Beispiel sei hier die Ankaraner Schule angeführt, deren Deutung die Offenheit des Korans verschließt und seinen Bedeutungshorizont auf ein einziges Prinzip reduziert, nämlich auf die von der Ankaraner Schule praktizierte sogenannte Drei-Schritt-Methode. Diese hat den Anspruch, das Verständnis der Erstadressaten des Korans zur Zeit seiner Entstehung zu rekonstruieren (Schritt 1), um daraus ein ahistorisches ethisches Prinzip abzuleiten (Schritt 2) und dieses in die Gegenwart zu übertragen (Schritt 3). Dadurch geht allerdings die Möglichkeit verloren, weitere Prinzipien und Bedeutungen aus dem Text abzuleiten, das Potenzial, das ein offener Zugang zum Koran eröffnet, wird verhindert. Zu fragen ist: Woher will der heutige Rezipient des Korans wissen, welches allgemeingültige Prinzip hinter der einen oder anderen koranischen Aussage steckt? Und wie will man sich vor subjektiven Projektionen in den Koran schützen? Hinzu kommt, dass das vorhandene historische Material zur Zeit der Verkündigung des Korans sehr unsicher ist. Wie will man daraus belastbare Aussagen über den göttlichen überzeitlichen Sinn der Offenbarung ableiten? Die abzuleitenden Prinzipien mit einem überzeitlichen und göttlichen Charakter, von denen die Ankaraner Schule spricht, bleiben am Ende nur Spekulationen.

Bauer spricht sogar von einer höchst manipulativen Methode[17]: „es dürfte nicht allzu schwer sein, stets jenen ‚Kern' herauszudestillieren, den man hören möchte“.[18] Jeder könne das in den Koran hineinlesen, was er möchte, was Tür und Tor für Beliebigkeit öffnen würde.[19]

Bauer sieht in dem historischen Vorgehen der Ankaraner Schule ein weiteres Problem. Die von ihr angewendete historische Methode sei „höchst reduktiv“.[20]

---

17 Vgl. Bauer, Kultur der Ambiguität, 129.

18 Ebd.

19 Vgl. ebd.

20 Ebd.

> „Denn sie beharrt nicht nur auf einer einzigen möglichen Bedeutung, sondern verengt diese Bedeutung noch auf einen bestimmten historischen Moment und höhlt damit das Bedeutungspotential des Textes noch weiter aus als andere, vergleichbar monolithische Ansätze.“[21]

Vertreter der Ankaraner Schule, aber auch Nasr Hamid Abu Zaid bemühen sich um einen zeitgenössischen Ansatz, um den Koran zwar in die Gegenwart zu übertragen, jedoch nicht in seinem Wortlaut, sondern in seinen ethischen Prinzipien. Die ethische Rekonstruktion des muslimischen Glaubens nimmt bei diesem Ansatz einen breiten Raum ein. Klaus von Stosch merkt hier zu Recht an, dass für Abu Zaid ähnlich wie für den zeitgenössischen Frankfurter Koranforscher Ömer Özsoy „der Koran primär ein Fingerzeig [ist], der mir eine Lebensrichtung vorgibt; also Einladung zu einem bestimmten Lebensentwurf und damit primär ethischer Natur“.[22] Für beide Schulen ist eine historische Verortung des Korans in seinem Verkündigungskontext notwendig, um eben seine ethischen Weisungen erschließen zu können. Klaus von Stosch sieht allerdings in dieser Reduzierung der Koranhermeneutik auf eine ethische Rekonstruktion mehrere Probleme:

> „Selbst wenn ich bei einer einzelnen Koranstelle den genauen Offenbarungsanlass einigermaßen verlässlich rekonstruieren kann, fragt sich, wie ich aus dieser Beschreibung zu einer normativen Schlussfolgerung kommen kann. Wie kann man aus deskriptiv angelegten Analysen normative Gehalte ableiten? Weiß ich wirklich, dass an der eben beschriebenen Stelle eine Gleichrangigkeit von Mann und Frau angezielt ist, oder ist das Ergebnis der Exegese nicht auch sehr vom guten Willen des hoffentlich liberalen Exegeten abhängig? Woher weiß ich, dass die normative Bedeutung des Korans aus seiner historischen Situierung zu decodieren ist, wenn Gott doch wissen musste, dass sein Wort auch in anderen Situationen gehört wird? Wird hier nicht das überzeitliche Bedeutungspotenzial der Texte ausgehöhlt und die Mannigfaltigkeit ihrer Deutungsmöglichkeiten unnötig stark und tendenziell willkürlich reduziert? Will man an dieser Stelle das zwangsläufig in der Deduktion der ethischen Prinzipien des Korans enthaltene Willkür-

---

[21] Ebd., 129 f.

[22] von Stosch, Herausforderung Islam, 26; vgl auch Ömer Özsoy, Die fünf Aspekte der Scharia. In: Forschung Frankfurt 1 (2008), 28: „Der Koran ist wie ein Finger, der in eine bestimmte Richtung zeigt, es wäre falsch auf den Finger zu starren.“

moment tilgen, muss man die verwendeten Prinzipien auch autonom philosophisch begründen. Eben dies scheint der Ankaraner Schule auch vorzuschweben. Die hier erhobenen ethischen Prinzipien des Korans sind jedenfalls offensichtlich auch aus der Perspektive autonomer Moral zu gewinnen und genau hieran machen die Interpreten der Ankaraner Schule auch die Vernünftigkeit des Korans fest. Damit wird aber die religionskritische Anfrage, ob der Koran nicht als Projektion menschlicher Lebensentwürfe durchschaut werden müsste, virulent. Bestreitet man die Konvergenz (und damit auch die Ableitbarkeit) der ethischen Prinzipien des Korans mit den ethischen Prinzipien der praktischen Vernunft und betont, dass der Koran ein höheres Ethos als die Vernunft fordert, das aus ihr nicht ableitbar ist, gerät man in eine gefährliche Nähe zu fundamentalistischen Deutungen, die selbst Verbrechen als Willen Gottes ansehen. Betont man die autonom philosophische Gewinnbarkeit der ethischen Prinzipien des Korans, gerät man in die schon bei dem Aufklärer Lessing zu konstatierende Aporie, dass Offenbarung eigentlich nur noch aus pädagogischen Gründen erforderlich ist. Mit anderen Worten: Entweder der Koran verkörpert nur das Ethische, das dem Menschen auch ohne ihn bekannt wäre, sodass er letztlich überflüssig ist, oder er widerspricht dem Ethischen und wird dadurch aus der Sicht neuzeitlich-autonomer Vernunft suspekt.“[23]

Diese Rückfragen von Stoschs richten sich an alle modernen hermeneutischen Konzepte, die versuchen, unmittelbar aus dem Koran moderne Phänomene wie Gleichberechtigung der Geschlechter, Menschenrechte, demokratische Grundwerte usw. abzuleiten. Bei all diesen Ansätzen entsteht der Eindruck, dass vieles in den Koran hineingelesen wird, was nicht wirklich in den Texten enthalten ist. Auch Thomas Bauer warnt vor der Gefahr einer manipulativen Koranexegese: „es dürfte nicht allzu schwer sein, stets jenen ‚Kern‘ herauszudestillieren, den man hören möchte“.[24]

Wird Religion auf ihre ethische Dimension reduziert, so wird sie funktionalisiert und letztlich überflüssig. Ethische Grundlagen können autonom aus der menschlichen Vernunft abgeleitet werden. Schon im 8. Jahrhundert gab es diese Diskussion zwischen den Muʿtaziliten und ihren Gegnern. Die Muʿtaziliten gelten als rationalistische Schule im Islam. Sie vertraten die Ansicht, dass der Mensch autonom durch seine Vernunft erkennen könne, was

23 von Stosch, Herausforderung Islam, 26 f.

24 Bauer, Kultur der Ambiguität, 130.

gut und was schlecht ist. Dazu brauche er weder Propheten noch eine Mitteilung von Gott. Denn all das erinnerte den Menschen lediglich an das, was er ohnehin schon wisse oder zumindest wissen sollte. Diese Position wurde auch von den Māturīditen (genannt nach dem Gelehrten Al-Māturīdī, gest. 941) vertreten. Die Gegner der Muʿtaziliten widersprachen dem, weil sie die Autonomie des Menschen zu stark betont sahen, was die Bedeutung der göttlichen Verkündigung relativieren würde. Sie betonten demgegenüber die Angewiesenheit des Menschen auf Gott und seine Instruktionen. Doch eigentlich sind beide Positionen höchst problematisch, denn beide reduzieren Religion auf eine ethische bzw. rechtliche Dimension.

Religion muss etwas leisten, was die Vernunft nicht leistet, ansonsten wird sie ersetzbar. Dem Koran als Selbstoffenbarung Gottes geht es um viel mehr als um ein statisches juristisches Schema voller Instruktionen. Er ist an erster Stelle ein Medium der Begegnung mit Gottes Liebe und Barmherzigkeit. Diese Begegnung will den Menschen die Perspektive eröffnen, ihr Leben auf Gott hin auszurichten. Es geht also darum, eine Haltung der Liebe und Barmherzigkeit im Menschen zu wecken, und nicht darum, den Menschen im juristischen oder ethischen Sinne genau vorzuschreiben, wie sie im Einzelnen ihr Leben zu strukturieren haben.

Der Koran entfaltet hingegen so vielfältige Bedeutungspotenziale, dass zeitgenössische Rezipienten intellektuell herausgefordert, spirituell ergriffen und emotional bewegt sein können, auch wenn die Bedeutungen, die heutige Leser und Hörer mit dem Text verbinden, möglicherweise nicht mit jenen Bedeutungen identisch sind, die die Zeitgenossen der Verkündigung des Korans damit verbanden.

Man kann gerade heilige Texte, denen man ein überzeitliches Bedeutungspotenzial zuerkennt, nicht auf die Bedeutung, die sie für die ersten Hörer hatten, reduzieren.[25] Thomas Bauer kommt zu dem nüchternen Ergebnis: „Die Beschränkung auf eine historisch-kritische Auslegung des Korans etwa könnte nie und nimmer eine sufische Deutung zulassen, da zur Zeit der Offenbarung

---

[25] Vgl. ebd.

des Korans nichts existierte, was sich mit der späteren Mystik in Verbindung bringen ließe."[26]

Moderne Interpretationsansätze des Korans fordern nicht immer die „Offenheit" verschiedener Lesarten des Korans ein, und durch ihren Anspruch auf alleinige Wahrheit sind sie teilweise „ideologieanfälliger als traditionelle Methoden."[27] Daher ist Bauer beizupflichten, wenn er betont: „Dem Korantext wiederum überzeitliches Bedeutungspotential und eine Bedeutungspluralität zuzuerkennen, wie die klassischen Gelehrten dies taten (ohne daß sich dies notwendigerweise immer in ihrem Tun niedergeschlagen hätte), ist vielleicht in der Tat die einzige Möglichkeit, die Zeitbedingtheit der Exegese zu überwinden."[28] Allerdings darf diese Kritik Bauers nicht in die Richtung missverstanden werden, dass wir heute den Koran wirklich verstehen können, ohne eine historische Kontextualisierung bzw. ohne die historisch-kritische Methode anzuwenden. Mein Anliegen ist es, diese Methoden nicht als Instrumente des Verschließens des Korans anzuwenden, sodass am Ende eine einzige, möglichst wahre Auslegung des Korans herauskommt. Die historische Kontextualisierung und die historisch-kritische Methode sollen vielmehr dazu dienen, die Dialogizität zwischen Offenbarung und der Lebenswirklichkeit im Kontext der Verkündigung des Korans aufzuzeigen und den gegenseitigen Einfluss zu rekonstruieren, um so die Geschichte der Offenbarung als die Geschichte Gottes mit dem Menschen offenzulegen.

5.2 Gegen die Beliebigkeit

Die Rede von der Offenheit des Korans bedeutet kein „anything goes". Es kann bei der Rezeption des Korans nicht darum gehen, in ihn das jeweils Passende hineinzulesen. Wenn man in den Koran alles hineininterpretiert, dann lässt man den Koran alles sagen und am Ende nichts, weil man nicht mehr weiß, wozu wir den

---

[26] Ebd.

[27] Ebd.

[28] Ebd., 130 f.

Koran noch benötigen, außer als vermeintlich „heilige" Legitimation sowie Projektionsfläche der jeweiligen Position. Nehmen wir das Beispiel des Verhältnisses des Korans zu Christen: Pluralisten, die die Position vertreten, es gebe unterschiedliche gleichberechtigte Wege zur ewigen Glückseligkeit, berufen sich auf Verse wie Q 2:62: „Die Muslime, die Juden, die Christen und die Sabier – die an Gott und den Jüngsten Tag glauben und Gutes tun –, die bekommen ihren Lohn bei ihrem Herrn, sie befällt nicht Furcht und sie sind [am Tage des Gerichts] nicht traurig" (dieser Vers wiederholt sich in ähnlicher Form in Q 5:69). Auch Gläubige anderer Religionen soll es so ermöglicht werden, an der ewigen Glückseligkeit zu partizipieren. Exklusivisten hingegen berufen sich auf andere koranische Verse, die andere Religionen wie das Christentum stark kritisieren: „Leugner sind, die sagen: ‚Gott, er ist Christus, der Sohn Marias'" (Q 5:72). Im Namen des Korans werfen Exklusivisten Christen vor, sie seien Ungläubige. Konfrontiert mit diesen unterschiedlichen Versen, steht man vor dem Dilemma, abwägen zu sollen, welcher der beiden Verse mehr Gültigkeit besitzt. Beide Verse stammen aus derselben, nämlich der fünften Sure, weshalb man dieses Dilemma nicht durch das Konstrukt der Abrogation beseitigen kann, deren Prinzip lautet, dass ältere Verse frühere aufheben. Nöldecke zufolge soll die fünfte Sure die letzte gewesen sein, die verkündet wurde, also kurz vor dem Ableben Muḥammads.[29] Eine Abrogation ist in diesem Fall äußerst unwahrscheinlich.

Was hilft also gegen eine Beliebigkeit der Auslegung des Korans?

Einerseits benötigen wir eine Mitte des Korans, einen hermeneutischen Schlüssel, andererseits hermeneutische Methoden der Verortung des Korans im historischen Kontext seiner Verkündigung. Der hermeneutische Schlüssel zum Koran stellt, wie oben

[29] An dieser Stelle möchte ich auf das Buch *Der andere Prophet – Jesus im Koran* verweisen, in dem mein Kollege Klaus von Stosch und ich die Ergebnisse unserer historisch-kritischen Untersuchung zum Thema Jesus im Koran veröffentlicht haben. Dort gehen wir ausführlich auch auf die hier aufgeworfene Frage nach dem Umgang des Korans mit Christen ein, weshalb ich dies hier nicht näher erläutern möchte.

bereits ausführlich dargelegt und begründet, die liebende Barmherzigkeit dar, die heute in den Kategorien neuzeitlichen Freiheitsdenkens expliziert werden kann. Ich spreche hier von einem hermeneutischen Kriterium für die *Begegnung* mit dem Koran und nicht für seine *Auslegung*, denn mir geht es um viel mehr als nur um die Interpretation des Korans. Als Selbstoffenbarung Gottes will der Koran nicht nur ausgelegt, sondern erfahren werden und zur Liebe bewegen. Nur ein Kriterium, das dieser Liebe, die sich im Koran entfalten will, entspricht, kann sie im Koran nachvollziehbar machen und der Selbstoffenbarung Gottes als dem liebenden Barmherzigen gerecht werden.

Nun könnte aber jemand dagegen einwenden, dass ich die liebende Barmherzigkeit als Mitte des Korans festgelegt habe, obwohl ich selbst im vergangenen Unterkapitel einige moderne Ansätze der Koranhermeneutik gerade deshalb kritisiert habe, weil sie so vorgehen, dass sie das jeweilige (ethische) Prinzip hinter einem Vers bzw. Verskorpus zu bestimmen suchen, was wiederum den Koran verschließen würde, weil wir ihn dann auf bestimmte Prinzipien festlegen würden. Es besteht allerdings ein grundsätzlicher Unterschied zwischen der Reduzierung des Korans auf ein paar ethische Prinzipien, die der Exeget aus ihm ableitet (wobei hier der Verdacht der Projektion beliebiger Kategorien in den Koran besteht), und einer systematisch-theologischen Explikation der Grundbestimmung des Korans als Offenbarung Gottes liebender Barmherzigkeit, wie ich dies im dritten Kapitel dieses Buches dargelegt habe. Die liebende Barmherzigkeit ist hier kein ethisches Prinzip, das beliebig aus dem Koran abgeleitet bzw. in ihn hineingelesen wurde, sondern eine theologische Grundkategorie zur Beschreibung des Wesens Gottes und somit sein Wesenswort, die der Islam mit dem Christentum „Gott ist Liebe" (1 Joh 4,16b) teilt.

Da sich aber das Wesenswort Gottes im Dialog mit Muḥammad und seiner Gemeinde im 7. Jahrhundert auf der arabischen Halbinsel ereignet hat, geht meines Erachtens kein Weg daran vorbei, den Koran auch mittels historisch-kritischer Methodenschritte, allerdings mit Vorbehalten, zu untersuchen, um die im Koran offenbarte Barmherzigkeit in ihrer geschichtlichen Realisierung zu rekonstruieren. Bevor ich auf diese Vorbehalte eingehe, soll im nächsten Kapitel die historisch-kritische Methode vorgestellt werden, um einen Überblick über dieses komplexe methodische Vorgehen zu erhalten.

6 Die historisch-kritische Methode der Bibelwissenschaften und ihre Anwendung auf den Koran[1]

Stefan Zorn, Dina El Omari, Mouhanad Khorchide

6.1 Die Bezeichnung der Methode als historisch *und* kritisch

Die historisch-kritische Methode dient in erster Linie der Erforschung historischer Texte. Dennoch ist sie vor allem in der wissenschaftlichen Auseinandersetzung mit den biblischen Texten des Alten und Neuen Testaments entwickelt worden[1] und hat sich dabei in den vergangenen 250 Jahren als Leitmethode der Bibelwissenschaften etabliert. Der Name *historisch-kritisch* zeigt bereits an, welcher Gegenstand für die Methode prägend und welches Erkenntnisinteresse für sie leitend ist:

Als *historisch* ist die Methode zu bezeichnen, weil sie mit einem wissenschaftlichen Anliegen an die biblischen Texte herantritt und dabei zum einen den historischen Sinn und zum anderen die historische Entstehung der Texte zu rekonstruieren versucht. Die

[1] Dieses Kapitel bis zum Abschnitt 6.8 stammt von Stefan Zorn.

[1] Wenn hier von biblischen Texten gesprochen wird, so sind darunter sowohl die alttestamentlichen wie auch die neutestamentlichen Texte zu fassen. Die historisch-kritische Methode wird in den Bibelwissenschaften auf die Texte des Alten wie auch des Neuen Testaments angewendet, wenngleich sich die Methodenschritte in bestimmten Punkten unterscheiden. Da es jedoch darum geht, die Entstehungskontexte, Prämissen, Ziele und Arbeitsschritte der historisch-kritischen Methode *insgesamt* nachzuvollziehen, wird hier davon abgesehen, zwischen alttestamentlicher und neutestamentlicher Exegese in ihrem Umgang mit der historischen Kritik begrifflich und inhaltlich zu differenzieren. Vielmehr werden die Methodenschritte so dargestellt, dass sie auf beide Fachdisziplinen angewendet werden können, wenngleich das konkrete methodische Vorgehen freilich immer vom jeweiligen Text abhängig ist. Aus diesem Grund ist auf verschiedene Methodenbücher sowohl der alt- wie auch der neutestamentlichen Bibelexegese rekurriert worden. Zur umstrittenen Terminologie der Methodenschritte vgl. die jeweiligen Arbeitsschritte und die in den Fußnoten angegebene Sekundärliteratur.

biblischen Texte werden also als historische Dokumente wahrgenommen, die „*in* einer bestimmten Zeit *für* eine bestimmte Zeit“[2] verfasst worden sind.

Als *kritisch* ist die Methode in mehrfacher Hinsicht zu bezeichnen:[3]

(1) Zunächst, weil sie sich kritisch allen Formen der Instrumentalisierung der biblischen Texte entgegenstellt.[4] Dadurch soll zum einen die „Fremdheit und Eigenständigkeit“[5] der biblischen Texte herausgestellt werden, zum anderen sollen die Texte vor konfessionellen und dogmatischen Vorannahmen geschützt werden[6], ohne dass die historisch-kritische Methode beansprucht, dass ihr wissenschaftlicher Zugang der einzig mögliche ist.

(2) Ferner ist die Methode als kritisch zu bezeichnen, weil sie die Texte selbst kritisch befragt. Dies zeigt sich zum Ersten an der Rekonstruktion der Textgenese, in der die einzelnen Phasen der Textentstehung kritisch voneinander unterschieden werden; zum Zweiten an der kritischen Untersuchung der historischen Beziehungen zwischen den Texten und den in ihnen beschriebenen historischen Begebenheiten und zum Dritten an der kritischen Befragung der theologischen Aussagen in den biblischen Texten (Sachkritik).[7] Damit impliziert die *kritische* Befragung der Texte

---

[2] Uwe Becker, Exegese des Alten Testaments. Ein Methoden- und Arbeitsbuch, Tübingen [4]2015, 5.

[3] Wenn hier die verschiedenen Aspekte von „kritisch“ in der Kombination historisch-kritisch in ihrem semantisch-pragmatischen Spektrum unterschieden werden, dann ist damit der gegenwärtige Gebrauch gemeint. Bei der Entstehung der historisch-kritischen Methode meinte kritisch wohl im engeren Sinn „vorwiegend die eigentliche Textkritik, also die Feststellung des ursprünglichen Wortlauts unter Heranziehung der handschriftlichen Überlieferung und der alten Übersetzungen“ (vgl. Rudolf Smend, Epochen der Bibelkritik. In: Ders., Bibel und Wissenschaft. Historische Aufsätze, Tübingen 2004, 33).

[4] Vgl. Becker, Exegese des Alten Testaments, 5.

[5] Hans Weder, Neutestamentliche Hermeneutik. Zürcher Grundrisse zur Bibel, Zürich [2]1989, 119.

[6] Vgl. Hans-Joachim Kraus, Systematische Theologie im Kontext biblischer Geschichte und Eschatologie, Neukirchen-Vluyn 1983, 15.

[7] Vgl. Ulrich Wilckens, Theologie des Neuen Testaments. Bd. 3: Historische Kritik der historisch-kritischen Exegese. Von der Aufklärung bis zur Gegenwart, Göttingen 2017, 2: „Exegese ist, so gesehen, ein ernsthaft-‚kritisches‘

sowohl ein unterscheidendes bzw. deskriptives als auch ein sachkritisches bzw. ideologiekritisches Moment.

(3) Schließlich hat *Ernst Troeltsch* (gest. 1923)[8] die historische Kritik prominent als erstes Prinzip der historischen Methode definiert, wonach „es auf historischem Gebiet nur Wahrscheinlichkeitsurteile gibt, vom höchsten bis zum geringsten, und daß jeder Ueberlieferung gegenüber daher erst der Grad der Wahrscheinlichkeit abgemessen werden müsse, der ihr zukommt".[9] Kritisch meint hier unterscheidend dahingehend, dass zwischen verschiedenen Graden historischer Wahrscheinlichkeit kritisch unterschieden wird.[10]

Aus den dargelegten Aspekten ist deutlich geworden, dass die historisch-kritische Methode darauf abzielt, aus einer kritischen Haltung gegenüber dem historischen Text als ihrem wissenschaftlichen Gegenstand seine Genese und seine Aussageabsicht und seine Relation zu historischen Ereignissen zu rekonstruieren sowie

---

Gespräch zwischen modernen und antiken Christen. Wir Heutigen hören jenen genau zu, was sie *gesagt haben*, und ebenso genau prüfen wir, was sie *uns noch zu sagen* haben und wie dies für uns Einsicht und annehmbar werden kann oder nicht. ‚Sachkritik' nennt die heutige Wissenschaftssprache diesen zweiten Gesprächsteil."

8 Zu Leben und Werk von Ernst Troeltsch vgl. ausführlich Hans-Georg Drescher, Ernst Troeltsch. Leben und Werk, Göttingen 1991.

9 Ernst Troeltsch, Historische und dogmatische Methode in der Theologie. In: Ders., Zur religiösen Lage, Religionsphilosophie und Ethik, Tübingen ²1962, 731.

10 Anders und deutlich knapper definieren Finsterbusch und Tilly in ihrem Plädoyer für die historisch-kritische Methode „kritisch" als Synonym für „rationale Kriterien": „Was ist unter historisch-kritischer Exegese zu verstehen? Historisch wird wissenschaftliche Exegese genannt, wenn sie die Bibeltexte als in bestimmten historischen Kontexten entstandene Dokumente betrachtet und ihren historischen Textsinn zu erheben versucht. Das Beiwort kritisch zeigt an, dass die Texte dabei nach bestimmten rationalen Kriterien analysiert werden sollen." (vgl. Karin Finsterbusch/Michael Tilly, Ein Plädoyer für die historisch-kritische Exegese. In: Dies., Verstehen, was man liest. Zur Notwendigkeit historisch-kritischer Bibellektüre, Göttingen 2010, 9–17, hier 9).

kritisch zu bewerten. Es wird zu zeigen sein, dass das historisch-kritische Vorgehen ein methodisch kontrolliertes[11] und kontrollierbares ist, welches andere methodische Zugriffe nicht grundsätzlich ausschließt, aber doch beansprucht, dass nur eine historische Analyse den Texten als historisch gewordenen gerecht wird.[12]

Schließlich ist darauf hinzuweisen, dass einfachheitshalber zwar von der historisch-kritischen Methode im Singular gesprochen wird, damit aber ein Strauß von Methoden bzw. Methodenschritten gemeint ist, die sukzessive auch präsentiert werden. Auch wenn also von einer Methode die Rede ist, so handelt es sich vielmehr um ein Ensemble bzw. eine Polyphonie von Methoden.[13]

Doch bevor die einzelnen Methodenschritte präsentiert werden, ist zunächst auf die Prämissen und Ziele einzugehen, die in der Bezeichnung der Methode als historisch und kritisch bereits angeklungen waren. Sie sollen nun in einem eigenen Arbeitsschritt offengelegt und reflektiert werden.

6.2 Die Prämissen der historisch-kritischen Methode

6.2.1 Die Distanz zwischen Ausleger und Text

Eine historisch-kritische Erforschung biblischer Texte erfordert auf der Seite des Auslegers eine Haltung der Distanz.[14] Der zu analysierende Text wird nicht aus einer Haltung des Glaubens heraus auf das eigene Leben bezogen und damit in die Gegenwart geholt, sondern soll als historischer Text in den Kontext seiner Entstehungszeit eingebettet werden, wodurch der Text in der Vergangenheit verbleibt. Dadurch wird es möglich, den genuinen Aussagegehalt eines Textes zur Sprache zu bringen und in seiner

---

11 Vgl. Peter Stuhlmacher, Vom Verstehen des Neuen Testaments. Eine Hermeneutik, Göttingen 1979, 22.

12 Vgl. Becker, Exegese des Alten Testaments, 7.

13 Vgl. Gerd Theissen, Polyphones Verstehen. Entwürfe zur Bibelhermeneutik, Berlin/Münster 2014, besonders 21–135.

14 Vgl. Ulrich Luz, Theologische Hermeneutik des Neuen Testaments, Neukirchen-Vluyn 2014, 137.

Eigenständigkeit und Fremdheit als „Nichtidentität mit der Gegenwart“[15] zu würdigen.[16] Folglich wird die Kluft zwischen der Gegenwart des Auslegers und der Vergangenheit des Textes nicht überbrückt, sondern als Anwalt des Textes kommt dem Ausleger die anspruchsvolle Aufgabe zu, diese Kluft bewusst aufrechtzuerhalten.[17] Mit anderen Worten: „Der garstige historische Graben muß als Faktum anerkannt werden.“[18]

6.2.2 Methodischer Atheismus

Wie jede wissenschaftliche Methode arbeitet die historisch-kritische Methode mit einem methodischen Atheismus, sprich, sie handelt so, als gäbe es Gott nicht *(etsi deus non daretur)*. Sie erklärt und beantwortet offene Fragen nicht mit dem Phänomen „Gott“, sondern sucht stets gemäß rational nachvollziehbaren Erklärungszusammenhängen.[19] Dabei geht sie davon aus, dass sich Geschichte nach immanenten Gesetzmäßigkeiten vollzieht, weshalb ein Eingreifen Gottes in die Geschichte auszuschließen ist.[20] Zu diesen Gesetzmäßigkeiten ist auch das von Troeltsch in der Theologie etablierte Prinzip der Analogie zu zählen. Demnach vollzieht sich die Geschichte nach analogen Prozessen, was jedoch nicht bedeutet, dass alle historischen Ereignisse identisch wären.

---

[15] Manfred Oeming, Biblische Hermeneutik. Eine Einführung, Darmstadt ^{2}2007, 31.

[16] Vgl. Luz, Theologische Hermeneutik, 137.

[17] Ganz im Gegenteil kommt nach Ulrich Wilckens dem historisch operierenden Exegeten gerade die Aufgabe zu, die biblischen Texte „aus der Jahrhunderte langen Einbettung in kirchlicher Lehre so herauszulösen, wie ein Restaurator vielfach übermalte Gemälde in deren Originalgestalt wiederherzustellen sucht.“ (vgl. Wilckens, Theologie des Neuen Testaments. Bd. 3, 1). Gerade die Rekonstruktion des Originals impliziert daher eine kritische Haltung gegenüber der rezeptionsgeschichtlichen Verwendung biblischer Texte und fördert zugleich die Distanz zwischen Ausleger und Text.

[18] Oeming, Biblische Hermeneutik, 32.

[19] Vgl. Luz, Theologische Hermeneutik, 138.

[20] Vgl. Horst Klaus Berg, Ein Wort wie Feuer. Wege lebendiger Bibelauslegung, München 1991, 43.

Vielmehr lassen die verschiedenen historischen Ereignisse „einen Kern gemeinsamer Gleichartigkeit“ erkennen, „von dem aus die Unterschiede begriffen und nachgefühlt werden können.“[21] Dadurch ist es möglich, historische Ereignisse und Phänomene in einen universalhistorischen Horizont einzuordnen.[22] Diese rein immanent operierende Methode auch in die Theologie einzuführen, ist nach Troeltschs Dafürhalten deshalb sinnvoll, weil sie ein umfassendes Erklärungspotenzial[23] aufweist:

> „Aber das Entscheidende ist die Bewährung und Fruchtbarkeit einer Methode, die Durchbildung im Verkehr mit den Objekten und die Leistung zur Herstellung von Verständnis und Zusammenhang. Niemand kann leugnen, daß sie überall, wo sie angewendet wurde, überraschend einleuchtende Ergebnisse hervorgebracht hat, und daß überall das Vertrauen sich bewährt hat, noch nicht erleuchtete Partien würden durch sie sich aufklären lassen.“[24]

Paradoxerweise ermöglicht also gerade das Ausschließen Gottes als wissenschaftliches Erklärungsmodell eine umfassendere wissenschaftliche Erkenntnisgewinnung der Gottesbilder und Gotteserfahrungen, wie sie in den biblischen Texten abgebildet sind und reflektiert werden.

Doch gerade weil die historisch-kritische Methode die biblischen Texten mit einem methodischen Atheismus untersucht, kann und will sie keine Aussagen über Gott an sich treffen. Sie beschreibt und interpretiert die Gottesbilder der biblischen Texte, ohne dass damit Urteile über die Existenz oder das Wesen Gottes einhergehen.[25] Doch trotz dieser Grenze im Urteil kommt der historisch-kritischen Methode gegenüber allen Absolutheits- und Wahrheitsansprüchen, die in den biblischen Texten als normative Aussagen über Gott enthalten sind, eine ideologiekritische und damit relativierende Funktion zu, indem sie darauf hinweist, dass

---

[21] Troeltsch, Historische und dogmatische Methode, 732.

[22] Vgl. Jörg Lauster, Prinzip und Methode. Die Transformation des Schriftprinzips durch die historische Kritik von Schleiermacher bis zur Gegenwart, Tübingen 2004, 241 f.

[23] Vgl. ebd.

[24] Troeltsch, Historische und dogmatische Methode, 734.

[25] Vgl. Luz, Theologische Hermeneutik, 138.

jedes vermeintliche Gotteswort nur in von Menschen verfasster Gestalt vorliegt und daher interpretierte Erfahrung ist.[26] Gleichzeitig hilft der methodische Atheismus der historischen Kritik „zwischen historisch Sicherem oder Wahrscheinlichem, zwischen Faktum und Glaubensbekenntnis"[27] zu unterscheiden. Dadurch können die biblischen Texte sowohl vor fundamentalistischer Vereinnahmung als auch vor einem pejorativen Fiktionsverdacht geschützt werden. Die biblischen Texte sind weder wortwörtliche Mitschriften historischer Tatsachen noch frei erfundene Legenden, sondern Glaubenszeugnisse, die sowohl Erfahrungen als auch historisches Material tradieren können.[28]

Doch trotz dieser unbestreitbaren Qualitäten und Resultate, die durch das methodisch kontrollierte atheistische Vorgehen der historisch-kritischen Methode hervorgebracht werden, ist auch auf die Konsequenzen hinzuweisen, die mit ihrer Anwendung verbunden sind. So ist die historisch-kritische Methode nicht in der Lage, von ihrer atheistischen Prämisse aus zu Gott zu gelangen, dessen Existenz doch lange Zeit konstitutiv für die Auslegung der biblischen Texte war.[29] Will die Theologie die historisch-kritische Methode als genuin eigene ansehen, kann ihr Bezugspunkt schwerlich Gott sein, er muss vielmehr in der Glaubenserfahrung der Menschen mit Gott liegen. Eine Theologie, die sowohl historisch-kritisch arbeiten als auch Glaubensaussagen über Gott treffen will, steht vor der Herausforderung, wie sie diese beiden Pole miteinander vereinen kann.

6.2.3 Ergebnisoffenheit

Die neuzeitliche Herausbildung der historisch-kritischen Methode hat – wie oben dargelegt – zu einer Emanzipation der Exegese gegenüber der Dogmatik geführt. Die Bibelexegese wollte sich da-

---

26 Vgl. ebd.

27 Oeming, Biblische Hermeneutik, 42.

28 Vgl. ebd., 42 f.

29 Vgl. ebd., 44.

bei nicht länger von der Dogmatik die Ergebnisse ihres eigenen Arbeitens vorgeben lassen. Dieses bereits hier erkennbare Bestreben nach Ergebnisoffenheit ist bis heute eine wichtige Prämisse historisch-kritischen Forschens geblieben. Historische Bibelkritik ist darum bemüht, nicht die eigenen Gedanken und Konzepte in die Texte einzutragen (Eisegese), sondern die Texte möglichst unvoreingenommen zu untersuchen und dadurch ihren historischen Aussagegehalt zu eruieren (Exegese). Welches Ergebnis die Textauslegung dabei zutage fördert, steht nicht von vornherein fest, sondern ist das Resultat der angewendeten Methodenschritte. Die eigenen Überzeugungen bleiben dabei soweit als möglich außen vor, um größtmögliche Offenheit im wissenschaftlichen Vorgehen zu erreichen.

6.2.4 Wahrscheinlichkeitsurteile

Die historisch-kritische Methode erhebt den Anspruch, dass historische Dokumente nur dann adäquat ausgelegt werden können, wenn sie als historisch gewordene Größen betrachtet und auf ihre historische Aussage hin befragt werden. Dies stellt aber insofern keinen Absolutheitsanspruch dar, weil die historische Kritik transparent macht, dass ihre Ergebnisse immer nur Wahrscheinlichkeitsurteile sein können. Freilich kann das historische Urteil plausibilisieren, über welchen Grad an Wahrscheinlichkeit beispielsweise eine Hypothese bezüglich der Genese oder Aussage eines Textes verfügt. Aber die historische Kritik enthält sich zugleich allein schon eines absoluten Urteils, um der Möglichkeit Rechnung zu tragen, dass etwa neue archäologische Funde zu veränderten Einsichten führen können. Insofern ist die historische Kritik nicht nur kritisch gegenüber ihrem Untersuchungsgegenstand, sondern auch gegenüber ihren eigenen Ergebnissen und damit gegenüber sich selbst. Zugleich wird anhand des Wahrscheinlichkeitsurteils das Potenzial der Methode deutlich, aber auch eine erste Grenze markiert.

6.2.5 Die Bibel als Textsammlung

Die historisch-kritische Methode ist eine profane Methode, da sie die biblischen Texte wie alle anderen historischen Texte auch als historisch gewordene versteht, die von Menschen für Menschen geschrieben worden sind.[30] Die Bibel wird von der historisch-kritischen Methode folglich nicht als inspiriertes Gotteswort untersucht, sondern ausschließlich als historisches Menschenwort. Ob und inwiefern die Bibel darüber hinaus auch Gotteswort ist, ist nicht Gegenstand historisch-kritischer Forschung.

Indem die historisch-kritische Methode die biblischen Texte analog zu allen anderen historischen Texten betrachtet, versteht sie die Bibel als heterogene Textsammlung, die erst im Nachhinein zu einem Kanon vereinheitlicht wurde. Deshalb zerlegt sie diese Textsammlung wieder in ihre vormalige Vielzahl von verschiedenen Büchern und Einzeltexten, die ihrerseits wiederum aus Prätexten und möglichen mündlichen Überlieferungen komponiert worden sind. Da die historisch-kritische Methode das jeweilige Proprium eines Textes herauszuarbeiten versucht, zeigt sie besonders klar die Unterschiede auf, die zwischen den verschiedenen Texten und Büchern bestehen. Hier wird ihr dezidiert kritisches Vorgehen deutlich.[31] Hingegen ist der historisch-kritischen Methode nicht daran gelegen, in der Vielfalt und Divergenz die Bibel als Einheit zu denken oder gar zu begründen. Ein solches Vorgehen würde ihrer streng historischen Ausrichtung widersprechen, wonach die Bibel sich erst sukzessive zu einer Textsammlung hin entwickelt hat, die aber in keinem Fall von vornherein intendiert war und daher auch nicht als übergreifende Einheit verstanden werden kann.

---

[30] Vgl. Becker, Exegese des Alten Testaments, 4.

[31] Vgl. Luz, Theologische Hermeneutik, 137.

6.3 Die Ziele der historisch-kritischen Methode

Dem dreifachen Ziel der historisch-kritischen Methode, nämlich die Textgenese, die historische Textaussage und den möglichen Bezug zu historischen Ereignissen zu rekonstruieren, sei die schlichte und dennoch wichtige Einsicht vorangestellt, dass historische Kritik nicht beansprucht, exakte Vorgänge zu beschreiben, als wäre sie dabei gewesen. Vielmehr reflektiert sie, dass es eben Rekonstruktionen sind, die sie postuliert und zu plausibilisieren versucht. Pointiert ausgedrückt könnte man sagen: „Historische Erzählkonstruktion ist ‚Fiktion des Faktischen'."[32] – und der historisch-kritisch arbeitende Exeget weiß darum.

6.3.1 Die Rekonstruktion der Textgenese

Vor allem in ihren diachron ausgerichteten Methodenschritten, namentlich der Literarkritik und der Redaktionsgeschichte, versucht die historisch-kritische Methode die Genese eines historischen Textes zu rekonstruieren. Dabei ist die Beobachtung leitend, dass viele der biblischen Texte über einen langen Zeitraum hinweg entstanden sind und mehrheitlich nicht aus der Hand eines Verfassers stammen, sondern immer wieder verändert und ergänzt wurden. Insofern werden solche Texte nicht als Autoren-, sondern als Traditions- bzw. Fortschreibungsliteratur behandelt.[33] Die historische Untersuchung der Entstehung und Entwicklung eines Textes beinhaltet aber auch eine theologische Dimension. So können anhand der einzelnen Ergänzungen die theologischen Diskurse nachgezeichnet werden, die sich aus der ursprünglichen Textgestalt heraus entwickelt haben bzw. diese im Lichte ihrer eigenen damaligen Gegenwart neu gedeutet haben. Durch die Ermittlung des Grundbestandes des Textes kann zudem dessen theologischer

[32] Knut Backhaus, Aufgegeben? Historische Kritik als Kapitulation und Kapital von Theologie. In: ZThK 114 (2017), 267.
[33] Vgl. Oeming, Biblische Hermeneutik, 35.

Aussagegehalt eruiert und mit dem theologischen Aussagegehalt der Endgestalt des Textes verglichen werden.

6.3.2 Die Rekonstruktion der historischen Textaussage

Die biblischen Texte sind alte Texte und von daher den heutigen Rezipienten nicht ohne Weiteres zugänglich. Um sich dem Sinn der biblischen Texte dennoch anzunähern, ist es notwendig, nach ihrem historischen Gehalt und ihrer damaligen Aussageabsicht zu fragen. Zugleich ist es auf diese Weise möglich, die Texte vor Vereinnahmung und Willkür zu schützen.[34] Dass ein solcher Schutz notwendig ist, zeigt die Rezeptionsgeschichte der Bibel, die durch Missbrauch und unter Berufung auf biblische Textstellen immer wieder Gewalt legitimiert und autorisiert hat.[35]

Die Rekonstruktion der historischen Aussage eines Textes erhebt – wie oben dargelegt – keinen Absolutheitsanspruch. Es geht nicht darum, dass aufgrund des Quellenmaterials sicher ausgesagt werden kann, wie sich historische Vorgänge in der Vergangenheit vollzogen haben, sondern gerade weil nur das Quellenmaterial zur Analyse zur Verfügung steht, haben die ermittelten Ergebnisse immer hypothetischen und damit Wahrscheinlichkeitscharakter (siehe Kap. 6.2.4).[36] Das bedeutet jedoch im Umkehrschluss nicht, dass die historisch-kritische Methode nichts auszutragen hätte. Im Gegenteil: Sie erschließt das vorliegende Quellenmaterial, indem sie durch ein kontrolliertes methodisches Vorgehen die historische Aussage eines Textes rekonstruiert und plausibilisiert. Anhand dieses methodisch kontrollierten Vorgehens ist eine enorme Fülle an Erkenntnissen hervorgebracht worden.[37] Dass sich dabei bestimmte Ergebnisse unterschiedlich interpretieren lassen, tut

---

[34] Vgl. Odil Hannes Steck, Exegese des Alten Testaments. Leitfaden der Methodik; ein Arbeitsbuch für Proseminare, Seminare und Vorlesungen, Neukirchen-Vluyn [13]1993, 1.

[35] Vgl. Steck, Exegese des Alten Testaments, 2.

[36] Vgl. Luz, Theologische Hermeneutik, 137 f.

[37] Vgl. Oeming, Biblische Hermeneutik, 42.

der Methode keinen Abbruch, sondern macht wiederum ihre Möglichkeiten und Grenzen transparent.

6.3.3 Die Rekonstruktion der historischen Ereignisse

Die kritische Ausrichtung der historisch-kritischen Methode zeigt sich neben den bereits genannten Aspekten auch darin, dass sie die in den Texten berichteten Ereignisse ergebnisoffen und kritisch prüft. Dazu werden zunächst die Texte daraufhin untersucht und verglichen, ob die darin geschilderten Ereignisse historisch valide oder unwahrscheinlich sind, mit dem Ziel, sie für eine historische Rekonstruktion als historische Eckpunkte oder tradiertes Material in Anschlag bringen zu können oder sie als unhaltbar zu falsifizieren. Um eine solche Rekonstruktion der historischen Ereignisse methodisch kontrolliert anzugehen, genügt es jedoch nicht, sich auf die biblischen Texte zu beschränken. Vielmehr sind auch die zur Verfügung stehenden Texte aus der Umwelt des Alten und Neuen Testaments heranzuziehen, um ein möglichst genaues Bild zu erhalten. Darüber hinaus leistet die biblische Archäologie einen großen Beitrag bei der Frage, in welche Zeit Texte oder in den Texten überlieferte Ereignisse zu datieren sind und ob diese Ereignisse archäologisch belegbar sind oder widerlegt werden müssen.[38]

6.3.4 Theologische Reflexion – Forderung nach Bedeutung im Hier und Jetzt

Die historisch-kritische Methode hat den Bibelwissenschaften einen Strauß an Methodenschritten an die Hand gegeben, mit dessen Hilfe bis dahin ungeahnte Forschungseinsichten ermöglicht wurden. Sie befähigt uns, die Entstehung, Aussageabsicht und historischen Referenzpunkte eines Textes zu rekonstruieren. Damit ist das Potenzial ihres methodischen Instrumentariums,

---

[38] Vgl. Berg, Wort, 44.

aber zugleich auch ihre Grenze benannt. Historische Kritik kann den gegenwärtigen Rezipienten einen biblischen Text in seiner damaligen Zeit erklären, aber aus ihr heraus kann nicht die heutige Relevanz eines biblischen Textes plausibilisiert werden. Vielmehr bedarf es einer theologischen Reflexion, um den bleibenden Aussagegehalt der Bibeltexte und ihre gegenwärtige Bedeutung für die Rezipienten herauszuarbeiten, denn: „Historische Kritik ist keine theologische Schriftauslegung. Sie ist das Ende derselben.“[39]

Hinzu kommt, dass die Rezipienten ihre eigenen Fragen an den Text haben und diesen auch unterschiedlich lesen. Insofern ist immer auch das rezeptionsästhetische Potenzial der Texte zu berücksichtigen, welches die Autorenintention eines Textes immer übersteigt:

> „Historische Kritik verfehlt das Ziel des biblischen Leseprozesses. Sie ist nicht als solche misslungen oder verwerflich; sie ist hermeneutisch inkonsequent. Sie ist es jedenfalls dann, wenn sie beansprucht, mit dem ihr eigenen, produktionsästhetisch ausgerichteten Instrumentarium den gesamten Prozess der Schriftauslegung abzudecken oder gar subjektive Sinnbildungsprozesse zu regulieren. Es ist in der Tat schwerlich einzusehen, dass gerade solche Methoden, die a limine voraussetzen, dass Texte nicht mehr bewohnt werden, gegenwärtigen Rezipienten den Einzug erleichtern könnten.“[40]

Neben der persönlichen Bibellektüre wird aber auch in der Predigt der Sinngehalt eines Textes theologisch nicht nur dahingehend reflektiert, welche historische Bedeutung ihm einmal zukam, sondern welche gegenwärtige Bedeutung ihm im Hier und Jetzt zukommt.

Die Aufgabe, die exegetischen Befunde der historisch-kritischen Methode für die Gegenwart auszuwerten, obliegt nicht mehr (ausschließlich) den Bibelwissenshaften. Bibelexegese verfolgt keinen systematisch-theologischen Anspruch. Dennoch ist die bibelhermeneutische Reflexion Teil ihres Aufgabenbereiches. Insofern stellt auch die Bibelexegese, wenn auch nicht ihre Leitmethode, die historische Kritik, die Frage, was die Bibel ist und wie sie heute gelesen und verstanden werden kann. Sie berührt

---

[39] Backhaus, Aufgegeben, 261.

[40] Ebd., 272 f.

sich hier mit den hermeneutischen Fragen theologischer Prinizipienlehre bzw. Prolegomena, wie sie sich im Fach der Systematischen Theologie finden. Dabei kann es nicht die Aufgabe biblischer Exegese sein, zu bestimmen, ob und inwiefern die Bibel Gotteswort oder Menschenwort ist und wie sich beides zueinander verhält. Aber sie kann die Texte der Bibel, die von menschlichen Verfassern geschrieben wurden, in ihrer Reflexion über Gott und Glaube würdigen, die theologischen Konzepte freilegen und ihre Relevanz für heutige Rezipienten zu ermitteln suchen.

Zurückgelenkt auf die historisch-kritische Methode ist nun zu fragen, welches theologische Potenzial ihr innewohnt. Aber auch wenn die historisch-kritische Methode den Text nicht aus der Vergangenheit in die Gegenwart zu holen vermag, heißt das dennoch nicht, dass ihre Ergebnisse nicht auch von theologischem Wert sind. So zeigt der komplexe Entstehungsprozess der biblischen Texte, dass sich in den schriftlichen Diskursen das Ringen um das rechte Verständnis von Gott und die Interpretation der eigenen Glaubenserfahrung spiegelt.[41] Das durch die diachrone Analyse gewonnene Verständnis und Bewusstsein für die biblischen Texte als gewonnene Glaubenserfahrungen und als – zum Teil spannungsreiche – theologische Diskurse kann eine exegetisch fundierte Grundlage dafür bilden, die eigenen Glaubenserfahrungen vor dem Spiegel der Texte als sich entwickelnde und verändernde zu begreifen. Zudem vermag die Exegese mit Hilfe historischer Kritik durch ihr Differenzierungspotenzial die Eigenständigkeit theologischer Entwürfe innerhalb des biblischen Kanons herauszuarbeiten und dabei sowohl Divergenzen als auch Konvergenzen zu erschließen. Was sie jedoch nicht vermag – und hier zeigt sich ihre Ergänzungsbedüftigkeit durch andere exegetische Methoden und einer Bibelhermeneutik –, ist den Interaktionsprozess der Einzelschriften zu beschreiben, der sich aus dem Lektüreprozess des biblischen Kanons für den (gegenwärtigen) Rezipienten ergibt.[42]

---

[41] Vgl. Berg, Wort, 90.

[42] Das hermeneutische Anliegen einer differenzierten Wahrnehmung der einzelnen biblischen Bücher bei gleichzeitiger Interaktion der einzelnen Bücher innerhalb des biblischen Kanons verfolgt u.a. Gerd Theißen in seinem Buch „Polyphones Verstehen. Entwürfe zur Bibelhermeneutik." (vgl. Gerd Theißen,

6.4 Die Arbeitsschritte der historisch-kritischen Methode

6.4.1 Textkritik

Für die Auslegung eines Textes bedarf es einer gesicherten Textgestalt. Doch bereits diese Textgestalt liegt bei der Bibel nicht einfach als einheitlich überlieferter Text vor, vielmehr sind die biblischen Texte analog zu allen Texten aus der Antike ausschließlich in Abschriften überliefert. Dennoch sind die biblischen Texte in ausgesprochen vielen griechischen Handschriften sowie durch eine breite und früh einsetzende Überlieferungstradition (u. a. ins Koptische, Lateinische und Syrische) bezeugt[43] und überliefert worden. Dabei weichen die einzelnen Handschriften jedoch voneinander ab, was vor allem auf zwei Faktoren zurückzuführen ist:[44] Die Mehrzahl der Abweichungen sind auf *unabsichtliche Versehen* zurückzuführen, die beim Abschreiben der Texte unterlaufen sind. Zu solchen zählen die versehentliche Auslassungen von Buchstaben oder Worten (Haplographie), die versehentliche Doppelschreibung von Buchstaben oder Worten (Dittographie), das Auslassen von Wörtern aufgrund eines ähnlichen bzw. gleichen Wortendes (Homoioteleunton) oder Wortanfangs (Homoioarkton).[45] Aber auch Hörfehler beim Diktieren von Texten und die *scriptio continua*, also das Schreiben ohne Worttrennungen, können als weitere Gründe für Abweichungen im Textbestand angeführt werden. Neben den unabsichtlichen Eingriffen lassen sich in den biblischen Texten jedoch auch *redaktionelle Eingriffe* ausfindig machen, die vorgenommen wurden, um vermeintliche Fehler zu korrigieren, ungewöhnliche Ausdrücke zu ersetzen oder umstrittene Formulierungen zu beseitigen.[46]

Polyphones Verstehen. Entwürfe zur Bibelhermeneutik, Berlin/Münster 2014, 21 ff.).

43 Vgl. Kurt Aland/Barbara Aland, Der Text des Neuen Testaments. Einführung in die wissenschaftlichen Ausgaben sowie in Theorie und Praxis der modernen Textkritik, Stuttgart ²1989, 78.

44 Vgl. Steck, Exegese des Alten Testaments, 37.

45 Vgl. Becker, Exegese des Alten Testaments, 18.

46 Vgl. Steck, Exegese des Alten Testaments, 37. Anders als die Literarkritik ist

Der Textkritik kommt nun die Aufgabe zu, die im Überlieferungsprozess unterlaufenen Abweichungen und Eingriffe zu identifizieren[47] und von dort aus den Text zu rekonstruieren, der den im Wortlaut variierenden Handschriften der biblischen Texte einmal zugrunde gelegen hat.[48] Dieser durch die Handschriftenvergleiche rekonstruierte Text wird in der Textkritik als „Ausgangstext" *(initial text)*[49] bezeichnet. Doch wie kann dieser älteste erreichbare Text rekonstruiert werden? Für den betreffenden Textabschnitt sind zunächst alle Varianten aufzulisten, wie sie sich in den verschiedenen Handschriften finden. Anschließend sind die Handschriften nach Alter und Überlieferungssprache (Hebräisch, Aramäisch, Griechisch, Latein etc.) zu gewichten. Dabei gilt die textkritische Regel *manuscripta ponderantur non numerantur*, was so viel bedeutet, dass die Handschriften gewichtet, nicht gezählt werden.[50] Nicht also die Quantität, sondern die Qualität der Handschriften entscheidet. Schließlich sind die Lesarten einander gegenüberzustellen, mit dem Ziel, herauszufinden, wo sich Fehler eingeschlichen haben oder bewusste Eingriffe vorgenommen worden sind. Können die Abweichungen nicht durch die oben angeführten Faktoren erklärt werden, gilt die textkritische Regel, dass

---

die Textkritik bei ihrer Rekonstruktion absichtlicher Eingriffe in die Textgestalt nicht mehr auf die Textentstehung, sondern auf die Textüberlieferung bezogen. Die Textkritik setzt also stets einen abgeschlossenen Text voraus, den sie zu rekonstruieren versucht (vgl. Becker, Exegese des Alten Testaments, 17). Dennoch ist zugleich auf die praktische Schwierigkeit hinzuweisen, dass sich der Zeitpunkt einer abgeschlossenen schriftlichen Fixierung für die meisten biblischen Schriften nicht exakt bestimmen lässt, weshalb es bei der Anwendung der Methodenschritte zu Überschneidungen von Textkritik und Literarkritik kommen kann (vgl. ebd., 20 ff.).

[47] Vgl. Steck, Exegese des Alten Testaments, 37.

[48] Vgl. Thomas Söding, Wege der Schriftauslegung. Methodenlehre zum Neuen Testament, Freiburg im Breisgau 1998, 92.

[49] Zur Debatte um die begriffliche und konzeptuelle Entwicklung vom Terminus „Originaltext" zum Terminus „Ausgangstext" vgl. ausführlich Michael W. Holmes, From „Original Text" to „Initial Text": The Traditional Goal of New Testament Textual Criticism in Contemporary Discussion. In: Bart D. Ehrman (Hg.), The Text of New Testament in Contemporary Research, Leiden u. a. ^{2}2013, 637–688.

[50] Vgl. Steck, Exegese des Alten Testaments, 41.

die schwierigere Lesart die wahrscheinlichere *(lectio difficilior probabilior)* und damit die ältere ist. Schwierige Lesarten sind im Prozess der Textüberlieferung eher vereinfacht und geglättet worden.[51] Darüber hinaus lässt sich in der Textüberlieferung die Tendenz beobachten, dass häufig die kürzere Lesart die wahrscheinlichere *(lectio brevior potior)* und damit wiederum die ältere ist, da in heiligen Texten eher Zusätze und Erklärungen angefügt als Textteile entfernt werden.[52] Aufgrund der Abwägung dieser verschiedenen Kriterien ist schließlich ein textkritisches Urteil zu fällen.

6.4.2 Übersetzung

Sind die Textvarianten bestimmt und ausgewertet, kann der gesicherte Text aus der Ausgangssprache in die Zielsprache übersetzt werden. Dabei muss dem Übersetzenden vor Augen stehen, dass Sprachen in ihrem Vokabular und ihren Denkstrukturen niemals miteinander identisch sind. Die Spannung besteht dabei darin, sich sowohl an der Ausgangssprache als auch an der Zielsprache zu orientieren, sodass zum einen der ursprüngliche Wortlaut und die Eigenart des Ausgangstextes[53] bestmöglich wiedergegeben werden und zum anderen der neue Text flüssig und verständlich ist. Gerade weil Sprachen nie identisch sind, stellt jede Übersetzung auch in gewissem Maß eine Interpretation dar. Deshalb geht es bei einer Übersetzung nie um die vollkommene Identität von Ausgangtext und Übersetzung, wohl aber um die größtmögliche Äquivalenz beider Texte.[54]

---

[51] Vgl. Becker, Exegese des Alten Testaments, 40.

[52] Vgl. ebd.

[53] Vgl. Wilhelm Egger/Peter Wick, Methodenlehre zum Neuen Testament. Biblische Texte selbständig auslegen, Freiburg u. a. 62011, 92.

[54] Vgl. ebd. Dabei muss sich der Übersetzende entscheiden, ob er eine texttreue Übersetzung anstrebt, welche die Wortfolge des Ausgangstextes möglichst exakt wiedergibt, und nur dann von ihr abweicht, wenn dies die Zielsprache erforderlich macht. Auch konkordante Übersetzungen von Begriffen können in einer texttreuen Übersetzung erfolgen. Die Stärke einer solchen

Innerhalb der Abfolge der einzelnen Methodenschritte steht die Übersetzung sowohl am Anfang als auch am Ende der Analyse. Sie steht am Anfang, weil bereits im Übersetzungsprozess eine verlangsamte Textwahrnehmung erfolgt und erste Probleme am Ausgangstext identifiziert werden können. Sie ist aber auch noch einmal am Ende des analytischen Verfahrens vorzunehmen, wenn alle Methodenschritte bereits vollzogen sind, da die Übersetzung eine Art „Objektivierung des vom Ausleger gewonnenen Textverständnisses in komprimierter Form“[55] darstellt. Wird also die anfängliche Arbeitsübersetzung am Ende noch einmal überarbeitet, kann sie die dazwischen gewonnenen Ergebnisse der einzelnen Methodenschritte in die nochmalige Übersetzung integrieren.

6.4.3 Textanalyse

Liegen sowohl der textkritisch abgesicherte Text in der Ausgangssprache und die angefertigte Übersetzung in der Zielsprache vor, können beide mit den Mitteln der Textanalyse auf Syntax, Semantik, Kontext und Pragmatik hin untersucht werden, wobei es letztlich immer den Text in seiner Ausgangssprache zu erschließen gilt.

Übersetzung liegt darin, dass sie auch noch in der Zielsprache die Färbung des jeweiligen Bibeltextes anzeigt (vgl. ebd., 92 f.).
Neben der texttreuen Übersetzung kann sich der Übersetzende aber auch für eine dynamisch bzw. funktional gleichwertige Übersetzung entscheiden. Sie ist stärker leserorientiert und zielt darauf ab, dem heutigen Leser eine möglichst vergleichbare Leseerfahrung zu ermöglichen wie dem Leser des Ausgangstextes. Dabei kann sich die Übersetzung durchaus vom Ausgangstext in der Wortwahl unterscheiden, lediglich die zentralen semantischen Gehalte werden gewahrt. Die Gefahr einer solchen Übersetzung liegt darin, die eigene Theologie in die Texte einzutragen, statt ein Anwalt des Ausgangstextes zu sein (vgl. ebd., 94 f.).
Bei der Übersetzung sind daher beide Aspekte, nämlich die Treue zum Text als auch die Rezeptionsmöglichkeiten des Lesers zu beachten, wenngleich der Texttreue aufgrund des wissenschaftlichen Umgangs mit der angefertigten Übersetzung der Primat gegenüber der Leserorientierung zukommt.

[55] Ebd., 88.

Das Ziel der Textanalyse ist es dabei, die sprachliche Struktur des Textes (in seiner Endgestalt) möglichst genau zu analysieren und zu beschreiben.[56]

Bei der syntaktischen Analyse steht der „rhetorische Bauplan“[57] eines Textes im Vordergrund. In ihm realisiert sich die jeweilige ästhetische Konzeption, die den biblischen Texten aufgrund ihrer literarischen Gestalt zugrunde liegt.[58] Dabei gilt es zunächst, den Wortschatz eines Textes zu beschreiben. Dafür werden u. a. die Wortarten mit ihrer jeweiligen Satzfunktion sowie die Wortformen (Genus, Numerus, Kasus) bestimmt, Leitwörter und Schlüsselbegriffe identifiziert, auffällige formelhafte Wortverbindungen und Stilmittel ausfindig gemacht, die Grammatik der Verbformen analysiert, weitere Stilauffälligkeiten (z. B. häufiger Tempuswechsel oder eine hohe Dichte an Synonymen) notiert[59] und dadurch das sprachliche Niveau eines Textes ermittelt.[60] Die erarbeiteten Ergebnisse werden anschließend mit dem Wortschatz der Gesamtkomposition, in die der Text eingebettet ist, abgeglichen, um das sprachliche Profil des Textes (Vorzugsvokabular, Hapaxlegomena etc.) zu eruieren.[61] Aus dem sprachlichen Profil lassen sich dann möglicherweise auch erste theologische Akzente erkennen, die der Text setzt.[62] Anschließend werden die nächstgrößere Einheiten im Text, sprich die Satzstrukturen, analysiert. Hierbei ist danach zu fragen, welche Satzarten vorkommen, wie sie miteinander verbunden sind und ob bzw. wie es dadurch gelingt, grammatische Kohäsion und logische Kohärenz herzustellen.[63] Dabei soll der Text lediglich gründlich und umfassend beschrieben, noch nicht aber auf seine Aussage hin interpretiert

---

56 Vgl. Udo Schnelle, Einführung in die neutestamentliche Exegese, Göttingen [8]2014, 59.

57 Egger/Wick, Methodenlehre zum Neuen Testament, 115.

58 Vgl. ebd.

59 Vgl. ebd., 118.

60 Vgl. Schnelle, Einführung in die neutestamentliche Exegese, 60 f.; Söding, Wege der Interpretation, 134 f.

61 Vgl. Schnelle, Einführung in die neutestamentliche Exegese, 60 f.

62 Vgl. Egger/Wick, Methodenlehre zum Neuen Testament, 117.

63 Vgl. ebd., 119.

werden[64], denn um diesem Gesamtanliegen biblischer Exegese gerecht zu werden, bedarf es der weiteren Methodenschritte. Wie wichtig jedoch die syntaktische Analyse eines Textes ist, zeigt sich daran, dass mit diesem Arbeitsschritt nicht nur der Endtext untersucht und beschrieben, sondern auch die Vorarbeit für die literarkritische Analyse des Textes geleistet wird, denn bereits anhand der Textanalyse können mögliche Inkongruenzen identifiziert werden, die auf ein sukzessives Textwachstum hindeuten.

Im Anschluss an die syntaktische Analyse ist die Semantik des Textes zu untersuchen. Dafür ist die Bedeutung der Worte zu bestimmen und davon ausgehend bei ähnlichen Wortbedeutungen die entsprechenden Wortfelder (auch Isotopien genannt)[65] zusammenzustellen. In der Analyse kann dabei auf die ggf. zuvor identifizierten Leitwörter und Schlüsselbegriffe zurückgegriffen werden, wodurch deutlich wird, wie eng syntaktische und semantische Analyse aufeinander bezogen sind. Mittels der Wortfeldanalyse können nun Sinnlinien ausfindig gemacht werden, die sich durch den Text hindurchziehen und die helfen, den Textsinn besser zu erschließen.[66] Dafür ist zum einen nach autosemantischen Wörtern zu fragen, die also aus sich selbst heraus bedeutungstragend sind[67], zum anderen können Sinnlinien anhand des Thema-Rhema-Schemas erarbeitet werden: Das Thema meint die bereits aus dem Text bekannte Information, das Rhema die neue, auf die bereits bekannte Information aufbauende neue Information.[68] Dadurch ist es möglich, semantische Ketten und Beziehun-

---

[64] Vgl. ebd., 130.

[65] Vgl. ebd., 145.

[66] Vgl. Schnelle, Einführung in die neutestamentliche Exegese, 61 f.; vgl. Söding, Wege der Interpretation, 138 f.

[67] Als autosemantische Wörter kommen vor allem Substantive, Verben, Adjektive und Adverbien infrage. Von nachgeordneter Relevanz sind Artikel, Präpositionen, Pronomen, Konjunktionen, Numerale oder Interjektionen (vgl. Egger/Wick, Methodenlehre zum Neuen Testament, 146). Dass dies jedoch wiederum am Einzelfall zu entscheiden ist, lässt sich an der bedeutungstragenden Qualität der Präpositionen im johanneischen Schrifttum ermitteln (vgl. Klaus Scholtissek, In ihm sein und bleiben. Die Sprache der Immanenz in den johanneischen Schriften, Freiburg u. a., 2000, 151–155).

[68] Vgl. Egger/Wick, Methodenlehre zum Neuen Testament, 138.

gen zu identifizieren und sich die Struktur des Textes zu erschließen. Sind Wortschatz, Satzstrukturen, Wortbedeutungen und Wortfelder hinreichend analysiert, kann der Text in Abschnitte gegliedert werden, wobei zu zeigen ist, inwiefern die einzelnen Sinneinheiten aufeinander bezogen sind.[69] Die Abschnitte bzw. Sinneinheiten können dadurch leichter erfasst und in einen Zusammenhang gebracht werden, indem sie mit Überschriften versehen werden, die den zentralen Gehalt des Abschnitts zusammenfassen.[70]

Neben der Gliederung des Textes in einzelne Abschnitte ist umgekehrt auch danach zu fragen, wie sich der Text zu den ihn umgebenden Texten, sprich zu seinem Kontext verhält:[71] Zum einen ist darzulegen, warum der Text von seinem Kontext zu unterscheiden und folglich abzugrenzen ist.[72] Zum anderen sind mögliche Beziehungen und Verbindungen zu den benachbarten Texten (Mikrokontext) oder auch weiter entfernten Texten bzw. zur Gesamtkomposition (Makrokontext) aufzuzeigen, um zu ermitteln, wie der Text in seinen Kontext eingebunden ist und welche Bedeutung dem Kontext für die Auslegung des Textes zu-

---

69 Vgl. Söding, Wege der Interpretation, 138.

70 Vgl. Egger/Wick, Methodenlehre zum Neuen Testament, 152.

71 Es ist durchaus möglich, die Textgliederung und die Kontextanalyse auch am Anfang oder am Ende der Textanalyse vorzunehmen. Es erscheint jedoch sinnvoll, den Text von seinen kleinsten Einheiten (Lauten und Worten) bis hin zu seinen größten Einheiten (Sätzen und Abschnitten) hin zu analysieren und ihn anschließend in den größeren Textzusammenhang einzubetten. Dass ein solches Vorgehen durchaus vertauschbar ist, zeigen die verschiedenen Methodenbücher, exemplarisch lässt sich dies bei Finnern/Rüggemeier nachvollziehen, die vom Allgemeinen zum Besonderen vorgehen und daher die Reihenfolge Textgliederung, Textkontext, Grammatik und Stilistik vorschlagen (vgl. Sönke Finnern/Jan Rüggemeier, Methoden der neutestamentlichen Exegese. Ein Lehr- und Arbeitsbuch, Tübingen 2016, 104).

72 Zu Recht verweisen Finnern/Rüggemeier darauf, dass die einzelnen Textabschnitte unterschiedlich stark voneinander abgegrenzt sein können. Es können sowohl harte als auch fließende Übergänge zwischen Texteinheiten bestehen. Von daher sind besonders der Anfang und das Ende eines Textabschnitts für die Kontextanalyse auf die Frage hin zu analysieren, wie die Übergänge zu den angrenzenden Texteinheiten gestaltet sind (vgl. Finnern/Rüggemeier, Methoden der neutestamentlichen Exegese, 110 f.).

kommt und umgekehrt, welche Bedeutung ein Text für seinen Kontext hat.[73]

Schließlich ist in der pragmatischen Analyse danach zu fragen, welches kommunikative Ziel der Verfasser bei seinen intendierten Lesern erreichen wollte und wie dieses Ziel in der Steuerung der Rezeption (wie Leserlenkung und Handlungsanweisungen) textlich umgesetzt worden ist.[74] Von daher ist hier die Rhetorik eines Textes unter dem Gesichtspunkt zu untersuchen, inwiefern es Textsignale gibt, die speziell die Leser in den Blick nehmen. Während also die Analyse von Syntax, Semantik und Kontext textinterne Operationen darstellen, geht die Pragmatik über die linguistische Analyse hinaus[75] und untersucht die textexterne Kommunikation zwischen Verfasser und Lesern.[76]

6.4.4 Literarkritik

Die Literarkritik prüft, ob ein Text in sich kohärent ist oder ob er eine literarische Entwicklungsgeschichte durchlaufen hat, die es zu rekonstruieren gilt. Ausgehend von der Endgestalt des Textes werden Fortschreibungen, Ergänzungen und mögliche Quellen freigelegt, sodass am Ende dieses Methodenschrittes der Grundbestand des Textes, also sein ältester schriftlicher Kern ermittelt werden kann.[77] Dabei ist der Text auf Kohärenzstörungen, also auf mögliche Spannungen, Sprünge und Brüche zu untersuchen[78], die meist schon durch die vorangegangene Textanalyse identifiziert worden sind. Die dabei auftretenden Störungen im Textverlauf sind von unterschiedlicher Offensichtlichkeit und können daher nicht immer im gleichen Maße plausibel gemacht werden. In zahlreichen Fällen, in denen kein offensichtlicher literarischer Bruch vorliegt, müssen Indizien gegeneinander abgewogen wer-

[73] Vgl. Söding, Wege der Interpretation, 119.
[74] Vgl. Egger/Wick, Methodenlehre zum Neuen Testament, 192.
[75] Vgl. ebd.
[76] Vgl. Becker, Exegese des Alten Testaments, 49.
[77] Vgl. ebd., 42 f.
[78] Vgl. ebd., 57; Söding, Wege der Schriftauslegung, 193.

den.[79] Grundsätzlich steht die Literarkritik allerdings vor dem Problem, dass nicht mehr alle literarischen Ergänzungen in der Endgestalt des Textes als solche sichtbar sein müssen, da auch die Redaktoren als Bearbeiter der Texte ebenfalls einen kohärenten Text vorlegen wollten.[80] Zudem sind nicht alle vermeintlichen Spannungen als literarische Brüche zu bewerten. Vielmehr können sie auch Ausdruck einer bewussten oder nachlässigen Komposition des ursprünglichen Verfassers sein.[81]

Typischerweise deuten folgende Textphänomene auf ein literarisches Wachstum hin: (1) Dubletten, also die mehrfache Überlieferung des gleichen Stücks innerhalb eines Abschnitts; (2) Doppel- und Mehrfachüberlieferungen, sprich die mehrfache Überlieferung des gleichen Stücks innerhalb eines größeren Textzusammenhangs; (3) Widersprüche, die innerhalb eines Textes nebeneinander stehen; (4) die sekundäre Verklammerungen verschiedener Textteile durch eine spätere Bearbeitungsstufe; (5) die literarische Wiederaufnahme eines Textgedankens nach einem Einschub; (6) Spannungen in Wortlaut und Stilistik; (7) die Kombination unterschiedlicher Textgattungen; (8) Unterschiede des historischen Hintergrunds, auf die der Text rekurriert; (9) Spracheigentümlichkeiten einer Bearbeitungsschicht oder eines eingeflochtenen Quellentextes.[82] Neben syntaktischer und semantischer Kohärenz ist aber auch auf die inhaltliche Integrität eines Textes zu achten. Thematische und logische Spannungen können dabei sowohl Ausdruck eines textuellen Wachstums wie auch einer planvollen Komposition sein (so etwa im Fall des Johannesevangeliums). Auch hier gilt es jeweils den Einzelfall zu prüfen.

Sind die verschiedenen Wachstumsschichten abgetragen und der älteste Kern des Textes freigelegt, kann im Idealfall die vollständige Textgenese von seinem literarischen Grundbestand bis zu seiner Endgestalt rekonstruiert werden.

---

[79] Vgl. Becker, Exegese des Alten Testaments, 57.

[80] Vgl. ebd., 58.

[81] Vgl. ebd.

[82] Vgl. Steck, Exegese des Alten Testaments, 53; analog Becker, Exegese des Alten Testaments, 59–62, sowie Söding, Wege der Schriftauslegung, 195–198.

6.4.5 Überlieferungsgeschichte

Der Methodenschritt der Überlieferungsgeschichte baut auf den Ergebnissen der Literarkritik auf, indem ausgehend vom literarischen Kern des Textes nach seinen möglichen mündlichen Überlieferungen gefragt wird, die einer schriftlichen Fixierung vorangegangen sein können.[83] Da diese mündlichen Vorstufen freilich nicht an den Texten selbst verifiziert werden können, wohnt diesem Methodenschritt ein hypothetischer Grundzug inne[84], der in der neueren Forschung zu einer kritischen Haltung gegenüber der Überlieferungsgeschichte geführt hat.[85] Diese Skepsis ist vor allem auf das Erstarken der Redaktionskritik zurückzuführen (vgl. 6.4.6 Redaktionskritik), die plausibel gemacht hat, dass die Mehrheit der Texte eine Gestalt aufweist, die weniger auf mündliche Weitergabe, als vielmehr auf eine literarische Komposition zurückzuführen ist.[86] Wiederum ist für jeden Text einzeln zu prüfen, ob die überlieferungsgeschichtliche Fragestellung zielführend ist, welchen ursprünglichen „Sitz im Leben"[87] (bspw. sein gottesdienstlicher oder bekenntnishafter Gebrauch) ein Text in seiner mündlichen Vorstufe einmal gehabt hat, oder ob danach zu fragen ist, welche kompositorische Bedeutung, sprich welcher „Sitz im Buch" einem Text zukommt (vgl. 6.4.7 Formkritik).

6.4.6 Redaktionskritik

Die Redaktionskritik baut auf den Ergebnissen der Literarkritik auf und bildet mit ihr eine komplementäre Einheit. Dabei geht die Literarkritik analytisch, die Redaktionskritik synthetisch vor[88]

---

[83] Vgl. Becker, Exegese des Alten Testaments, 68.
[84] Vgl. ebd.
[85] Vgl. ebd., 72.
[86] Vgl. ebd., 77.
[87] Der Begriff Sitz im Leben ist von Hermann Gunkel im Zuge seiner formkritischen Analysen entwickelt und etabliert worden.
[88] Vgl. Christoph Dohmen, Die Bibel und ihre Auslegung, München [2]2003, 61; vgl. Becker, Exegese des Alten Testaments, 82.

und stellt von daher „die notwendige Gegenprobe“[89] zur Literarkritik dar. Denn während die Literarkritik einen Text auf seine Kohärenz und Integrität hin befragt und durch die Identifikation literarischer Wachstumsschichten seinen Grundbestand freilegt, setzt die Redaktionskritik bzw. Redaktionsgeschichte die Wachstumsschichten wieder zu einem Text zusammen: Sie rekonstruiert die historischen und theologischen Gründe für die Textsammlung und -verknüpfung (Kompilation), die Textergänzung und -umgestaltung (Redaktion im engeren Sinne) oder die Textstrukturierung (Komposition) und versucht die literarischen Schichten in ihren historischen und theologiegeschichtlichen Entstehungskontexten zu verorten[90] und so in eine relative Chronologie zu bringen.[91] Der Redaktionskritik gelingt auf diese Weise zweierlei: Sie kann zum einen begründet zwischen Grundbestand und Redaktion eines Textes unterscheiden (Redaktionskritik im engeren Sinne)[92] und zum anderen die Etappen des jeweils erreichten Textbestandes bis zu seiner vorliegenden Gestalt erklären (Redaktionsgeschichte).[93] Jede einzelne Etappe bildet dabei ein neues Textganzes, das jeweils erst durch einen erneuten redaktionellen Eingriff in eine neue Textgestalt überführt worden ist.[94]

Aus der Identifikation, Rekonstruktion und Verortung einer redaktionellen Bearbeitung kann somit abgelesen werden, wie ein Text immer wieder neu rezipiert wurde und sich dadurch fortwährend verändert hat.[95] Die Gründe für die redaktionellen Eingriffe umfassen dabei ein weites Spektrum: Von Aktualisierung bei grundsätzlicher Zustimmung, über Kommentierung, Vertiefung

---

[89] Ludwig Schmidt, Art. Literarkritik I. In: Gerhard Müller, Theologische Realenzyklopädie. Bd. XXI, Berlin/New York 1991, 211. Gegen Schmidt wird hier allerdings zwischen Literarkritik und Redaktionskritik differenziert, wenngleich völlig richtig gesehen ist, dass beide Methodenschritte eng miteinander verwoben sind.

[90] Vgl. Becker, Exegese des Alten Testaments, 82.

[91] Vgl. ebd., 99.

[92] Vgl. Reinhard G. Kratz, Art. Redaktionsgeschichte/Redaktionskritik. In: Müller, Theologische Realenzyklopädie. Bd. XXVIII, 367.

[93] Vgl. ebd., 368.

[94] Vgl. ebd., 370.

[95] Vgl. Becker, Exegese des Alten Testaments, 82.

und Neuakzentuierung bis hin zu Widerspruch und Korrektur.[96] Somit kann die redaktionelle Rezeptionsgeschichte eines Textes sowohl der Austragungsort theologischer Konflikte sein[97] als auch die Wertschätzung des Bezugstextes anzeigen. Es ist dabei durchaus möglich, dass innerhalb der Entwicklung desselben Textes sich sowohl ablehnende als auch zustimmende Redaktionen ausmachen lassen. Von daher gilt, dies für jede Bearbeitungsschicht eigens zu prüfen. Doch trotz der unterschiedlichen Anlässe für die Tätigkeit der Redaktoren eint sie die Übernahme des vorgegebenen Wortlauts und damit der Verzicht auf etwaige Verfälschungen des Textes. Insofern wird der jeweilige Bezugstext in seiner Autorität anerkannt, zugleich aber auch die eigene redaktionelle Bearbeitung als autoritativ verstanden.[98]

Ebenso wie die Gründe divergiert auch das Ausmaß der redaktionellen Bearbeitung: Es reicht von minimalen Eingriffen in die Textgestalt (bspw. Präzisierung eines Ausdrucks) bis hin zu umfassenden Ergänzungen (bspw. die kompositorische Überarbeitung eines Buches oder die Verknüpfung von umfassenden separat überlieferten Textblöcken). Innerhalb desselben Textes können sich also sowohl literarische Wachstumsschichten finden, die von einer Redaktion nur an diesem Text vorgenommen wurden, als auch Schichten, die textübergreifend vorgenommen wurden und deren redaktionelle Bearbeitung sich folglich in zahlreichen Texten wiederfinden lässt.[99] Doch unabhängig von der Frage nach dem Ausmaß der redaktionellen Bearbeitung kann für alle Fortschreibungsprozesse konstatiert werden, dass sie auf die für sie vorliegende Textgestalt bezogen sind[100] (auch insofern ist die Redaktionskritik das Pendant zur Literarkritik und nicht etwa zur Überlieferungsgeschichte).

Die Voraussetzungen für redaktionelle Fortschreibungsprozesse sind freilich, dass ein Text über einen langen Zeitraum tradiert

---

[96] Vgl. Söding, Schriftauslegung, 208 f.; vgl. Becker, Exegese des Alten Testaments, 98.
[97] Vgl. ebd.
[98] Vgl. Kratz, Redaktionsgeschichte/Redaktionskritik, 370.
[99] Vgl. Becker, Exegese des Alten Testaments, 82.
[100] Vgl. ebd., 91; vgl. Kratz, Redaktionsgeschichte/Redaktionskritik, 369.

wird, der seine Aktualisierung oder Korrektur notwendig machte, und dass nur eine geringe Anzahl an schriftlichen Exemplaren vorliegt, in denen die Ergänzungen vollzogen werden müssen. Findet ein Text ausgedehntere Verbreitung, wird es schwieriger, einheitliche Ergänzungen vorzunehmen. Dass jedoch solche redaktionellen Prozesse große Teile der biblischen Texte prägen, ist in der exegetischen Forschungslandschaft vor allem in den vergangenen Jahrzehnten immer stärker erforscht worden. Dadurch ist deutlich geworden, dass die biblischen Texte – und hierbei insbesondere die alttestamentlichen – keine Autorenliteratur, sondern vielmehr Fortschreibungsliteratur sind.[101] Dies hat jedoch anders als in der Vergangenheit nicht dazu geführt, die Fortschreibungen gegenüber dem ursprünglichen Textbestand abzuwerten, sondern sie vielmehr als kreativen theologischen Rezeptionsprozess zu würdigen. Dadurch ist die Redaktionskritik zu einem zentralen Methodenschritt innerhalb der historischen Kritik avanciert.

6.4.7 Formkritik

Die Formkritik fragt nach der Gattung eines Textes, wobei unter Gattungsbestimmung die Zuordnung eines Textes zu einem übergeordneten Verbund literarischer und inhaltlicher Merkmale zu verstehen ist. Die Gattung kann folglich anhand von literarischen Merkmalen in Sprache, Stilistik und Form[102] sowie von inhaltlichen Merkmalen in der Wahl von Motiven und Themen[103] ermittelt werden. Dabei ist zwischen Texten zu unterscheiden, die ursprünglich mündlich tradiert wurden und erst zu einem späteren Zeitpunkt verschriftlich wurden, und Texten, die von Anfang an schriftlich konzipiert worden sind. Bei ursprünglich mündlich tradierten Texten ist nach ihrem Sitz im Leben zu fragen (vgl. 6.4.5

---

[101] Vgl. Oeming, Biblische Hermeneutik, 35; vgl. Becker, Exegese des Alten Testaments, 83.
[102] Vgl. ebd., 104.
[103] Vgl. Söding, Schriftauslegung, 156.

Überlieferungsgeschichte), bei genuin schriftlichen Texten danach, welche Funktion ihnen innerhalb der literarischen Komposition zukommt (Sitz im Buch).

Da die Mehrzahl der biblischen Texte von vornherein literarisch konzipiert wurde und darüber hinaus nicht als Einzeltext, sondern als Teil eines umfassenderen Zusammenhanges, ist das jeweilige biblische Buch als primärer Ausgangspunkt für die formkritische Untersuchung zu wählen.[104] Dies gilt auch dann, wenn die mündlichen Vorstufen eines Textes als Merkmalsverbund tradiert worden sind. Ausgangspunkt der Formkritik ist der Text in seiner Endgestalt. Das heißt jedoch nicht, dass damit die Frage nach der Entwicklung eines Textes von seiner mündlichen Vorstufe über seine Verschriftlichung bis hin zu seiner Endgestalt für die formkritische Untersuchung belanglos wäre. Vielmehr gilt es zu untersuchen, ob und inwiefern sich der Gebrauch eines Textes und der darin enthaltenen Gattung verändert hat. So ist es durchaus möglich, dass ein Text als einzeln überlieferter einer bestimmten Gattung angehörte, die dadurch modifiziert wurde, dass der Text in einen übergeordneten literarischen Zusammenhang eingefügt wurde.[105]

Neben der Bestimmung der Gattung ist auch nach den Spezifika des Textes zu fragen, also sowohl danach, wie ein Text die für ihn typischen Gattungsmerkmale umsetzt, als auch danach, worin sich der Text von der Gattung unterscheidet.[106] Hierbei kann der formkritische Methodenschritt auf die Ergebnisse der Textanalyse, vor allem auf die syntaktische und semantische Untersuchung zurückgreifen (vgl. 6.4.3 Textanalyse). Der Nutzen einer formkritischen Bestimmung liegt dabei nicht nur in der näheren literarischen Charakterisierung eines Textes, sondern über die Form wird auch die inhaltliche Sinnlinie eines Textes umfassender erschlossen. Form und Inhalt dürfen dabei weder gegeneinander ausgespielt noch künstlich voneinander getrennt werden, sondern

---

104 Vgl. Becker, Exegese des Alten Testaments, 109.

105 Vgl. ebd., 112.

106 Vgl. ebd., 110; Söding, Schriftauslegung, 156.

sind beide aufeinander bezogen und bedürfen daher der gemeinsamen Untersuchung.[107]

6.4.8 Traditionsgeschichte

Die Traditionsgeschichte[108] fragt nach den geistesgeschichtlichen Kontexten, in denen ein Text verfasst bzw. redaktionell bearbeitet worden ist. Dabei umfasst die Traditionsgeschichte klassischerweise vornehmlich die Motiv- und Begriffsgeschichte. Sie untersucht, inwiefern ein Text auf bestimmte Denkmuster, Grundüberzeugungen, Metaphern oder Formeln unreflektiert oder auch ganz bewusst Bezug nimmt und sie verarbeitet. Wie bereits der Name nahelegt, sind zunächst einmal Schlüsselmotive und -begriffe zu identifizieren, die der heutigen Lebenswirklichkeit möglicherweise fremd sind, zur Zeit der Textentstehung allerdings gebräuchlich waren und einem bestimmten geistigen Hintergrund entsprechen. Damit ist die traditionsgeschichtliche Fragestellung von der Erkenntnis geleitet, dass die biblischen Texte nicht isoliert von der übrigen Umwelt, sondern jeweils in konkreten Kontexten entstanden sind und daher auf gebräuchliche Konzepte und geprägte sprachliche Wendungen zurückgegriffen haben.[109] Sind die Motive und Begriffe herausgearbeitet, sind sie auf ihre Rezeption zu überprüfen: Handelt es sich um eine zustimmende Adaption, um eine punktuelle Transformation oder um eine grundlegende Negation?[110] Dieser Teilschritt kann kaum anders als unter Einbeziehung von Texten der paganen religiösen Umwelt vollzogen werden, wobei zu beachten ist, dass die Umwelttexte mit dem Textabschnitt gerade nicht in literarischer Abhängigkeit stehen.[111] So kann durch den Textvergleich ein umfassenderes Bild

---

[107] Vgl. Schnelle, Einführung in die neutestamentliche Exegese, 105.

[108] Mit Traditionsgeschichte wird hier nicht der Prozess der Überlieferung, also die traditio, bezeichnet, sondern das Überlieferte selbst, nämlich das traditum. Vgl. dazu Becker, Exegese des Alten Testaments, 124.

[109] Vgl. Steck, Exegese des Alten Testaments, 124.

[110] Vgl. Becker, Exegese des Alten Testaments, 128 f.

[111] Vgl. Schnelle, Einführung in die neutestamentliche Exegese, 145.

der historischen Umwelt erschlossen werden. Darüber hinaus dient der Textvergleich dazu, aus einer weiteren Perspektive das Profil des untersuchten Textes herauszuarbeiten, sowohl hinsichtlich seiner Spezifika als auch hinsichtlich seiner in ihm enthaltenen Konventionen.

Eine besondere Perspektive, unter der die Texte neben ihrem theologischen oder historisch-politischen Gehalt befragt werden können, ist ihre sozialgeschichtliche Dimension. Dadurch kann der Versuch unternommen werden, die soziale Situation der Verfasser und Redaktoren wie auch die sich verändernden sozialen Situationen der Textentstehung und -entwicklung zu ermitteln,[112] auch wenn dies aufgrund der meist implizit zur Sprache gebrachten sozialen Dimension oftmals nur annäherungsweise möglich ist. Dementsprechend ist die sozialgeschichtliche Perspektive besonders bei jenen Texten relevant, die soziale Spannungen, Konflikte oder Ideale explizit formulieren. Aber auch bei ihnen kann nur indirekt auf die soziale Situation der Verfasser bzw. Redaktoren geschlossen werden, denn für die Rekonstruktion ist jeweils zu bestimmen, wie die sozialen Forderungen oder Zustandsbeschreibungen mit der sozialen Situation der Verfasser bzw. Redaktoren oder ihrer intendierten Leser zusammenhängen. So kann es durchaus sein, dass ein Verfasser bzw. Redaktor sozial privilegiert ist, sich aber dennoch für die Rechte von sozial Benachteiligten eintritt. Aber nicht nur die etwaigen „sozioökonomischen Lebensbedingungen" der Verfasser, Rezipienten oder des kulturellen Raums können mit Hilfe der sozialgeschichtlichen Fragestellung erforscht werden, sondern auch die „Wahrnehmungskategorien und Verhaltensweisen" der damaligen Menschen.[113] Primäres Ziel ist es dabei aber nicht, die Texte exakt zu datieren (auch wenn dies freilich ideal wäre), sondern sie so gut wie möglich in ihren geistes- und sozialgeschichtlichen Kontexten zu verorten.

Weitere Forschungszweige, die der traditionsgeschichtlichen Fragestellung zuträglich sein können, sind die Archäologie und

---

112 Vgl. Becker, Exegese des Alten Testaments, 130.

113 Söding, Wege der Schriftauslegung, 76.

die Ikonografie. Dadurch wird es möglich, die biblischen Texte nicht nur anhand von Umwelttexten, sondern auch von weiteren materialen Befunden weiter zu erschließen. Mittels der Archäologie können im Text benannte historische Orte und Landschaften mit ihrer tatsächlichen topografischen Lage und Baugeschichte verglichen werden, was Rückschlüsse auf die politische, kultische oder wirtschaftliche Verfasstheit der Orte erlaubt. Anhand der Ikonografie können vor allem Erkenntnisse für die Religionsgeschichte der biblischen Texte gewonnen werden.[114] Dabei müssen die religionsgeschichtliche Situation, wie sie sich anhand der Realien beschreiben lässt, und die möglichen normativen Ansprüche der Texte nicht miteinander kongruent sein.[115]

Aus den genannten Perspektiven – dem religionsgeschichtlichen Textvergleich, der sozialgeschichtlichen Dimension sowie den archäologischen und ikonografischen Erkenntnissen – kann nicht nur der geistes- und ideengeschichtliche Hintergrund rekonstruiert werden, sondern sie lassen auch Rückschlüsse auf die Datierung eines Textes und sein historisches Umfeld zu.[116] Umfassen die Texte eine Wachstumsgeschichte, so sind Traditionshintergrund und Datierung wiederum für alle Wachstumsstufen zu bestimmen.

6.5 Bündelung der Ergebnisse

Die historisch-kritische Methode als methodisches Instrumentarium hat sich in seiner philologischen und historischen Ausrichtung in der Neuzeit, vor allem in der Zeit der Aufklärung im deutschsprachigen, aber auch im europäischen Raum insgesamt immer stärker etabliert und avancierte schließlich zur Leitmethode der Bibelwissenschaften. Dabei hat sich die historisch-kritische

---

114 Vgl. Becker, Exegese des Alten Testaments, 132.

115 Vgl. ebd., 132 f.

116 Vgl. Steck, Exegese des Alten Testaments, 153. Anders als bei Steck wird für die Frage nach einer historischen Verortung des Textes kein eigener Methodenschritt veranschlagt, sondern seine Nähe zur traditionsgeschichtlichen Fragestellung legt nahe, ihn in diesen zu integrieren.

Exegese des Alten wie des Neuen Testaments trotz der unterschiedlichen Entstehungszusammenhänge und trotz zahlreicher, wenn auch geringer Unterschiede in Terminologie, Gewichtung und Vorgehen für beide bibelwissenschaftlichen Disziplinen durchgesetzt. Wissenschaftsgeschichtlich ist das Instrumentarium der historischen Kritik immer weiter verfeinert und durch weitere Methodenschritte ergänzt worden, was in der Exegese teilweise zu Akzentverschiebungen geführt hat.

Indem die historisch-kritische Methode eine Errungenschaft der Neuzeit ist, partizipiert sie auch an deren wissenschaftstheoretischen Prämissen und Zielen. Sie geht von immanenten Erklärungsversuchen aus und versteht daher die Bibel als historisch gewordene, über einen langen Zeitraum immer wieder überarbeitete Sammlung von Texten, die mit Hilfe von philologischen und historischen Methodenschritten untersucht werden können.

Als konsensfähige Methodenschritte lassen sich gegenwärtig die Textkritik, die Literarkritik, die Überlieferungsgeschichte, die Redaktionskritik, die Formkritik und die Traditionsgeschichte identifizieren. Diese klassischen Methodenschritte, die vornehmlich diachron ausgerichtet sind und damit nach der historischen Entstehung und Entwicklung der biblischen Texte fragen, werden heute üblicherweise durch die synchronen Methodenschritte der Textanalyse ergänzt, die den Ausgangs- und Endpunkt des analytischen Verfahrens bilden. Sie gehen von der Endgestalt eines Textes aus und untersuchen ihn vornehmlich anhand linguistischer und literaturwissenschaftlicher Methoden.[117]

[117] Finsterbusch und Tilly unterscheiden zu Recht im Anschluss an Utzschneider und Nitsche (Helmut Utzschneider/Stefan Ark Nitsche, Literaturwissenschaftliche Bibelauslegung. Eine Methodenlehre des Alten Testaments, Gütersloh [4]2014, 23) zwischen zwei möglichen Formen synchroner Exegese: Die eine bezieht den „historischen Kommunikationskontext“ mit ein und ist von daher historisch orientiert. Die zweite Form ist hingegen „ausschließlich an den Elementen eines Textes und ihren Beziehungen untereinander interessiert *unter Absehung vom historischen Kontext*“ (vgl. Finsterbusch/Tilly, Plädoyer, 10). Während die erste Form synchroner Exegese die synchronen Methodenschritte historisch-kritischer Exegese bezeichnet, weil sie das historische Gewordensein der Texte in ihre Vorgehensweise einschließt und sich somit in Beziehung zu den diachronen Arbeitsschritten setzt, ist die zweite

Innerhalb der methodischen Reihenfolge ist zunächst der Text in seiner Textgestalt zu bestimmen, was bei den biblischen Texten vornehmlich durch Handschriftenvergleich erfolgt, um den ältesten erreichbaren Text, den sogenannten Ausgangstext zu rekonstruieren. Ist dessen Textgestalt gesichert worden, kann der Text in eine vorläufige Arbeitsübersetzung gebracht werden, die sich primär an der Ausgangssprache orientiert, wodurch ein erster Überblick über die philologischen Besonderheiten des Ausgangstextes gewonnen wird. In der Textanalyse wird dieser erste Überblick vertieft. Dabei sind Syntax und Semantik des Textes zu untersuchen, bevor der Text gegliedert und von seinem literarischen Kontext abgegrenzt bzw. in ein angemessenes Verhältnis zu diesem gesetzt wird. Abschließend wird in der pragmatischen Analyse danach gefragt, welche Wirkung der Text beim Leser erzielen will und wie dieses Ziel im Text realisiert worden ist. Ist nach der Bestimmung der Textgestalt nun auch die Endgestalt des Textes hinreichend analysiert, gilt es in der darauffolgenden literarkritischen Untersuchung danach zu fragen, welche Textgenese der Text bis zu seiner jetzt vorliegenden Gestalt durchlaufen hat. Ziel ist es, dabei zum ursprünglichen Grundbestand eines Textes, wie er bei seiner Erstverschriftlichung vorgelegen hat, vorzudringen. Ausgehend von diesem rekonstruierten Grundbestand ist zu untersuchen, ob der Text mündliche Vorstufen gehabt hat, ob er also erst mündlich überliefert worden ist und zu einem späteren Zeitpunkt verschriftlicht wurde, oder ob er direkt als Text verfasst worden ist. Die Redaktionskritik als zur Literarkritik komplementärer Methodenschritt versucht die literarischen Fortschreibungen – die von der Erstverschriftlichung bis zu Endgestalt eines Textes erkennbar sind – zu identifizieren und theologiegeschichtlich zu interpretieren. Die Formkritik fragt nach den mündlichen und vor allem schriftlichen Gattung(en) eines Textes und wie sich diese im Laufe der Textgeschichte möglicherweise verändert haben. Dabei

Form an einer kanonisch-intertextuellen Lektüre der Bibel interessiert, setzt also die biblischen Texte als bereits kanonisch gewordene voraus, steht dadurch aber in der Gefahr, bei einer Verabsolutierung der eigenen Lesart das historische Gewordensein der Texte aus dem Blick zu verlieren.

wird in Überschneidung mit der Überlieferungsgeschichte nach dem Sitz im Leben, den eine mündliche Tradition gehabt hat bzw. nach dem Sitz im Buch, den ein Text in seinem literarischen Zusammenhang gehabt hat, gefragt. Mit der Bestimmung der Gattung – und damit dem Typischen eines Textes – ist auch die Frage der Besonderheit eines Textes verbunden: Neben den gattungstypischen ist also auch nach den individuellen Merkmalen eines Textes zu fragen. Schließlich untersucht die Traditionsgeschichte die geistesgeschichtlichen Kontexte, in denen ein Text bewusst oder unreflektiert verortet wird. Anhand des religionsgeschichtlichen Textvergleichs wird erforscht, inwiefern die religiöse Umwelt positiv oder negativ rezipiert wurde. Neben dem Textvergleich spielen in der jüngeren Forschung auch die Sozialgeschichte sowie die Archäologie und Ikonographie eine zunehmende Rolle.

Insgesamt ist erkennbar geworden, dass die historisch-kritische Methode ein komplexes analytisches und synthetisches Verfahren mit einer Vielzahl von Methodenschritten darstellt, die dem Exegeten ein hohes Maß an philologischen und historischen Kenntnissen und Kompetenzen abverlangen und zugleich vom Exegeten eine Haltung der Distanz voraussetzen, die eine möglichst neutrale und objektive Herangehensweise an die biblischen Texte ermöglichen soll, wenngleich das individuelle Vorverständnis freilich niemals vollständig ausgeblendet werden kann. Hermeneutisch ist für die historisch-kritische Untersuchung der biblischen Texte entscheidend, dass sie als menschliche Glaubenszeugnisse und als menschliche Reflexionen über Gotteserfahrungen verstanden werden, nicht aber als von Gott diktierte Worte. Nur so können immanente Erklärungszusammenhänge gefunden und ein konsequent historischer Umgang mit den Texten gewährleistet werden. Ob und inwiefern darüber hinaus die Bibel als heilige Schrift verstanden wird, fällt nicht in den Aufgabenbereich einer historischen und philologischen Untersuchung der Texte. Zur Klärung dieser Frage ist eine theologische Reflexion notwendig. Jedoch hat eben jene hermeneutische Vorannahme innerhalb der Bibelwissenschaften bis in die heutige Zeit hinein immer wieder zu unterschiedlich gearteter Kritik geführt, die von der Forderung nach zusätzlichen exegetischen Zugängen zur Bibel über die Modifikation einzelner

Methodenschritte bis hin zur grundsätzlichen Ablehnung der historischen Kritik reicht. Der folgende Abschnitt soll einen Überblick über diese dezidiert kritischen Positionen vermitteln, bevor in einem abschließenden Fazit die bleibende Notwendigkeit der historisch-kritischen Methode dargelegt wird.

6.6 Kritik an der historisch-kritischen Methode

Von Anfang an stieß die historisch-kritische Methode auf Widerstand, sowohl von exegetischer als auch von dogmatischer Seite.[118] Dennoch konnte sie sich immer stärker behaupten und hat sich heute als exegetische Leitmethode etabliert. Doch auch im gegenwärtigen Wissenschaftskonzert stimmen nicht alle Bibelexegeten mit den Prämissen und Methoden – wenngleich weitgehend mit den Zielen – der historisch-kritischen Methode überein. Einige wichtige Vertreterinnen und Vertreter aus verschiedenen theologischen Strömungen und Konfessionen der jüngeren Vergangenheit und Gegenwart sollen im Folgenden präsentiert werden, um die historische Kritik auf vermeintliche Schwächen und Grenzen hin zu befragen und um anschließend noch profilierter herausarbeiten zu können, worin ihr Eigenwert, ihr Anspruch als Leitmethode und ihre Ergänzungsmöglichkeit durch weitere wissenschaftliche und nichtwissenschaftliche Zugänge liegt.

6.6.1 Karl Barth – Die propädeutische Funktion der historischen Kritik und ihre Ergänzungsbedürftigkeit durch eine theologische Exegese

Karl Barth, einer der wichtigsten protestantischen Theologen des 20. Jahrhunderts, betrachtet die historisch-kritische Methode, die

---

118 Vgl. dazu ausführlich Lauster, Prinzip und Methode; Graf Henning Reventlow, Epochen der Bibelauslegung. Bd. I–IV. Von der Aufklärung bis zum 20. Jahrhundert, München 2001; oder im Überblick Smend, Epochen der Bibelkritik, 29–50.

sich im 19. und frühen 20. Jahrhundert als Leitmethode der Bibelwissenschaften etabliert hatte, kritisch. Einerseits erkennt Barth die Existenz der Methode an, andererseits sieht er sie als begrenzt und darum als ergänzungsbedürftig. Bereits in der ersten Auflage seines Römerbriefkommentars von 1919, der als wichtiger theologischer Neueinsatz in der protestantischen Theologiegeschichte des 20. Jahrhunderts gilt, ist diese Grundfigur aus Anerkennung und gleichzeitiger Ergänzungsbedürftigkeit bei Barth erkennbar:

„Die historisch-kritische Methode der Bibelforschung hat ihr Recht: sie weist hin auf eine Vorbereitung des Verständnisses, die nirgends überflüssig ist. Aber wenn ich wählen müsste zwischen ihr und der alten Inspirationslehre, ich würde entschlossen zu der Letzteren greifen: sie hat das größere, tiefere, *wichtigere* Recht, weil sie auf die Arbeit des Verstehens selbst hinweist, ohne die alle Zurüstung wertlos ist. Ich bin froh, nicht wählen zu müssen zwischen beiden. Aber meine ganze Aufmerksamkeit war darauf gerichtet, durch das Historische *hindurch*zusehen in den Geist der Bibel, der der ewige Geist ist."[119]

Allerdings lässt Barth im Vorwort zur ersten Auflage noch unbestimmt, was er meint, wenn er davon spricht, dass er durch das Historische hindurchsehen möchte.

In der zweiten, grundlegend überarbeiteten Auflage des Römerbriefs von 1922 hat Barth dann diese Unbestimmtheit präzisiert. Noch einmal stellt er klar, dass er keine Grundsatzkritik an der historisch-kritische Methode übe, sondern die unzureichende Erklärungskraft der Methode infrage stelle, die auf Seiten der Exegeten aber nicht zu einer Erweiterung des Methodenkanons führe. So schreibt Barth im Vorwort zur zweiten Auflage seines Römerbriefkommentars:

„Aber nicht die historische Kritik mache ich ihnen [den Exegeten] zum Vorwurf, deren Recht und Notwendigkeit ich vielmehr noch einmal ausdrücklich anerkenne, sondern ihr Stehenbleiben bei einer Erklärung des Textes, die ich keine Erklärung nennen kann, sondern nur den ersten primitiven Versuch einer solchen, nämlich bei der Feststellung dessen, ‚was da steht', mittelst Übertragung und Umschreibung der griechischen Wörter und Wörtergruppen in die entsprechenden deutschen, mittelst philolo-

---

[119] Karl Barth, Der Römerbrief. (Zweite Fassung) 1922, hg. v. Cornelis van der Kooi/Katja Tolstaja, Zürich 2010, (Vorwort zur ersten Auflage), 3.

gisch-archäologischer Erläuterungen der so gewonnenen Ergebnisse und mittelst mehr oder weniger plausibler Zusammenordnung des Einzelnen zu einem historisch-psychologischen Pragmatismus."[120]

Gegenüber diesem vermeintlichen Stehenbleiben der historisch-kritischen Exegeten plädiert Barth für ein Vordringen zu dem, was er als eigentliches Verstehen und Erklären der biblischen Texte bezeichnet und was sich nach seinem Dafürhalten in der Schriftauslegung der Reformatoren findet:

„Eigentliches Verstehen und Erklären nenne ich diejenige Tätigkeit, die Luther in seinen Auslegungen mit intuitiver Sicherheit geübt, die sich Calvin sichtlich systematisch zum Ziel seiner Exegese gesetzt [hat]".[121]

Im Vergleich zu den Exegeten liberaler Provenienz zur Zeit Barths versuche Johannes Calvin

„seinen Text, nachdem auch er gewissenhaft feststellt, ‚was da steht', *nach* zu denken, d. h. sich so lange mit ihm auseinander zu setzen, bis die Mauer zwischen dem 1. und 16. Jahrhundert *transparent* wird, bis Paulus dort redet und der Mensch des 16. Jahrhunderts hier *hört*, bis das Gespräch zwischen Urkunde und Leser ganz auf die *Sache* (die hier und dort keine verschiedene sein *kann!*) konzentriert ist. Wahrhaftig, wer die Methode Calvins mit dem nachgerade abgebrauchten Sprüchlein vom ‚Zwang der Inspirationslehre' meint erledigen zu können, der beweist nur, dass er in *dieser* Richtung noch nie wirklich *gearbeitet* hat."[122]

Von daher ist dann auch Barths berühmt gewordener Ausspruch verstehbar: „*Kritischer* müssten mir die Historisch-Kritischen sein!"[123]

Barth schlägt aufgrund dieser Kritik eine Ergänzung zur historisch-kritischen Arbeitsweise vor, mit deren Hilfe „eine Art von hermeneutischer Unmittelbarkeit" erreicht werden soll, „die den garstigen Graben Lessings, d. h. den geschichtlichen Abstand zwischen Text und Leser überbrückt".[124] Ziel dieser unmittelbaren

---

120 Barth, Römerbrief (Vorwort zur zweiten Auflage), 11.

121 Ebd., 12.

122 Ebd., 13.

123 Ebd., 14.

124 Lauster, Prinzip und Methode, 261. Damit geht einher, dass Barth nicht bereit ist, „den doppelten historischen Abstand zwischen Geschehen und Text

Lesart des biblischen Textes ist es, zum theologischen Gehalt des Textes vorzudringen, den Barth als die Sache, also den Gegenstand des Textes bezeichnet:

> „Bis zu dem Punkt muss ich als Verstehender vorstoßen, wo ich nahezu nur noch vor dem Rätsel der *Sache*, nahezu nicht mehr vor dem Rätsel der *Urkunde* als solcher stehe, wo ich es also nahezu vergesse, dass ich nicht der Autor bin, wo ich ihn nahezu so gut verstanden habe, dass ich ihn in meinem Namen reden lassen und selber in seinem Namen reden kann."[125]

Barths Versuch, stärker auf den theologischen Gehalt der biblischen Texte zu fokussieren, hat er in seinen Vorlesungen zum ersten Korintherbrief später als theologische Exegese bezeichnet. Allerdings findet sich bei ihm kein methodisches Instrumentarium für die Durchführung eines solchen Programms. In seinem späteren Hauptwerk, der Kirchlichen Dogmatik (KD), ist Barth darum bemüht, den offenbarungstheologischen Wert der Bibel herauszuarbeiten und damit die Notwendigkeit einer nach Gott und der Sache des Textes fragenden Exegese zu begründen.[126]

Barths Anliegen einer theologisch orientierten Exegese speist sich aus seinen hermeneutischen Prämissen, die sich schon in seinen frühen Texten finden lassen. Bereits in seinem 1917 veröffentlichten Aufsatz *Die neue Welt in der Bibel* kehrt Barth den hermeneutischen Auslegungsprozess der historisch-kritisch arbeitenden Exegese um, wenn er im Anschluss an die Reformatoren auf die Selbsterschließung der Bibel verweist und sie zum exegetischen Subjekt erklärt: „Die heilige Schrift legt sich selbst aus, aller unserer menschlichen Beschränktheit zum Trotz."[127] Es ist gerade diese

---

sowie zwischen Text und Leser" in der Weise ernst zu nehmen und zum Ausgangspunkt seiner Systematik zu machen, wie dies z. B. Wolfhart Pannenberg getan hat (vgl. Gerhard Bergner, Um der Sache willen. Karl Barths Schriftauslegung in der Kirchlichen Dogmatik, Göttingen 2015, 320 f.).

125 Barth, Römerbrief (Vorwort zur zweiten Auflage), 14.

126 Vgl. Lauster, Prinzip und Methode, 273.

127 Karl Barth, Die neue Welt in der Bibel [1917]. In: Ders., Vorträge und kleinere Arbeiten1914–1921, in Verbindung m. Friedrich-Wilhelm Marquardt hg. v. Hans-Anton Drewes (Karl Barth Gesamtausgabe), Zürich 2012, 325.

vom Exegeten erfahrene Selbstauslegung der Bibel, die den biblischen Schriften ihren Wert als Wort Gottes zukommen lässt:

> „Die Bibel wird nicht durch eine menschliche Erkenntnisbemühung zum Wort Gottes, sondern ist selbst das Subjekt ihrer hermeneutischen Erschließung."[128]

Von daher ist für Barth in der Schriftauslegung nicht die Distanz zwischen Text und Exeget Ausgangspunkt für ein historisch-kritisches Arbeiten, sondern umgekehrt soll die Unmittelbarkeit zwischen Text und Exeget gerade den Text in seiner eigentümlichen Erfahrung als Wort Gottes zur Geltung bringen. Gerade dieser Ansatzpunkt Barths, der auf eine spirituelle Erfahrung mit dem biblischen Text und zugleich auf eine gewisse Unverfügbarkeit der biblischen Texte insistiert, lässt deutlich werden, warum sich dieses Vorgehen nicht als eigene Methode mit diversen Methodenschritten beschreiben lässt. Hier liegt die Schwäche in Barths Ansatz, denn mit der Stärkung der Selbsterschließungskraft der biblischen Texte geht immer die Gefahr einher, dass es zu einer „argumentativen Selbstimmunisierung gegen die moderne Bibelkritik"[129] kommt. Eine solche Theologie, wie sie sich bei Barth vorgezeichnet findet, ist nicht mehr in der Lage, den Erkenntnissen der historisch-kritischen Methode systematisch-theologisch Rechnung zu tragen, sondern übergeht sie quasi.[130] Aus heutiger theologischer Sicht muss sich Barth also die Frage stellen lassen, „wozu letztlich ein methodisch verantwortetes Auslegungsverfahren notwendig sein sollte, wenn es über propädeutische Klärungen hinaus das eigentliche Verstehen des Textes gerade nicht ermöglichen kann. Darin liegt […] das entscheidende Dilemma der

---

128 Lauster, Prinzip und Methode, 259.

129 Ders., Religion als Lebensdeutung. Hermeneutische Theologie heute, Darmstadt 2005, 37.

130 Dieser Vorwurf ist Barth auch schon von seinen Zeitgenossen gemacht worden. So kritisiert Rudolf Bultmann Barths Römerbriefexegese dahingehend, dass dieser eisegetisch seine eigene Theologie der Paradoxien an den Römerbrief herantrage, anstatt ihn als Produkt eines urchristlichen Verfassers zu untersuchen, und daher auch nicht in der Lage ist, die Originalität des Briefes würdigen zu können (vgl. Wilckens, Theologie des Neuen Testaments. Bd. 3, 337 f.).

Barthschen Methodenlehre."[131] Diese kritischen Rückfragen an Barth mindern jedoch nicht den Wert seiner offenbarungstheologischen Anfragen an die historische Kritik, nämlich dem Umstand Rechnung zu tragen, dass die historisch-kritische Untersuchung mit der spirituellen Erfahrung korreliert werden muss, weshalb es eine Wechselwirkung zwischen Text und Exeget gibt, die es für die Auslegung zu berücksichtigen gilt.[132]

6.6.2 Joseph Ratzinger – Was die historische Kritik nicht leisten kann: Gegenwartsbezug, Autorität als Gotteswort, Einheit der Schrift

Im Vorwort zu seinem ersten Jesus-Buch nimmt Papst Benedikt XVI., alias *Joseph Ratzinger*, auf die Chancen und Grenzen der historisch-kritischen Methode dezidiert Bezug. Seine grundsätzliche Bejahung historischer Kritik wurzelt in der Enzyklika *Divino afflante Spiritu* von 1943[133], die eine Öffnung für die Anwendung

---

[131] Lauster, Prinzip und Methode, 274f.

[132] Vgl. ebd., 274.

[133] Vgl. Pius XII., Rundschreiben über die zeitgemäße Förderung der Biblischen Studien (Divino afflante Spiritu). Lateinischer und deutscher Text, Freiburg 1947, 31: „Mit der Kenntnis der alten Sprachen und mit den Hilfsmitteln der Textkritik trefflich gerüstet, soll der katholische Exeget an die Aufgabe herangehen, die von allen ihm gestellten die höchste ist: an die Auffindung und Erklärung des wahren Sinnes der Heiligen Bücher. Dabei mögen die Schrifterklärer sich gegenwärtig halten, daß es ihre erste und angelegentlichste Sorge sein muß, klar zu erkennen und zu bestimmen, welches der *Literalsinn* der biblischen Worte ist." Zur Ermittlung dieses Literalsinns ist es wiederum notwendig, die biblischen Texte einer historischen Analyse zu unterziehen: „Der Exeget muß daher mit aller Sorgfalt, ohne irgend eine Erkenntnis zu vernachlässigen, die die neuere Forschung gebracht hat, festzustellen suchen, welches die Eigenart und Lebenslage des biblischen Schriftstellers war, in welcher Zeit er lebte, welche mündlichen und schriftlichen Quellen er benutzte, welcher Redegattung er sich bediente. Auf diese Weise wird er vollkommener erkennen, wer der biblische Schriftsteller war und was er mit seinem Werke beabsichtigte." (Pius XII., Rundschreiben, 41), vgl. darüber hinaus die Konstitution „Dei Verbum" des Zweiten Vatikantischen Konzils, in der die grundlegende Bejahung der Enzyklika von 1943

der historisch-kritischen Methode in den Bibelwissenschaften bedeutete und von Ratzinger als „wichtiger Markierungspunkt“[134] gewertet wird.[135] Von daher stellt für ihn „die historische Methode – gerade vom inneren Wesen der Theologie und des Glaubens her – eine unverzichtbare Dimension der exegetischen Arbeit“ dar, da es für den Glauben wesentlich sei, „dass er sich auf wirklich historisches Geschehen bezieht.“[136] Doch obwohl die historische Kritik für Ratzinger unverzichtbar für die Auslegung biblischer Texte ist, schöpft sie „den Auftrag der Auslegung für den nicht aus, der in den biblischen Schriften die eine Heilige Schrift sieht und als von Gott inspiriert glaubt“.[137]

Daher weist Ratzinger zugleich auf die Grenzen der historisch-kritischen Methode hin: Die erste Grenze besteht für ihn in der Erforschung des historischen Sinns:

> „Als historische Methode sucht sie den damaligen Geschehenszusammenhang auf, in dem die Texte entstanden sind. Sie versucht, die Vergangenheit möglichst genau […] zu erkennen und zu verstehen, um so auch zu ermit-

erweitert und präzisiert wird (Peter Hünermann, Die Dokumente des Zweiten Vatikanischen Konzils. Konstitutionen, Dekrete, Erklärungen. Freiburg ³2012, 363 ff.).

134 Joseph Ratzinger, Jesus von Nazareth. Erster Teil. Von Der Taufe im Jordan bis zur Verklärung, Freiburg 2007, 13.

135 Nicht nur die historische Kritik im Besonderen, sondern auch die wissenschaftliche Exegese bejaht Ratzinger grundsätzlich und kann in seiner Wertschätzung sogar so weit gehen, dass er ihr eine gewisse Selbstständigkeit gegenüber dem kirchlichen Lehramt einräumt: „Von hier aus gilt, daß, gleichwie es ein Wächteramt der Kirche und ihrer geistbegabten Zeugenschaft gibt, so auch ein Wächteramt der Exegese besteht, die den Literalsinn erforscht und so aller Gnosis entgegen die Bindung an die Sarx des Logos hütet. Insofern gibt es dann so etwas wie eine Eigenständigkeit der Schrift als eines selbständigen und in vieler Hinsicht durchaus eindeutigen Maßstabes gegenüber dem kirchlichen Lehramt. Das ist zweifellos die richtige Einsicht Luthers, der in der katholischen Kirche unter dem Anspruch des Lehramts, dessen innere Grenze nicht immer deutlich genug gesehen wurde, noch nicht genug Raum zugekommen ist.“ (Ratzinger, Ein Versuch zur Frage des Traditionsbegriffs. In: Peter Hünermann/Thomas Söding (Hg.), Wort Gottes. Schrift – Tradition – Amt, Freiburg 2005, 60 f.).

136 Ratzinger, Jesus, 14.

137 Ebd., 15.

teln, was der Autor zu jenem Zeitpunkt, im Kontext seines Denkens und Geschehens, hatte sagen können und wollen."[138]

Die methodische Grenze bestehe dabei darin, dass sie den Text nicht in seiner gegenwärtigen Relevanz und Bedeutung bestimmen und damit aktualisieren kann.[139] Als zweite Grenze zeigt Ratzinger das Geschichtsbild der historischen Kritik auf: „Als historische Methode setzt sie die Gleichmäßigkeit des Geschehenszusammenhanges der Geschichte voraus, und deshalb muss sie die ihr vorliegenden Worte als Menschenworte behandeln."[140] Damit kann historisch-wissenschaftlich von den biblischen Texten nur als menschliches Produkt, nicht aber als Wort Gottes oder Heilige Schrift gesprochen werden, denn dies würde die historische Wissenschaft überschreiten und bereits zum Bereich des Glaubens gehören. Als dritte Grenze verweist Ratzinger auf die Einheit der Schrift, die von der wissenschaftlichen Exegese ebenfalls nicht postuliert werden kann: Die Bibelwissenschaften können lediglich die Vielheit der Schriften aufzeigen,

> „die Entwicklungsgänge sehen, das Wachsen der Überlieferungen, und insofern wieder über die Einzelbücher hinaus das Zugehen auf die eine ‚Schrift' wahrnehmen, aber zunächst wird sie notwendigerweise auf den Ursprung der einzelnen Texte zurückgehen und sie insofern zuerst in ihre Vergangenheit versetzen, um freilich dann dieses Zurückgehen durch ein Vorwärtsgehen der sich bildenden Texteinheiten zu ergänzen."[141]

---

138 Ebd.

139 Vgl. ebd., 15.

140 Ebd.

141 Ebd., 16. Die wissenschaftlich-exegetisch aufgezeigte Vielfalt der biblischen Schriften wertet Ratzinger aber nicht nur als positiv, sondern gleichsam kritisch als durchaus ambivalent: „In der Tat kam lang Vergessenes wieder zum Vorschein; die Polyphonie der Geschichte wurde hinter der Homophonie der traditionellen Auslegung wieder hörbar. Weil der menschliche Faktor der heiligen Geschichte immer plastischer hervortrat, zeigte sich zugleich auch Gottes Handeln größer und näher. Aber allmählich wurde das Bild immer verworrener. Die Hypothesen verzweigten sich, lösten einander ab und wurden zusehends zum Zaun, der dem Uneingeweihten den Zugang zur Bibel verwehrte. Der Eingeweihte aber liest gar nicht mehr die Bibel, sondern zerlegt sie in die Elemente, aus denen sie geworden sein soll." (Ratzinger,

Damit die Bibel aber nicht nur historischer Text, Menschenwort und Vielheit bleibt, sucht Ratzinger nach einer methodischen Ergänzung und findet sie in der kanonischen Exegese: Sie ermöglicht es, die Bibel vom Standpunkt einer christologischen Hermeneutik her zu lesen, „die in Jesus Christus den Schlüssel des Ganzen sieht und von ihm her die Bibel als Einheit zu verstehen lernt“[142], was für Ratzinger freilich einen „Glaubensentscheid“ voraussetzt und sich nicht per se aus der historisch-kritischen Untersuchung der Bibel ergibt.[143] Dennoch sei diese Glaubensentscheidung nicht wider die Vernunft, sondern trage im Gegenteil „historische Vernunft“ in sich.[144] Dabei beschreibt Ratzinger das Verhältnis von Glaube und Vernunft als ein durchaus ambivalentes: „Der Glaube darf sich nicht gegen die Vernunft stellen, aber läßt sich auch nicht in die Alleinherrschaft der aufgeklärten Vernunft und ihrer Methoden zwängen.“[145]

Dass die Bibel nun aber nicht nur ein historisches Dokument, sondern zugleich inspiriert sei, zeigt sich für Ratzinger auch darin, dass die Bibel einen „innere[n] Mehrwert des Wortes“ aufweise, der über die Autorenintention des jeweiligen Bibeltextes hinausreiche.[146] Vergegenwärtigt werden die biblischen Texte in der Kirche als Gottesvolk, das die Texte als von historischen Autoren verfasst versteht, zugleich aber erkennt, dass diese Autoren ebenfalls

---

Schrift im Widerstreit. Zur Frage nach Grundlagen und Weg der Exegese heute. In: Hünermann/Söding (Hg.), Wort Gottes, 83 f.).

142 Ratzinger, Jesus, 18.

143 Vgl. ebd.

144 Ebd.

145 Ders., Theologische Prinzipienlehre. Bausteine zur Fundamentaltheologie, München 1982, 342.

146 Vgl. Ratzinger, Jesus, 18. Vgl. dazu ausführlicher Ratzinger, Schrift im Widerstreit, 112. „Alle Schriftworte sind Menschenworte und zunächst als solche auszulegen. Aber sie beruhen auf ‚Offenbarung‘, d. h. auf dem Berührtwerden von einer Erfahrung, die über den eigenen Erfahrungsvorrat des Verfassers hinausgeht.“ Von daher gibt es Ratzinger zufolge „einen Sinnüberschuß des Einzeltextes über seinen unmittelbaren historischen Standort hinaus, und darum bestand die Möglichkeit, ihn in einem neuen historischen Kontext aufzugreifen und in größere Bedeutungszusammenhänge zu stellen – das Recht der Relecture.“ (Ratzinger, Schrift im Widerstreit, 113).

Teil des Gottesvolkes sind und damit die Kirche bzw. das Gottesvolk „der tiefere ‚Autor‘ der Schriften ist“.[147] Das Gottesvolk ist damit sowohl Verfasser als auch Adressat der biblischen Texte. Diese eigentliche Autorenschaft ist dann auch der Grund, dass Ratzinger für seine eigene Darstellung Jesu von Nazareth den Evangelien Vertrauen schenkt.[148] Dennoch will Ratzinger sein Buch nicht gegen die moderne wissenschaftliche Exegese verfassen, sondern

> „in großer Dankbarkeit für das viele, das sie uns geschenkt hat und schenkt. Sie hat uns eine Fülle von Material und von Einsichten erschlossen, durch die uns die Gestalt Jesu in einer Lebendigkeit und Tiefe gegenwärtig werden kann, die wir uns vor wenigen Jahrzehnten noch gar nicht vorzustellen vermochten.“[149]

Zugleich fordert Ratzinger an anderer Stelle von der historisch-kritischen Exegese eine selbstkritischere Haltung:

> „Was wir brauchen, ist eine Kritik der Kritik, die aber nicht von außen, sondern nur aus dem selbstkritischen Potential des kritischen Denkens, aus seinem Inneren entwickelt werden kann: eine Selbstkritik der historischen Exegese, die sich zu einer Kritik der historischen Vernunft in Fortführung und Abwandlung der kantischen Vernunftkritik ausweiten läßt.“[150]

Im Kern müsse sich diese Selbstkritik der historisch-kritischen Exegese vor allem darin zeigen, dass „sie ihre eigenen Ergebnisse diachronisch liest und damit von dem Anschein einer quasi-naturwissenschaftlichen Gewißheit abrückt“.[151] Diese selbstkritische Sichtung der eigenen Ergebnisse, die Ratzinger zufolge „den geisteswissenschaftlichen Entwicklungen entsprechen und sie in Form von Textinterpretationen widerspiegeln“, sollen aber nicht zur Destruktion oder Skepsis gegenüber der historisch-kritischen Methode führen, „wohl aber zur Selbstbegrenzung und zur Reinigung der Methode.“[152]

---

[147] Ders., Jesus, 20.
[148] Vgl. ebd.
[149] Ebd., 22.
[150] Ders., Schriftauslegung im Widerstreit, 91.
[151] Ebd.
[152] Ebd., 93.

Insgesamt ist Ratzingers Verhältnis zur historischen Kritik kein durchweg kritisches, sondern differenziertes. Er bejaht grundsätzlich die historische Kritik als ein gewinnbringendes methodisches Instrumentarium, das allerdings in der Gefahr steht, sich selbst zu verabsolutieren, und daher der Selbstkritik bedarf und auf einer zweiten Ebene, nämlich der Perspektive des Glaubens, um weitere methodische Ansätze ergänzt werden muss, um dem theologischen Charakter der biblischen Schriften gerecht zu werden.

6.6.3 Peter Stuhlmacher – Versöhnung von kirchlicher und wissenschaftlicher Exegese durch Einbeziehung der Wirkungsgeschichte

In zahlreichen Publikationen hat sich der Neutestamentler *Peter Stuhlmacher* mit der Bedeutung und den Grenzen der historisch-kritischen Methode auseinandergesetzt. Als bleibende Bedeutung der historischen Kritik hebt Stuhlmacher hervor, dass die exegetischen Fächer nicht nur ihre „gesamte geschichtliche Kenntnis von der Entstehung und Eigenart des biblischen Kanons aus Altem und Neuem Testament, sondern auch die Neubegegnung der seit dem 16. Jh. getrennte Wege gehende protestantischen und katholischen Exegese“[153] verdanken. Daraus zieht Stuhlmacher die Schlussfolgerung: „Unter diesen geschichtlichen Umständen besteht kein Anlaß, pauschal von einem Scheitern der historischen Kritik zu sprechen; es besteht vielmehr Anlaß, auf den mittels dieser Methode erzielten Gewinn an historischen und hermeneutischen Einsichten zu verweisen.“[154] Doch obwohl sich Stuhlmacher grundlegend zum historisch-kritischen Arbeiten der Bibelexegese bekennt, weist er dennoch auf Grenzen und Probleme der Methode hin: Zum einen auf den Geschichtspositivismus der historischen Kritik, zum anderen auf ihre prinzipielle Beschränkt-

---

[153] Peter Stuhlmacher, Historische Kritik und theologische Schriftauslegung. In: Ders., Schriftauslegung auf dem Weg zur biblischen Theologie, Göttingen 1975, 98.

[154] Ebd.

heit.[155] Dabei stehe die wissenschaftliche Exegese in der Gefahr, von einem neuzeitlichen Weltbild aus die biblischen Texte zu kritisieren und dabei die Offenheit für die Weltbilder der biblischen Texte zu verlieren.[156] Stuhlmacher, der sich sowohl der kerygmatischen Theologie einerseits und dem Pietismus sowie einer biblisch-lutherischen Theologie verpflichtet weiß[157], verfolgt ein dezidiert hermeneutisches Anliegen mit dem Ziel der Versöhnung von kirchlicher Theologie und Spiritualität einerseits und von wissenschaftlicher Exegese in Gestalt der historischen Kritik andererseits.[158] Dafür versucht Stuhlmacher, berechtigte Anliegen der historischen Kritik ebenso in seine Hermeneutik zu integrieren und sie zugleich an für ihn wichtigen Punkten zu korrigieren. Um den biblischen Texten „wieder zu ihrem geschichtlich urtümlichen eigenen Wort zu verhelfen", sei es allerdings notwendig, sie nicht ausschließlich „kritisch zu analysieren und damit unserem modernen Verstandesurteil zu unterwerfen"[159], sondern darüber hinaus die Wirkungsgeschichte der biblischen Texte, also ihre kirchliche Rezeption, mit in die eigene Auseinandersetzung mit den Texten zu integrieren. Im Anschluss an *Hans-Georg Gadamer* ist Stuhlmacher daher der Überzeugung, dass die Wirkungsgeschichte nicht ausgeklammert werden dürfe und ihre Einbe-

---

155 Vgl. Susanne Klinger, Status und Geltungsanspruch der historisch-kritischen Methoden in der theologischen Hermeneutik, Stuttgart 2003, 103 f. Stuhlmacher leitet aus dieser doppelten Begrenztheit historischer Kritik folgende Forderungen ab: „Die biblische Exegese muß erstens die Tragweite und Begrenztheit ihrer kritischen Mittel gegenüber den Quellenschriften der Bibel reflektieren, und sie muß zweitens die Rückbindung an die kirchliche Dogmatik suchen." (Stuhlmacher, Verstehen, 210).

156 Vgl. Daniel Graf, Unterwegs zu einer Biblischen Theologie. Perspektiven der Konzeption von Peter Stuhlmacher, Göttingen 2011, 109. Stuhlmacher selbst bringt dies folgendermaßen zum Ausdruck: „Eine Offenheit könne es beim Exegeten nur dann geben, wenn man willens ist, die Rolle des Kritikers, der stets das letzte und entscheidende Wort behalten will, zu vertauschen mit dem Part dessen, der zu hören bereit ist, was die Texte aus sich selbst heraus zu sagen haben." (Stuhlmacher, Verstehen, 16).

157 Vgl. Klinger, Status, 104.

158 Vgl. Graf, Unterwegs, 109.

159 Stuhlmacher, Verstehen, 16.

ziehung als Korrektiv für die Anwendung historischer Kritik fungiere.[160] Neben der historisch-kritischen Auslegung eines Bibeltextes sei daher auch die Auslegung des Textes im Kanon (heute als kanonisch-intertextuelle Exegese bezeichnet) sowie die Auslegung des Textes auf die Gegenwart hin (unter Einschluss der Wirkungsgeschichte) geboten.[161] Bei allen drei Formen der Auseinandersetzung mit dem Text sei jeweils Sachkritik zu üben, nämlich unter den Geschichtspunkten, inwiefern der theologische Gehalt der Texte mit dem Evangelium übereinstimme, wie er sich in den übergreifenden Zusammenhang des Kanons einordnen lasse und ob ihm eine Relevanz für die Gegenwart zukomme.[162]

6.6.4 Gerhard Maier – Biblische Spezialhermeneutik statt historisch-kritischer Exegese

Gerhard Maier lehnt in seinem Buch „Das Ende der historisch-kritischen Methode“, wie der Titel bereits erahnen lässt, die historische Kritik als wissenschaftliche Methode zur angemessenen Untersuchung der biblischen Texte grundsätzlich ab. Als grundlegenden Kritikpunkt postuliert Maier, dass die historische Kritik kein der Bibel als göttlicher Offenbarungsschrift angemessenes Gegenüber sei: „das Korrelat (Entsprechung) zur Bibel ist nicht Kritik, sondern Gehorsam, ist nicht Korrektur […], sondern Sich-korrigieren-Lassen“.[163] Gerade weil eine kritische Haltung der Untersuchung der Bibel nicht angemessen sei, lehnt Maier konsequent – und im Unterschied zu Peter Stuhlmacher – auch

---

160 Vgl. Graf, Unterwegs, 130.

161 Vgl. Stuhlmacher, Verstehen, 30: Ein Stuhlmacher entsprechender Umgang mit den biblischen Texten besteht darin, „die der historischen Methode wesenhaft innewohnende Tendenz zur Distanzierung von Vergangenheit und Gegenwart durch eine Wertschätzung der Tradition und Wirkungsgeschichte zu flankieren.“

162 Vgl. Graf, Unterwegs, 134.

163 Gerhard Maier, Das Ende der historisch-kritischen Methode, Wuppertal 1974, 18.

jede Sachkritik an der Bibel ab: „Denn innerbiblische Sachkritik, wie sie zuletzt auch Stuhlmacher forderte, bedeutet, biblische Aussagen kämpfend gegeneinander ins Feld zu führen."[164] Stattdessen lässt sich nach seinem Dafürhalten „auch historisch aufweisen, daß die biblischen Aussagen in einer letzten Einheit ihrer Botschaften und Ziele zusammenklingen".[165] Hier geht Maier deutlich über das von Ratzinger vorgetragene Anliegen, wonach die Einheit der Schrift gerade nicht mit den Mitteln der exegetisch-historischen Wissenschaft, sondern des Glaubens zu begründen sei, hinaus. Maier will eben gerade diese Einheit zu einem Gegenstand der Bibelexegese machen. Dagegen habe sich die Suche nach einem Kanon im Kanon, wie sie seit der Aufklärung von zahlreichen Bibelexegeten vollzogen worden ist, als Irrweg erwiesen, weil man zu keiner konsensfähigen Lösung gekommen sei.[166] Nach Maier kann aufgrund dieses Beispiels die gesamte historisch-kritische Methode hinterfragt und abgelehnt werden. Als Alternative fordert er eine biblische Spezialhermeneutik, wonach nur dem Glaubenden die wesenhafte Erfassung der Bibel als Gottesoffenbarung möglich sei. Dafür ist Maier zufolge zunächst eine „Aufhebung des zwingenden Analogie-Prinzips"[167] notwendig, wie es Ernst Troeltsch als eines der drei Kriterien historischer Kritik aufgestellte hatte. Denn für Maier ist es „gerade das *Einmalige*, nicht zu Analogisierende, […] was wir für den Fall des Handelns eines lebendigen Gottes erwarten dürfen."[168] Als zweite methodologische Voraussetzung nennt Maier die Souveränität Gottes, welche ein praktisches Ende eines methodischen Atheismus nach sich zieht: „Der Satz, man müsse mit theologiefreien, also a-theologischen, Methoden einen theologischen Gegenstand erforschen, ist ein Widerspruch in sich und das Gegenteil des Notwendigen."[169] Zudem seien diese beiden Voraussetzungen an die spirituellen Erfahrungen der Gemeinde zurückzubinden, denn diese haben „die

---

164 Ders., Wie legen wir die Schrift aus? Gießen 1978, 41.

165 Ebd.

166 Vgl. Maier, Ende, 22–37.

167 Ebd., 48.

168 Ebd.

169 Ebd., 50.

ganze Schrift stets als Einheit erfahren",[170] wodurch die vorausgesetzte Abschaffung des Analogieprinzips und die Einsetzung der Souveränität Gottes einen „Sitz im Leben" erhalten sollen.[171] Auf diesen Grundlagen versucht Maier nun ein eigenes methodisches Instrumentarium für die Exegese biblischer Texte zu entwickeln, die er „historisch-biblische Methode" nennt. In einem ersten Arbeitsschritt soll der Text textkritisch untersucht werden, wobei Maier nicht von Textkritik, sondern von *Textfindung* spricht, um den Verdacht einer möglichen Kritik am Bibeltext von vornherein auszuschließen.[172] Neben dieser sprachlichen Differenzierung folgt er aber auch nicht den textkritischen Regeln einer lectio brevior und lectio difficilior, sondern will die jeweils andere Option als ebenfalls mögliche ältere Lesart danebengestellt wissen.[173] In einem zweiten Arbeitsschritt soll *der abgegrenzte Text übersetzt* werden, wobei polyvalente Begriffe von anderen Schriften der Bibel her gedeutet werden sollen, getreu Maiers hermeneutischem Grundsatz „die Schrift dolmetscht sich selbst (scpritura sui ipsius interpres)".[174] Als Drittes soll dann der *zeitgeschichtliche Hintergrund* des biblischen Textes durchleuchtet werden[175], bevor in einem vierten Schritt ein *religionsgeschichtlicher Vergleich* vorgenommen wird.[176] Die Literarkritik wird von Maier abgelehnt, stattdessen wird die *Formgeschichte* zur Erhellung der literarischen Gattungen als eigener Methodenschritt positiv von der historisch-kritischen Methode rezipiert.[177] In einem sechsten Arbeitsschritt soll der zu untersuchende Text in den *biblischen Gesamtzusammenhang* eingeordnet werden (heute unter dem Stichwort „kanonisch-intertextuelle Auslegung" durchgeführt).[178] Dadurch sollen „[d]ie Einheit und der Fortschritt der

---

170 Ebd., 55.
171 Vgl. ebd.
172 Vgl. ebd., 80.
173 Vgl. ebd., 81.
174 Ebd.
175 Vgl. ebd., 82.
176 Vgl. ebd., 83.
177 Vgl. ebd., 84.
178 Vgl. ebd., 84 ff.

Schrift"[179] zur Geltung kommen. Hier wird das heilsgeschichtliche Anliegen Maiers explizit greifbar. Abgeschlossen wird die Kette der Methodenschritte durch eine *theologische Stellungnahme.*[180] Aus der knappen Auflistung der von Maier vorgeschlagenen Methodenschritte geht jedoch nicht hervor, inwiefern dadurch das Analogielose und Einmalige der biblischen Texte wahrgenommen werden soll. Stattdessen kann man den Eindruck gewinnen, dass sein methodisches Repertoire vielmehr eine *historisch-kritische Methode light* darstellt.

6.6.5 Armin Sierszyn – Biblisch-historische Exegese als offenbarungsoffene Schriftauslegung und Hermeneutik des Vertrauens

Armin Sierszyn unterzieht die historisch-kritische Methode einer Fundamentalkritik: Das in ihr erkennbare neuzeitliche Weltbild mit seiner „Aufspaltung der Wirklichkeit"[181] in ein Äußeres und Inneres (wobei Religion in das Innere des Menschen verlagert werde) stelle „ein fundamentales Konfliktpotential"[182] für die biblische Offenbarungsordnung dar und könne daher „gar nicht anders als zerstörend wirken".[183] Durch die historische Kritik als einem Produkt von Aufklärung und Romantik werde die Bibel nicht länger als von Gott gestiftete Autorität, sprich als Heilige Schrift, sondern analog zu den Naturwissenschaften als ein Gegenstand der Kritik anhand einer autonom gewordenen Vernunft analysiert.[184] Dadurch werde der Erkenntnishorizont auf die Immanenz begrenzt, die Transzendenz somit aus dem Erkenntnis-

---

[179] Ebd., 86.

[180] Vgl. ebd., 87.

[181] Armin Sierszyn, Christologische Hermeneutik. Eine Studie über Historisch-kritische, Kanonische und Biblische Theologie mit besonderer Berücksichtigung der philosophischen Hermeneutik von Hans-Georg Gadamer, Wien 2010, 39.

[182] Ebd.

[183] Ebd., 40.

[184] Vgl. ebd., 55.

bereich ausgeschlossen und einem kausalmechanischen Weltbild unterworfen.[185] Dabei verkenne die historisch-kritische Methode ihre eigene Geschichtlichkeit und Relativität.[186] Die damit verbundene Übernahme eines methodischen Atheismus wertet Sierszyn als verkappte Religionskritik.[187]

Darüber hinaus führe das destruktive und zugleich aggressive Potenzial der historisch-kritischen Methode einerseits dazu, dass sie ein „verwirrendes und nutzloses Chaos von Fragmenten und Hypothesen hervorbringe“[188], und andererseits, dass die historisch-kritische Methode „als Relativiererin und Säkularisiererin der Heiligen Schrift, der biblischen Heilsgeschichte sowie der kirchlichen Dogmen“ eine „*Wegbereiterin und Türöffnerin* für neue, aus dem Geist der Zeit geborene und mit den Kultur- und Politbewegungen kompatible Theologien“[189] sei. Die Konsequenzen zeigen sich Sierszyn zufolge sowohl in der „Entmythologisierung der Bibel und der Glaubenslehre“ als auch in der „Selbstsäkularisierung der protestantischen Kirchen“, die „neuen geistigen Bewegungen gegen Ende des Jahrhunderts zum breiten Durchbruch“[190] verhelfen.

Unter Berufung auf Karl Barth fordert Sierszyn, dass die historisch-kritisch operierenden Exegeten selbstkritischer sein sollten. Ihr Problem bestehe nämlich darin, „dass sich das historische Bewusstsein der kritischen Selbstwahrnehmung entzieht und in naivem Vertrauen auf die rationalen Methoden vergisst, dass es selbst in einer wirkungsgeschichtlichen Verflechtung steht“.[191] Als methodische Alternative zur historisch-kritischen Methode schlägt Sierszyn eine „biblisch-historische Auslegung“ vor. Das von Gerhard Maier vorgeschlagene Begriffspaar „historisch-bib-

---

185 Vgl. ebd.

186 Vgl. ebd., 55 f.

187 Vgl. ebd., 56: „Der methodologische Grundsatz, die Bibel auszulegen, als ob es Gott nicht gäbe, ist eine subtile Art der Religionskritik, ja des Atheismus.“

188 Ebd., 57.

189 Ebd., 36.

190 Ebd.

191 Ebd., 64, vgl. Anm. 194.

lisch" will Sierszyn dabei in umgekehrter Reihenfolge verwendet wissen, weil auf diese Weise „‚biblisch' als Oberbegriff festgehalten und die Auslegung der Heiligen Schrift primär als theologische Aufgabe bestimmt bleibt. Die historische Dimension gehört zur Biblischen Theologie, weil Offenbarung als Heilsgeschichte selbst in die Geschichte eingeht und die Bibel als Dokument dieser Heilsgeschichte Gottes mit den Menschen ist."[192] Ausgangspunkt einer biblisch-historischen Interpretation sei jedoch nicht die Bibel als historisches Dokument, wie es die historisch-kritische Methode vertrete, sondern „das Geheimnis des inspiratorischen Geschehens", welches die biblischen Texte „auf ihre Endgestalt hin geprägt hat".[193] Aus dieser Prämisse heraus ist die biblisch-historische Auslegung „offenbarungsoffen" und begegnet den biblischen Texten anders als die historisch-kritische Methode nicht mit einer Haltung des Misstrauens, sondern mit einer Haltung des Vertrauens, ohne dabei die Vernunft auszuschließen.[194] Doch trotz der unterschiedlichen Prämissen teilt die biblisch-historische Exegese einige Methodenschritte mit der historisch-kritischen Methode: Dazu gehören die *philologische Erschließung des biblischen Textes* (Aufbau und Kohärenz des Textes, grammatikalische und linguistische Analyse und die Erschließung des Kontextes), die sich anschließende *Übersetzung des Textes*, die Analyse des *zeit- und religionsgeschichtlichen Umfelds* sowie die *Anwendung der klassischen Einleitungsfragen*.[195] Dabei ist Sierszyn neben seinem offenbarungstheologischen bzw. christologischen Ausgangspunkt die Unterscheidung „zwischen gesicherten Tatbeständen und unbewiesenen Theorien" wichtig.[196] Anders als die historisch-kritische Exegese hält er „echte Prophetie und unberechenbare Wunder" nicht nur aus dem Standpunkt des Glaubens, sondern auch aus einer wissenschaftlichen Perspektive für möglich und lehnt daher sowohl Prophetie post factum als auch

---

192 Ebd., 133 f.

193 Ebd., 134.

194 Vgl. ebd., 136.

195 Vgl. ebd., 137; ausführlich ders., Die Bibel im Griff? Historisch-kritische Denkweise und biblische Theologie, Holzgerlingen 2001, 97–143.

196 Ders., Christologische Hermeneutik, 137.

die Unterscheidung zwischen Heilungs- und Naturwundern ab.[197] Stattdessen solle die eigene wissenschaftliche Arbeit am Text durch Einbeziehung der kirchlichen Rezeptions- und Wirkungsgeschichte ergänzt werden.[198]

6.6.6 Klaus Berger – Die Ergänzungsnotwendigkeit der historisch-kritischen Exegese durch eine biblische Spiritualität

Der Neutestamentler *Klaus Berger*[199] nennt als Problem der Theologie, dass ihr Herz, die Exegese des Neuen Testaments, krank sei.[200] Damit unterzieht er seine eigene wissenschaftliche Disziplin einer Fundamentalkritik.[201] Dabei bekennt sich Berger zu den „Methoden der Textgeschichte und der Geschichtsforschung der Religionsgeschichte, der Gattungsforschung, der Sozial- und Wirkungsgeschichte" sowie zu den „vielen Methoden der Texterschließung bis hin zur Rhetorikforschung".[202] Dabei komme es jedoch darauf an, die historisch-kritische Methode „maßvoll anzuwenden, wie alles Instrumentale in der Welt".[203] Allerdings wirft er der neutestamentlichen Exegese eine Reihe von Grenzüberschreitungen vor, die Theologie und Glaube torpedieren würden. Dazu zählt er die historische Wertlosigkeit des Johannesevangeli-

---

197 Vgl. ebd., 138.

198 Vgl. ebd., 138 f.

199 Dass Berger als emeritierter Professor für Neues Testament an der evangelisch-theologischen Fakultät der Universität Heidelberg hier unter katholischen Positionen geführt wird, mag verwundern. Sie trägt der (Rück-)Konversion Bergers von der evangelischen Kirche in Deutschland in die römisch-katholische Kirche nach seiner Emeritierung Rechnung.

200 Vgl. Klaus Berger, Das kranke Herz der Theologie. In: Ders., Widerworte. Wieviel Modernisierung verträgt Religion?, Frankfurt am Main/Leipzig 2005, 121.

201 Zu Bergers Fundamentalkritik an der historischen Kritik vgl. Berger, Die Bibel und ihre philosophischen Feinde, Heimbach/Eifel ^{2}2015; ders., Die Bibelfälscher. Wie wir um die Wahrheit betrogen werden, München 2013.

202 Ders., Das kranke Herz, 122.

203 Ders., Historische Kritik, 145.

ums, die Leugnung der Wunder (besonders der Auferstehung Jesu und der Jungfrauengeburt) oder die Ablehnung von Kirche und Sakramenten.[204] Als Ursache führt Berger eine der Bibelexegese inhärente „Hermeneutik des Verdachts“[205] an, die letztlich den Glauben zerstöre und die Theologie aushöhle. Um solchen Entwicklungen vorzubeugen, fordert Berger die Wiedergewinnung einer „biblischen Spiritualität“, die sich an den großen Bildern der Bibel orientiere, neu staunen lerne und sich die Wirkungsgeschichte der kirchlichen Rezeption vor Augen halte.[206] Daher sei die an den Universitäten betriebene „scholastische Theologie“ durch eine „monastische Theologie“ zu ergänzen, will heißen, dass die biblischen Texte nicht nur kritisch analysiert und reflektiert werden, sondern darüber hinaus in Gebet und persönliche Aneignung überführt werden sollen.[207] Zudem geht Berger von einer mystischen Faktizität aus, wonach sich bestimmte in den biblischen Texten erzählte Berichte tatsächlich ereignet haben, wie etwa die Auferstehung und die dazugehörigen Ostervisionen.[208] Berger versteht diese mystischen Fakten als „historische Ereignisse in Raum und Zeit mit Menschen, die dieses erfahren haben, auf die es Wirkungen hatte, aber es sind Erfahrungen, die selbst nicht kausal begründbar sind, sondern einen Einbruch Gottes in diese Welt darstellen, mit Konsequenzen, die man nicht als innerweltliche Ursachen erklären kann, die aber doch Folgen haben“.[209] Berger plädiert somit dafür, bestimmte in der Bibel berichtete Ereignisse als historisch authentisch anzunehmen, die sich also an konkreten Individuen ereignet und innergeschichtliche Wirkungen haben, aber nicht historisch erklärt werden können und daher mystisch sind. Damit umfasst seine Kritik drei Punkte: Erstens eine Ablehnung der Hermeneutik des Verdachts, wie sie die historische Kritik praktiziert; zweitens eine Ergänzung der wissenschaftlichen Exegese um persönliche Spiritualität als

[204] Vgl. ders., Das kranke Herz, 122.
[205] Ebd., 123.
[206] Vgl. ders., Historische Kritik, 159.
[207] Vgl. ebd.
[208] Vgl. ebd., 160.
[209] Ebd.

weiterer Zugang zu den biblischen Texten und drittens die Historizität von historisch nicht zu erklärenden Phänomenen, die jedoch für den christlichen Glauben konstitutiv sind.

6.6.7 Ulrich Körtner – Die konstitutive Bedeutung des Lesers für das Verständnis biblischer Texte

Ausgehend von dem Anliegen einer Zurückgewinnung des biblischen Kanons als „Identitätszentrum christlichen Kultus und christlichen Lebens“[210] lässt sich auch bei *Ulrich Körtner* eine Kritik an der historisch-kritischen Methode nachweisen. Indem Körtner nach der Relevanz der biblischen Texte für die heutigen Leserinnen und Leser fragt, kritisiert er eine historisch-kritische Exegese, die sich ganz auf die Ergründung der Autorenintention fokussiert. Genau dies ist für Körtner unter Berufung auf die modernen Literaturwissenschaften nicht möglich. Diese hätten gezeigt, dass

> „der buchstäbliche Sinn eines Textes keineswegs so eindeutig feststeht, wie uns die historisch-kritische Exegese glauben machen will. Nach Auffassung der herkömmlichen historisch-kritischen Bibelauslegung besteht der Sinn eines Texts in dem, was sein Verfasser seinen einstigen Lesern hat sagen wollen. Ihr Ziel ist daher die Rekonstruktion der Aussageabsicht des historischen Autors. Die historisch-kritische Exegese übersieht jedoch zumeist, daß die Frage nach der Intention des Verfassers bei vielen Texten, insbesondere bei solchen, die wie die biblischen eine poetische Qualität haben, nicht sehr weit trägt. Auch vernachlässigt sie weithin, daß sich die Verstehensbedingungen schriftlicher Texte von denjenigen der mündlichen Kommunikation grundlegend unterscheiden. Sobald nämlich die Rede vom mündlichen Wort zur Schrift übergeht, wird die gegenüber der Intention ihres Urhebers autonom.“[211]

---

[210] Rochus Leonhardt, Skeptizismus und Protestantismus. Der philosophische Ansatz Odo Marquards als Herausforderung an die evangelische Theologie, Tübingen 2003, 267.

[211] Ulrich H. J. Körtner, Der inspirierte Leser. Zentrale Aspekte biblischer Hermeneutik, Göttingen 1994, 82 f.

Es ist jene Autonomie des Textes gegenüber der Autorenintention, die Körtner unter Rückgriff auf die Rezeptionsästhetik zu seiner These führt, dass dem Leser der biblischen Texte eine konstitutive Bedeutung für das Verstehen zukommt:

„Es verhält sich also gar nicht so, daß der Autor die Bedeutung eines Textes ein für allemal festlegen könnte. Es ist der Leser, der den Sinn eines Textes im Akt des Lesens jeweils neu, und zwar vermutungsweise, festlegen muß. Der Text erhält im Akt des Lesens vermutungsweise einen Sinn, indem der Leser die Leerstellen ausfüllt, welche jeder, vor allem ein poetischer Text hat, Räume des Nicht-Gesagten und des Schon-Gesagten. Dabei stellt der Leser Sinnbezüge zu einer eigenen Lebenswelt wie auch zu anderen Texten her, die der Autor keineswegs gekannt oder im Blick gehabt haben muß."[212]

Mit dem Hinweis auf eine immer nur vermutungsweise mögliche Festlegung eines Textsinns im Leseprozess benennt Körtner treffend das rezeptionsästhetische Grundanliegen der grundsätzlichen Bedeutungsoffenheit und Mehrdeutigkeit von Texten.[213]

Durch das Bestreiten einer Rekonstruktion der Autorenintention und die Einsicht in die konstitutive Bedeutung des Lesers wird aber auch die Festlegung eines textimmanenten Literalsinns von Texten radikal infrage gestellt:

„Ist nämlich der Text gegenüber dem Autor und seiner Aussageabsicht autonom zu denken, so fallen Literalsinn und Intention des Autors [...] auseinander. Es wird damit nicht nur die neuzeitliche Gleichsetzung des Literalsinns mit dem sensus historicus hinfällig, sondern es kann von einem feststehenden Literalsinn eines Textes gar nicht mehr im herkömmlichen Sinne die Rede sein. Gewinnt der Leser eine textproduktive Funktion im Akt des Lesens, dann konstituiert sich allererst durch ihn ein möglicher Literalsinn des Textes."[214]

Die Interaktion zwischen Leser und Text funktioniert aber auch in umgekehrter Richtung.[215] Denn Körtner zufolge werden die Sinnpotenziale eines Textes im Leseprozess nicht nur von verschiede-

212 Vgl. ebd., 83.
213 Ebd., 97.
214 Ebd., 95.
215 Vgl. Leonhardt, Skeptizismus und Protestantismus, 270.

nen Rezipienten in unterschiedlicher Weise erkannt und ausgeschöpft, sondern auch umgekehrt verstehen sich die Rezipienten durch ihre Lektüre selbst neu, werden also durch den Leseprozess selbst verändert:

> „Im Akt des Lesens gerät der Leser in den Text hinein, um ihn so zu vervollständigen und zugleich selbst als Subjekt neu konstituiert zu werden. Dies gilt auch vom Glauben, der nichts anderes ist als eine auf Ein-Sicht beruhende, in bestimmter Weise qualifizierte Form der Rezeption biblischer Überlieferung. Der Glaube ist ein Verstehen biblischer Texte, durch welches der Leser nicht nur in den Text gerät, um ihn zu vervollständigen, sondern durch welches er seinerseits verwandelt wird, indem er sich neu verstehen und so neu zu leben lernt.“[216]

Die dadurch entstehende Korrelation zwischen Leser und Text hat also sowohl ein erkennendes als auch ein transformierendes Moment.

Bei allem Insistieren auf die Bedeutungsoffenheit und Mehrdeutigkeit von Texten und die sich daraus ergebende konstitutive Rolle des Lesers verkennt Körtner nicht die Grenze des rezeptionsästhetischen Ansatzes. Sie wird dann erreicht und überschritten, wenn eine Interpretation sich ihren Rahmen „nicht mehr vom Text und seiner grammatischen Struktur“ vorgeben lässt, sondern ihn „der eigenen Vorstellungswelt“ entnimmt.[217] In diesen Fällen gilt es den Text vor der Willkür des Exegeten zu schützen und auf die Autonomie des Textes gegenüber den Rezipienten zu verweisen.[218] Muss der Text also einerseits gegen die Fixierung auf eine nicht mehr zu rekonstruierende Autorenintention geschützt werden, wie es die historische Kritik in einigen ihrer Methodenschritte zu unternehmen versucht, so muss der Text andererseits gegen eine willkürliche Auslegung durch den Leser geschützt werden, worin sich die Gefahr einer falsch verstandenen Rezeptionsästhetik zeigt. Körtner selbst insistiert daher im Anschluss an Paul Ricœur und Umberto Eco auf dem Festhalten an einer *intenio operis*, also einer Intention des Werkes bzw.

---

216 Körtner, Der inspirierte Leser, 60.

217 Ebd., 84.

218 Vgl. ebd.

Textes und plausibilisiert diese Position damit, dass die Rezipienten selbst die Erfahrung machen, dass „es niemals nur eine einzig richtige Textinterpretation gibt, wir aber sehr wohl zwischen besseren und schlechteren Interpretationen unterscheiden können und sehr wohl ein Gespür für gewaltsame Auslegungen haben. Die regulative Idee einer im hermeneutischen Zirkel annäherungsweise zu erfassenden *intentio operis* setzt voraus, einen Text als geschlossenes *Werk* aufzufassen“.[219] Eingedenk dieser Präzisierung ist die Erfassung der *intenio operis* also immer nur ein Annäherungsversuch, der weniger einen genauen Zielpunkt vor Augen hat als vielmehr Grenzen der Interpretation (so freilich auch Eco) aufzuzeigen versucht. Hierin werden Potenzial und Grenze der Rezeptionsästhetik für die Auslegung biblischer Texte erkennbar.

6.7 Die bleibende Notwendigkeit der historisch-kritischen Methode

Die biblischen Texte sind historische Texte. Sie sind in der Vergangenheit verfasst worden, haben vielfach eine längere Textgeschichte durchlaufen und sind uns heutigen Rezipienten in ihrem historischen Aussagegehalt fremd. Von daher ist es die Aufgabe des Bibelexegeten – analog zur Aufgabe des wissenschaftlichen Auslegers profaner historischer Texte –, den jeweiligen biblischen Text auf seine historische Aussage, Genese und Echtheit methodisch kontrolliert zu untersuchen. In den vergangenen 200 Jahren hat sich dabei ein immer umfassenderes und präziseres methodisches Instrumentarium herausgebildet, um diesem – den Texten inhärenten – historischen Anspruch gerecht zu werden.[220]

---

[219] Ders., Dichtung und Wahrheit, Wahrheitsbegriff und Wirklichkeitssinn christlicher Theologie. In: Ders., Poetologische Theologie. Zur ästhetischen Theorie christlicher Sprach- und Lebensformen, Ludwigsfelde 1999, 274–298, hier 288 f.

[220] Treffend Lauster, Prinzip und Methode, 461: „Das Verfahren, das sich […] nach der Aufklärung im Kontext der Neuzeit herausgebildet hat, ist die historisch-kritische Methode. Dazu zählen gleichermaßen diachrone und syn-

Dass dieses methodische Instrumentarium auch in jüngster Zeit um weitere Methodenschritte ergänzt worden ist und immer wieder kritisch zu reflektieren und daher zu einem gewissen Maß vorläufig ist, bedeutet keineswegs, dass es verzichtbar wäre. Ganz im Gegenteil ist die historische Untersuchung historischer Texte bleibend notwendig und sinnvoll, wenn Gehalt, Sinn und Intention der Texte beschrieben werden sollen. Dass dabei die exegetischen Ergebnisse selbstkritisch hinterfragt und forschungsgeschichtlich aufgearbeitet werden müssen und dass diese Eigenanalyse auch immer wieder Revision und Korrektur verlangt, versteht sich aus der methodischen Prämisse der Kritik von selbst.

Die bleibende Notwendigkeit der historischen Kritik bedeutet andererseits nicht, dass ihre Methodik nicht durch andere methodische Ansätze ergänzt werden kann. Dies ergibt sich schon allein daraus, dass die historisch-kritische Methode sich selbst als eine begrenzte versteht, eben weil sie aus ihren Prämissen heraus den Bibeltext nicht in die Gegenwart des Rezipienten zu holen vermag. Insofern sind die Bibelwissenschaften dazu übergegangen, neben einer historisch-kritischen Untersuchung die biblischen Texte einer kanonisch-intertextuellen Analyse zu unterziehen, ihre Wirkungsgeschichte als eigenständigen Methodenschritt zur Geltung zu bringen inklusive der damit verbundenen Akzentuierung der rezeptionsästhetischen bzw. leseorientierten Wahrnehmung der Texte. Schließlich ist es der historisch-kritischen Methode gelungen, synchrone Arbeitsschritte wie die narrative Analyse von Erzähltexten bzw. umfassender gesprochen literaturwissenschaftliche und darüber hinaus vor allem linguistische Analyseschritte in das eigene Methodenrepertoire zu integrieren und damit die

---

chrone Methodenschritte der Texterschließung. Sie stellen eine neuzeitspezifische Art des Textzugangs dar, die methodisch und d.h. in ausweisbaren, kontrollierbaren und kommunizierbaren Arbeitsschritten an die Texte herangehen und damit den Standards eines geisteswissenschaftlichen Wissenschaftsverständnisses Genüge leisten." Dass die historisch-kritische Methode der Wissenschaft und dem neuzeitlich-modernen Weltbild entspricht, bedeutet für Lauster im Umkehrschluss zu Recht, dass eine Ablehnung oder mangelnde theologische Integration der historischen Kritik eine Ablehnung der Moderne impliziert (vgl. ebd.).

philologischen Arbeitsschritte neben den historischen auf Augenhöhe zu bringen.

Ausgehend von diesem exegetischen Methodenpluralismus mit der historischen Kritik als Hauptmethode vermögen die meisten der von den Kritikern der historisch-kritischen Methode vorgetragenen Punkte nicht zu überzeugen: Weder lässt sich die von Maier postulierte Analogielosigkeit biblischer Ereignisse methodisch adäquat abbilden[221] noch darf eine Hermeneutik des Vertrauens (wie sie u. a. Berger, Maier, Sierszyn und Hempelmann fordern) dazu führen, die biblischen Texte nicht mehr kritisch auf ihre historische Echtheit (Stichwort: Pseudepigraphie), ihren theologischen Standpunkt (Stichwort: Ideologiekritik) oder ihre literarischen Spannungen (Stichwort: synoptischer Vergleich) zu befragen. Von daher hat die Haltung des forschenden Exegeten immer eine distanzierte, prüfende und somit kritische zu sein (mit Ricœur gesprochen: Hermeneutik des Verdachts), wohingegen die Haltung des Glaubenden idealtypisch als eine vertrauende und nahbare bestimmt werden kann (mit Ricœur gesprochen: Hermeneutik des Vertrauens). Dass der glaubende Exeget dabei sowohl die Haltung der Distanz als auch die Haltung des Glaubens einnehmen kann, muss nicht zu einer inneren Zerrissenheit führen, sondern ist an die Rolle gebunden, die er dem Text gegenüber

---

[221] Darüber hinaus ist auch grundsätzlich festzuhalten, dass es weder Maier noch Sierszyn gelingt, eine methodisch überzeugende Alternative zu entwickeln: Vielmehr hat man den Eindruck, dass lediglich die Prämissen hinsichtlich des Bibelverständnisses (verstanden als Offenbarungsschrift und inspiriertes oder sogar irrtumsfreies Gotteswort) abgewandelt werden, dann aber die Bibel doch als Text verstanden und daher philologischen und historischen Arbeitsschritten unterworfen wird. Grundsätzlich ablehnend stehen alle drei genannten Vertreter der Literarkritik und Redaktionsgeschichte gegenüber, die sich als Herzstück historisch-kritischer Exegese entwickelt haben. Der Grund für eine solche Ablehnung ist wohl darin zu suchen, dass gerade in diesen beiden Methodenschritten die unmittelbare Inspiration eines von Gott erwählten Individuums durch die Vorstellung einer länger währenden Überarbeitung ersetzt wird, die eher menschlich-produktiv denn göttlich-diktiert wirkt. Die Frage, ob die biblischen Texte Autoren- oder Traditionsliteratur sind, scheint neben den divergierenden Prämissen die umstrittene Kernfrage in der Anerkenntnis der historischen Kritik zu sein.

einnimmt. Verbunden sind beide Haltungen in der Person des Exegeten dadurch, dass die Erforschung des historischen Textsinns auch den Glauben vor Fehlinterpretationen oder ideologischer Verengung bewahren und ggf. korrigieren kann. Gerade weil der christliche Glaube ein auf die Geschichte bezogener ist, kann ihm die historische Entstehung und Entwicklung der Texte, ihr historischer Gehalt und die Verknüpfung mit der Geschichte nicht gleichgültig sein. Dennoch sind Texte – und daher auch die biblischen Texte – bedeutungsoffen, weshalb mit ihnen auch heute noch spirituelle Erfahrungen gemacht werden und sie auf die Gegenwart übertragen werden können.

Die wissenschaftliche Reflexion der gegenwärtigen Bedeutung der Texte übersteigt dabei den Erkenntnisanspruch der historisch-kritisch ausgerichteten Bibelwissenschaften und gehört vielmehr in die Dogmatik als Teilgebiet der Systematischen Theologie und in die Homiletik/Predigtlehre als Teilgebiet der Praktischen Theologie. Bei der spirituellen Erfahrung und Bedeutungsoffenheit der Texte setzt jedoch auch die Kritik von Ratzinger und Stuhlmacher an, die eine methodische Vielfalt einfordern und den Text nicht ausschließlich als wissenschaftlichen Untersuchungsgegenstand, sondern auch als Glaubenstext zurückgewinnen möchten. Dass sie dafür vielfach über die Wissenschaft hinausgehen (Stichworte: Glaubensentscheid, monastische Theologie), ist ihnen bewusst und kann daher auch von wissenschaftlicher Seite akzeptiert werden. Damit ist und bleibt die historische Kritik die exegetische Leitmethode der modernen Bibelwissenschaften, wenngleich sie auch alternative wissenschaftliche Methoden wie die Rezeptionsästhetik und die kanonisch-intertextuelle Methode neben sich gelten lässt und dem Glauben als eigenständigem nichtwissenschaftlichem Zugang sein Eigenrecht zuerkennt.

6.8 Impulse und Anfragen der historisch-kritischen Bibelexegese für und an die gegenwärtige Koranexegese

Während die Bibel von Christen als ein von Gott inspiriertes Buch wahrgenommen wird, das jedoch nicht die Offenbarung Gottes darstellt, sondern das Zeugnis der Offenbarung, gilt der Koran für Muslime als die Selbstoffenbarung Gottes. Gott vergegenwärtigt sich im Koran. Und dies stellt einen grundsätzlichen Unterschied zwischen beiden Büchern dar, der jedoch sowohl in den theologischen Reflexionen als auch in den öffentlichen Debatten rund um die Frage nach einem zeitgemäßen Umgang mit dem Koran nur selten Berücksichtigung findet. An dieser Stelle muss unterstrichen werden, dass die islamische Theologie und mit ihr die Koranexegese zum Teil vor anderen Herausforderungen als die christlichen Theologien und die Bibelwissenschaften stehen. Diese Unterschiede ergeben sich vor allem aus der Emanzipation der Bibelwissenschaften von der Dogmatik. Sie ermöglichen es, dass der Exeget einerseits bekenntnisgebunden ist, seine Forschungsergebnisse aber zugleich ergebnisoffen und nicht durch die Inhalte seines Bekenntnisses vorgegeben sind. Eine solche Vorgehensweise ist für eine bekenntnisgebundene Koranexegese mit Vorsicht anzunehmen, weil im Koran die Selbstgegenwart Gottes angenommen wird, wie auch auf christlicher Seite in Jesus Christus die Selbstoffenbarung Gottes. Für eine moderne Koranexegese zeichnet sich möglicherweise die Gefahr ab, dass die Bekenntnisinhalte vor allem hermeneutische Prämissen haben, die eine kritische Reflexion dieser Grundannahmen verhindern könnten. Daher ist es umso wichtiger, zu betonen, dass Koranexegese ergebnisoffen, wenn auch unter der Voraussetzung eben dieser hermeneutischen Prämissen betrieben wird. Diese Differenzierung zeigt die Notwendigkeit unseres Anliegens, einen theologischen Korankommentar herauszubringen. Die Herausforderung an die Koranexegese ist es daher, sowohl bekenntnisgebunden als auch wissenschaftlich fundiert zu arbeiten. Die Rezeption von Teilen der historisch-kritischen Forschung ermöglicht eine zeitgemäße, nämlich historische Auslegung des Korans (der Koran wird als historisches Dokument gewürdigt), die rezeptionsgeschichtliche Auslegung des Korans die Bekenntnisgebundenheit der Koranexegese (Würdigung der *tafsīr*-Literatur) und die theologisch-hermeneutische Auslegung ermöglicht den Gegenwartsbezug (Paradigma der liebenden Barmherzigkeit als hermeneutischer Schlüssel zu einem aktuellen Verständnis des Korans).

Die Koranexegese kann aus den Erfolgen und Sackgassen der historisch-kritischen Methode lernen. Sie kann erfolgreich jene synchronen und diachronen Methodenschritte rezipieren, die sich aus der textimmanenten Analyse und aus der Analyse der Umwelt des Korans ergeben. Kritisch müssen die wissenschaftstheoretischen Voraussetzungen der historisch-kritischen Methode reflektiert werden, wobei vor allem der methodische Atheismus mit seiner Fokussierung auf die immanente Erscheinungswelt zu hinterfragen ist, da der Koran aus bekenntnisgebundener Perspektive nicht konsequent als historisches Dokument gelesen werden kann, sondern immer auch als göttliches Offenbarungswort begriffen werden muss. Daher ist eine bekenntnisgebundene Koranexegese darum bemüht, rezeptionsästhetisch die bleibende Bedeutung und neue Aktualität des Korans herauszuarbeiten (Applikationsfunktion).

Historisch-kritische Exegese ist auch von ihren Konsequenzen her zu bedenken: Positiv bewirkt sie einen reflektierten Glauben, der um seine historischen Ursprünge weiß und sich selbst historisch zu verorten vermag. Ein solcher Glaube wird dialogfähiger, da er die Verwurzelung des Islams und des Korans in der jüdisch-christlichen und der biblischen Tradition erkennt. Skeptiker könnten allerdings einwenden, dass eine historisch-kritische Exegese eventuell die Relativierung und möglicherweise sogar Infragestellung von gewissen Aussagen bewirken könnte, die bislang als für den Glauben relevant eingestuft wurden (z. B. die Frage, ob die koranischen Beschreibungen von Paradies und Hölle wörtlich oder metaphorisch gelesen werden müssen). Genau dies fürchten ja auch konservative christliche wie islamische (und auch jüdische) Strömungen, welche die heiligen Schriften gegen jede Form von Sachkritik und historischer Relativierung verteidigen wollen. Allerdings muss Relativierung nicht automatisch Desavouierung bedeuten, denn gerade eine theologische Koranhermeneutik erkennt in der Auslegung des Korans als historisches Dokument eine bleibende und für den Glauben der Muslime heute zentrale Bedeutung, weil gläubige Muslime die historischen Wurzeln ihrer gegenwärtigen spirituellen Erfahrungsräume erkennen. Spirituelle Erfahrung und historische Wahrnehmung können sich ergänzen. Dadurch kann der Glaube in der Tradition verankert und in eine Interaktion mit einer historischen Lesart gebracht werden. Ziel ist es, eine Hermeneutik des Vertrauens (die Perspektive des Glaubens) und eine Hermeneutik des Verdachts (die Perspektive der Wissenschaft) miteinander ins Gespräch zu bringen und sie als gegenseitige Ergänzung zu verstehen. Zu klären wird sein, inwiefern einer kritischen Distanz gegenüber dem Koran und einer damit einhergehenden Hermeneutik des Verdachts eine glaubensförderliche Dimension zukommen kann. Auch wenn die gegenwärtige Koranexegese hier noch am Anfang steht, lassen sich einige positive Tendenzen der historischen Auseinandersetzung mit dem Koran bereits jetzt ausmachen: Durch eine historische Lesart des Korans können falsche Koranbilder destruiert werden (Stichwort: Ideologiekritik), und der Glaube gewinnt an Reflexionsvermögen. Muslime werden dadurch befähigt, in ihrem Glauben durch Wissen und Verstehen von Koran und Tradition mündig zu werden (Stichwort: Empowerment/Befähigung).

Schließlich gilt es angesichts des aktuellen Wissenschaftsdiskurses zu klären, was unter historisch-kritisch in Bezug auf die Koranexegese jeweils gemeint ist. Während zum Beispiel Felix Körner eine bekenntnisgebundene historisch-kritische Lesart des Korans kritisch diskutiert[222], wird sie von Angelika Neuwirth und Karl-Friedrich Pohlmann jeweils in unterschiedlicher Form praktiziert. Hier kommt es zu einer eigentümlichen Parallelität zwischen Muslimen, die danach fragen, ob und inwiefern sie historisch-kritisch arbeiten, und Nichtmuslimen, die dies bereits

222 Felix Körner, Kritik der historischen Kritik. Eine neue Debatte in der islamischen Theologie. In: Urs Altermatt/Mariano Delgado/Guido Vergauwen (Hg.), Der Islam in Europa. Zwischen Weltpolitik und Alltag, Stuttgart 2006, 127–142.; ders., Historisch-kritische Koranexegese? Hermeneutische Neuansätze in der Türkei. In: Görge K. Hasselhoff/Michael Meyer-Blanck (Hg.), Krieg der Zeichen? Zur Interaktion von Religion, Politik und Kultur (Studien des Bonner Zentrums für Religion und Gesellschaft, Band 1), Würzburg 2006, 57–74.

tun. Auffällig ist zugleich, dass Neuwirth[223] und Pohlmann[224] zu ganz unterschiedlichen Ergebnissen kommen, weil sie mit unterschiedlichen Prämissen arbeiten. Während Neuwirth von einer Offenbarung an den Propheten und einer raschen Verschriftlichung ausgeht, ist Pohlmann hier deutlich skeptischer und geht von unsicheren Überlieferungsketten und späten Verschriftlichungen aus, die mit dem Propheten wenig zu tun haben.

6.8.1 Anwendung der Ergebnisse der historisch-kritischen Methode auf den Koran[225]

Die Orientalistik hat, wie bereits dargelegt, schon Ende des 19. Jahrhunderts damit begonnen, den Koran historisch-kritisch zu lesen, sich dann aber ab Mitte des 20. Jahrhunderts primär auf den Propheten Muḥammad als Autor des Korans fokussiert und so den Koran als statisches Dokument wahrgenommen.[226] Von dieser Vorstellung weicht im Besonderen der Ansatz von Angelika Neuwirth ab, welche an die früheren Ergebnisse der jüdischen Wissenschaften anknüpft und diese weiterentwickelt. Ihr Ansatz ist vor allem aus zwei Gründen von Interesse: Zum einen kann man die Überlegungen der Kairiner Schule in Verbindung mit der historisch-kritischen Methode bringen, denn sie ebnen den Weg für eine literaturwissenschaftliche und historische Betrachtung des Korans, sodass eine bekenntnisgebundene Korankommentierung größtenteils problemlos an die Überlegungen Neuwirths anschließen kann. Zum anderen bleibt es bei Neuwirth nicht bei bloßen theoretischen Vorüberlegungen oder einer teilweise erfolgten Umsetzung, sondern sie hat die historisch-kritische Methode bereits vollständig für den Koran entwickelt und daher hervorragende Voraussetzungen für einen historisch-theologischen Korankommentar geschaffen. Ihr Fokus liegt im We-

223 Vgl. Neuwirth, Der Koran als Text der Spätantike.

224 Karl-Friedrich Pohlmann, Die Entstehung des Korans. Neue Erkenntnisse aus Sicht der historisch-kritischen Bibelwissenschaft, Darmstadt 2012.

225 Dieser Abschnitt stammt von Dr. Dina El Omari.

226 Vgl. Neuwirth, Der Koran als Text der Spätantike, 80 ff.

sentlichen auf der koranischen Gemeinde und deren Auseinandersetzung „mit den plurikulturellen Traditionen der Zeit“[227]. Neuwirth konstatiert:

> „[N]icht ein ‚Autor‘ ist hinter dem Koran anzunehmen, sondern – von den allerersten Suren abgesehen, die ein individuelles Zwiegespräch zwischen Gott und Mensch spiegeln – eine sich über die gesamte Wirkungszeit des Verkünders hinziehende gemeindliche Diskussion. Die im Koran erfüllte Erwartung wird ja durch deren Vorwissen bestimmt, die erfolgreiche Kommunikation setzt also ein gemeinsames, vorher in Diskussionen verhandeltes Wissen voraus.“[228]

Und genau diese Einschätzung Neuwirths deckt sich mit dem in diesem Buch vertretenen Ansatz, wonach Muḥammad und seine Gemeinde (die Erstadressaten) samt ihrer linguistischen wie kulturellen Sprache, ihren Narrativen und geistigen Bildern, aber auch Vorstellungen, Erwartungen, Hoffnungen, Ängsten usw. konstitutiv für die koranische Kommunikation waren. Gerade hier treffen sich die beiden Zugänge zum Koran: der konfessionelle, der im Koran die Selbstgegenwart Gottes sieht, die in einer kommunikativ dialogischen Rede ihre historische Gestalt angenommen hat, und der historisch-kritische Zugang, der im Koran ein Zeugnis einer historischen Entwicklung identifiziert, deren Akteure alleine die Menschen sind.

Für eine historisch-theologische Koranexegese, die für unseren geplanten Korankommentar beabsichtigt ist und entsprechend ihrem Namen sowohl historisch als auch theologisch ausgerichtet ist, sind die einzelnen Methodenschritte der historisch-kritischen Methode ebenfalls relevant, wenngleich sie im Einzelnen auf den Koran adaptiert werden müssen. Wie dies konkret geschehen kann, soll im Folgenden genauer eruiert werden.

Textkritik

Die Textkritik im Sinne der Suche nach einem möglichen Urtext des Korans wird besonders im europäischen Kontext vornehmlich von dem bereits vorgestellten Projekt *Corpus Coranicum* vor-

---

227 Ebd., 44.

228 Ebd.

genommen. Durch die Übernahme des Koranarchivs von Bergsträsser liegen dem Projekt etwa 12 000 Manuskriptseiten des Korans vor, die systematisch ausgewertet sowie in Bild und Text zugänglich gemacht werden. Dabei werden ebenfalls auf der Grundlage der Manuskripte die verschiedenen Lesarten (arab. *qira'āt*) des Korans dargestellt. Diese Lesarten beinhalten überwiegend minimale Abweichungen in der Aussprache bzw. konsonantischen Darstellung des Textes, können aber auch in Einzelfällen ganze Wörter betreffen. Sie stellen innerhalb der Koranwissenschaften eine lange Tradition dar, da schon sehr früh, noch vor der Sammlung des Korans zu einem Buch, unterschiedliche Lesevarianten des Korans existiert haben, die über Generationen mündlich tradiert wurden. Die schriftliche Fixierung des Korans hat dieses Phänomen erst einmal nicht beeinträchtigt oder eingedämmt, denn der Text zirkulierte überwiegend bis ins 10. Jahrhundert hinein in Form der sogenannten *scriptio defectiva*, also ohne Vokalisation und diakritische Zeichen, sodass der Text sehr viel Spielraum für die Etablierung einer Vielzahl unterschiedlicher Lesarten zuließ. Eine Eingrenzung dieser Lesarten erfolgte erst mit der Etablierung der *scriptio plena* im 10. Jahrhundert, d. h. es wurden nun diakritische Zeichen im kanonisierten ʿuṯmānischen Manuskript[229] vermerkt und auf dessen Grundlage sieben kanonische Lesarten fixiert, die später noch einmal um weitere drei erweitert wurden. Durchgesetzt haben sich heute allerdings überwiegend zwei dieser Lesarten: *ḥafṣ* (95 Prozent der islamischen Welt) und *warš* (drei Prozent der islamischen Welt).

Hinzu kam, dass neben dem kanonisierten ʿuṯmānischen Manuskript eine Vielzahl weiterer Manuskripte vorhanden war, die zum Teil hinsichtlich einzelner Wörter, aber auch der Anordnung der Suren Abweichungen gegenüber diesem kanonischen Manuskript aufwiesen. Eines der bekanntesten Manuskripte ist das von Ibn Masʿūd (gest. 650), dessen Abweichungen wie auch die in weiteren Manuskripten schon in der ersten Hälfte des 20. Jahr-

229 Es handelt sich dabei um das Manuskript, das unter dem dritten Kalifen ʿUṯmān vervielfältigt wurde und bis heute die Grundlage für den Kairiner Buchdruck darstellt.

hunderts ausführlich von Arthur Jeffery analysiert wurden.[230] Ein Beispiel dafür ist der Begriff *burūǧ* (dtsch. Schlösser) aus Q 25:61, den Ibn Masʿūd in seinem Manuskript mit *quṣūr* (dtsch. ebenfalls Schlösser) ersetzt hat.[231]

Diese Form der Manuskriptforschung, gerade auch im Sinne der Textkritik, wurde in der islamischen Tradition bisher stark vernachlässigt, lediglich das Aufzeigen der einzelnen Lesevarianten stand in der Koranforschung als eigene Disziplin im Fokus, wobei dies außerhalb der Frage nach einem historisch-kritischen Zugang zum Koran erfolgt und oftmals eine Einheit in der Vielheit der Varianten zu erkennen ist. Eine Ausnahme bildet hier das jüngst erschienene fünfbändige Werk von ʿAbd al-Maǧīd aš-Šarfī, *Al-muṣḥaf wa-qirāʾātuhu*[232], in dem er zu jedem einzelnen Vers die möglichen Lesevarianten, kanonische sowie außerkanonische, und Varianten aus den außerkanonischen Manuskripten anführt. So kommt er zu dem Ergebnis, dass fast zu allen Versen der 114 Suren Varianten existieren. Diese Ergebnisse listet er in synchroner Reihenfolge, von Sure 1 bis Sure 114, Vers für Vers, auf, wobei er zunächst den entsprechenden Vers in der Kalligraphie des koranischen Textkorpus wiedergibt. Anschließend folgt in roter Farbe die Übertragung in ein modernes arabisches Schriftbild, so wie man es heute verwendet, dann führt aš-Šarfī im dritten, hellgrau unterlegten Teil die Varianten mit Autor und Quelle an.

Nun stellt diese Manuskriptforschung einen wichtigen Baustein in der historisch-kritischen Methode dar, soll aber innerhalb des entstehenden Korankommentars nicht eigenständig betrieben werden, vielmehr wird im gegebenen Fall zu untersuchen sein, inwiefern einzelne Varianten sich auf den Sinn des Textes auswirken. Dabei kann durchaus auf der Grundlage des ʿuṯmānischen Kodex gearbeitet werden, denn dieser deckt sich trotz der Leseva-

230 Vgl. Jeffery: Materials For The History Of The Text Of The Quran The Old Codices, Leiden 1936.

231 Vgl. Welch, A. T., Paret, R. and Pearson, J. D., „al-Ḳurʾān". In: Encyclopaedia of Islam, Second Edition, Edited by: P. Bearman, Th. Bianquis, C. E. Bosworth, E. van Donzel, W. P. Heinrichs. Consulted online on 29 July 2018 ⟨http://dx.doi.org/10.1163/1573-3912_islam_COM_0543⟩

232 ʿAbd al-Maǧīd aš-Šarfī: Al-muṣḥaf wa-qirāʾātuhu, Beirut 2016.

rianten in seiner konsonantischen Struktur sowie bezüglich der einzelnen Surenstrukturen mit frühesten Koranmanuskripten. Daher geht auch Angelika Neuwirth in ihrer Forschung von der Surenstruktur aus, die in diesem ʿuṯmānischen Kodex festgelegt worden ist, und zwar mit eben dieser Begründung, dass sich diese bereits in den frühesten Koranmanuskripten belegen lässt und Unterschiede nur in Form von leichten Veränderungen der Lesart des Textes nachzuweisen sind.[233]

Nichtsdestotrotz ist eine Textforschung ein Desiderat in der Koranforschung. Die Arbeiten des Projekts *Corpus Coranicum* sowie des Islamwissenschaftlers aš-Šarfī versprechen hier eine auch für die islamische Theologie wichtige und womöglich neue Perspektive auf den Koran zu eröffnen.

Übersetzung

Der Koran wurde in arabischer Sprache verkündet und wird bis heute in dieser Sprache gelesen und rezitiert. Koranforscher, auch nichtarabische Koranforscher, müssen fundierte arabische Kenntnisse besitzen, um sich mit dem Koran auseinanderzusetzen. Daher besitzt die Übersetzung aus dem Arabischen in verschiedenen Sprachen vornehmlich die Rolle, den Koran für nichtarabisch sprechende Rezipienten zugänglich zu machen.

Aus diesem Grund lässt sich die Frage nach dem Stellenwert der Übersetzung, wie sie auch in der historisch-kritischen Bibelexegese verstanden wird (s. o.), wohl am ehesten mit den bereits angesprochenen Lesevarianten beschreiben. Ganz konkret könnte man die Frage danach stellen, welche Leseart der jeweiligen Exegese zugrunde liegt. Zwar hat sich vor allem durch den Kairiner Druck aus dem Jahr 1924 weltweit die Lesung von *ḥafs ʿan ʿāṣim* durchgesetzt, andere Lesarten existieren nur noch marginal. Allerdings ist es seit jeher in der exegetischen Tradition üblich, sich mit den unterschiedlichen Lesarten auseinanderzusetzen oder diese wenigstens zu benennen, auch wenn diese Varianten, wie bereits erwähnt, oftmals keine großen Konsequenzen für die Koranauslegung haben. Ein weit verbreitetes Beispiel für die Un-

---

233 Vgl. Neuwirth, Der Koran als Text der Spätantike, 44.

terschiede in der Lesung, findet sich z. B. in der ersten Sure Vers 4, dort wird nach *ḥafs ʿan ʿāṣim* der Begriff *malik* mit einer Längung auf dem ersten „a" gelesen: „māliki yawm ad-dīn" (dtsch. der Besitzer des Tag des Gerichts) gelesen, während es in der Lesart von *warš ʿan nafiʿī* ohne diese Längung heißt: „maliki yawm ad-dīn" (dtsch. König am Tag des Gerichts). Dieser Varianten muss man sich, auch wenn sie keine großen Auswirkungen auf das Textverständnis haben, durchaus bewusst sein.

Textanalyse

Die Analyse des Korans bezüglich der Syntax, Semantik, des Kontextes und teils auch der Pragmatik ist bereits seit den frühen Anfängen Bestandteil der Koranexegese, zum Teil aber auch der Analysen zum Unnachahmlichkeits-Dogma des Korans *(iʿǧāz)*, sodass dieser Methodenschritt der historisch-kritischen Methode auch für einen konfessionsgebundenen historisch-theologischen Korankommentar adaptiert werden kann.

Gerade die frühen Korankommentierungen konzentrieren sich in ihrer Auslegung auf die linguistische Ebene, wobei bevorzugt die Syntax und die Semantik in den Fokus gerückt werden. Dabei werden vorrangig der Aufbau der Verse sowie die Bedeutung einzelner Wörter, auch über den Vers hinaus, im Gesamtkontext des Korans analysiert. Die traditionelle Exegese bewegte sich allerdings auf einer atomistischen Ebene, da die kontextuellen Bezüge nur hinsichtlich der Bedeutung einzelner Wörter hergestellt wurden. Hier wird die geplante Kommentierung deutlich weiter gehen, indem sie ganze thematische Konzepte intratextuell betrachtet und nicht nur auf der reinen Wortebene agiert. Die ästhetische Konzeption des Textes, sein sprachliches Niveau sowie die Rhetorik und ihre Wirkung werden wiederum im besonderen Maß in den Werken zur Unnachahmlichkeit des Korans besprochen. Allerdings, so kritisiert Neuwirth, wurde der poetische Stil des Textes von der traditionellen Exegese stark vernachlässigt und somit auch keine literarische Analyse betrieben.[234] Dies gilt es nach-

[234] Vgl. Neuwirth, Koran als Text der Spätantike, 72.

zuholen, gerade im Zusammenhang mit der Refunktionalisierung spätantiker Erzähltraditionen im Koran, denn es ist nicht nur das Aufgreifen dieser Traditionen, sondern vor allem auch ihre stilistische Einbettung in den Koran, welche den Charakter des Korans ausmachen und daher mit den entsprechenden Mitteln analysiert werden sollten. Die Ergebnisse der traditionellen Auslegungen können für eine zeitgenössische Kommentierung durchaus zum Teil fruchtbar gemacht werden, allerdings sollen ebenso gegenwärtige linguistische Analyseverfahren rezipiert werden, um die synchrone Erforschung des koranischen Textes noch intensiver vorantreiben zu können.

Literarkritik

Um die literarische Entwicklungsgeschichte des Korans im Sinne einer Literarkritik nachzeichnen zu können, reicht es nicht aus, lediglich zwischen mekkanischen und medinensischen Versen und Suren zu unterscheiden, so wie es die traditionelle Exegese unternommen hat. Vielmehr muss eine zeitgenössische Koranexegese die Entwicklungen in den unterschiedlichen Kontexten diachron nachzeichnen, und zwar sowohl bezüglich der stilistischen Veränderungen der Suren als auch hinsichtlich möglicher Nachredaktionen im Sinne von Einschüben medinensischer Verse in mekkanische Suren und umgekehrt sowie generell später offenbarten Versen in früher offenbarte Suren. Die Textgenese sowie ihre Entwicklungen im Verlauf der 23-jährigen Offenbarungszeit spielen für eine zeitgenössische Auslegung des Textes eine wichtige Rolle, denn sie zeigen auch die Entwicklung der jungen islamischen Gemeinde in verschiedenen Lebenskontexten und die Dynamik der koranischen Botschaft. Ganz konkret lässt sich eine mögliche Umsetzung der Literarkritik anhand der Ausführungen Neuwirths aufzeigen, welche die Suren auf strukturelle Einheitlichkeit bzw. relevante Brüche hin untersucht und ebenso die Reimstruktur beschreibt, die sie hinsichtlich ihrer Funktionalität befragt. Sie verweist darauf, dass Reime in Gedichten in der Regel einheitlich sind, hingegen der Koran diesbezüglich variiert und dies oftmals im Zusammenhang mit „semantisch abgrenzbaren

Sinneinheiten“[235], welche jeweils ein eigenes Reimschema aufweisen. „Damit wählt sie [die Sure] eine Darstellungsstrategie, die geeignet ist, dem Hörer den innerhalb der Texte häufigen Wechsel von Gedankengängen auch akustisch erkennbar zu machen.“[236] Außerdem bespricht Neuwirth im Zusammenhang mit der Literarkritik der einzelnen Suren die divergierenden Versabteilungen. Als konkretes Beispiel soll die Literarkritik zu Sure 78 dienen, die einen späteren Einschub enthält und sehr schön die Dynamik der Offenbarung aufzeigt:

> „Vom Endgesätz (V. 37–40) abgesehen ist die Sure einheitlich […] Von den drei Teilen ist nur Teil I (V. 1–5) durch eigenen Reim […] hervorgehoben, während Teil II (V. 6–16) und III (V. 17–40) dasselbe Schema […] variieren. Der Zusatz (V. 37–40) weist Ähnlichkeit zu dem in seiner Sure gleichfalls nachträglich erweiterten (oder später hinzugefügten) Vers Q 97:4 auf, wo ebenfalls eine Mehrzahl von Engeln zusammen mit dem *rūḥ* (‚Geist‘) in Erscheinung treten. Beide Zusätze gehören in eine Zeit, in der der Botenengel bereits mit *rūḥ* identifiziert ist; dies geschieht explizit erstmals in Sure 19 *(Sūrat Maryam)*, die in die *Raḥmān*-Phase gehört; in dieselbe Zeit gehört auch der Zusatz (V. 37–40), der ebenfalls diesen Gottesnamen einsetzt, während der ältere Teil der Sure Gott in Wir-Prädikationen sprechen läßt und folglich ohne einen Gottesnamen auskommt. Die Reimschemata wechseln nur einmal: Das einleitende Frage-Antwort-Gesetz (V. 1–5) [und dann] […] die gesamte weitere Sure […].“[237]

Zu berücksichtigen ist im Rahmen der Literarkritik zudem die oben angeführte Unterscheidung zwischen *Qur'ān* und *muṣḥaf*, die sich ebenfalls bei Neuwirth und Abu Zaid findet. In dieser kommunikativen Differenzierung liegt ein wichtiger Unterschied zur Literarkritik der historisch-kritischen Methode in der Bibelexegese, die z. B. Wiederholungen im Text als einen möglichen Indikator für mehrere Verfasser sieht. Wiederholungen lassen sich im Koran vor allem dadurch erklären, dass es sich um eine Kommunikation handelt, die zu unterschiedlichen Zeiten mit unterschiedlichen Rezipienten stattgefunden hat, weshalb es zu Dopplungen mit Varianten kommt. Ein Beispiel sind die Narrative über

---

235 Neuwirth, Der Koran: Frühmekkanische Suren, 36.

236 Ebd.

237 Ebd., 455.

das erste Menschenpaar, welche sich im Koran an fünf verschiedenen Stellen in unterschiedlichen Versionen finden lassen (Q 15:26 ff., Q 20:115 ff., Q 38:71 ff., Q 7:11 ff., Q 2:30 ff.), wobei einige Erzählelemente wiederholt, andere neu hinzugefügt werden. So ist es in Q 20:115 ff. Adam alleine, der sündigt, indem er von der Frucht kostet, während in Q 7:11 ff. das Menschenpaar gemeinsam sündigt. Eine konfessionelle Koranexegese geht nun nicht von mehreren Autoren, sondern von einem Verkünder aus, der sich in unterschiedlichen Kommunikationen mit seinen Zeitgenossen befindet, die ihrerseits samt ihren jeweiligen Narrativen und Vorstellungen konstitutiv an dieser Kommunikation beteiligt sind, und entsprechend der jeweiligen historischen Umstände und Situationen seine Botschaft verkündet.

Überlieferungsgeschichte

Die Frage nach möglichen mündlichen Überlieferungen, welche dem verschriftlichten Koran vorangegangen sein könnten, stellt sich in einer zeitgenössischen Koranexegese nur sehr bedingt, da die mündliche Tradition stets parallel zum verschriftlichten Text Fortbestand hatte und durch viele verschiedene Traditionen auf der Grundlage von Überlieferungsketten nachzuzeichnen ist. Außerdem lassen sich die ältesten Handschriften schon ca. 30 Jahre nach dem Tod des Propheten datieren. Der Text ist dabei erstaunlich stabil geblieben. Allerdings haben sich, wie bereits erwähnt, verschiedene Lesarten des Textes etabliert, deren Abweichungen sich in der Lesung einzelner Wörter zeigen, die aber auf der Bedeutungsebene kaum einen Einfluss haben. Dennoch werden besonders die sogenannten kanonischen sieben Lesarten (s. o.) in vielen traditionellen Korankommentaren erwähnt sowie ihre mögliche Implikation für den Bedeutungskontext des jeweiligen Verses.[238]

Redaktionskritik

Eine zeitgenössische Korankommentierung kann an die Redaktionskritik im Sinne einer Rekonstruktion von historischen und theologischen Gründen für „die Textsammlung und -verknüpfung

[238] Vgl. dazu ʿAbd al-Maǧīd aš-Šarfī: Al-muṣḥaf wa-qirāʾātuhu, Beirut 2016.

(Kompilation), die Textergänzung und -umgestaltung (Redaktion im engeren Sinne) oder die Textstrukturierung (Komposition)" durchaus anschließen und die einzelnen Suren mit ihren Einschüben in „ihren historischen und theologiegeschichtlichen Entstehungskontext"[239] anknüpfen, um so zu einer relativen Chronologie der Suren zu kommen. Bei der Datierung einzelner Suren und Einschübe sind besonders der historische Kontext mit seinen spätantiken Bezügen und die geschichtlichen Ereignisse sowie die stilistische und sprachliche Entwicklung des Textes zu berücksichtigen. Der Ausgangspunkt ist hierbei allerdings die mündliche Offenbarung zu Lebzeiten des Propheten, von einer redaktionellen Veränderung des dem Propheten geoffenbarten Textkorpus, wie er im ʿuṯmānischen Kodex festgehalten wird, wird aufgrund der recht frühen Datierung der Manuskripte und deren Stabilität bezüglich der einzelnen Surenstrukturen nicht ausgegangen.

Formkritik

Der Koran setzt sich aus unterschiedlichen Textgattungen zusammen. Daher ist die Frage nach der Gattungsbestimmung, welche die Formkritik vornimmt, durchaus auch auf den Koran anwendbar. Sie findet sich bereits zum Teil in Werken der islamischen Tradition, die sich mit spezifischen Gattungen auseinandersetzen, wieder. So gibt es u. a. Werke zu den Narrativen, den Gleichnissen und den Schwurpassagen.[240] Dennoch fehlt bisher die Aufnahme der Formkritik als fester Bestandteil der Exegese und somit eine ganzheitliche Betrachtung aller Gattungen im Koran. Hierbei kann die Gattung, wie es oben bereits innerhalb der historisch-kritischen Methode beschrieben ist, „anhand von literarischen Merkmalen in Sprache, Stilistik und Form[241] sowie von inhaltlichen Merkmalen in der Wahl von Motiven und Themen[242] ermittelt werden".

[239] Becker, Exegese des Alten Testaments, 99.
[240] Vgl. z. B. Ibn Qayyim al-Ǧawziyya: at-Tibyān fī aqsām al-Qurʾān.
[241] Vgl. ebd., 104.
[242] Vgl. Söding, Wege der Schriftauslegung, 156.

Traditionsgeschichte
Die geistesgeschichtlichen Kontexte, in denen ein Text verfasst wurde bzw. entstanden ist, ist auch für die exegetische Untersuchung des Korans relevant, nämlich inwiefern der Koran mit Bezug auf spätantike Umwelttexte des Korans bestimmte Ideen, Denkmuster, aber auch Bilder und damalige Diskurse aufnimmt und verarbeitet. Hierbei liegt der Fokus vor allem auf der Untersuchung der Refunktionalisierung von vorkoranischen Traditionen, da der Koran oftmals Texte der spätantiken Umwelt rezipiert und in einer individuellen und innovativen Art und Weise transformiert.

Neben diesen klassischen Bereichen der historisch-kritischen Methode kann man sich auch der Diskurskritik annehmen und diese ebenso für den Koran fruchtbar machen. Zishan Ghaffar versucht dies in in seiner Dissertation, indem er eine Erweiterung des klassischen Methodenkanons historisch-methodologischer Kritik vorschlägt, die „*komplementär* und *korrektiv* zu den bereits geschilderten Methodenschritten der historischen Kritik sein soll".[243] Ghaffar spricht von einer „Diskurskritik". Diese „soll insbesondere die heuristische Distanz und die auf eine Verdachtshermeneutik basierende Zurückhaltung und Einklammerung gegenüber textimmanenten und traditionellen Geltungs- und Wahrheitsansprüchen *relativieren*. Darin ist sie Ausdruck der hermeneutischen und postmodernen Erkenntnisse der Geschichts- und Kulturwissenschaft."[244] Ghaffar bezieht sich auf Marco Schöllers Diskursbegriff. Schöller „möchte derart eine islamwissenschaftliche Methode entwickeln, die nicht nur *extrinsisch* Fragen an kulturelle Phänomene heranträgt, sondern sich *intrinsisch* einen Fragehorizont an diesen erarbeitet:

‚Demgegenüber wurde der methodische Grundsatz aufgestellt, dass die Erforschung einer Kultur nicht mit Fragestellungen an das zu Verstehende zu beginnen hat, sondern vielmehr mit der Herausarbeitung derjenigen Fra-

[243] Zishan Ghaffar: Der historische Muḥammad in der islamischen Theologie: Zur Kriterienfrage in der Leben-Muḥammad-Forschung, Paderborn 2018, 59.
[244] Ebd.

gestellungen, auf die das zu Verstehende eine Antwort ist. Im Folgenden müssen wir uns daher der Frage zuwenden, welche methodischen Ansätze und Vorgehensweisen diesen Grundsatz gewährleisten können. Ein derartiger Ansatz müsste zunächst einen wesenhaft *rekonstruktiven* Charakter haben, der uns die zu verstehenden Phänomene überhaupt erst zugänglich macht. Dies kann, abgesehen von der sprachlichen und materiellen Aufarbeitung durch Methoden der Philologie, Archäologie & co., mittels einer Diskursanalyse geschehen, die als Beschreibung bzw. empirische Phänomenologie der zu verstehenden Sinn- und Aussagestrukturen auf verschiedenen Ebenen zu sehen ist. Diese Phänomenologie wird allerdings ohne die Heranziehung anderer Ansätze und Methoden, etwa der Theorie des kulturellen Gedächtnisses, der Mentalitätsgeschichte, der Rezeptionsästhetik und der Hermeneutik, nicht den Ansprüchen einer Kulturwissenschaft genügen und muss deshalb von diesen ergänzt werden.'"[245]

Ghaffar sieht in der Diskurskritik ein wichtiges Korrektiv für die historische Kritik, denn im Gegensatz zu deren klassischer Methode „bemüht sich die Diskurskritik aufgrund der transzendentalen Reflexionsebene um ein immanentes Verständnis kultureller Phänomene, statt einseitig durch festgelegte Vorannahmen und Fragen von außen nach ihrem Sinn zu fragen."[246]

Ghaffar würdigt die historische-kritische Methode als Instrumentarium, das auch für den islamischen Kontext fruchtbar gemacht werden kann:

„Für die islamische Theologie ergeben sich im Falle der Koranwissenschaft und -kritik dieselben Herausforderungen und Probleme wie für die christliche Theologie. Man wird genau bestimmen müssen, welche Art der Korankritik einen berechtigten Platz hat. Dabei wird sich eine Infragestellung der *Prinzipien* historisch-methodologischer Kritik als äußerst schwierig erweisen. Ebenso bleibt die Erarbeitung einer koranischen Theologie im Sinne der historischen Verkündigungssituation ein Desiderat und eine große Herausforderung. Denn es wird sich hier die Frage stellen, wie sich diese koranische Theologie mit der kanonischen Funktion des Korans und der muslimischen Tradition ins Verhältnis setzen lässt."[247]

Resümierend kann man sagen, dass eine Vorstellung des Korans als Monolog Gottes an die Menschen es erschwert, dem histori-

245 Ebd. 60.
246 Ebd. 61.
247 Ebd. 73.

schen Kontext der Verkündigung im 7. Jahrhundert eine konstitutive Rolle für die Gestaltung von Gottes Rede im Koran zuzuschreiben. Diese Vorstellung des Korans als Selbstrede Gottes macht daher die Anwendung historisch-kritischer Methoden auf den Koran so gut wie unmöglich. Sieht man hingegen, auch aus einer konfessionellen Sicht, im Koran eine in der Zeit entstandene Kommunikation, dann öffnet sich dadurch eine Tür, sich dem Koran auch mittels historisch-kritischer Methoden anzunähern, um gerade die historischen Dynamiken und Austauschprozesse sichtbar zu machen und damit die Dialogizität des Korans als Kommunikation zu unterstreichen. Nach dem monologischen Zugang zum Koran erscheinen die Menschen als Objekte eines göttlichen Monologs, sie sind lediglich passive Empfänger dieses Monologs, während nach dem dialogischen Zugang diese zugleich als Subjekte des Korans in seine Geschichte eingehen. Bleibender Unterschied zwischen einem konfessionellen und einem nicht konfessionellen Zugang zum Koran besteht in der Rolle Gottes als (Mit-)Akteur an der Kommunikation mit dem Menschen durch den Koran. Historisch-kritische Methoden helfen uns, die dem historischen Ereignis der Offenbarung immanente Bedeutung göttlicher liebender Barmherzigkeit, in dem die Handlungsintention Gottes geschichtlich vermittelt wird, zu erfassen.

6.8.2 Der Beitrag der historisch-kritischen Methode zur Öffnung des Korans

Die historisch-kritische Auseinandersetzung mit dem Koran kann aus einer konfessionellen Sicht die historische Entfaltung göttlicher liebender Barmherzigkeit im Koran rekonstruieren, und zwar nicht nur, um den einen „wahren“ bzw. ursprünglichen Sinn der koranischen Rede auszuarbeiten, sondern auch, um die historische Bewegung, die der Koran in seinem Verkündigungskontext angestoßen und getragen hat, als Zeugnis von Gottes liebender Barmherzigkeit nachzuzeichnen. Wie oben ausgeführt, offenbart Gott sein Wesenswort nicht unabhängig von der Geschichte, d. h. die Selbstoffenbarung Gottes als liebende Barmherzigkeit manifestiert sich in der Geschichte der Verkündigung des Korans selbst. Die Entwicklung der Gemeinde Muḥammads im 7. Jahrhundert in Mekka und Medina ist ein Zeugnis der Selbstoffenbarung Gottes. Daher ist eine Auseinandersetzung mit dem historischen Kontext der Offenbarung unverzichtbar, um zu zeigen, wo und auf welche Weise die liebende Barmherzigkeit Gottes in der Geschichte gewirkt hat, und um den heutigen Rezipienten die Möglichkeit zu eröffnen, diesen Wandel – und wohlgemerkt nicht den ursprünglichen Sinn, der auf die heutige Situation übertragen werden muss – mitzugestalten. Die Rekonstruktion der Geschichte des Korans ist daher kein Selbstzweck, um einen eindeutigen Sinn der jeweiligen koranischen Rede auszuarbeiten, sondern sie ist die Geschichte der Offenbarung der Liebe Gottes, zu welcher der Koran auch heute und hier einlädt.

Sogar in koranischen Versen, die für den heutigen Rezipienten irritierend klingen mögen, wie solche, die von Gewalt sprechen oder sogar Gewalt legitimieren, kann man, wenn wir diese Stellen nicht losgelöst von ihrem historischen Kontext lesen, feststellen, dass sie Gottes Zugehen auf die Unterdrückten sind, auf diejenigen, denen Unrecht widerfahren ist, und Gott der andauernden gewaltsamen Unterdrückung nicht mehr tatenlos zusieht. Im historischen Kontext gelesen, offenbart sich Gottes Empathie mit den Schwachen und Leidenden: „Ermächtigt (zum Kampf) sind, die bekämpft werden, denn ihnen ist Unrecht getan worden – Gott ist mächtig, ihnen zu helfen. Die zu Unrecht aus ihren Häusern vertrieben worden sind, nur weil sie sagen: ‚Unser Herr ist Gott'" (Q 22:39–40). Aber dann warnt der Koran die Kämpfenden immer wieder vor Übertretungen: „Bekämpft auf Gottes Weg die, die euch bekämpfen! Handelt aber nicht widerrechtlich!" (Q 2:190) Und sie werden an die Vergebung und Barmherzigkeit Gottes erinnert: „Wenn sie aber aufhören, Gott ist voller Vergebung und barmherzig" (Q 2:192). Es ist Gottes innere aufgewühlte Stimme, die in solchen historischen Situationen im Koran geoffenbart wird. Daher zeugen solche koranischen Stellen von der Empathie Gottes gerade mit den Schwachen und Leidenden.

Die historisch-kritische Betrachtung des Korans kann darüber hinaus helfen, mehr Bedeutungspotenziale aus dem Koran zu generieren, als dies bislang möglich war. Narrative, die der Koran aus seinen Umwelttexten aufgenommen, jedoch anders konnotiert hat, um bestimmte theologische Aussagen zu machen, können nur dann entsprechend verstanden werden, wenn man die im Kontext der Verkündigung bekannten Narrative kennt und diese mit dem Koran vergleicht. Ich möchte dies anhand der Schöpfungserzählung von Adam und Eva verdeutlichen:

Die koranische Erzählung von der Erschaffung des Menschen beginnt mit einem Dialog zwischen Gott und den Engeln, der stark an Ausführungen des jüdischen Midrasch zu Adam und Eva erinnert, der unterschiedliche Erläuterungen zu der Formulierung in Gen 1,26 „wir wollen Menschen machen" anführt. Diese Formulierung wird u. a. als Beratung Gottes mit den Engeln verstanden, die unterschiedliche Reaktionen gegenüber Gottes Plan, den Menschen zu erschaffen, zeigen. In allen Versionen ist die grundsätzliche Haltung jedoch eine ablehnende.[248]

Innerhalb des Korans scheint es nun einen Reflex dieses Dialogs zu geben, denn Gott verkündet den Engeln, dass er vorhabe, einen Menschen zu erschaffen und auf der Erde einzusetzen, wohingegen die Engel diesem Vorhaben mit großer Skepsis begegnen: „Und als dein Herr zu den Engeln sprach: ‚Ich will einen Statthalter (arab. *ḫalīfa*) auf Erden einsetzen […]'" (Q 2:30). Die hier verwendete Bezeichnung *ḫalīf* (im deutschen Sprachgebrauch auch „Kalif") charakterisiert den Menschen als Statthalter oder Stellvertreter, der Gottes Schöpfungsabsicht durch sein eigenes Handeln Wirklichkeit werden lässt. Die Engel reagieren auf die Ankündigung Gottes alles andere als begeistert. Zwei Argumente setzen sie seinem Vorhaben entgegen. Das erste bezieht sich auf den Menschen: Die Engel behaupten, der Mensch sei lediglich ein Unheilstifter und werde nur Blut vergießen. Das zweite Argument gilt der Intention, welche die Engel hinter Gottes Vorhaben vermuten; sie gehen nämlich davon aus, dass es Gott mit der Erschaffung des Menschen um seine eigene Verherrlichung und Anbetung gehe, und meinen: „Wir verherrlichen und beten dich an

248 Vgl. Isaak Dreyfus, Adam und Eva nach Auffassung des Midrasch mit erläuternden Anmerkungen und Nachweisungen, Strassburg 1894, 5 ff.

[also wozu noch der Mensch?]." (Q 2:30) Auf ihren skeptischen Einwand antwortet er den Engeln: „Ich weiß, was ihr nicht wisst." (Q 2:30) Es geht ihm nach dieser Schöpfungserzählung offensichtlich um den Menschen, und zwar um den freien Menschen, denn die Schöpfungserzählung geht weiter.

Anders als die Engel, die ihre Skepsis gegenüber dem Vorhaben Gottes äußern, zeigt Gott ihnen in diesem Dialog seinen Glauben an den Menschen und sein Vertrauen in ihn. Gott erschafft Adam, haucht ihm von seinem Geist ein (als Symbol des „Anderen", des „Göttlichen" im Menschen und somit seiner Fähigkeit, sich jeder transzendenten Erfahrung zu öffnen) und bringt ihm alle Namen bei als Symbol der Erkenntnisfähigkeit des Menschen und somit seiner Vernunft (vgl. Q 2:31). Während der Koran bezüglich dieser Erzählabfolge durchaus Parallelen zu Genesis 2 aufweist, bettet er diese anschließend in ein weiteres Erzählelement ein, das allerdings in Genesis 3 fehlt[249], im Koran aber zum einen die Erklärung für die Feindschaft zwischen dem Teufel und dem Menschen bietet und zum anderen eine wichtige Botschaft bezüglich der feindlichen Haltung gegenüber der Freiheit des Menschen zum Ausdruck bringt. Dieses Erzählelement scheint wiederum ein Reflex aus den apokryphen Schriften „die syrische Schatzhöhle" zu sein, innerhalb derer es nach der Erschaffung des Menschen zu einer Niederwerfung der Engel vor dem Menschen sowie einer Verweigerung des Teufels, an der Niederwerfung teilzunehmen, weil dieser aus Staub sei, kommt.[250]

Der Koran greift dieses Narrativ auf, indem Gott den Engeln befiehlt, sich vor Adam niederzuwerfen. Alle Engel folgen dem Befehl, bis auf Iblīs, der dadurch zum Erzteufel wird. Worin besteht die eigentliche Sünde, die Iblīs nach koranischer Darstellung

---

[249] In der Genesis beginnt die Erzählung direkt mit der Begegnung mit der Schlange, wobei nicht erklärt wird, warum die Schlange das Menschenpaar verführen möchte: „Und die Schlange war listiger als alle Tiere des Feldes, die Gott, der HERR, gemacht hatte; und sie sprach zu der Frau: Hat Gott wirklich gesagt: Von allen Bäumen des Gartens dürft ihr nicht essen?" (Gen 3,1).

[250] Vgl. Heinrich Speyer, Die biblischen Erzählungen im Qoran, Darmstadt ²1961, 55f.

begangen hat? Es ist die aus seinem Hochmut resultierende Ablehnung, den Menschen zu würdigen. Iblīs hat kein Problem damit, sich vor Gott niederzuwerfen, allerdings weigert er sich, sich vor dem Menschen niederzuwerfen. Dadurch erteilt Iblīs nicht nur Adam, sondern dem Menschen als solchem eine Absage. Der Koran spricht deshalb an einer anderen Stelle von den Menschen im Plural: „Und wir haben euch Menschen erschaffen. Hierauf gaben wir euch eine Gestalt. Hierauf sagten wir zu den Engeln: ‚Werft euch vor Adam nieder!' Da warfen sie sich alle nieder, außer Iblīs […]." (Q 7:11) Iblīs steht im Koran also exemplarisch für jeden, der nicht an den Menschen als freies, mit einer unveräußerlichen Würde versehenes und vernünftiges Wesen glaubt, auch wenn er an Gott glaubt und wie Iblīs bereit wäre, sich vor Gott niederzuwerfen. Das ist auch eine klare Botschaft an alle Fundamentalisten in allen Religionen, die meinen, Gott näher zu kommen, indem sie andere Menschen diskreditieren.

Doch die Erzählung geht noch weiter: Neben Adam hat Gott auch Eva im Paradies erschaffen und beiden verboten, von den Früchten des Baumes zu essen. Anders als in der biblischen Darstellung in Gen 2,17 wird im Koran nicht erwähnt, um welchen Baum es sich hierbei handelt. Ein weiterer Unterschied besteht darin, dass beide, Adam *und* seine Frau, vom Teufel verführt werden und von den Früchten des verbotenen Baumes gegessen haben, ohne dass weiter darauf eingegangen wird, wer von beiden zuerst die Initiative ergriffen hat. An dieser Stelle bricht der Koran also mit der misogynen Vorstellung der Spätantike, dass die Frau als Erste vom Baum gegessen und Adam dann im Weiteren davon überzeugt habe:

> „Und die Frau sah, dass der Baum gut zur Speise und dass er eine Lust für die Augen und dass der Baum begehrenswert war, Einsicht zu geben; und sie nahm von seiner Frucht und aß, und sie gab auch ihrem Mann bei ihr, und er aß." (Gen 3,6)

Auch in der Folge der Erzählung bleiben beide im Fokus: Als sie von dem Baum gegessen haben, wird ihnen bewusst, dass sie sich Gottes Befehl widersetzt haben. Sie bitten Gott um Vergebung, Gott vergibt ihnen sofort und schickt sie daraufhin auf die Erde, damit sie ihren Auftrag als „Kalif" erfüllen können (Q 2:34–38). Nun lässt sich fragen: Wenn der Mensch von Anfang an auf der Erde leben sollte – so die Ankündigung Gottes an die Engel –, wieso muss er zunächst im Paradies verweilen, wo er sündigt, und wird erst danach auf die Erde hinabgesandt? Eine mögliche Antwort könnte sein: Wenn der Mensch von vornherein für das Leben und Wirken auf der Erde bestimmt war, bedeutet seine Sendung nach dem Sündenfall keinesfalls eine Strafe. Sie ist vielmehr seine Bestimmung und der Sündenfall eine Notwendigkeit, denn anders als in Gen 3, wo die beiden Menschen schwere Strafen für ihr weiteres Leben und das ihrer Nachkommen treffen[251], wird Adam und seiner Frau unmittelbar nach dem Verzehr der verbotenen Früchte vergeben, weshalb es im Islam auch keine Lehre von der Erbsünde gibt. Ich spreche deshalb von einer Notwendigkeit, weil erst durch den Sündenfall, durch sein „Nein" zu Gottes Befehl, sich vom Baum fernzuhalten, der Mensch sich seiner eigenen Freiheit bewusst wird. Erst wenn der Mensch mit dem Bewusstsein der eigenen Freiheit ausgestattet ist, kann er in der Lage sein, seinen Auftrag als Kalif, als Medium der Verwirklichung von Gottes Schöpfungsabsicht verantwortungsvoll und in Freiheit zu erfüllen. Ohne ein Bewusstsein seiner eigenen Autonomie ist der Mensch noch weit davon entfernt, Verantwortung tragen zu können. Der Koran spricht vom Bewusstwerden der eigenen Nacktheit: „Als sie nun von dem Baum gegessen hatten, wurde ihnen ihre Scham kund, und sie begannen, Blätter von Bäumen des Paradieses über sich zusammenzuheften […]."

[251] Gen 3,16–19: „Zu der Frau sprach er: Ich werde sehr vermehren die Mühsal deiner Schwangerschaft, mit Schmerzen sollst du Kinder gebären! Nach deinem Mann wird dein Verlangen sein, er aber wird über dich herrschen! Und zu Adam sprach er: Weil du auf die Stimme deiner Frau gehört und gegessen hast von dem Baum, von dem ich dir geboten habe: Du sollst davon nicht essen! – so sei der Erdboden deinetwegen verflucht: Mit Mühsal sollst du davon essen alle Tage deines Lebens; und Dornen und Disteln wird er dir sprossen lassen, und du wirst das Kraut des Feldes essen! Im Schweiße deines Angesichts wirst du dein Brot essen, bis du zurückkehrst zum Erdboden, denn von ihm bist du genommen. Denn Staub bist du, und zum Staub wirst du zurückkehren!"

(Q 7:11) Erst mit dem Bewusstsein der eigenen Freiheit ist der Mensch in der Lage, Verantwortung zu tragen. Erst dann kann er seine Subjektivität entfalten und ist keine Marionette mehr, sondern Lenker und Verfasser seiner eigenen Geschichte. Die koranische Schöpfungsgeschichte steht hiermit symbolisch für die Freiheit des Menschen.

Dieses Beispiel, das wir im geplanten Korankommentar ausführlich behandeln werden, zeigt exemplarisch, wie der Koran bekannte Narrative aus der Spätantike, die seinen Erstadressaten bekannt waren, aufgreift und sie refunktionalisiert, um seine eigene theologische Aussage zu treffen. Gerade der Vergleich zwischen diesen spätantiken Texten und dem Koran hilft uns aufzudecken, wo der Koran genau eingreifen will, um eine andere Geschichte zu erzählen und somit theologische Positionen reformuliert – und zwar stets im Sinne der Befreiung des Menschen als Ausdruck göttlicher liebender Barmherzigkeit.

Auch in solchen koranischen Stellen, die juristische Aussagen tätigen, hilft uns die historische Rekonstruktion des betroffenen Kontextes dieser Verse, um den koranischen Anstoß zur Verwirklichung von Gottes liebender Barmherzigkeit in der Geschichte nachvollziehbar zu machen. Dazu möchte ich auch nur exemplarisch und in einer knappen Zusammenfassung ein Beispiel betreffend der Frauenrechte im Koran geben.

Im Q 4:11 wird angeordnet, dass die Töchter die Hälfte an Erbschaft von dem, was ihren Brüdern zukommt, erben:

> „Gott empfiehlt euch hinsichtlich eurer Kinder: Einem männlichen Geschlechts kommt ebensoviel zu wie der Anteil von zwei weiblichen Geschlechts."

Lese ich diesen Satz kontextunabhängig als eine ewige Instruktion Gottes, dann handelt es sich hierbei um eine klare, für alle Muslime zu allen Zeiten verbindliche gesetzliche Regelung. Diese hat somit eine überhistorische Gültigkeit.

Nimmt man den Koran hingegen als eine Plattform einer offenen und keineswegs abgeschlossenen Kommunikation wahr, dann fragt man nach dem historischen Kontext der Verkündigung dieses Verses und somit nach dem sozialen Zusammenhang des

Offenbarungskontextes und dem sozialen Kontext des Lesers. Der Koranexeget Ibn Kaṯīr (gest. 1373), Verfasser eines der am weitesten anerkannten exegetischen Werke im sunnitischen Islam, merkte in seinem Korankommentar *Tafsīr al-qur'ān* (Interpretation des Korans) zu diesem Vers an, dass viele Gläubige die Idee des Propheten Muḥammads, auch Frauen an einer Erbschaft zu beteiligen, anfangs vehement ablehnten und verwundert fragten: „Frauen und kleine Kinder sollen Erbanteile bekommen, obwohl diese nicht in der Lage sind, in den Krieg zu ziehen und Kriegsbeute zu ergattern?! Verschweigt diese Idee Muhammads, vielleicht vergisst er, was er gesagt hat, oder wir können ihn überzeugen, diese Regelung wieder fallen zu lassen."[252] Ibn Kaṯīr fährt fort: „Sie gingen daraufhin zum Propheten und beschwerten sich [...], denn in vorislamischer Zeit erbten Frauen nichts, nur diejenigen, die an Kriegen teilgenommen hatten, hatten ein Anrecht auf Erbanteile. Diese wurden nach Alter aufgeteilt [ältere Familienangehörige bekamen mehr als jüngere]."[253] Daraufhin wurde der Vers offenbart. Der Grund dafür, dass Frauen in vorislamischer Zeit vom Erbe ausgeschlossen wurden, liegt in der damaligen Gesellschaftsordnung. Unter den Stämmen herrschten große Spannungen und Konkurrenz um die wirtschaftlichen Ressourcen, sodass oft Krieg gegeneinander geführt wurde. Die Kriegsbeute war meist die Haupteinnahmequelle der Stämme, weshalb diejenigen, die in der Lage waren, Kriegsbeute zu machen, eine privilegierte Stellung im Stamm innehatten; dieses Privileg spiegelte sich auch in der Erbschaftsverteilung wider. Frauen waren ein Risikofaktor: Zum einen wurden sie im Krieg oft zur Kriegsbeute und wurden versklavt, sodass die Ehre des Stammes verletzt wurde; zum anderen wurden Frauen auch gezielt aus politischen Gründen mit Männern anderer Stämme verheiratet. Sie sollten nichts erben, damit Anteile des Besitzes des eigenen Stammes nicht in die Hände anderer Stämme gelangten. Mit diesen Stammesstrukturen wollte der Prophet nun brechen, woran er sukzessive arbeitete.

---

[252] Ismāʿīl Ibn Kaṯīr, Tafsīr al-qur'ān (= Qur'ānische Exegese), Band 1, Beirut 1996, S. 404–405.

[253] Ebd.

Die Frau sollte als Subjekt und als vollwertiges Mitglied der Gesellschaft gewürdigt werden. Liest man diesen Vers 4:11 in seinem historischen Kontext, dann erkennt man, dass diese Regelung mit der Erbschaft für die damalige Zeit einen ersten revolutionären Schritt darstellte. Aus unserer heutigen Perspektive wäre so eine Regelung ein Rückschritt in der Frage des Geschlechterverhältnisses. Die Offenbarung als offene Kommunikation wahrzunehmen, bedeutet aber nicht bei diesem ersten Schritt, der den Koran im 7. Jahrhundert eingeführt hat, stehenzubleiben. Es ist Aufgabe der heutigen Koranhermeneutik, diesen koranischen Anstoß in Richtung einer größeren Würdigung der Frau aufzudecken. Eine solche Auseinandersetzung mit dem Koran zeigt die Verwirklichung von Gottes liebender Barmherzigkeit in der Geschichte auf, die zur Freiheit einladen will. Hier könnte eingewandt werden, wieso der Koran nicht direkt von der Gleichberechtigung von Mann und Frau redet und der Frau gleiche Erbanteile zuspricht. Ich erinnere jedoch erneut an den kommunikativen Charakter der Offenbarung: Gott offenbart sich in der Geschichte, die wiederum konstitutiv für die Form (Sprache) der Offenbarung ist. Im historischen Kontext der Offenbarung von Q 4:11 war die Rede von Gleichberechtigung den Menschen fremd, und dass der Koran den Frauen die Hälfte der Erbschaft zuspricht, war eine große sensationelle Entwicklung, die nicht von allen akzeptiert wurde, weil sie darin einen zu progressiven Schritt sahen. Was aber in Q 4:11, wenn wir ihn in seinem historischen Kontext lesen, deutlich wird, ist die Realisierung von Gottes liebender Barmherzigkeit, die der Frau einen Anstoß geben will, sich auch finanziell zu emanzipieren, um sich von der Abhängigkeit von patriarchalen Strukturen zu befreien. Wohlgemerkt handelt es sich um einen dem Kontext angemessenen Anstoß. Daraus kann ich heute nicht die Gleichberechtigung von Mann und Frau lesen. Ich kann aber sehr wohl darin ein Zeugnis von Gottes liebender Barmherzigkeit in der Geschichte erkennen, die dem Menschen als solchem Freiheit schenken will. Meine Aufgabe heute ist es, Gottes liebende Barmherzigkeit, die mir im Koran begegnet, meinen heutigen Kategorien und meinen individuellen wie gesellschaftlichen Möglichkeiten entsprechend in der Gegenwart zu realisieren. Heute würden wir von der Gleichberechtigung von Mann und Frau sprechen, aber nicht etwa deshalb, weil der Koran davon spricht oder weil wir dies aus ihm ableiten können, sondern weil wir davon überzeugt sind, dass in der Gleichberechtigung die Verwirklichung der Würde beider Geschlechter sowie deren Recht auf Selbstbestimmung liegen. Und genau dadurch realisiert sich die liebende Barmherzigkeit Gottes, die Freiheit schenken will. Der Koran schreibt nicht das „Wie“ dieser Verwirklichung vor, er ermutigt aber dazu.

Dieses Beispiel sollte verdeutlichen, welche Konsequenzen die jeweilige Auffassung von Offenbarung für die vielen heutigen Anfragen an den Islam haben kann. Dies gilt auch für weitere Fragen, wie die nach der Vereinbarkeit des Islams mit den Menschenrechten, mit demokratischen Grundwerten usw. Es liegt an uns Muslimen selbst, die im Koran geoffenbarte liebende Barmherzigkeit Gottes in unsere heutige Geschichte entsprechend unseren heutigen Erfahrungen und Möglichkeiten zu realisieren, und so bleibt die Geschichte des Korans, die nichts anderes ist als die Geschichte Gottes mit dem Menschen, stets offen. Denn Gott will nicht an und ohne uns, sondern nur mit uns handeln. Gott handelt vielmehr im Dialog bzw. im Bund mit menschlicher Freiheit, die er unbedingt in Anspruch nehmen will.

7 Ausblick: Die Fortschreibung der Barmherzigkeit Gottes in der Begegnung mit dem Koran

Das neuzeitliche Freiheitsdenken ist für das Verstehen der Offenbarung als Gegenwart Gottes, wie wir es in diesem Buch zu explizieren versucht haben, von großer Hilfe, denn die Offenbarung als Freiheitsgeschehen zu denken, löst das Problem einer konstruierten Konkurrenzstellung von göttlicher und menschlicher Freiheit, von göttlichem und menschlichem Willen. Im Geschehen der Liebe als freiem Entgegenkommen bleibt und wird die andere Freiheit anerkannt, der Mensch wird darüber hinaus ermutigt, sich aus dieser zuvorkommenden Liebe heraus selbst neu zu bestimmen.[1] Weil sich also Freiheit durch die Bejahung anderer Freiheiten verwirklicht, herrscht kein Konkurrenzverhältnis zwischen göttlicher und menschlicher Freiheit und somit keine gegenseitige Begrenzung oder gar Negation, sondern ein komplementäres Verhältnis. Freiheit als zum Wesen Gottes gehörend bedeutet, dass Gott von seinem Wesen her sich selbst dazu bestimmt hat, Freiheit zu schenken. Ausgestattet mit dieser Freiheit ist es dem Menschen in seinem Wesen gegeben, sich als diese Freiheit selbst zu realisieren.

Je mehr sich der Mensch für die Freisetzung von Freiheit einsetzt, desto mehr wird die Intention Gottes nach Liebe und Barmherzigkeit realisiert. Der Einsatz des Menschen für die Freisetzung von Freiheit verwirklicht sich in seinem Handeln im Sinne der Liebe und der Barmherzigkeit. Beide müssen deshalb zum Selbstzweck menschlichen Handelns werden. Dadurch wird der Geltungsgrund moralischen Sollens im Subjekt selbst verortet „und bedarf keiner weiteren heteronomen Gehorsamspflicht gegenüber

---

[1] Vgl. Helmut Jansen, Wenn Freiheit wirklich wird. Erlebnispädagogische Jugendpastoral in kritischer Sichtung, Münster 2007, 92; vgl. auch Pröpper, Erlösungsglaube und Freiheitsgeschichte, 176.

Gott".[2] Die liebende Barmherzigkeit, die nichts anderes ist als die Realisierung von Freiheit ist, wird primär zur autonom-ethischen Begründung und zum unbedingten Kriterium menschlichen Sein-Sollens.[3]

> „Als Schuld muss infolgedessen die bloße *Nichtanerkennung* von Freiheit gelten, der Versuch absoluter, unvermittelter Ich-Setzung. Als ‚gut' ist folglich ein Handeln zu bewerten, in dem sich Menschen für andere Freiheit öffnen und dieser Sein-Sollen in dieser Selbstbestimmung – Subjektwerdung und Personsein – wünschen und ermöglichen."[4]

Wahrhaftige Selbstbestimmung des Menschen wächst so nicht in umgekehrtem, sondern in gleichem Maße mit der radikalen Abhängigkeit vom Schöpfer, um hier mit Karl Rahner zu sprechen.[5]

Wenn der Koran das Ziel göttlichen Schöpfungshandelns als Suche nach Mitliebenden bestimmt hat, „er liebt sie und sie lieben ihn" (Q 5:54), dann ist damit Freiheit bereits mitgedacht. Und so ist die Geschichte Gottes mit uns Menschen – und damit eng verbunden sein Selbstoffenbarungsgeschehen – notwendigerweise eine Freiheitsgeschichte und ein Freiheitsgeschehen, denn Liebe setzt wirkliche Freiheit voraus, Freiheit ist das Gesetz der Liebe.

Siegel der Freiheit ist nach koranischem Zeugnis die Bestimmung des Menschen zum Kalifen (Stellvertreter Gottes, Statthalter) im Sinne eines Mediums der Verwirklichung von Gottes Intention nach Liebe und Barmherzigkeit. Um die Freiheit des Menschen zu schützen, greift Gott nämlich in die Welt nur auf eine Weise ein, die diese Freiheit des Menschen nicht beeinträchtigt, also hauptsächlich durch den Menschen selbst, der sich in Freiheit für die Freisetzung von Freiheit, also für die Liebe, einsetzt. Es ist nicht Gott, der unmittelbar in die Welt eingreift, um

---

2 Jansen, Wenn Freiheit wirklich wird, 93.

3 Vgl. Pröpper, Freiheit als philosophisches Prinzip *theologischer Hermeneutik*. In: BIJDR 59 (1998), 20; ders., Evangelium und freie Vernunft: Konturen einer theologischen Hermeneutik, Freiburg/Basel/Wien 2001, 19.

4 Jansen, Wenn Freiheit wirklich wird, 93.

5 Vgl. Paul Platzbecker, Religiöse Bildung als Freiheitsgeschehen. Konturen einer religionspädagogischen Grundlagentheorie. In: Praktische Theologie heute 124 (2013), 110 ff.; Pröpper, Erlösungsglaube und Freiheitsgeschichte, 178 f.

Hungersnot zu beseitigen bzw. Kriege oder das Leid zu verringern, sondern wir Menschen sind die „Hände" Gottes, um dies zu verwirklichen, wenn wir uns in Freiheit zur Verfügung stellen. Der Mensch hat somit eine verantwortliche Teilhabe an Gottes schöpferischem Wirken. Seine Freiheit entspricht sich selbst nur dann, wenn sie sich von Gott beanspruchen lässt bzw. sie in der Ablehnung Gottes dem widerspricht, *„was sie selbst will, wenn sie tut, was sie – sich selber und anderer Freiheit verpflichtet – tun soll"*.[6] Indem sich der Mensch Gott öffnet und sich als Medium der Verwirklichung von Gottes Liebe und Barmherzigkeit zur Verfügung stellt, verwirklicht er dadurch seine eigene Freiheit.

Der Mensch ist nach islamischer Vorstellung wesenhaft ein relationales Wesen, das in Freiheit gründet, um seine eigene Freiheit zu verwirklichen.

> „Wir dürfen also in unserem Glauben davon ausgehen, dass Gott eine wesenhaft kontingente Welt erschaffen wollte, in der Menschen sich in ihrer endlichen Freiheit unbedingt zu sich selbst, zu anderer Freiheit und schließlich zu ihm als vollkommener, erfüllender und aller Wirklichkeit mächtiger Freiheit entschließen können – aber nicht müssen. So ist die Geschichte Gottes mit den Menschen von Anfang eine des Heils wie des Unheils: Sie erlaubt Irrwege und Abwege, Sackgassen, aber auch immer wieder Umkehr und Metanoia."[7]

Und das ist genau die Geschichte der Offenbarung des Korans. Sie ist eine Geschichte, deren Hauptakteure Gott und Mensch sind. In ihr vergegenwärtigt sich Gott in menschlichen Kategorien (in der erschaffenen arabischen Sprache des Korans, die dem Wesenswort Gottes entspricht, mit ihr jedoch nicht identisch ist) und somit ist der Koran die Offenbarung Gottes in Menschenwort. Denn die Offenbarung Gottes als Freiheitsgeschehen will die Adressaten des Korans zur Freiheit ermutigen und keinesfalls aus ihnen unbe-

---

[6] Pröpper, Freiheit als philosophisches Prinzip, 35. Sieht das Subjekt ein, dass es in der geschuldeten Anerkennung Gottes sich selbst entspricht, so ist auch seine autonome Würde bestätigt; vgl. Platzbecker, Religiöse Bildung als Freiheitsgeschehen, 107 f.

[7] Platzbecker, Freiheit vor Gott denken – eine Leitkategorie systematischer und praktischer Theologie. In: Milad Karimi/Amir Dziri (Hg.), Freiheit im Angesicht Gottes, Freiburg 2014, 103–127.

teiligte Empfänger und somit lediglich Objekte von Gottes Barmherzigkeit machen. Zugleich bezeugt der Koran das Risiko, das Gott eingeht, seine Beziehung zu den Menschen als Freiheitsbeziehung zu bestimmen und daher dem Menschen Freiheit zu schenken. Sehr oft hat der Mensch die ihm geschenkte Freiheit missbraucht und so auch für andere nachhaltig verstellt. Er tut dies auch heute noch.

Der Koran als Selbstoffenbarung Gottes in menschlichen Kategorien bezeugt diese Relationalität zwischen Gott und Mensch. Daher zeichnet der Koran keine heile Welt ohne Leid, Krieg und Egoismus, sondern beschreibt diese Defizite, die meist aus dem Missbrauch menschlicher Freiheit und somit der Zurückweisung von Freiheit resultieren. Er will, vor allem durch seinen ergreifenden und bewegenden Klang, die Erstadressaten wie auch die heutigen Rezipienten des Korans dazu ermutigen, durch ihr eigenes Handeln und durch ihren Einsatz in der Welt ein Medium der Verwirklichung göttlicher liebender Barmherzigkeit zu sein, um dadurch sich selbst und seiner eigenen Freiheit zu entsprechen. Durch den Klang des Korans geschieht Gottes Selbstoffenbarung in jedem Akt der Rezitation und des Hörens des Korans.

Die Erstadressaten des Korans haben diesen als Zusage der liebenden Barmherzigkeit Gottes vernommen und als Begegnung mit der Unbedingtheit göttlicher Freiheit, welche die Adressaten des Korans zur Freiheit ruft. Zugleich sahen sich Muḥammad und seine Gemeinde mit der Bedingtheit menschlicher Freiheit konfrontiert. Menschen geraten eben an Grenzen und zerbrechen nicht selten an einer Haltung der Unfreiheit, einer Haltung des Sich-Verschließens. Die Verwirklichung des Menschen als freiheitliches Wesen ist immer wieder vom Scheitern bedroht. Und gerade hier soll die Begegnung mit der im Koran offenbarten liebenden Barmherzigkeit Gottes Hoffnung machen. Sie will befreien und zur Liebe entzünden.

Eine theologische Koranhermeneutik, die ich hier zu entfalten versuche und die sicherlich noch in den nächsten Jahren zu konkretisieren ist, will an erster Stelle einen theologischen Zugang zum Koran verschaffen. Dieser kann primär für gläubige Muslime von Interesse sein, da es dieser Hermeneutik um die Spurensuche nach der Barmherzigkeit Gottes im Koran und in der von ihm bezeugten Geschichte geht, um im zweiten Schritt den Gläubigen einen Weg zu eröffnen, die im Koran begegnete Barmherzigkeit in das jeweils eigene Leben zu integrieren und als gelebte Realität zur Entfaltung zu bringen. Denn die Verwirklichung von Gottes offenbarter liebender Barmherzigkeit in der Geschichte findet erst in der menschlichen Antwort statt: „Gott erschafft Menschen, die er liebt und die ihn lieben." (Q 5:54)

Es handelt sich somit um eine Hermeneutik der Gotteserfahrung im gelebten Leben. Eine Erfahrung, die jedoch nicht von der Geschichte des Menschen zu trennen ist, und zwar weder von der des Menschen im Verkündigungskontext (Erstadressaten des Korans) noch von der der Rezipienten des Korans heute und in jedem weiteren Kontext. Die Selbstoffenbarung Gottes im Koran findet in der konkreten Geschichte Muḥammads und seiner Gemeinde statt und findet ihre Fortsetzung in der konkreten Geschichte der Rezipienten des Korans. Wir haben in diesem Buch anhand einiger Beispiele gesehen, dass sich Gott im Koran auf eine dialogisch kommunikative Weise geoffenbart hat, in der die Geschichte der Erstadressaten, deren Sehnsüchte, Ängste, Hoffnungen, Wünsche usw. konstitutiv für diesen dialogischen Akt war. Dieser Akt gestaltete zugleich die Geschichte mit, indem er die Menschen zur Liebe entzündete, sie zur Freiheit einlud und so seine intervenierende Kraft entfaltete. Zwischen dem Koran und der Lebenswirklichkeit des Menschen besteht somit eine dialektische Beziehung. Die konkrete Geschichte beider ist für die jeweils andere Seite konstitutiv. Gott spricht durch den Menschen, durch seine linguistische wie kulturelle Sprache, durch seine Narrative und geistigen Bilder, durch seine Sehnsüchte und Ängste, durch sein Leiden und seine Freude, durch seine Hoffnungen und seine Zweifel usw., um ihn zur Liebe zu entzünden und um eine neue Geschichte der Liebe zu schreiben. Aus diesem Grund ist die konkrete Geschichte des Korans als Erweis eines sich unbedingt für den Menschen entschiedenen barmherzigen Gottes zu verstehen. Und gerade weil dieser Gott die linguistische wie kulturelle Sprache der Erstadressaten des Korans, aber auch deren Narrative und geistigen Bilder für den Dialog mit dem Menschen verwendet, macht dies die Anwendung von Methoden wie die historisch-kritische für eine theologische Koranhermeneutik fruchtbar, ja auch notwendig, um die Geschichte der Offenbarung als Geschichte Gottes mit dem Menschen rekonstruieren zu können.

Insofern ist der Ausgangspunkt einer theologischen Hermeneutik des Korans die in diesem Buch ausgeführte Überlegung, wonach Gottes Selbstoffenbarung eine dialogische ist, die sich in der Geschichte Gottes mit dem Menschen verwirklicht. Beide, Gott und Mensch, sind Subjekte dieses Offenbarungsgeschehens, in dem sich nicht nur die Freiheit Gottes realisiert, sondern auch die des Menschen. Der Koran ist somit die Selbstoffenbarung von Gottes liebender Barmherzigkeit und zugleich deren Zeugnis in der Geschichte. Deshalb begegnet uns im Koran nicht nur Gottes Barmherzigkeit, sondern auch deren Zeugnis durch die Geschichte der Menschen, die sie angenommen, aber auch derer, die sie zurückgewiesen haben.

Dieses Verständnis einer dialogischen kommunikativen Offenbarung hat aber entscheidende Konsequenzen für die Frage nach einem theologisch-hermeneutischen Zugang zum Koran heute. Denn auch diese Hermeneutik kann nur dialogisch geschehen, und sie selbst bedeutet eine Aktualisierung des Offenbarungsgeschehens. Sie deckt nicht nur die Barmherzigkeit Gottes in der Geschichte des Korans und ihrem Zeugnis bzw. dem Zeugnis ihrer Zurückweisung auf, sondern zeigt Wege der Erfahrbarmachung von Gottes liebender Barmherzigkeit im Koran sowie durch ihn – damals und heute.

Es geht nicht darum, den endgültigen Deutungssinn jedes koranischen Verses bzw. jeder koranischen Sure auszuarbeiten, um dann zu meinen, den Koran endgültig richtig verstanden zu haben. Es geht auch nicht um *die eine* richtige Auslegung des Korans, denn diese gibt es nicht. Der Koran in seiner arabischen Sprache als Form der Selbstoffenbarung Gottes entspricht dem Inhalt der Offenbarung. Er ist die Vergegenwärtigung Gottes liebender Barmherzigkeit, und darum geht es mir hier und in dem demnächst erscheinenden Korankommentar: diese liebende Barmherzigkeit, die im Koran und durch ihn erfahrbar wird, in der Geschichte der koranischen Verkündigung (610 bis 632) mittels historischer und historisch-kritischer Methoden aufzudecken und Möglichkeiten ihrer Einbindung in das Leben der Gläubigen heute aufzuzeigen. Es handelt sich also um zwei aufeinander aufbauende Schritte: Im ersten Schritt wird die Geschichte rund um die Offenbarung einer Abhandlung im Koran – es kann sich hierbei um einen Vers, um einen Verskorpus zu einem bestimmten Thema oder um eine ganze Sure handeln – entweder aus dem zur Verfügung stehenden historischen Material, wozu auch spätantike Texte gehören, oder intratextuell aus dem koranischen Textkontext selbst bzw. aus beidem (dem historischen Material und dem koranischem Text) erläutert, um die Realisierung der Offenbarung Gottes liebender Barmherzigkeit in der jeweiligen historischen Situationen aufzudecken. Denn diese Offenbarung Gottes geschieht in der Geschichte Gottes mit dem Menschen. Das heißt aber, dass sich Gottes liebende Barmherzigkeit nur durch ihre Annahme durch den Menschen in der Geschichte realisiert. Daher geht es auch darum, dem koranischen Zeugnis der Annahme bzw. der Ablehnung der Liebe Gottes durch den Menschen nachzugehen.

In einem zweiten Schritt werden Möglichkeiten für die Begegnung heutiger Rezipienten mit dem Koran, vor allem mit seiner in der liebenden Barmherzigkeit erfahrbaren Ästhetik analysiert.

Der Koran will letztlich nicht nur gelesen, rezitiert oder gehört werden, er stellt die Selbstoffenbarung Gottes dar. Er will durch die Begegnung mit Gott zur Freiheit und somit zur Liebe entzünden und die Geschichte Gottes mit dem Menschen als Geschichte der Verwirklichung von Liebe und Barmherzigkeit fortführen, aber nur, wenn der Mensch diese annimmt und im gelebten Leben verwirklicht. Deshalb bleibt der Koran stets offen und lädt immer wieder zu neuen Erfahrungen mit der liebenden Barmherzigkeit Gottes ein.

Die Barmherzigkeit als hermeneutisches Kriterium einer solchen theologischen Auseinandersetzung mit dem Koran bedeutet erstens die Rekonstruktion der Realisierung dieses „Ja“ zur Freiheit anderer, also der liebenden Barmherzigkeit in der Geschichte des Korans zur Zeit seiner Offenbarung im 7. Jahrhundert, und zweitens die Ermöglichung dieses „Ja“ in der Fortschreibung der

Offenbarung von Gottes liebender Barmherzigkeit im Koran, und zwar in der Geschichte des Korans und somit in der Geschichte Gottes mit dem Menschen heute.

Eine theologische Hermeneutik des Korans geht nicht von der Abgeschlossenheit der Offenbarung Gottes im Koran aus, denn Offenbarung ist ein Geschehen, das sich immer wieder in jeder Begegnung des Menschen mit dem Koran, vor allem mit seinem Klang, ereignet. Wenn der Mensch diese Einladung zur Liebe und Barmherzigkeit annimmt und sie in seinem Leben durch sein Handeln verwirklicht, dann schreibt er Gottes Offenbarung fort. Denn wie die Geschichte des Korans eine Geschichte der Wirklichkeit göttlicher liebender Barmherzigkeit darstellt, soll das Leben des Gläubigen ein Zeugnis von dieser liebenden Barmherzigkeit sein. Diese Überlegungen, die in den nächsten Jahren sicherlich noch zu präzisieren sind, sollen gerade uns Muslimen Mut machen, uns dem Koran stärker zu öffnen und ihm zuzutrauen, dass er uns Freiheit schenken will, dass er uns bis in die Tiefen unserer Herzen berühren und uns zu Händen der Liebe machen will.

Die Reduktion des Korans auf ein Gesetzesbuch, eine Art Bedienungsanleitung für das Leben, macht aus den Gläubigen lediglich Objekte der Offenbarung, die nur passiv diese Instruktionen empfangen und auszuführen haben. Ein Objekt kann aber nicht in Freiheit eine Liebesbeziehung mit Gott eingehen, denn das Gesetz der Liebe ist Freiheit. Nur eine Offenbarung, die Freiheit zulassen will, ist eine zur Liebe einladende Begegnung mit Gott. Jede Auslegung des Korans, die mir diese Freiheit rauben will, verhindert die Möglichkeit der Gottesbegegnung. Jeder Versuch, den Koran auf eine Gesetzesschrift zu reduzieren, ist eine bewusste oder unbewusste Verdrängung Gottes aus dem Koran. Gesetze, Instruktionen, Gebote, Verbote und ethische Prinzipien stünden dann im Mittelpunkt des Korans und würden zum Selbstzweck und nicht mehr die Begegnung mit der liebenden Barmherzigkeit Gottes, die zu einem „Ja“ mit Gott einladen will.[8] Eine aufrichtige Beziehung

[8] Ich möchte hier nicht dahingehend missverstanden werden, dass dies ein Aufruf zur Abschaffung von religiösen Ritualen sowie Geboten und ethischen

zu Gott ist nur die, welche nach der Verwirklichung dieses „Ja“ trachtet. Die Geschichte der Realisierung dieses „Ja“ müssen dann Gläubige immer wieder neu schreiben, indem sie das „Ja“ zu einer erfahrbaren Wirklichkeit in ihrem jeweiligen Lebenskontext machen. Das heißt: Der Koran will nicht nur gelesen, rezitiert und ausgelegt werden, er will auch und vor allem erfahren und gelebt werden, indem seine Rezipienten die in ihm geoffenbarte liebende Barmherzigkeit in der Schönheit seines Klanges annehmen und durch ihr Handeln und durch ihren Lebensentwurf erwidern und so zu Medien der Verwirklichung von Liebe und Barmherzigkeit im realen Leben werden. Denn Glaube vollzieht sich wesentlich als verstehende Aneignung der gegebenen Wahrheit. Dies soll uns Muslime stärker dazu ermutigen, die Schönheit des koranischen Klangs neu zu entdecken und das Erlernen der Rezitation des Korans als Kernbestandteil jedes Religionsunterrichts und jeder Auseinandersetzung mit dem Koran zu betrachten mit dem Bewusstsein, dass Gottes Schönheit, die zur Liebe entzünden will, vor allem in der Schönheit des koranischen Klangs erfahrbar wird. Deshalb vollzieht sich eine theologische Koranhermeneutik in einem performativen Akt, in dem Gottes einladende Liebe durch den Menschen erwidert und in der Geschichte fortgeschrieben wird – und darum geht es.

Grundsätzen ist. Die Frage ist aber, ob wir diese als Selbstzweck betrachten oder im Dienste der Vervollkommnung des Menschen würdigen. Ich mache mich für Letzteres stark.

Literatur

Abū Zaid, Naṣr Ḥāmid, Mafhūm an-naṣṣ – dirāsa fī ʿulūm al-Qurʾān, Kairo 1990.

Ders., Gottes Menschenwort. Für ein humanistisches Verständnis des Koran, Freiburg im Breisgau 2008.

Ders., Mohammed und die Zeichen Gottes. Der Koran und die Zukunft des Islam, Freiburg im Breisgau 2008.

Aland, Kurt/Aland, Barbara, Der Text des Neuen Testaments. Einführung in die wissenschaftlichen Ausgaben sowie in Theorie und Praxis der modernen Textkritik, Stuttgart [2]1989.

Ambros, Arne A., Die Divergenzen zwischen dem Flügel- und dem Azhar-Koran. In: Wiener Zeitschrift für die Kunde des Morgenlandes 78 (1988), 9–21.

Āmidī, Sayf ad-Dīn al-, Abkar al-afkar fī usūl ad-dīn. Bd. 1, Kairo 2004, 353 ff.

Andrae, Tor, Die Entstehung des Islams und das Christentum, Uppsala/Stockholm 1926.

Arrivabene, Andrea, L'Alcorano di Macometto, Fano 1547.

Arnold, Theodor, Der Koran, Oder insgemein so genannte Alcoran des Mohammeds […], Lemgo 1746.

d'Artis, Gabriel, Journal de Hambourg 1 (3. September 1694), 3–9.

Asbridge, Thomas, Die Kreuzzüge, Stuttgart, [2]2011.

Azm, Sadiq Jalal al-, Orientalism and Orientalism in Reverse. In: Alexander L. Macfie (Hg.), Orientalism. A Reader, New York 2000, 217–238.

Azmeh, Aziz al-, The Emergence of Islam in Late Antiquity. Allah and His People, Cambridge 2017.

Backhaus, Knut, Aufgegeben? Historische Kritik als Kapitulation und Kapital von Theologie. In: ZThK 114 (2017), 260–288.

Bayḍāwī, Qādī al-, Anwār at-tanzīl wa-asrār at-taʾwīl, Istanbul 1998

Bāqī, Muḥammad ʿAbd al-, al-Muʿǧam al-mufahras li-alfāẓ al-Qurʾān, Kairo 1988.

Bāqillānī, Abū Bakr Muḥammad Ibn aṭ-Ṭaiyib al-, al-Inṣāf fīmā yağib iʿtiqādu wa-lā yağūz al-ğahl bihī, hg. v. Muḥammad Zāhid Ibn al-Ḥasan al-Kauṯarī, Kairo 2000.

Barth, Karl, Der Römerbrief. (Zweite Fassung) 1922, hg. v. Cornelis van der Kooi/ Katja Tolstaja, Zürich 2010.

Ders., Die neue Welt in der Bibel [1917]. In: Ders., Vorträge und kleinere Arbeiten 1914–1921, in Verbindung m. Friedrich-Wilhelm Marquardt hg. v. Hans-Anton Drewes (Karl Barth Gesamtausgabe), Zürich 2012, 317–343.

Bauer, Karen, Emotion in the Qur'an: An overview. In: Journal of Qur'anic Studies 19 (2017) 1–30.

Bauer, Thomas, Kultur der Ambiguität, Eine andere Geschichte des Islam, Berlin 2011.

Baum, Wilhelm, Josef von Hammer-Purgstall. Ein östereichischer Pionier der Orientalistik. In: Östereich in Geschichte 46 (2002), 224–239.

Becker, Uwe, Exegese des Alten Testaments. Ein Methoden- und Arbeitsbuch, Tübingen [4]2015.

van Bekkum, Wout, Leopold Zunz „schleiermachert in jeder Beziehung". Eine Skizze. In: Görge K. Hasselhoff (Hg.), Die Entdeckung des Christentums in der Wissenschaft des Judentums, Berlin/ New York 2010, 19–32.

Bell, Richard, The Qur'an. Translated, with a Critical Re-Arrangemnt of the Surahs, Edinburgh 1939.

Benzine, Rachid, Islam und Moderne. Die neuen Denker, Berlin 2004.

Berg, Horst Klaus, Ein Wort wie Feuer, Wege lebendiger Bibelauslegung, München 1991.

Berger, Klaus, Das kranke Herz der Theologie. In: Ders., Widerworte. Wieviel Modernisierung verträgt Religion?, Frankfurt am Main/ Leipzig 2005, 121–128.

Ders., Die Bibel und ihre philosophischen Feinde, Heimbach/Eifel [2]2015.

Ders., Historische Kritik und der Glaube der Kirche. In: Ders., Widerworte. Wieviel Modernisierung verträgt Religion?, Frankfurt am Main/Leipzig 2005, 145–161.

Ders., Die Bibelfälscher. Wie wir um die Wahrheit betrogen werden, München 2013.

Bergner, Gerhard, Um der Sache willen. Karl Barths Schriftauslegung in der Kirchlichen Dogmatik, Göttingen 2015.

Bergsträsser, Gotthelf/Pretzl, Otto, Geschichte des Qorans, Bd. III: Die Geschichte des Korantextes, Leipzig 1938.

Bergsträsser, Gotthelf, Plan eines Apparatus Criticus zum Koran. In: Sitzungsberichte der philosophisch-philologischen Klasse der Bayerischen Akademie der Wissenschaften, Heft 7, München 1930, 8–19.

Ders., Über Notwendigkeit und Möglichkeit einer kritischen Koranausgabe. In: Zeitschrift der Deutschen Morgenländischen Gesellschaft 84 (1930), 82–83.

Ders., Koranlesung in Kairo. In: Der Islam 20 (1932), 1–42.

Bertheau, Carl, Hinkelmann, Abraham. In: Allgemeine Deutsche Biographie 12 (1880), 460–462.

Bibliander, Theodor, Machumetis Saracenorum principis, eiusque successorum vitae, doctrina ac ipse Alcoran, Basilea 1543.

Bobzin, Hartmut, Der Koran im Zeitalter der Reformation. Studien zur Frühgeschichte der Arabistik und Islamkunde in Europa, Stuttgart 1995.

Ders., Friedrich Rückert und der Koran. In: Ders. (Hg.), Der Koran. In der Übersetzung von Friedrich Rückert, Würzburg 1996.

Ders., Von Luther zu Rückert: Der Koran in Deutschland: Ein weiter Weg von der Polemik zur poetischen Übersetzung. In: Akademie Aktuell 01/2010, 14–17.

Bogolte, Michael, Krisen des Mittelalters. In: Heimo Reinitz (Hg.), Deutschland und Europa: Wächst zusammen, was zusammen gehört?, Berlin/Boston 2013, 27–44.

Graf von Bothmer, Hans-Caspar/Ohlig, Karl-Heinz/Puin, Gerd-Rüdiger, Neue Wege der Koranforschung. In: Magazin Forschung 1 (1999), 32–47.

Botman, Selma, The Liberal Age, 1923–1952. In: Martin W. Daly, The Cambridge History of Egypt. Bd. 2: Modern Egypt, from 1517 to the End of the Twentieth Century, Cambridge 1998, 285–308.

Boutroux, Emile, Nouvelles études d'histoire de la philosophie, Paris 1927.

Boyd, Gregory, God of the Possible: A Biblical Introduction to the Open View of God, Grand Rapids 2000.

Ders., Trinity and Process: A Critical Evaluation and Reconstruction of Hartshorne's Di-Polar Theism Towards a Trinitarian Metaphysics, Bern 1992.

Bukharaev, Ravil, Islam in Russia: The Four Seasons, London/New York 2000.

Burbank, Jane/Cooper, Frederick, Imperien der Weltgeschichte. Das Repertoire der Macht vom alten Rom und China bis heute, Frankfurt am Main/New York 2012.

Burman, Thomas E., Reading the Qur'an in Latin Christendom, 1140–1560, Philadelphia 2007.

Caspar, Paulin/Jomier, Jacques, L'exegèse scientifique du Coran d'après le Cheikh Amin al-Khouli. In: Miscellanies of the Dominican Institute for Oriental Studies 4 (1957), 269–280.

Cecini, Ulisse, Alcoranus latinus. Eine sprachliche und kulturwissenschaftliche Analyse der Koranübersetzungen v. Robert von Ketton und Marcus von Toledo/Berlin 2012.

Cellard, Éléonore/Cimiotti, Sabrina, Codex Amrensis 1, (Documenta Coranica; 1) Leiden 2018.

Chauvin, Victor, Bibliographie des ouvrages arabes ou relatifs aux arabes publiés dans l'Europe chrétienne de 1810 à 1885. Bd. 10: Le Coran et la Tradition, Liège/Leipzig 1907.

Cohen, Mark R., Islam and the Jews: Myth, Counter-Myth, History. In: The Jerusalem Quarterly 38 (1986), 125–137.

Ders., The Neo-Lachrymose Conception of Jewish-Arab History. In: Tikkun 6 (1991), 60–64.

Crone, Patricia/Cook, Michael A., Hagarism. The Making of the Islamic World, Cambridge 1980.

Crone, Patricia, What do we actually know about Mohammad?. In: Open Democracy News Analyses, 10.06.2008 (http://www.opendemocracy.net).

Curtis, Michael, Orientalism and Islam: Europaean Thinkers on Oriental Despotism in the Middle East and India, Cambridge/New York 2009.

Damascenus, Johannes, Die Schriften des Johannes von Damaskus, hg. v. Bonifastius Kotter. Bd. 4: Liber de haeresibus. Opera polemica, Berlin/New York 1981.

Déroche, François, Written Transmission. In: Andrew Rippin (Hg.), The Blackwell Companion to the Qur'ān, Malden/Oxford/Carlton 2006, 184–200.

Ders., Le transmission écrite du Coran dans les débuts de l'Islam. Le Codex Parisino-Petropolitanus, Leiden/Boston 2009.

Diem, Werner/Wild, Stefan (Hg.), Studien aus Arabistik und Semitistik. Anton Spitaler zum siebzigsten Geburtstag von seinen Schülern überreicht, Wiesbaden 1980.

Dingeldein, Hannah, Die Ästhetik des Schönen und Erhabenen. Friedrich Schiller und Johnson, Göttingen 2014.

Dischner, Gisela, Schönheit ist Freiheit in Erscheinung – Zu Schillers ästhetischer Anthropologie. In: Peter Nickl/Assunta Verrone (Hg.),

Schönheit ist Freiheit. Texte zum 5. Festival der Philosophie Hannover 2016, Münster 2018, 17–29.

Diyārbakrī, Ḥussain b. Muḥammad, Tārīkh al-khamīs fī aḥwāl anfus nafīs, 2 Bde., Kairo 1884.

Dockter, Cornelia, Wort im Geist. Zur Bedeutung Jesu Christi in Christentum und Islam. Univ. Diss. (unveröffentlicht).

Dohmen, Christoph, Die Bibel und ihre Auslegung, München ²2003.

Drescher, Hans-Georg, Ernst Troeltsch. Leben und Werk, Göttingen 1991.

Dreyfus, Adam und Eva nach Auffassung des Midrasch mit erläuternden Anmerkungen und Nachweisungen, Strassburg 1894.

Ebeling, Gerhard, Die Bedeutung der historisch-kritischen Methode für die protestantische Theologie und Kirche. In: Ders., Wort und Glaube, Tübingen ³1967, 1–49.

Egger, Wilhelm/Wick, Peter, Methodenlehre zum Neuen Testament. Biblische Texte selbständig auslegen, Freiburg im Breisgau u.a. ⁶2011.

Eichhorn, Johann Gottfried, Einleitung in das Alte Testament, 3 Bde., Leipzig 1780–1783.

Ders., Einleitung in das neue Testament. 5 Bde., Leipzig 1804–1827.

Ders., Repertorium für biblische und morgenländische Litteratur. 18 Bde., Leipzig 1777–1786.

Elmarsafy, Ziad, The Enlightenment Qur'an: The Politics of Translation and the Construction of Islam, Oxford 2009.

Ende, Werner, Johann W. Fück. In: Der Islam 53 (1976), 193–195.

Esack, Farid, The Qur'an. A User's Guide, Oxford 2005

van Ess, Josef, Rudi Paret (1901–1983). In: Der Islam 61 (1984), 1–7.

Falaturi, Abdoldjavad, Der Islam – Religion der raḥma, der Barmherzigkeit. In: Ders. (Hg.), Der Islam im Dialog – Aufsätze von Professor Abdoljavad Falaturi, Hamburg 1996, 61–88.

Ders., Wie ist menschliche Gotteserfahrung trotz des strengen islamischen Monotheismus möglich. In: Ders./Jakob J. Petuchowski/Walter Strolz (Hg.), Drei Wege zu dem einen Gott. Glaubenserfahrung in den monotheistischen Religionen, Freiburg 1980, 33–47.

Finnern, Sönke/Rüggemeier, Jan, Methoden der neutestamentlichen Exegese. Ein Lehr- und Arbeitsbuch, Tübingen 2016.

Finsterbusch, Karin/Tilly, Michael, Ein Plädoyer für die historisch-kritische Exegese. In: Ders., Verstehen, was man liest. Zur Notwendigkeit historisch-kritischer Bibellektüre, Göttingen 2010, 9–17.

Fisch, Michael, Ein Fremder war er in der Heimat. Einführung in Leben und Werk von Tâhâ Hussein. In: Michael Fisch/Dalia Aboul Fotouh

Salama (Hg.), Die Wissenschaft ist ein Meer ohne Ufer. Beiträge zum Forschungskolloquium an der Abteilung für Germanistik der Universität Kairo, Berlin 2017, 11–26.

Fischer, Alexander A., Der Text des Alten Testaments. Neubearbeitung der Einführung in die Biblia Hebraica von Ernst Würthwein, Darmstadt 2009.

Fleischer, Heinrich L., Anwār at-tanzīl wa-asrār at-taʾwīl. Beidhawii Commentarius in Coranum: Ex codd. Parisiensibus, Dresdensibus et Lipsiensibus. 2 Bde., Leipzig 1846–1848.

Flügel, Gustav, Concordantiae Corani arabicae, Leipzig 1842 ([2]1898).

Ders., Corani textus arabicus. Ad fidem librorum manuscriptorum et impressorum et ad praecipuorum interpretum lectiones et auctoritatem, Leipzig1834.

Förstel, Karl, Niketas von Byzanz. Schriften zum Islam, Würzburg 2000.

Frankfurter Gelehrten Anzeigen, 22.12.1772.

Fück, Johann, Arabische Kultur und Islam im Mittelalter. Ausgewählte Schriften, hg. v. Manfred Fleischhammer, Weimar 1981, 142–152.

Ders., Vorträge über den Islam. Aus dem Nachlaß herausgegeben und um einen Anmerkungsteil ergänzt von Sebastian Günther, Halle-Wittenberg 1999.

Ders., Flügel, Gustav Leberecht. In: Neue Deutsche Biographie 5 (1961), 260 f.

Ders., Zur Originalität des arabischen Propheten. In: Zeitschrift der deutschen morgenländischen Gesellschaft 90 (1936), 509–525.

Gabrieli, Francesco, Die Kreuzzüge aus arabischer Sicht, Augsburg 2000.

Ǧamāl, Bassām al-, Asbāb an-nuzūl: ʿilm min ʿulūm al-Qurʾān, Casablanca 2005.

Geiger, Abraham, Allgemeine Einleitung in die Wissenschaft des Judentums, hg. v. Ludwig Geiger (Sonderabdruck aus A. Geigers nachgelassenen Schriften Bd. 2), Frankfurt am Main 1875.

Ders., Der Einfluss des Judentums auf die Entstehung und Ausbildung des Islam nach den neuesten Forschungen von Sprenger und Nöldeke. In: Monatsschrift für die Geschichte und Wissenschaft des Judentums 15 (1866), S. 441–455.

Ders., Inquiratur in fontes Alcorani seu legis Mohammedicae eas qui ex Judaismo serivandi sunt, 1832.

Ders., Was hat Muhammads aus dem Judenthume aufgenommen? Bonn 1833, [2]1902 [Nachdruck Berlin 2004 mit einem Vorwort von Friedrich Niewöhner].

Ders., Rezension zu Aloys Sprenger, Das Leben und die Lehre Mohammads. In: Jüdische Zeitschrift für Wisssenschaft und Leben 2 (1862), 185–191.

Giesecke, Heinz H., Nachruf zu Kračkovskij. In: Zeitschrift der Deutschen Morgenländischen Gesellschaft 105 (1955), 6–17.

Ghaffar, Zishan, Der historische Muhammad in der islamischen Theologie: Zur Kriterienfrage in der Leben-Muhammad-Forschung, Diss. Univ. Paderborn 2018.

Glei, Reinhold (u.a.), Schriften zum Islam. Kommentierte griechisch-deutsche Textausgabe, Würzburg 1995.

Goetze, Andreas, Religion fällt nicht vom Himmel, Darmstadt 2012.

Goitein, Shlomoh D., Who were Muhammad's Most Notable Teachers? A Proposal for a New Solution to an Old Question. In: Tarbiz 23 (1952), 146–159 (Hebräisch) [abgedruckt in Gotthold E. Weil, Jubilee Volume on the Occasion of His 70th Birthday, Jeruslaem 1952, 10–23].

Ders., Nachruf auf Josef Horovitz. In: Der Islam 22 (1935), 122–127.

Ders., A Mediterranean Society. The Jewish Communities of the Arab World as Portrayed in Documents from the Cairo Geniza, 6 vols., Berkeley 1967–1993.

Ders., Studies in Islamic History and Institutions, Brill 1966.

Goldschmidt, Arthur, Biographical Dictionary of Modern Egypt, London 2000.

Goldschmidt, Leonore, Philologie. In: Siegmund Kaznelson (Hg.), Juden im deutschen Kulturbereich: Ein Sammelwerk, Berlin 31962, 323–348.

Goldziher, Ignaz, Die Richtungen der islamischen Koranauslegung. An der Universität Uppsala gehaltene Olaus-Petri-Vorlesungen, Leiden 1920.

Ders., Muhammedanische Studien, 2 Bde., Halle 1889–1890.

Gottschalk, Hans L., Nachruf. In: Der Islam 24 (1937), 185–191.

Graf, Daniel, Unterwegs zu einer Biblischen Theologie. Perspektiven der Konzeption von Peter Stuhlmacher, Göttingen 2011.

Gramlich, Richard, Muhammad Al-Gazzalis Lehre von den Stufen zur Gottesliebe. Die Bücher 31–36 seines Hauptwerkes eingeleitet, übersetzt und kommentiert, Wiesbaden 1984.

Grotzfeld, Heinz, Der Begriff der Unnachahmlichkeit des Korans in seiner Entstehung und Fortbildung. In: Archiv für Begriffsgeschichte 13 (1969), 58–72.

Gruber, Christiane/Avinoam Shalem (Hg.), The Image of the Prophet between Ideal and Ideology: A Scholarly Investigation, Berlin/Boston 2013.

Ǧurǧānī, Abū Bakr ʿAbd al-Qāhir b. ʿAbd ar-Raḥmān b. Muḥammad al-, Kitāb dalāʾil al-iʿǧāz, hg. v. Maḥmūd Muḥammad Šākir, Kairo 1984.

Haber, Peter, Zwischen jüdischer Tradition und Wissenschaft. Der ungarische Orientalist Ignác Goldziher (1850–1921), Köln 2006.

Hagemann, Ludwig, Christentum contra Islam. Eine Geschichte gescheiterter Beziehungen, Darmstadt 1999.

Ders., Der Islam im Verständnis und Kritik bei Luther. In: Trierer Theologische Zeitschrift 103 (1994), 131–151.

Ḫalafallāh, Muḥāmmad Aḥmad, al-Fann al-qaṣaṣī fī l-Qurʾān, Kairo 1950.

Ḫalīfa, Ḥāǧǧī, Kašf aẓ-ẓunūn, Bd. 2, Beirut 1994.

Hammann, Konrad, Hermann Gunkel. Eine Biographie, Tübingen 2014.

von Hammer, Joseph, Die letzten vierzig Suren des Korans als eine Probe einer gereimten Uebersetzung desselben. In: Fundgruben des Orients 2 (1811), 25–46.

Ders., Joseph, Fortsetzung der Probe einer Uebersetzung des Korans. In: Fundgruben des Orients 3 (1813), 231–261.

Ders., Probe einer Uebersetzung des Korans. In: Fundgruben des Orients 4 (1814), 68–86.

Hartwig, Dirk, Die ‚Wissenschaft des Judentums' als Gründerdisziplin der kritischen Koranforschung. Abraham Geiger und die erste Generation jüdischer Koranforscher. In: Christian Wiese/Walter Homolka/Thomas Brechenmacher (Hg.), Jüdische Existenz in der Moderne. Abraham Geiger und die Wissenschaft des Judentums, Berlin 2013, 297–319.

Ders., Die ‚Wissenschaft des Judentums' und die Anfänge der kritischen Koranforschung. Perspektiven einer modernen Koranhermeneutik. In: Zeitschrift für Religions- und Geistesgeschichte 61 (2009), 234–256.

Ders., Der ‚Urvertrag' (Q 7:172) – ein rabbinischer Diskurs im Koran. In: Ders. (u.a.) (Hg.), Im vollen Licht der Geschichte. Die Wissenschaft des Judentums und die Anfänge der kritischen Koranforschung, Würzburg 2008, 191–202

Hempelmann, Heinzpeter, Grundfragen der Schriftauslegung. Ein Arbeitsbuch mit Texten von Martin Luther, Adolf Schlatter, Karl Barth,

Gerhard Ebeling, Gerhard Maier und Peter Stuhlmacher, Wuppertal 1983.

Ders., Nicht auf der Schrift, sondern unter ihr. Grundsätze und Grundzüge einer Hermeneutik der Demut, Lahr 2000.

Henckmann, Wolfhart, Ästhetik. In: Wolfhart Henckmann/Konrad Lotter (Hg.), Lexikon der Ästhetik, München 1992, 20–24.

Henning, Max, Der Koran, Leipzig 1901.

Heschel, Susannah, Constructions of Jewish Identity through Reflections on Islam. In: Nina Caputo/ Andrea Sterk (Hg.), Faithful Narratives: Historians, Religions, and the Challenge of Objectivity, Ithaca 2014, 169–184.

Dies., Deutsch-jüdische Islamwissenschaftler und die ‚Entorientalisierung' des Judentums. In: Christina von Braun (Hg.), Was war deutsches Judentum? 1870–1933, Berlin 2015, 149–166.

Dies., Die Wissenschaft des Judentums und der Islam – ein Vorbild für Deutschland im 21. Jahrhundert, Vortrag gehalten am 6. Juli 2009 anlässlich der Eröffnung des Kollegiums Jüdische Studien an der Humboldt Universität zu Berlin.

Dies., German-Jewish Scholarship on Islam as a Tool of De-Colonization. In: New German Critique 117 (2012), 91–117.

Dies., Judaism, Islam, and Hellenism. The Conflict in Germany over the Origins of Culture. In: Jeremy Cohen/Richard I. Cohen (Hg.), The Jewish Contribution to Civillization. Reassessing an Idea, Oxford 2008, 98–124.

Dies., Jüdischer Islam. Islam und jüdisch-deutsche Selbstbestimmung, Berlin 2018.

Hilali, Asma, The Sanaa Palimpsest. The Transmission of the Quran in the First Centuries H., Oxford 2017.

Hildebrandt, Thomas, Nasr Hamid Abu Zaid, Ägypten/Niederlande. In: Katajun Amirpur/Ludwig Ammann (Hg.), Der Islam and Wendepunkt. Liberale und konservative Reformer einer Wetreligion, Freiburg im Breisgau 2006, 127–135.

Ders., Neo-Muʿtazilismus, Intention und Kontext im modernen arabischen Umgang mit dem rationalistischen Erbe des Islam, Leiden/ Boston 2007.

Hinckelmann, Abraham D., Al-Coranus sive Lex islamitica Muhammedis, Filii Abdallae, Pseudoprophetae, ad optimorum Codd. Fidem edita ex museo Abr. Hincckelm., Hamburg 1694.

Höhn, Hans-Joachim, Gott-Offenbarung-Heilswege. Fundamentaltheologie, Würzburg 2011.

Holmes, Michael W., From „Original Text" to „Initial Text": The Traditional Goal of New Testament Textual Criticism in Contemporary Discussion. In: Bart D. Ehrman (Hg.), The Text of New Testament in Contemporary Research, Leiden u. a. [2]2013, 637–688.
Horn, Cornelia, Theodoros Abu Qurrah. In: Wassilios Klein (Hg.), Syrische Kirchenväter, Stuttgart 2004, 83–101.
Hourani, Albert, Arabic Thought in the Liberal Age, 1798–1939, Oxford/London 1962.
Hoyland, Robert G., Seeing Islam as Others Saw It: A Survey and Evaluation of Christian, Jewish and Zoroastrian Writings on Early Islam, Princeton 1997.
Ḫūlī, Amīn al-, at-Tafsīr. Maʿālim ḥaiātihī manhāǧuhū l-yaum, Kairo 1944 (wiederabgedruckt in ders., Manāhiǧ taǧdīd fī l-naḥw wa-l-balāġa wa-t-tafsīr wa-l-adab, Kairo 1961).
Ḥumṣī, Naʿim al-, Fikrat iʿǧāz al-Qurʾān. Min al-baʿṯa n-nabawīya ilā aṣrinā l-ḥāḍ, Beirut [3]1980.
Hünermann, Peter/Söding, Thomas (Hg.), Wort Gottes. Schrift – Tradition – Amt, Freiburg 2005.
Ders., Die Dokumente des Zweiten Vatikanischen Konzils. Konstitutionen, Dekrete, Erklärungen, Freiburg im Breisgau [3]2012.
Ibn al-Ǧazarī, Šams ad-Dīn Muḥammad ʿAlī, an-Našr fī l-qirāʾāt al-ʿašr. Bd. 1, Beirut 1980.
Ibn ʿĀšūr, Muḥammad, at-Taḥrīr wa-t-tanwīr, Tunis 1984.
Ibn Ǧuzzī al-Kalbī, Abū l-Qāsim, at-Tashīl li ʿulūm at-tanzīl, hg. v. Muḥammad Ḥāšim, Beirut 1995.
Ibn Kaṯīr, Abū l-Fidāʾ, al-Bidāya wa-n-nihāya, Bd. 1, Beirut 1992.
Ders., Tafsīr al-Qurʾān al-ʿaẓīm, hg. v.Sāmī as-Salāma, Riad 1999.
Ders., Tafsīr al-Qurʾān, Beirut 1996.
Ibn Manẓūr, Lisān al-ʿarab, hg. v. Abdullāh al-Kabīr, u. a., Kairo o. A.
Ibn Qayyim al-Ǧawziyya, Muḥammad Ibn-Abī-Bakr, at-Tibyān fī aqsām al-Qurʾān, Beirut 1994.
Ibn Saʿd, At-ṭabaqāt al-kubrā, hg. v. Iḥsān ʿAbbās. 9 Bde., Beirut 1958.
Ibn Taimīya, Minhāǧ as-sunna an-nabawīya, hg. v. Muḥammad Sālim, Bulāq 1904.
Ders., Šarḥ al-aṣfahānīya, Riad 1995.
Ibrahim, Zakariyya, Muškilat al-ḥurriyya, Kairo 1972.
Irwin, Robert, Dangerous Knowledge. Orientalism and Its Discontents, Woodstock/New York 2006.
Jansen, Hans J. J. G., The Interpretation of the Koran in Modern Egypt, Leiden 1981.

Jansen, Helmut, Wenn Freiheit Wirklichkeit wird. Erlebnispädagogische Jugendpastoral in kritischer Sichtung, Berlin 2007.

Jeffery, Arthur, Materials for the History of the Text of the Qur'ān. The Old Codices. The Kitāb al-Maṣāḥif of Ibn Abī Dāwūd [...], Leiden 1936.

Jemaey, Awad Muaiwed al-, Al-Rummānī's „al-Nukat fī I'jāz al-Qur'ān“: an annotated translation with introduction, Diss. Univ., Indiana 1987.

Jomier, Jacques, al-Azhar. In: EI² 1 (1960/1986), 813–821.

Ders., The divine name ‚al-Raḥmān' in the Qur'ān. In: Colin Turner, The Koran. Critical concepts in Islamic Studies. Bd. 1, London 2004, 345–358.

Jonker, Gerdien, The Ahmadiyya Quest for Religious Progress. Missionizing Europe 1900–1965, Berlin/Boston 2016.

Kahles, Paul, Nachruf auf Schwally. In: Der Islam. Zeitschrift für Geschichte und Kultur des Islamischen Orients 10 (1920), 238–242.

Karimi, Ahmad Milad (Hg.), Die Blumen des Koran oder: Gottes Poesie. Ein Lesebuch, Freiburg im Breisgau 2015.

Ders., Versuch einer ästhetischen Hermeneutik des Qur'an. In: Mouhanad Khorchide/Klaus von Stosch (Hg.), Herausforderungen an die Islamische Theologie in Europa Challenges for Islamic Theology in Europe, Freiburg 2012, 14–30.

Kassir, Samir, Das arabische Unglück, Berlin 2005.

Kassis, Hanna, A Concordance to the Quran, Berkley 1982.

Katsh, Abraham I., Judaism in Islam: Biblical and Talmudic Background of the Koran and Its Commentaries, Suras II and III, New York 1952.

Kaufmann, Thomas, Die Geschichte der Reformation, Frankfurt am Main/Leipzig 2009.

Kermani, Navid, Appeliert Gott an den Verstand? Eine Randbemerkung zum koranischen Begriff aql und seiner Paretischen Übersetzung. In: Lutz Edzadr/Christina Szyska (Hg.), Encounters of Words and Texts (Arabistische Texte und Studien; 10) Hildesheim/Zürich/New York 1997, 43–66.

Ders., Gott ist schön. Das ästhetische Erleben des Koran, München, 1999; ⁵2015.

Ders., Offenbarung als Kommunikation. Das Konzept waḥy in Naṣr Ḥāmid Abū Zayd, Mafhūm an-naṣṣ, Frankfurt am Main 1996.

of Ketton, Robert, Lex Mahumet pseudo-prophete que arabice Alchoran, id est, collectio preceptorum vocatur (Manuskript Paris, BnF, MS Arsenal 1162).

Khalidi, Tarif, Images of Muhammad: Narratives of the Prophet in Islam Across the Centuries, New York 2009.

Khorchide, Mouhanad, Islam ist Barmherzigkeit. Grundzüge einer modernen Religion, Freiburg im Breisgau 2015.

Ders., Scharia, der missverstandene Gott. Der Weg zu einer modernen islamischen Ethik, Freiburg im Breisgau 2013.

Ders./von Stosch, Klaus, Der andere Prophet. Jesus im Koran, Freiburg/Basel/Wien 2018.

Kierkegaard, Søren, Eine literarische Anzeige. Übers. v. Emanuel Hirsch (Gesammelte Werke; 17) Düsseldorf 1954.

Kilchenmann, Ruth J., Goethes Übersetzung der Voltairedramen Mahomet und Tancred. In: Comperative Literature 14 (1962), 332–340.

Kiltz, David, The Relationship between Arabic Allāh and Syriac Allāhā. In: Der Islam 88 (2011), 33–50.

Kleden, Paulus Budi, Christologie in Fragmenten: Die Rede von Jesus Christus im Spannungsfeld von Hoffnungs- und Leidensgeschichte bei J. B. Metz, Münster 2001.

Klinger, Susanne, Status und Geltungsanspruch der historisch-kritischen Methoden in der theologischen Hermeneutik, Stuttgart 2003.

Kohn, Sara, Die Eheschließung im Koran, Leiden 1934.

Koltun-Fromm, Ken, Abraham Geiger's Liberal Judaism: Personal Meaning and Religious Authority, Bloomington 2006.

Koopmann, Helmut, „Bestimme Dich aus Dir selbst": Schiller, die Idee der Autonomie und Kant als problematischer Umweg. In: Wolfgang Wittkowski (Hg.): Friedrich Schiller: Kunst, Humanität und Politik in der späten Aufklärung, Tübingen 1982, 202–218.

Ders., Einführung. In: Ders. (Hg.): Friedrich Schiller: Sämtliche Werke in fünf Bänden. Band 1: Dramen I. Düsseldorf/Zürich 1997, 5–69.

Koren, Judith/D. Nevo, Yehuda, Crossroads to Islam. The Origins of the Arab Religion and the Arab State, Amherst/New York 2003.

Dies., Methodological Approaches to Islamic Studies. In: Der Islam 68 (1991), 87–107.

Körner, Felix, Kritik der historischen Kritik. Eine neue Debatte in der islamischen Theologie. In: Urs Altermatt/Mariano Delgado/Guido Vergauwen (Hg.), Der Islam in Europa. Zwischen Weltpolitik und Alltag, Stuttgart 2006, 127–142.

Ders., Historisch-kritische Koranexegese? Hermeneutische Neuansätze in der Türkei. In: Görge K. Hasselhoff/Michael Meyer-Blanck (Hg.), Krieg der Zeichen? Zur Interaktion von Religion, Politik und Kultur (Studien des Bonner Zentrums für Religion und Gesellschaft; 1), Würzburg 2006, 57–74.

Körtner, Ulrich H. J., Der inspirierte Leser. Zentrale Aspekte biblischer Hermeneutik, Göttingen 1994.

Ders., Dichtung und Wahrheit, Wahrheitsbegriff und Wirklichkeitssinn christlicher Theologie. In: Ders., Poetologische Theologie. Zur ästhetischen Theorie christlicher Sprach- und Lebensformen, Ludwigsfelde 1999, 274–298.

Kračkovskij, Ignatij J., Die russische Arabistik. Umrisse ihrer Entwicklung, übersetzt und bearbeitet von Otto Mehlitz, Leipzig 1957 (russische Ausgabe 1950).

Ders.: Koran, hg. v. Viktor I. Beliaev/Petr A. Griznevich, Moskau 1963.

Kratz, Reinhard G., Art. Redaktionsgeschichte/Redaktionskritik. In: Theologische Realenzyklopädie 28 (1997), 367–378.

Kraus, Hans-Joachim, Geschichte der historisch-kritischen Erforschung des Alten Testaments von der Reformation bis zur Gegenwart, Neukirchen 1956.

Ders., Systematische Theologie im Kontext biblischer Geschichte und Eschatologie, Neukirchen-Vluyn 1983.

Kreutner, Rudolf, Rückert, Johann Michael Friedrich. In: Neue Deutsche Biographie 22 (2005), 208–210.

Krings, Hermann, Freiheit. Ein Versuch Gott zu denken. In: Günther Bien (Hg.), System und Freiheit. Gesammelte Aufsätze, Freiburg 1980.

von Kues, Nikolaus, Sichtung des Korans, hg. von Ludwig Hagemann/ Reinhold Glei, (Lateinisch-deutsch). 2 Bde., Hamburg 1989.

Kugel, James L., The Bible as It Was, Cambridge 1997.

Kuschel, Karl-Josef, Vom Streit zum Wettstreit der Religionen. Lessing und die Herausforderung des Islam, Düsseldorf 1998.

von Kutschera, Franz, Ästhetik, Berlin/New York 1998.

Larkin, Margaret, The inimitability of the Qur'an: two Perspektives. In: Religion und Literature of Islam 20, 1 (1988), 31–47.

Lassner, Jacob, Abraham Geiger: A Nineteenth-Century Jewish Refomer on the Origins of Islam. In: Martin Kramer (Hg.), The Jewish Discovery of Islam: Studies in Honor of Bernard Lewis, Tel Aviv 1999, 103–136.

Lausberg, Heinrich, Handbuch der literarischen Rhetorik. Eine Grundlegung der Literaturwissenschaft, München 1960.

Lauster, Jörg, Prinzip und Methode. Die Transformation des Schriftprinzips durch die historische Kritik von Schleiermacher bis zur Gegenwart, Tübingen 2004.

Ders., Religion als Lebensdeutung. Hermeneutische Theologie heute, Darmstadt 2005.

Leonhardt, Rochus, Skeptizismus und Protestantismus. der philosophische Ansatz Odo Marquards als Herausforderung an die evangelische Theologie, Tübingen 2003.

Lerch, Magnus/Langenfeld, Aaron, Theologische Anthropologie, Paderborn 2018.

Lerch, Magnus, Selbstmitteilung Gottes. Herausforderungen einer freiheitstheoretischen Offenbarungstheologie, Regensburg 2015.

Ders., Hypostatische Union als Freiheitsgeschehen. Zur gegenwärtigen Diskussion um eine transzendentalphilosophische Reformulierung der Christologie, Wien 2017.

Lindemann, Walter, Karl Barth und die Kritische Schriftauslegung, Hamburg 1973.

Lüdemann, Gerd/Özen, Alf, Art. Religionsgeschichtliche Schule. In: Theologische Realenzyklopädie 28 (1997), 618–624.

Ludwig Hagemann, Der Islam im Verständnis und Kritik bei Luther. In: Trierer Theologische Zeitschrift 103 (1994), 131–151.

Luxenberg, Christoph, Die syro-aramäische Lesart des Koran. Ein Beitrag zur Entschlüsselung der Koransprache, Berlin [5]2015.

Luz, Ulrich, Theologische Hermeneutik des Neuen Testaments, Neukirchen-Vluyn 2014.

Maier, Gerhard, Das Ende der historisch-kritischen Methode, Wuppertal 1974.

Ders., Wie legen wir die Schrift aus?, Gießen 1978.

Mammsen, Katharina, Übersetzung von Voltaires Mahomet (1799). In: Dies., Goethe und die arabische Welt, Frankfurt am Main 1988, 218–238.

Manzoor, Parvez, Method against Truth: Orientalism and Qur'anic Studies. In: Muslim World Book Review 7 (1987), 33–49 (abgedruckt in: Andrew Rippin (Hg.), The Qur'ān. Style and Contents, Aldershot 2001, 381–397).

Markov, Smilen, Theodor 'Abū Qurra als Nachfolger des Johannes von Damaskus. In: Andreas Speer/Philipp Steinkrüger (Hg.), Knotenpunkt Byzanz. Wissensformen und kulturelle Wechselbeziehungen, Berlin/Boston 2012, 111–122.

Martin, Richard C., Inimitability. In: Encyclopedia of the Qur'ān 2 (2002), 526–536.

Marx, Michael J., Ein Koran-Forschungsprojekt in der Tradition der Wissenschaft des Judentums: Zur Programmatik des Akademievorhabens Corpus Coranicum. In: Dirk Hartwig (u. a.) (Hg.), Im vollen Licht der Geschichte. Die Wissenschaft des Judentums und die Anfänge der kritischen Koranforschung, Würzburg 2008.

Ders., The Koran According to Agfa – Gottheld Bergsträssers Archiv der Koranhandschriften. In: Trajekte 19 (2009), 25–29.

Marraccio, Ludovico, Alcorani textus univers. Ex correctioribus Arabum exemplaribus summa fide. Atque pulcherrimis characteribus descriptus. Eademque fide, ac pari diligentia ex Arabico idiomate in Latinum translates, Padua 1698.

Māturīdī, Abū Manṣūr al-, Ta'wīlāt ahl as-sunna, hg. v. Fāṭima al-Ḫaymī, Beirut 2004.

Megerlin, David Friedrich, Die türkische Bibel, oder des Korans allererste teutsche Übersetzung, Frankfurt am Main 1772.

Merk, Otto, Art. Bibelwissenschaft II. In: Theologische Realenzyklopädie 6 (1980), 375–409.

Ders., Art. Literarkritik II. In: Theologische Realenzyklopädie 11, Berlin (1991), 223–233.

Meyer, Michael A., Response to Modernity. A History of the Reform Movement in Judaism, Oxford/New York 1998.

Miller, Gregory J., Theodor Biblliander's Machumetis Saracenorum Principis Eiusque Successorum Vitae, Doctrina ac ipse Alcoran (1543) as the Sixteenth Century ‚Encyclopaedia' of Islam. In: Islam and Christian-Islamic Relations 24 (2013), 241–254.

Mittwoch, Eugen/Sachau, Eduard, Ibn Saad, Biographien Muḥammads, seiner Gefährten und der späteren Träger des Islams. 9 Bde, Leiden 1905–1928.

Monroe, James, Oral Composition in Pre-Islamic Poetry. In: Journal of Arabic Literature 3 (1972), 1–53.

de Montesquieu, Charles, Lettres persanes. Édition de Jean Starobinski, Paris 1973 (Neuausgabe 2003); [Originalausgabe 1721].

Muslim, b. Al-Ḥaǧǧāǧ, Ṣaḥīḥ Muslim, 5 Bde., Beirut 2000.

Nasafī, Abū l-Barakāt an-, Madārik at-tanzīl, hg. v. Marwān aš-Šaʿār, Beirut 2005.

Nebes, Norbert, Orientalistik im Aufbruch. Die Wissenschaft vom Orient in Jena zur Goethezeit. In: Jochen Golz (Hg.), Goethes Morgenlandfahrten. West-östliche Begegnungen, Frankfurt am Main/Leipzig 1999, 66–97.

Nerreter, David, Neu-eröffnete Mahometanische Moschea, […], Der völlige Alkoran […], Nürnberg 1703.

Neuwirth, Angelika/Marx, Michael/Sinai, Nicolai (Hg.), The Qur'ān in Context. Historical and Literary Investigations into the Qur'ānic Milieu, Leiden/Boston 2010.

Neuwirth, Angelika, Der Koran. In: Helmut Gätje (Hg.), Grundriß der arabischen Philologie. Bd. 2: Literaturwissenschaft, Wiesbaden 1987, 96–135.

Dies., Das islamische Dogma der ‚Unnachahmlichkeit des Korans' in literaturwissenschaftlicher Sicht. In: Der Islam 60 (1983), 166–183.

Dies., Der Koran als Text der Spätantike. Ein europäischer Zugang, Berlin 2010.

Dies., Der Koran. Frühmekkanische Suren. Bd. 1: Poetische Prophetie, Berlin 2011.

Dies., Der Koran. Mittelmekkanische Suren. Bd. 2,1: Frühmittelmekkanische Suren: Das neue Gottesvolk: „Biblisierung" des altarabischen Weltbildes: Handkommentar mit Übersetzung, Berlin 2017.

Dies., Die koranische Verzauberung der Welt und ihre Entzauberung in der Geschichte, Freiburg im Breisgau 2017.

Dies., Koranforschung – eine politische Philologie? Bibel, Koran und Islamentstehung im Spiegel spätantiker Textpolitik und moderner Philologie, Berlin 2014.

Dies., Rezension In: Die Welt des Islams 23/24 (1984), 539–542.

Dies., Scripture, Poetry, and the Making of Community. Reading the Qur'an as a Literary Text, Oxford 2014.

Dies., Studien zur Komposition der mekkanischen Suren, Göttingen [2]2007.

Niehoff-Panagiotidis, Jannis, Byzanz und der Islam. Von der Kontingenzbewältigung zur aneignenden Übersetzung. In: Andreas Speer/Philipp Steinkrüger (Hg.), Knotenpunkt Byzanz. Wissensformen und kulturelle Wechselbeziehungen, Berlin/Boston 2012, 123–144.

Nöldeke, Theodor/Schwally, Friedrich, Geschichte des Qorans, Bd. I–II, Leipzig 1909–1919.

Nöldeke, Theodor (u. a.), The History of the Qur'ān, Leiden/Boston 2013.

Ders., De origine et compositione Surarum Qoranicarum ipsiusque Qorani, o. A. 1856.

Ders., Geschichte des Qorans, Göttingen 1860.

Ders., Hatte Muhammad christliche Lehrer? In: Zeitschrift der Deutschen Morgenländischen Gesellschaft 12 (1854), 699–708.

Norden, Eduard, Die antike Kunstprosa, Leipzig 1898.

Oeming, Manfred, Biblische Hermeneutik. Eine Einführung, Darmstadt [2]2007.

Özsoy, Ömer, Die fünf Aspekte der Scharia. In: Forschung Frankfurt 1 (2008), 22–28.

Paret, Rudi, Der Koran als Geschichtsquelle. In: Der Islam 37 (1961), 24–42.

Ders., Der Plan einener neuen, leicht kommentierten Koranübersetzung. In: Ders. (Hg.), Orientalistische Studien. Enno Littmann zu seinem 60. Geburtstag am 16. September 1935 überreicht von Schülern aus seiner Bonner und Tübinger Zeit, Leiden 1935, 121–130.

Ders., Die legendäre Maghāzī-Literatur. Arabische Dichtungen über die muslimischen Kriegszüge zu Mohammeds Zeit, Tübingen 1930.

Ders., Grenzen der Koranforschung, Stuttgart 1950.

Ders., Muhammad und der Koran. Geschichte und Verkündigung des arabischen Propheten, Stuttgart/Berlin/Köln 1957; [10]2008.

Ders., Der Koran, Stuttgart (u. a.) [2]1980.

Pinnock, Clark, Most Moved Mover: A Theology of God's Openness, Grand Rapids 2001.

Pius XII., Rundschreiben über die zeitgemäße Förderung der Biblischen Studien (Divino afflante Spiritu). Lateinischer und deutscher Text, Freiburg im Breisgau 1947.

Platzbecker, Paul, Religiöse Bildung als Freiheitsgeschehen. Konturen einer religionspädagogischen Grundlagentheorie, (Praktische Theologie heute; 124), Freiburg im Breisgau 2013.

Ders., Freiheit vor Gott denken – eine Leitkategorie systematischer und praktischer Theologie. In: Milad Karimi/Amir Dziri (Hg.), Freiheit im Angesicht Gottes, Freiburg 2014, 103–127.

Pohlmann, Karl-Friedrich, Die Entstehung des Korans: Neue Erkenntnisse aus Sicht der historisch-kritischen Bibelwissenschaft, Darmstadt 2012.

Pretzel, Otto, Die Fortführung des Apparatus Criticus zum Koran, München 1934.

Pröpper, Thomas, Art. Allmacht Gottes. In: LThK 1 (31993), 412–417.

Ders., Erlösungsglaube und Freiheitsgeschichte. Eine Skizze zur Soteriologie, München 1991.

Ders., Evangelium und freie Vernunft: Konturen einer theologischen Hermeneutik, Freiburg/Basel/Wien 2001.

Ders., Theologische Anthropologie. Bd. 2, Freiburg u. a. 2011.

Ders., Freiheit als philosophisches Prinzip theologischer Hermeneutik. In: BIJDR 59 (1998), 20–40.

Qurṭubī, Abū ʿAbdullāh al-, al-Ǧamiʿ li-aḥkām al-Qurʾān, hg. v. Abdullāh at-Turkī, Beirut 2006.

Quṭb, Sayyid, at-Taṣwīr al-fannī fī l-Qurʾān, Kairo 1968.

Rahman, Yusuf, The miraculous nature of Muslim scripture, A study of 'Abdal-Jabbar's I'jaz al-Qur'an. In: Islamic Studies 35 (1996), 409–426.

Raters, Marie Luise, Hässliches/Hässlich. In: Metzler Lexikon Ästhetik: Kunst, Medien, Design und Alltag (2006), 151–154.

Ratzinger, Joseph, Ein Versuch zur Frage des Traditionsbegriffs. In: Peter Hünermann/Thomas Söding (Hg.), Wort Gottes. Schrift – Tradition – Amt, Freiburg im Breisgau 2005, 37–81.

Ders., Jesus von Nazareth. Erster Teil: Von Der Taufe im Jordan bis zur Verklärung, Freiburg im Breisgau 2007.

Ders., Schrift im Widerstreit. Zur Frage nach Grundlagen und Weg der Exegese heute. In: Peter Hünermann/Thomas Söding (Hg.), Wort Gottes. Schrift – Tradition – Amt, Freiburg im Breisgau 2005, 83–116.

Ders., Theologische Prinzipienlehre. Bausteine zur Fundamentaltheologie, München 1982.

Rāzī, Muḥammad Ibn 'Umar Faḫr ad-Dīn ar-, Tafsīr al-Faḫr ar-Rāzī al-mušahhar bi-t-tafsīr al-kabīr wa-mafātīḥ al-ġaib. Bd. 1, Beirut 1981.

Reineccius, Christian (Hg.), Mohammedis filii Abdallae pseudo-prophetae fides Islamitica. I.E. Al-Coranus ex idiomate Arabico, quo primum a. Mohammede conscriptus est, Latine versus per Ludovicum Marraccium [...], Leipzig 1721.

Graf Reventlow, Henning, Epochen der Bibelauslegung. Bd. I–IV. Von der Aufklärung bis zum 20. Jahrhundert, München 2001.

Richter, Wolfgang, Exegese als Literaturwissenschaft. Entwurf einer alttestamentlichen Literaturtheorie und Methodologie, Göttingen 1971.

Ricœur, Paul, From Text to Action. Essays in Hermeneutics, II, transl. Kathleen Blamey and John B. Thompson Evanston, Illinois 1991.

Rippin, Andrew, Reading the Qur'ān with Richard Bell. In: Journal of the American Oriental Society 112 (1992), 639–647.

Robson, James, al-Bayḍāwī. In: EI[2] 1 (1960/1986), 1129.

Rogerson, John W., Art. Bibelwissenschaft. Bd. I/2. In: Theologische Realenzyklopädie 6 (1980), 346–361.

Rohls, Jan, Die Protestantische Theologie der Neuzeit. Bd. 1. Die Voraussetzungen und das 19. Jahrhundert, Tübingen 1997.

Ders., Schrift, Tradition und Bekenntnis. Ideengeschichte des Christentums. Bd. 2, Tübingen 2013.

Rosenkranz, Karl, Ästhetik des Hässlichen, Stuttgart 2015.

Rosenthal, Franz, A History of Muslim Historiography, Leiden/Boston 1968.

Ders., The History of Heinrich Speyer's „Die biblischen Erzählungen im Qoran". In: Dirk Hartwig (u.a.) (Hg.), „Im vollen Licht der Geschichte". Die Wissenschaft des Judentums und die Anfänge der kritischen Koranforschung, (Ex oriente lux; 8), Würzburg 2008, 113–117.

Rückert, Friedrich, Der Koran. Im Auszuge übersetzt von Friedrich Rückert, hg. v. August Müller, Frankfurt am Main 1888.

Safranski, Rüdiger, Goethe. Kunstwerk des Lebens. Biographie, München 2013.

Sahas, Daniel J., John of Damascus on Islam. The „Heresy of the Ishmaelites", Leiden 1972.

Said, Edward W., Orientalism, New York 1978, [Deutsch: Ders., Orientalismus. Frankfurt am Main, [4]2014.].

Sale, George, The Koran, Commonly Called The Alcoran of Mohammed [...], London 1734.

Saleh, Walid A., The Etymological Fallacy and Qur'ānic Studies. Muhammad, Paradise, and Late Antiquity. In: Angelika Neuwirth/Michael Marx/ Nicolai Sinai (Hg.), The Qur'ān in Context: Historical and literary investigations into the Qur'ānic Milieu, Leiden 2010, 670–698.

Ders., The Formation of the Classical Tafsir Tradition: The Qur'an Commentary of al-Thaʿlabi (d. 427/1035), Leiden/Boston 2004.

Šarfī, ʿAbd al-Maǧīd aš-, Al-muṣḥaf wa-qirāʾātuhu, Beirut 2016.

Schelling, Friedrich Wilhelm Joseph, Philosophie der Offenbarung. Ausgewählte Werke. Bd. 2, Darmstadt 1974.

Schiller, Friedrich, Briefe an Gottfried Körner. Brief vom 19. Februar 1793. In: Schillers Briefwechsel mit Körner, Berlin 1859, 41–43.

Ders., Friedrich von Schiller's sämmtliche Werke. Bd. 9., Gotta 1812.

Ders., Kallias, oder über die Schönheit. Briefe an Gottfried Körner. In: Rolf-Peter Janz (Hg.): Friedrich Schiller. Werke und Briefe in zwölf Bänden. (Frankfurter Ausgabe) Bd. 8: Theoretische Schriften, Frankfurt am Main 1992, 276–329.

Ders., Philosophie der Physiologie. In: Rolf-Peter Janz (Hg.): Friedrich Schiller.Werke und Briefe in zwölf Bänden. (Frankfurter Ausgabe) Bd. 8: Theoretische Schriften, Frankfurt am Main 1992, S. 37–58.

Ders., Über die ästhetische Erziehung des Menschen in einer Reihe von Briefen. In: Rolf-Peter Janz (Hg.): Friedrich Schiller. Werke und Briefe in zwölf Bänden. (Frankfurter Ausgabe) Bd. 8: Theoretische Schriften, Frankfurt am Main 1992, 556–676.

Ders., Über naive und sentimentalische Dichtung. In: Rolf-Peter Janz (Hg.): Friedrich Schiller. Werke und Briefe in zwölf Bänden. (Frankfurter Ausgabe) Bd. 8: Theoretische Schriften, Frankfurt am Main 1992, 706–810.

Ders., Versuch über den Zusammenhang der tierischen Natur des Menschen mit seiner geistigen. In: Rolf-Peter Janz (Hg.): Friedrich Schiller.Werke und Briefe in zwölf Bänden. (Frankfurter Ausgabe) Bd. 8: Theoretische Schriften, Frankfurt am Main 1992, 119–166.

Schmidt, Franz, Aesthetik. In: Metzler Literaturlexikon 1: Begriffe und Definitionen (1990).

Schmidt, Ludwig, Art. Literarkritik I. In: Theologische Realenzyklopädie 21 (1991), 211–222.

Schmidt, Nora/Schmid, Nora K./Neuwirth, Angelika (Hg.), Denkraum Spätantike. Reflexionen von Antiken im Umfeld des Koran, Wiesbaden 2016.

Schnelle, Udo, Einführung in die neutestamentliche Exegese, Göttingen [8]2014.

Schoen, Ulrich, Gottes Allmacht und die Freiheit des Menschen. Gemeinsames Problem von Islam und Christentum. Mit einem Geleitwort v. K. Hock u. e. akt. Nachw. des Autors (Christentum und Islam im Dialog; 2), Neudruck Münster 2003.

Scholder, Klaus, Ursprünge und Problem der Bibelkritik im 17. Jahrhundert. Ein Beitrag zur Entstehung der historisch-kritischen Theologie, München 1966.

Schöller, Marco, Exegetisches Denken und Prophetenbiographie. Eine quellenkritische Analyse der Sīra-Überlieferung zu Muhammads Konflikt mit den Juden, Wiesbaden 1998.

Scholtissek, Klaus, In ihm sein und bleiben. Die Sprache der Immanenz in den johanneischen Schriften, Freiburg im Breisgau u. a. 2000.

Schorch, Ismar, The Myth of Sephardic Supremacy. In: Leo Baeck Institute Year Book 34 (1989), 47–66.

Schreiner, Stefan, Die ‚Häresie der Ismaeliten'. Der Islam als politisches und theologisches Problem der Christen und die Anfänge christlich-antiislamischer Polemik. In: Hans-Jörg Schmid (u. a.) (Hg.), Identität durch Differenz? Wechselseitige Abgrenzungen in Christentum und Islam, Regensburg 2007, 119–138.

Schulze, Reinhard, Der Islam als Objekt und Subjekt der Wissenschaft. In: Frakfurter Zeitschrift für islamisch-theologische Srudien 2 (2015), 99–126.

Schwally (u. a.), Tār'īkh al-Qur'ān, Beirut 2008.

Schweigger, Salomon, Alcoranus Mahometicus, Das ist: der Türcken Alcoran, Religion und Aberglauben : auß welchem zu vernemen, wann unnd woher ihr falscher Prophet Machomet seinen Ursprung oder Anfang genommen, mit was Gelegenheit derselb diß sein Fabelwerk, lächerliche und närrische Lehr gedichtet und erfunden [...], Nürnberg 1616.

Secretan, Charles La Philosophie de La Liberté. Cours de philosophie morale fait à Lausanne, Lausanne 1849.

Seidensticker, Tilman, Sources for the History of Pre-Islamic Religion. In: Angelika Neuwirth/Nicolai Sinai/Michael Marx (Hg.), The Qur'an in Context. historical and literary investigations into the Qur'ānic milieu, Leiden (u. a.) 2010, 293–323.

Sells, Michael A., Approaching the Qur'an. The Early Revelations, Ashland 2007.

Senger, Hans Gerhard, Nikolaus von Kues. Leben – Lehre – Wirkungsgeschichte, Heidelberg 2017.

Shomali, Mohammed Ali (Hg.), God: Existence and attributes, (Islamic Reference Series; 1), London 2008.

Sierszyn, Armin, Christologische Hermeneutik. Eine Studie über Historisch-kritische, Kanonische und Biblische Theologie mit besonderer Berücksichtigung der philosophischen Hermeneutik von Hans-Georg Gadamer, Wien 2010.

Ders., Die Bibel im Griff? Historisch-kritische Denkweise und biblische Theologie, Holzgerlingen 2001.

Smend, Rudolf, Epochen der Bibelkritik. In: Ders., Bibel und Wissenschaft. Historische Aufsätze, Tübingen 2004, 29–50.

Söding, Thomas, Wege der Schriftauslegung. Methodenlehre zum Neuen Testament, Freiburg im Breisgau 1998.

Soltani, Zakariae, Orientalische Spiegelungen. Alteritätskonstruktionen in der deutschsprachigen Literatur am Beispiel des Orients vom Spätmittelalter bis zur Klassischen Moderne, Münster 2016.

Specker, Tobias, Habilitation zum Thema iʿǧāz al-Qur'ān (noch nicht veröffentlicht).

Speyer, Heinrich, Die biblischen Erzählungen im Qoran, Gräfenhainichen 1935.

Ders., Mohammed und die Aggada. In: Der Jude 4 (1923), 202–212.

de Spinoza, Baruch, Theologisch-politischer Traktat. Neu übersetzt, herausgegeben, mit einer Einleitung und Anmerkungen versehen von Wolfgang Bartuschat, Hamburg 2012.

Spitaler, Anton, Die Verszählung des Koran nach islamischer Überlieferung, München 1935.

Ders., Nachruf auf Otto Pretzl. In: Zeitschrift der Deutschen Morgenländischen Gesellschaft 96 (1942), 161–170.

Steck, Odil Hannes, Exegese des Alten Testaments. Leitfaden der Methodik; ein Arbeitsbuch für Proseminare, Seminare und Vorlesungen, Neukirchen-Vluyn [13]1993.

Stefanides, Emmanuelle, The Qur'an Made Linear: A Study of the Geschichte des Qorāns' Chronological Reordering. In: Journal of Qur'anic Studies 10 (2008), 1–22.

Stein, Sarah Abrevaya, Sephardi and Middle Eastern Jewries since 1492. In: Martin Goodman (Hg.), The Oxford Handbook of Jewish Studies, Oxford 2002, 327–362.

Stillman, Norman A., Myth, Countermyth, and Distortion. In: Tikkun 6 (1991), 60–64.

Stork, Hans-Walter, Hamburger Buchauktionen im 18. Jahrhundert. In: Johann A. Steiger/Sandra Richter (Hg.), Hamburg. Eine Metropolregion zwischen Früher Neuzeit und Aufklärung, Berlin 2012, 263–291.

von Stosch, Klaus, Allmacht als Liebe denken: Zur Verteidigung einer theologischen Grunderkenntnis neuerer Theologie. In: Thomas Marschler/Thomas Schärtl (Hg.) Eigenschaften Gottes, Ein Gespräch zwischen systemtischer Theologie und analytischer Philosophie Münster 2015.

Ders., Herausforderung Islam. Christliche Annäherung. Paderborn 2016.

Ders., Mit Gott ringen. Eine theologische Auseinandersetzung mit Navid Kermani. In: Michael Hofmann/Klaus von Stosch (Hg.): Islam in der deutschen und türkischen Literatur, Paderborn 2012, 268–278.

Ders., Allmacht als Liebe denken: Zur Verteidigung einer theologischen Grunderkenntnis neuerer Theologie. In: Thomas Marschler/Thomas Schärtl (Hg.), Eigenschaften Gottes, Ein Gespräch zwischen systemtischer Theologie und analytischer Philosophie, Münster 2015, 251–267.

Ders., Offenbarung, Paderborn 2010.

Stuhlmacher, Peter, Historische Kritik und theologische Schriftauslegung. In: Ders., Schriftauslegung auf dem Weg zur biblischen Theologie, Göttingen 1975, 59–127.

Ders., Vom Verstehen des Neuen Testaments. Eine Hermeneutik, Göttingen 1979.

Ṭabarī, Muḥammad b. Ǧarīr aṭ-, Ǧāmiʿ al-bayān ʿan taʾwīl āy al-Qurʾān, hg. von ʿAbdullāh b. ʿAbd al-Muḥsin at-Turkī, Bd. 22, Kairo 2001.

Taftazānī, Saʿd ad-Dīn at-, Šarḥ al-aqāʾid an-nasafīya, hg. v. Aḥmad as-Siqqā, Kairo1988.

Theissen, Gerd, Polyphones Verstehen. Entwürfe zur Bibelhermeneutik, Berlin, Münster 2014.
Tillschneider, Hans-Thomas, Typen historisch-exegetischer Überlieferung: Formen, Funktionen und Genese des asbāb an-nuzūl-Materials, Würzburg 2011.
Todt, Klaus-Peter, Niketas von Byzanz. In: Biographisch-Bibliographisches Kirchenlexikon Bd. 6 (1993), 820–821.
Tolan, John V. Saracens: Islam in the Medieval European Imagination, New York 2002.
Tottoli, Roberto, Nachruf zu Kister. In: Oriente Moderno 90 (2010), 299–302.
Tritton, Arthur S., Richard Bell. In: Journal of the Royal Asiatic Society 84 (1952), 180.
Troeltsch, Ernst, Historische und dogmatische Methode in der Theologie. In: Ders., Zur religiösen Lage, Religionsphilosophie und Ethik, Tübingen [2]1962, 729–753.
Utzschneider, Helmut/Nitsche, Stefan Ark, Literaturwissenschaftliche Bibelauslegung. Eine Methodenlehre des Alten Testaments, Gütersloh 2014.
Varisco, Daniel M., Reading Orientalism. Said and the Unsaid. With a New Introduction by the Author, Seattle 2017
Vasalou, Sophia, The Miraculous Eloquence of the Qur'an: General Trajectories and Individual Approaches. In: Journal of Qur'anic Studies 4.2 (2002), 23–53.
Versteegh, Cornelis H. M., al-Zamakhsharī. In: EI[2] 11 (2002), 432–434.
della Vida, Giorgio Levi, Ludovico Marracci e la sua opera negli studi islamici. In: Ders., Aneddoti e svaghi arabi e non arabi, Mailand/Neapel 1959, 193–210.
Viertbauer, Klaus/Florian Wegscheider (Hg.), Christliches Europa. Religiöser Pluralismus als theologische Herausforderung, Freiburg/Basel/Wien 2017.
Vollenweider, Samuel, Die historisch-kritische Methode – Erfolgsmodell mit Schattenseiten. Überlegungen im Anschluss an Gerhard Ebeling. In: ZThK 114 (2017), 243–259.
Voltaire, Le fanatisme, ou Mahomet le prophète – De l'alcoran et de Mahomet, Amsterdam 1742 (erschienen auch auf Deutsch in anonymer Übersetzung als Die Schwäremerey, oder Mahomet der Prophet. In: Johann Friedrich Schönemann (Hg.), Sechs Schauspiele aus dem Französichen übersetzt, Braunschweig/Hamburg 1748 (Zweite Abteilung ohne Paginierung).

al-Wāhidī, Abū l-Ḥasan ʿAlī b. Aḥmad, Asbāb nuzul al-Qurʾān, hg. v. Kamāl Basyūnī Zaġlūl, Beirut 1991.

Wahl, Samuel Friedrich Günther, Der Koran oder das Gesetz der Moslemen durch Muhammed den Sohn Abdallahs, Halle 1828.

Wansbrough, John, Besprechung. In: Bulletin of the School of Oriental and African Studies 41 (1978), 155–157.

Ders., Quranic Studies. Sources and Methods of Scriptural Interpretation, Oxford 1977.

Ders., The Sectarian Milieu: Content and Composition of Islamic Salvation History, Oxford 1978.

Watt, Montgomery William, Muhammad at Mecca, Oxford 1953.

Ders., Muhammad at Medina, Oxford 1956.

Weder, Hans, Neutestamentliche Hermeneutik. Zürcher Grundrisse zur Bibel, Zürich [2]1989.

Weil, Gustav, Historisch-kritische Einleitung in den Koran, Bielefeld 1844.

Weisweiler, Max, Abdalqahir al-Curcani's Werk über die Unnachahmlichkeit des Korans und seine syntaktisch-stilistischen Lehren. In: Oriens 11 (1958), 77–121.

Wellhausen, Julius, Reste altarabischen Heidentums, Berlin 1927.

Ders., Skizzen und Vorarbeiten, Berlin 1899.

Werbick, Jürgen, Gott verbindlich. Eine theologische Gotteslehre, Freiburg i. Br. 2007.

Wielandt, Rotraud, Offenbarung und Geschichte im Denken moderner Muslime, Wiesbaden 1971.

Wilckens, Ulrich, Theologie des Neuen Testaments. Bd. 3: Historische Kritik der historisch-kritischen Exegese. Von der Aufklärung bis zur Gegenwart, Göttingen 2017.

Wild, Stefan, Die schauerliche Öde des heiligen Buches. Westliche Wertungen des koranischen Stils. In: Alma Giese/Johann Christoph Bürgel (Hg.), Gott ist schön und Er liebt die Schönheit. Festschrift für Annemarie Schimmel zum 7. April 1992 dargebracht von Schülern, Freunden und Kollegen, Bern/Frankfurt am Main 1994, 429–447.

Ders., Die andere Seite des Textes. Nasr Hamid Abu Zaid und der Koran. In: Die Welt des Islam 33 (1993), 256–261.

Ders., Lost in Philology? The Virgins of Paradise and the Luxenberg Hypothesis. In: Angelika Neuwirth/Michael Marx/Nicolai Sinai (Hg.), The Qurʾān in Context. Historical and Literary Investigations into the Qurʾānic Milieu, Leiden 2010, 625–649.

Ders., Nachruf auf Anton Spitaler. In: Zeitschrift der Deutschen Morgenländischen Gesellschaft 156 (2006), 1–7.

Wittmann, Reinhard, Geschichte des deutschen Buchhandels, München [2]1999.

Wolf, Immanuel, Ueber den Begriff einer Wissenschaft des Judenthums. In: Zeitschrift für die Wissenschaft des Judentums 1 (1822), 277–302.

Zelle, Carsten, Die doppelte Ästhetik der Moderne: Revisionen des Schönen von Boileau bis Nietzsche. Stuttgart/Weimar 1995.

Zinǧānī, Abū ʿAbd Allāh az-, Taʾrīḫ al-Qurʾān […], Kairo 1935.

Zunz, Leopold, Etwas über die rabbinische Literatur. Nebst Nachrichten über ein altes bis jetzt ungedrucktes hebräisches Werk, Berlin 1818.

Ders., Mein erster Unterricht in Wolfenbüttel. In: Jahrbuch für jüdische Geschichte und Literatur 30 (1937), 131–138.

Internetquellen:

Welch, A. T., Paret, R. and Pearson, J. D., „al-Ḳurʾān". In: Encyclopaedia of Islam, Second Edition, Edited by: P. Bearman, Th. Bianquis, C. E. Bosworth, E. van Donzel, W. P. Heinrichs. Consulted online on 29 July 2018 ⟨http://dx.doi.org/10.1163/1573-3912_islam_COM_0543⟩.